AÑO 2012: TU HORÓSCOPO PERSONAL

Joseph Polansky

Año 2012:
Tu horóscopo personal

Previsiones mes a mes
para cada signo

U R A N O

Argentina - Chile - Colombia - España
Estados Unidos - México - Perú - Uruguay - Venezuela

Título original: *Your Personal Horoscope 2012*
Editor original: Aquarium, An Imprint of HarperCollins Publishers
Traducción: Amelia Brito

Copyright © 2011 by Star Data, Inc.
73 Benson Avenue
Westwood, NJ 07675
U.S.A.
www.stardata-online.com
info@stardata-online.com
© 2011 *by* Ediciones Urano, S.A.
Aribau, 142, pral. - 08036 Barcelona
www.mundourano.com

ISBN: 978-84-7953-791-3
E-ISBN: 978-84-9944-098-9
Depósito Legal: NA-2107-2011

Fotocomposición: A.P.G. Estudi Gràfic, S.L.
Impreso por Rodesa S.A. - Polígono Industrial San Miguel - Parcelas E7-E8
31132 Villatuerta (Navarra)

Impreso en España - *Printed in Spain*

Índice

Introducción

He escrito este libro para todas aquellas personas que deseen sacar provecho de los beneficios de la astrología y aprender algo más sobre cómo influye en nuestra vida cotidiana esta ciencia tan vasta, compleja e increíblemente profunda. Espero que después de haberlo leído, comprendas algunas de las posibilidades que ofrece la astrología y sientas ganas de explorar más este fascinante mundo.

Te considero, lector o lectora, mi cliente personal. Por el estudio de tu horóscopo solar me doy cuenta de lo que ocurre en tu vida, de tus sentimientos y aspiraciones, y de los retos con que te enfrentas. Después analizo todos estos temas lo mejor posible. Piensa que lo único que te puede ayudar más que este libro es tener tu propio astrólogo particular.

Escribo como hablaría a un cliente. Así pues, la sección correspondiente a cada signo incluye los rasgos generales, las principales tendencias para el 2012 y unas completas previsiones mes a mes. He hecho todo lo posible por expresarme de un modo sencillo y práctico, y he añadido un glosario de los términos que pueden resultarte desconocidos. Los rasgos generales de cada signo te servirán para comprender tu naturaleza y la de las personas que te rodean. Este conocimiento te ayudará a tener menos prejuicios y a ser más tolerante contigo y con los demás. La primera ley del universo es que todos debemos ser fieles a nosotros mismos; así pues, las secciones sobre los rasgos generales de cada signo están destinadas a fomentar la autoaceptación y el amor por uno mismo, sin los cuales es muy difícil, por no decir imposible, aceptar y amar a los demás.

Si este libro te sirve para aceptarte más y conocerte mejor, entonces quiere decir que ha cumplido su finalidad. Pero la astrología tiene otras aplicaciones prácticas en la vida cotidiana: nos explica hacia dónde va nuestra vida y la de las personas que nos rodean. Al leer este libro comprenderás que, si bien las corrientes cósmicas no nos obligan, sí nos impulsan en ciertas direcciones. Las secciones «Horóscopo para el año 2012» y «Previsiones mes a mes» están destinadas a orientarte a través de los movimientos e influencias de los planetas, para que te resulte más fácil dirigir tu vida en la dirección deseada y sacar el mejor partido del año que te aguarda. Estas previsiones abarcan orientaciones concretas en los aspectos que más nos interesan a todos: salud, amor, vida familiar, profesión, situación económica y progreso personal. Si en un mes determinado adviertes que un compañero de trabajo, un hijo o tu pareja está más irritable o quisquilloso que de costumbre, verás el porqué cuando leas sus correspondientes previsiones para ese mes. Eso te servirá para ser una persona más tolerante y comprensiva.

Una de las partes más útiles de este libro es la sección sobre los mejores días y los menos favorables que aparece al comienzo de cada previsión mensual. Esa sección te servirá para hacer tus planes y remontar con provecho la corriente cósmica. Si programas tus actividades para los mejores días, es decir, aquellos en que tendrás más fuerza y magnetismo, conseguirás más con menos esfuerzo y aumentarán con creces tus posibilidades de éxito. De igual modo, en los días menos favorables es mejor que evites las reuniones importantes y que no tomes decisiones de peso, ya que en esos días los planetas primordiales de tu horóscopo estarán retrógrados (es decir, retrocediendo en el zodiaco).

En la sección «Principales tendencias» se indican las épocas en que tu vitalidad estará fuerte o débil, o cuando tus relaciones con los compañeros de trabajo o los seres queridos requerirán un esfuerzo mayor por tu parte. En la introducción de los rasgos generales de cada signo, se indican cuáles son sus piedras, colores y aromas, sus necesidades y virtudes y otros elementos importantes. Se puede aumentar la energía y mejorar la creatividad y la sensación general de bienestar de modo creativo, por ejemplo usando los aromas, colores y piedras del propio signo, decorando la casa con esos colores, e incluso visualizándolos alrededor de uno antes de dormirse.

Es mi sincero deseo que *Año 2012: Tu horóscopo personal* mejore tu calidad de vida, te haga las cosas más fáciles, te ilumine el camino, destierre las oscuridades y te sirva para tomar más conciencia de tu conexión con el Universo. Bien entendida y usada con juicio, la astrología es una guía para conocernos a nosotros mismos y comprender mejor a las personas que nos rodean y las circunstancias y situaciones de nuestra vida. Pero ten presente que lo que hagas con ese conocimiento, es decir, el resultado final, depende exclusivamente de ti.

Glosario de términos astrológicos

Ascendente

Tenemos la experiencia del día y la noche debido a que cada 24 horas la Tierra hace una rotación completa sobre su eje. Por ello nos parece que el Sol, la Luna y los planetas salen y se ponen. El zodiaco es un cinturón fijo que rodea la Tierra (imaginario pero muy real en un sentido espiritual). Como la Tierra gira, el observador tiene la impresión de que las constelaciones que dan nombre a los signos del zodiaco aparecen y desaparecen en el horizonte. Durante un periodo de 24 horas, cada signo del zodiaco pasará por el horizonte en un momento u otro. El signo que está en el horizonte en un momento dado se llama ascendente o signo ascendente. El ascendente es el signo que indica la imagen de la persona, cómo es su cuerpo y el concepto que tiene de sí misma: su yo personal, por oposición al yo espiritual, que está indicado por su signo solar.

Aspectos

Los aspectos son las relaciones angulares entre los planetas, el modo como se estimulan o se afectan los unos a los otros. Si dos planetas forman un aspecto (conexión) armonioso, tienden a estimularse de un modo positivo y útil. Si forman un aspecto difícil, se influyen mutuamente de un modo tenso, lo cual provoca alteraciones en la influencia normal de esos planetas.

Casas

Hay doce signos del zodiaco y doce casas o áreas de experiencia. Los doce signos son los tipos de personalidad y las diferentes maneras que tiene de expresarse un determinado planeta. Las casas indican en qué ámbito de la vida tiene lugar esa expresión (véase la lista de más abajo). Una casa puede adquirir fuerza e importancia, y convertirse en una casa poderosa, de distintas maneras: si contiene al Sol, la Luna o el regente de la carta astral, si contiene a más de un planeta, o si el regente de la casa está recibiendo un estímulo excepcional de otros planetas.

Primera casa: cuerpo e imagen personal.
Segunda casa: dinero y posesiones.
Tercera casa: comunicación.
Cuarta casa: hogar, familia y vida doméstica.
Quinta casa: diversión, creatividad, especulaciones y aventuras amorosas.
Sexta casa: salud y trabajo.
Séptima casa: amor, romance, matrimonio y asociaciones.
Octava casa: eliminación, transformación y dinero de otras personas.
Novena casa: viajes, educación, religión y filosofía.
Décima casa: profesión.
Undécima casa: amigos, actividades en grupo y deseos más queridos.
Duodécima casa: sabiduría espiritual y caridad.

Fases de la Luna

Pasada la Luna llena, parece como si este satélite (visto desde la Tierra) se encogiera, disminuyendo poco a poco de tamaño hasta volverse prácticamente invisible a simple vista, en el momento de la Luna nueva. A este periodo se lo llama fase *menguante* o Luna menguante.

Pasada la Luna nueva, nuestro satélite (visto desde la Tierra) va creciendo paulatinamente hasta llegar a su tamaño máximo en el momento de la Luna llena. A este periodo se lo llama fase *creciente* o Luna creciente.

Fuera de límites

Los planetas se mueven por nuestro zodiaco en diversos ángulos en relación al ecuador celeste (si se prolonga el ecuador terrestre hacia el Universo se obtiene el ecuador celeste). El Sol, que es la influencia más dominante y poderosa del sistema solar, es la unidad de medida que se usa en astrología. El Sol nunca se aparta más de aproximadamente 23 grados al norte o al sur del ecuador celeste. Cuando el Sol llega a su máxima distancia al sur del ecuador celeste, es el solsticio de invierno (declinación o descenso) en el hemisferio norte y de verano (elevación o ascenso) en el hemisferio sur; cuando llega a su máxima distancia al norte del ecuador celeste, es el solsticio de verano en el hemisferio norte y de invierno en el hemisferio sur. Si en cualquier momento un planeta sobrepasa esta frontera solar, como sucede de vez en cuando, se dice que está «fuera de límites», es decir, que se ha introducido en territorio ajeno, más allá de los límites marcados por el Sol, que es el regente del sistema solar. En esta situación el planeta adquiere más importancia y su poder aumenta, convirtiéndose en una influencia importante para las previsiones.

Karma

El karma es la ley de causa y efecto que rige todos los fenómenos. La situación en la que nos encontramos se debe al karma, a nuestros actos del pasado. El Universo es un instrumento tan equilibrado que cualquier acto desequilibrado pone inmediatamente en marcha las fuerzas correctoras: el karma.

Modos astrológicos

Según su modo, los doce signos del zodiaco se dividen en tres grupos: *cardinales, fijos* y *mutables*.

El modo *cardinal* es activo e iniciador. Los signos cardinales (Aries, Cáncer, Libra y Capricornio) son buenos para poner en marcha nuevos proyectos.

El modo *fijo* es estable, constante y resistente. Los signos fijos (Tauro, Leo, Escorpio y Acuario) son buenos para continuar las cosas iniciadas.

El modo *mutable* es adaptable, variable y con tendencia a buscar el equilibrio. Los signos mutables (Géminis, Virgo, Sagitario y Piscis) son creativos, aunque no siempre prácticos.

Movimiento directo

Cuando los planetas se mueven hacia delante por el zodiaco, como hacen normalmente, se dice que están «directos».

Movimiento retrógrado

Los planetas se mueven alrededor del Sol a diferentes velocidades. Mercurio y Venus lo hacen mucho más rápido que la Tierra, mientras que Marte, Júpiter, Saturno, Urano, Neptuno y Plutón lo hacen más lentamente. Así, hay periodos durante los cuales desde la Tierra da la impresión de que los planetas retrocedieran. En realidad siempre avanzan, pero desde nuestro punto de vista terrestre parece que fueran hacia atrás por el zodiaco durante cierto tiempo. A esto se lo llama movimiento retrógrado, que tiende a debilitar la influencia normal de los planetas.

Natal

En astrología se usa esta palabra para distinguir las posiciones planetarias que se dieron en el momento del nacimiento (natales) de las posiciones por tránsito (actuales). Por ejemplo, la expresión Sol natal hace alusión a la posición del Sol en el momento del nacimiento de una persona; Sol en tránsito se refiere a la posición actual del Sol en cualquier momento dado, que generalmente no coincide con la del Sol natal.

Planetas lentos

A los planetas que tardan mucho tiempo en pasar por un signo se los llama planetas lentos. Son los siguientes: Júpiter (que permanece alrededor de un año en cada signo), Saturno (dos años y medio), Urano (siete años), Neptuno (catorce años) y Plutón (entre doce y treinta años). Estos planetas indican las tendencias que habrá durante un periodo largo de tiempo en un determinado ámbito de la vida, y son importantes, por lo tanto, en las previsiones a largo plazo. Dado que estos planetas permanecen tanto tiempo en un signo, hay periodos durante el año en que contactan con los planetas rápidos, y estos activan aún más una determinada casa, aumentando su importancia.

Planetas rápidos

Son los planetas que cambian rápidamente de posición: la Luna (que sólo permanece dos días y medio en cada signo), Mercurio (entre veinte y treinta días), el Sol (treinta días), Venus (alrededor de un mes) y Marte (aproximadamente dos meses). Dado que estos planetas pasan tan rápidamente por un signo, sus efectos suelen ser breves. En un horóscopo indican las tendencias inmediatas y cotidianas.

Tránsitos

Con esta palabra se designan los movimientos de los planetas en cualquier momento dado. En astrología se usa la palabra «tránsito» para distinguir un planeta natal de su movimiento actual en los cielos. Por ejemplo, si en el momento de tu nacimiento Saturno estaba en Cáncer en la casa ocho, pero ahora está pasando por la casa tres, se dice que está «en tránsito» por la casa tres. Los tránsitos son una de las principales herramientas con que se trabaja en la previsión de tendencias.

Aries

♈

El Carnero
Nacidos entre el 21 de marzo y el 20 de abril

Rasgos generales

ARIES DE UN VISTAZO
Elemento: Fuego

Planeta regente: Marte
   Planeta de la profesión: Saturno
   Planeta del amor: Venus
   Planeta del dinero: Venus
   Planeta del hogar y la vida familiar: la Luna
   Planeta de la riqueza y la buena suerte: Júpiter

Colores: Carmín, rojo, escarlata
   Colores que favorecen el amor, el romance y la armonía social: Verde, verde jade
   Color que favorece la capacidad de ganar dinero: Verde

Piedra: Amatista

Metales: Hierro, acero

Aroma: Madreselva

Modo: Cardinal (= actividad)

Cualidad más necesaria para el equilibrio: Cautela

Virtudes más fuertes: Abundante energía física, valor, sinceridad, independencia, confianza en uno mismo

Necesidad más profunda: Acción

Lo que hay que evitar: Prisa, impetuosidad, exceso de agresividad, temeridad

Signos globalmente más compatibles: Leo, Sagitario

Signos globalmente más incompatibles: Cáncer, Libra, Capricornio

Signo que ofrece más apoyo laboral: Capricornio

Signo que ofrece más apoyo emocional: Cáncer

Signo que ofrece más apoyo económico: Tauro

Mejor signo para el matrimonio y/o las asociaciones: Libra

Signo que más apoya en proyectos creativos: Leo

Mejor signo para pasárselo bien: Leo

Signos que más apoyan espiritualmente: Sagitario, Piscis

Mejor día de la semana: Martes

La personalidad Aries

Aries es el activista por excelencia del zodiaco. Su necesidad de acción es casi una adicción, y probablemente con esta dura palabra la describirían las personas que no comprenden realmente la personalidad ariana. En realidad, la «acción» es la esencia de la psicología de los Aries, y cuanto más directa, contundente y precisa, mejor. Si se piensa bien en ello, este es el carácter ideal para el guerrero, el pionero, el atleta o el directivo.

A los Aries les gusta que se hagan las cosas, y suele ocurrir que en su entusiasmo y celo pierden de vista las consecuencias para ellos mismos y los demás. Sí, ciertamente se esfuerzan por ser diplomáticos y actuar con tacto, pero les resulta difícil. Cuando lo hacen tienen la impresión de no ser sinceros, de actuar con falsedad. Les cuesta incluso comprender la actitud del diplomático, del creador de consenso, de los ejecutivos; todas estas personas se pasan la vida en interminables reuniones, conversaciones y negociaciones, todo lo cual parece una gran pérdida de tiempo cuando hay tanto trabajo por hacer, tantos logros reales por alcanzar. Si se le explica, la persona Aries es capaz de comprender que las conversaciones y negociaciones y la armonía social conducen en último término a acciones mejores y más eficaces. Lo interesante es que un Aries rara vez es una persona de mala voluntad o malévola, ni siquiera cuando está librando una guerra. Los Aries luchan sin sentir odio por sus contrincantes. Para ellos todo es una amistosa diversión, una gran aventura, un juego.

Ante un problema, muchas personas se dicen: «Bueno, veamos de qué se trata; analicemos la situación». Pero un Aries no; un Aries piensa: «Hay que hacer algo; manos a la obra». Evidentemente ninguna de estas dos reacciones es la respuesta adecuada siempre. A veces es necesario actuar, otras veces, pensar. Sin embargo, los Aries tienden a inclinarse hacia el lado de la acción, aunque se equivoquen.

Acción y pensamiento son dos principios totalmente diferentes. La actividad física es el uso de la fuerza bruta. El pensamiento y la reflexión nos exigen no usar la fuerza, estar quietos. No es conveniente que el atleta se detenga a analizar su próximo movimiento, ya que ello sólo reducirá la rapidez de su reacción. El atleta debe actuar instintiva e instantáneamente. Así es como tienden a comportarse en la vida las personas Aries. Son rápidas e instintivas para tomar decisiones, que tienden a traducirse en acciones casi de inmediato. Cuando la intuición es fina y aguda, sus actos son poderosos y eficaces. Cuando les falla la intuición, pueden ser desastrosos.

Pero no vayamos a creer que esto asusta a los Aries. Así como un buen guerrero sabe que en el curso de la batalla es posible que reciba unas cuantas heridas, la persona Aries comprende, en algún profundo rincón de su interior, que siendo fiel a sí misma es posible que incurra en uno o dos desastres. Todo forma parte del juego. Los Aries se sienten lo suficientemente fuertes para capear cualquier tormenta.

Muchos nativos de Aries son intelectuales; pueden ser pensadores profundos y creativos. Pero incluso en este dominio tienden a ser pioneros y francos, sin pelos en la lengua. Este tipo de Aries suele elevar (o sublimar) sus deseos de combate físico con combates intelectuales y mentales. Y ciertamente resulta muy convincente.

En general, los Aries tienen una fe en sí mismos de la que deberíamos aprender los demás. Esta fe básica y sólida les permite superar las situaciones más tumultuosas de la vida. Su valor y su confianza en sí mismos hacen de ellos líderes naturales. Su liderazgo funciona más en el sentido de dar ejemplo que de controlar realmente a los demás.

Situación económica

Los Aries suelen destacar en el campo de la construcción y como agentes de la propiedad inmobiliaria. Para ellos el dinero es menos importante de por sí que otras cosas, como por ejemplo la acción, la aventura, el deporte, etc. Sienten la necesidad de apoyar a sus socios y colaboradores y de gozar de su aprecio y buena opinión. El dinero en cuanto medio para obtener placer es otra importante motivación. Aries funciona mejor teniendo su propio negocio, o como directivo o jefe de departamento en una gran empresa. Cuantas menos órdenes reciba de un superior, mucho mejor. También trabaja más a gusto al aire libre que detrás de un escritorio.

Los Aries son muy trabajadores y poseen muchísimo aguante; pueden ganar grandes sumas de dinero gracias a la fuerza de su pura energía física.

Venus es su planeta del dinero, lo cual significa que necesitan cultivar más las habilidades sociales para convertir en realidad todo su potencial adquisitivo. Limitarse a hacer el trabajo, que es en lo que destacan los Aries, no es suficiente para tener éxito económico. Para conseguirlo necesitan la colaboración de los demás: sus clientes y colaboradores han de sentirse cómodos y a gusto. Para tener éxito, es necesario tratar debidamente a muchas personas. Cuando los Aries desarrollan estas capacidades, o contratan a alguien que se encargue de esa parte del trabajo, su potencial de éxito económico es ilimitado.

Profesión e imagen pública

Se podría pensar que una personalidad pionera va a romper con las convenciones sociales y políticas de la sociedad, pero este no es el caso de los nacidos en Aries. Son pioneros dentro de los marcos convencionales, en el sentido de que prefieren iniciar sus propias empresas o actividades en el seno de una industria ya establecida que trabajar para otra persona.

En el horóscopo solar de los Aries, Capricornio está en la cúspide de la casa diez, la de la profesión, y por lo tanto Saturno es el planeta que rige su vida laboral y sus aspiraciones profesionales. Esto nos dice algunas cosas interesantes acerca del carácter ariano. En primer lugar nos dice que para que los Aries conviertan en realidad todo su potencial profesional es necesario que cultiven algunas cualidades que son algo ajenas a su naturaleza básica. Deben ser mejores administradores y organizadores. Han de ser capaces de manejar mejor los detalles y de adoptar una perspectiva a largo plazo de sus proyectos y de su profesión en general. Nadie puede derrotar a un Aries cuando se trata de objetivos a corto plazo, pero una carrera profesional es un objetivo a largo plazo, que se construye a lo largo del tiempo. No se puede abordar con prisas ni «a lo loco».

A algunos nativos de Aries les cuesta mucho perseverar en un proyecto hasta el final. Dado que se aburren con rapidez y están continuamente tras nuevas aventuras, prefieren pasarle a otra persona el proyecto que ellos han iniciado para emprender algo nuevo. Los Aries que aprendan a postergar la búsqueda de algo nuevo hasta haber terminado lo viejo, conseguirán un gran éxito en su trabajo y en su vida profesional.

En general, a las personas Aries les gusta que la sociedad las juzgue por sus propios méritos, por sus verdaderos logros. Una reputación basada en exageraciones o propaganda les parece falsa.

Amor y relaciones

Tanto para el matrimonio como para otro tipo de asociaciones, a los Aries les gustan las personas pasivas, amables, discretas y diplomáticas, que tengan las habilidades y cualidades sociales de las que ellos suelen carecer. Nuestra pareja y nuestros socios siempre representan una parte oculta de nosotros mismos, un yo que no podemos expresar personalmente.

Hombre o mujer, la persona Aries suele abordar agresivamente lo que le gusta. Su tendencia es lanzarse a relaciones y matrimonios. Esto es particularmente así si además del Sol tiene a Venus en su signo. Cuando a Aries le gusta alguien, le costará muchísimo aceptar un no y multiplicará los esfuerzos para vencer su resistencia.

Si bien la persona Aries puede ser exasperante en las relaciones, sobre todo cuando su pareja no la comprende, jamás será cruel ni rencorosa de un modo consciente y premeditado. Simplemente es tan independiente y está tan segura de sí misma que le resulta casi imposible comprender el punto de vista o la posición de otra persona. A eso se debe que Aries necesite tener de pareja o socio a alguien que tenga muy buena disposición social.

En el lado positivo, los Aries son sinceros, personas en quienes uno se puede apoyar y con quienes siempre se sabe qué terreno se pisa. Lo que les falta de diplomacia lo compensan con integridad.

Hogar y vida familiar

Desde luego, el Aries es quien manda en casa, es el Jefe. Si es hombre, tenderá a delegar los asuntos domésticos en su mujer. Si es mujer, querrá ser ella quien lleve la batuta. Tanto los hombres como las mujeres Aries suelen manejar bien los asuntos domésticos, les gustan las familias numerosas y creen en la santidad e importancia de la familia. Un Aries es un buen miembro de la familia, aunque no le gusta especialmente estar en casa y prefiere vagabundear un poco.

Para ser de naturaleza tan combativa y voluntariosa, los Aries saben ser sorprendentemente dulces, amables e incluso vulnerables con su pareja y sus hijos. En la cúspide de su cuarta casa solar, la del hogar y la familia, está el signo de Cáncer, regido por la Luna. Si en su carta natal la Luna está bien aspectada, es decir, bajo influencias favorables, la persona Aries será afectuosa con su familia y deseará tener una vida familiar que la apoye y la nutra afectivamente. Tanto a la mujer como al hombre Aries le gusta llegar a casa después de un arduo día en el campo de batalla de la vida y encontrar los brazos comprensivos de su pareja, y el amor y el apoyo incondicionales de su familia. Los Aries piensan que fuera, en el mundo, ya hay suficiente «guerra», en la cual les gusta participar, pero cuando llegan a casa, prefieren la comodidad y el cariño.

Horóscopo para el año 2012*

Principales tendencias

Para aquellos Aries nacidos en la primera parte del signo (21-31 de marzo), 2011 no fue un año de coser y cantar; hubo retos o dificultades a manta, tal vez incluso alguna experiencia de muerte temporal u operación quirúrgica, como también problemas en el matrimonio o en el amor, pero todo esto se superó. Si perteneces a este grupo, trabajaste más, tal vez en horas extras, pero has visto los frutos de tu trabajo. A pesar de todos los retos o dificultades, prosperaste, viajaste, llevaste una buena vida. La prosperidad continúa fuerte este año también. Las cosas no fueron fáciles pero sí buenas (las cosas verdaderamente valiosas de la vida rara vez se dan fáciles). Cuando Saturno salga de Libra el 5 de octubre las cosas comenzarán a ser más fáciles. Mejorarán la salud y la energía.

---

* Las previsiones de este libro se basan en el Horóscopo Solar y todos los signos que derivan de él; tu Signo Solar se convierte en el Ascendente, y las casas se numeran a partir de él. Tu horóscopo personal, el trazado concretamente para ti (según la fecha, hora y lugar exactos de tu nacimiento) podrían modificar lo que decimos aquí. Joseph Polansky

Si naciste en la última parte del signo, también tuviste prosperidad y buena vida, pero vas a experimentar más los retos este año y en los venideros.

El tema principal de 2011 (que en realidad comenzó en la primavera-verano de 2010) fue el cambio. Urano entró en tu signo en 2011 y continuará allí muchos años por venir. En los dos últimos años es posible que muchos Aries os divorciarais o rompierais relaciones serias y ahora estéis explorando vuestra libertad personal.

Tal vez llevas un tiempo rogando que haya un cambio, y ahora este ocurre; si naciste en la primera parte del signo lo tendrás este año; si naciste en la última parte, lo tendrás en los próximos años. Estos cambios son drásticos, no simples cambios en el estilo del peinado o de trabajo. Urano te dice sí, produciré los cambios que has estado pidiendo, pero para eso debes permitirme remover un poco las cosas.

El amor ha estado difícil estos dos años pasados, como hemos dicho, pero debería hacerse más fácil este año, después de octubre (volveremos sobre este tema).

Neptuno, tu planeta de la espiritualidad, hace un tránsito importante este año: sale de Acuario, donde ha estado 14 años, y entra en su signo, Piscis. Esto indica cambios en la vida espiritual, una profundización.

Si bien hay dificultades en la vida romántica, la amistad se ve buena, y tienes muy buenos amigos durante este periodo, amigos que anteponen tus intereses a los de ellos.

Júpiter entrará en tu tercera casa el 11 de junio y continuará en ella el resto del año. Por lo tanto, este es un año para expandir la mente, para aprender o enseñar, para dedicarte a tus intereses intelectuales. Es posible también que te compres coche y equipo de comunicación nuevos.

Tus intereses más importantes este año que comienza son: el cuerpo, la imagen y el placer personales; las finanzas; la comunicación y las actividades intelectuales; el amor, el romance y las actividades sociales; la sexualidad, la transformación y la reinvención personales; la profesión.

Tus caminos hacia una mayor realización este año son: las finanzas (hasta el 11 de junio); viajes al extranjero, la formación superior, la religión, la metafísica y la teología (hasta el 31 de agosto); la sexualidad, la transformación y reinvención personales (después del 31 de agosto).

Salud

(Ten en cuenta que esta es una perspectiva astrológica de la salud, no una médica. Antaño no había ninguna diferencia, ambas eran idénticas, pero en esta época podrían diferir muchísimo. Para una perspectiva médica, por favor, consulta a tu médico o a otro profesional de la salud.)

Tu sexta casa, la de la salud, está poderosa durante la primera mitad del año, y esto es bueno. Estás concentrado en la salud, es una prioridad importante, y debe serlo, porque este año la salud es más delicada que de costumbre. Tres poderosos planetas lentos (Urano, Plutón y Saturno) hacen impacto en ti, por lo tanto la energía general no es lo que debe ser. Es necesario prestar más atención a la salud este año, y lo haces.

Son muchas las cosas que puedes hacer para fortalecer la salud y prevenir problemas. Presta más atención a los siguientes órganos: la cabeza, la cara, el cuero cabelludo (los masajes periódicos en el cuero cabelludo y la cara son potentes todo el año pero en especial hasta el 3 de julio; la terapia sacro-craneal también es potente); el corazón (evita la preocupación y la ansiedad, las principales causas espirituales de los problemas cardiacos); las suprarrenales (las emociones fuertes, como el miedo y la ira, tienden a agotar estas glándulas, así que harás bien en reducirlas al mínimo); el intestino delgado.

Aries es amante del ejercicio físico y los deportes en general, y este año el ejercicio físico vigoroso es muy bueno para la salud; es importante el buen tono muscular. Si los músculos pierden tono el esqueleto se fastidia: la columna vertebral se desalinea, porque son los músculos de la espalda los que la mantienen alineada, y esto puede llevar a muchísimos otros problemas. Un día en el gimnasio no sólo proporciona diversión, sino que muchas veces (si te sientes decaído o indispuesto) hace por ti tanto como una visita a un profesional de la salud.

Teniendo a Marte, el señor de tu horóscopo, en tu sexta casa durante la primera mitad del año, para ti buena salud no es solamente «ausencia de síntomas» o buena forma física, sino también «buena apariencia»; en esto hay un componente de vanidad. La buena salud hará más por tu apariencia personal que muchos tratamientos de belleza.

Este componente de vanidad también se puede usar para sanar. Si sientes una indisposición, cómprate una prenda de ropa, o joya o accesorio, o ve a que te arreglen el pelo o te hagan la manicura; haz algo que te mejore la apariencia, y es muy posible que te sientas «físicamente» mejor también.

Aries siempre es temerario; cuanto más peligroso o aventurero es un trabajo o actividad, más le gusta. Pero este año aún es mayor esta tendencia. Deseas hacer experimentos con el cuerpo, poner a prueba sus límites. Esto es fundamentalmente bueno: el cuerpo puede hacer muchísimo más de lo que creemos. Pero estos experimentos hay que hacerlos de manera cuidadosa, teniendo presente los riesgos, si no la consecuencia puede ser una lesión. Teniendo a Urano en tu primera casa, me gustan los métodos de ejercicio como el yoga, el tai-chi o el chi-kung; estos son maneras sin riesgo de poner a prueba los límites del cuerpo.

Tu planeta de la salud, Mercurio, es un planeta de movimiento rápido. Durante el año, a veces avanza muy rápido, a veces más lento, y a veces incluso retrocede (3 veces al año). También transita por todos los signos y casas del horóscopo. Por lo tanto, hay muchas tendencias para la salud a corto plazo que es mejor tratarlas en las previsiones mes a mes.

Como hemos dicho, Saturno, uno de los principales causantes de dificultades para ti en los dos años pasados, saldrá de este aspecto difícil el 5 de octubre. Entonces mejorarán muchísimo la salud y la energía. Sin embargo, teniendo a Urano y a Plutón todavía haciendo impacto en ti, vas a necesitar continuar estando atento a tu salud.

Los principales periodos para descansar y relajarte más este año son: del 1 al 19 de enero; del 21 de junio al 22 de julio; del 22 de septiembre al 22 de octubre, y del 21 al 31 de diciembre.

Hogar y vida familiar

Tu cuarta casa, la del hogar y la familia, no es casa de poder este año, Aries. Normalmente esto indicaría un tipo de año en que las cosas continúan como están, sin cambios importantes en uno ni otro sentido. Pero este año, estando Urano en tu primera casa (y en especial si naciste en la primera parte del signo) «las cosas como están» falta en tu vocabulario. Estás sumergido en cambio, cambio, cambio. Cuanto más, mejor.

Por lo general, cuando Urano está en la primera casa (y esta tendencia es para muchos años) la persona se vuelve nómada. Se siente intranquila, no puede estarse quieta; puede que no se traslade ni mude de casa, pero viaja muchísimo y vive en diferentes lugares durante largos periodos. Puede que tenga casa, pero se comporta como si no tuviera un hogar.

Esto también produce un deseo, una «pasión por la libertad personal». La persona no desea tener ninguna responsabilidad; y esto podría generar problemas en la unidad familiar. Toda familia impone responsabilidades a sus miembros: deberes y obligaciones; algunos están codificados, pero muchos son tácitos. Por lo tanto, esto podría crearte desavenencias o rupturas con tu familia este año. (Si en tu familia hay nativos de Aries, es necesario que les des la mayor libertad posible, siempre que esto no sea destructivo; los niños Aries serán más difíciles de manejar este año; estarán más rebeldes.)

La Luna es tu planeta de la familia, y es eclipsada dos veces al año; esto es rutinario. Dos veces al año (y a veces más de dos) tienes la oportunidad de mejorar la casa y las relaciones familiares; el Cosmos te obliga a hacerlo. Por lo tanto, si hay defectos en la casa o rencores soterrados entre los familiares, estos son los periodos en que afloran para que se puedan corregir. Este año los eclipses lunares son el 4 de junio y el 28 de noviembre. En las previsiones mes a mes hablaremos de ellos con más detalle.

Este año vemos dramas en la vida de los padres o figuras parentales; esto ya estaba en vigor el año pasado, pero este año lo está más. Estas personas podrían pasar por operaciones quirúrgicas, experiencias de muerte temporal o cuasi muerte, y cambios y reestructuraciones financieras.

Como tú, los padres y figuras parentales deben vigilar más su salud este año, en especial los niveles de energía en general.

Los hermanos y las figuras fraternas de tu vida pasan por un periodo muy espiritual hasta el 11 de junio; hay mucho crecimiento interior. Pero después del 11 de junio entran en un periodo de prosperidad: mayores ingresos, suerte en las especulaciones, viajes y la buena vida. Los hermanos que están en edad de concebir son mucho más fértiles también en este periodo. Es probable que hagan reparaciones importantes en sus casas en la primera mitad del año.

Entre los hijos o figuras filiales ya mayores, podría haber muchísimas mudanzas este año, y estas se ven difíciles; si desean mudarse será mejor que lo hagan antes del 5 de octubre. Después hay más retrasos y contratiempos. Para los nietos ya mayores, se ve un año sin novedades ni cambios en lo que refiere al hogar y la familia. También son más fértiles de lo habitual.

Profesión y situación económica

Pese a todos los retos o dificultades que has afrontado, el año pasado se ve próspero, y la tendencia continúa este año. El expansivo Júpiter, el planeta de la abundancia, continúa en tu casa del dinero hasta el 11 de junio. Para entonces, más o menos, ya habrás conseguido tus objetivos económicos y tu atención pasará a otras cosas.

Como el año pasado, los bienes que posees tienden a aumentar de valor. Por lo tanto, tu valor neto aumenta, sean cuales sean tus ingresos reales.

Júpiter es el señor genérico y real de tu novena casa. Por lo tanto, hay oportunidades económicas en empresas extranjeras, en el extranjero o con personas extranjeras que viven en tu país.

Júpiter es el planeta de la religión y la metafísica. Así pues, vas a aprender el poder de la oración y de las técnicas metafísicas relativas a la riqueza.

Estando Júpiter relacionado con la riqueza este año, es muy importante tener una buena filosofía personal de la riqueza, una buena comprensión metafísica de lo que la causa y de cómo conseguirla. En ella hay mucho más que sólo el «trabajo arduo» (aunque este importa). Si hay defectos en tu filosofía personal (por ejemplo, crees que la riqueza es sólo cosas materiales) estos podrían entorpecer tu capacidad de ganarla.

Es probable que este año gastes más en viajes y en formación, pero también puedes ganar de estos campos.

Aunque se ven algunas complicaciones. Venus rige tu vida amorosa y tu vida financiera. Por lo tanto, para ti hay una fuerte conexión entre el amor y el dinero. Cuando el amor va bien las finanzas tienden a ir bien; cuando las finanzas van bien el amor tiende a ir bien. Los problemas en el amor pueden causar problemas en las finanzas, y a la inversa. Así pues, dado que la vida amorosa ha estado difícil, esto podría tener influencia en el poder adquisitivo (en los casos de parejas que se separan o divorcian suelen intervenir conflictos económicos). Por lo tanto, los problemas amorosos tienden a ser la causa primera de problemas económicos en tu horóscopo. Si te sobrevienen problemas económicos, será mejor que pongas en orden tu vida amorosa.

Venus es un planeta de movimiento muy rápido. Al igual que Mercurio, a veces avanza rápido, a veces lento y a veces retrocede; este año hace movimiento retrógrado del 15 de mayo al 27 de junio. Por lo tanto, en las finanzas hay muchas tendencias a corto plazo que es mejor tratar en las previsiones mes a mes.

Los dos últimos años tu planeta de la profesión ha estado en el signo Libra, buena posición, por cierto. Saturno está exaltado en Libra, por lo que tendría que haber habido éxito en la profesión; tus energías profesionales están en su estado más «exaltado». Esta situación continúa la mayor parte de este año, hasta el 5 de octubre. La presencia del planeta de la profesión en Libra indica que avanzas en la profesión por medios sociales: asistiendo y ofreciendo fiestas del tipo adecuado y a través de tus conexiones sociales. Tus amistades (y el cónyuge o ser amado actual) te apoyan en la profesión.

Plutón lleva unos cuantos años en tu décima casa, la de la profesión, y continuará en ella muchos años más. Hay gran ebullición (trastornos y reorganización) en la empresa o industria en que trabajas. Esta tendencia se acelera después del 5 de octubre, día en que tu planeta de la profesión entra en Escorpio, tu octava casa. Caen cabezas en la jerarquía superior de tu empresa y de tu industria; cambian las reglas. Se produce una desintoxicación en tu empresa y tu industria, pero también en tu interior. Se purifican tu actitud y tu forma de enfocar tu profesión, es posible que por medios drásticos. A veces ocurren experiencias profesionales de tipo «cuasi muerte», situaciones en las que la persona afronta una «ruina aparente», para que pueda eliminar sus miedos. El drama que afrontas es en realidad los «dolores del parto» de algo nuevo y maravilloso. En el estado de humanidad en declive todo parto va acompañado por dolores.

Amor y vida social

Como hemos dicho, la vida amorosa y social ha sido difícil desde hace unos años; Saturno ha estado en tu séptima casa. En esto hay muchas cosas buenas, pero este tránsito rara vez es «agradable». Si estás soltero o soltera, será mejor que no te cases este año. Muchas veces entramos en una relación con la mentalidad luna de miel. Como saben la mayoría de nuestros lectores, la luna de miel rara vez dura mucho. Pasado un tiempo llegan las cargas y responsabilidades y tenemos que arreglárnoslas con ellas. Los dos últimos años han sido un periodo de estos, y lo será gran parte de este año. Durante estos dos últimos años se han roto muchas relaciones amorosas; y este año se romperán muchas más. Es posible que muchos Aries dudéis de que existe el amor, puesto que todo parece ser deberes y cargas. Incluso relaciones buenas (en especial si es un primer matrimonio) se han vuelto rutinarias, aburridas, todo según las reglas. Cada miembro de la pareja hace lo que debe, cumple con su deber, pero parece faltar la chispa del amor, el fuego del romance, la espontaneidad. Esto hay que inyectarlo con esfuerzo consciente. Tendrás que trabajar más en proyectar amor y simpatía. En algún plano inconsciente proyectas «frialdad», distanciamiento, y los demás lo captan. Así pues, de ti depende proyectar amor y simpatía con un esfuerzo consciente para contrarrestar estas tendencias astrológicas.

La parte buena de este tránsito es que sabrás si tu amor es verdadero. Rara vez sabemos esto cuando todo va bien; sólo nos enteramos en los tiempos difíciles. Lo otro bueno es que tal vez vas a aprender que el deber y la responsabilidad es otra forma de amor. Cumplir el deber para con el ser amado, te sientas como te sientas o por pesado que sea, es una forma de amor. Y en muchas culturas se considera la más sublime forma de amor.

Saturno en tu séptima casa indica la necesidad de «reducir» las actividades sociales, la necesidad de enfocar la atención en la calidad, que no en la cantidad.

Aries tiende a zambullirse en relaciones con excesiva precipitación; se enamora con mucha rapidez y suele casarse pronto. Pero ahora, estando Saturno en tu séptima casa, el Cosmos te aconseja avanzar lento en el amor, no precipitar las cosas, dejar que el amor se desarrolle, crezca, a su ritmo. Es necesaria la paciencia en el amor este año.

Si estás soltero o soltera, es posible que te atraigan personas mayores (y las atraigas); personas mayores que tú y más establecidas. Con este aspecto una persona se casa por motivos profesionales, por conveniencia, en lugar de por amor romántico. El matrimonio se considera una gestión profesional, una profesión como cualquier otra; más parecido a una sociedad de negocios que a una unión romántica.

Si estás en tu primer matrimonio, se pone a prueba la relación conyugal. Si la relación es buena sobrevivirá e incluso mejorará. Pero si hay defectos en ella, es probable que se disuelva.

Si estás pensando en un segundo matrimonio, tienes oportunidades para formar sociedades de negocios este año; también hay oportunidades para un buen matrimonio en la primera mitad del año. Las oportunidades amorosas se presentan cuando estás trabajando en tus objetivos financieros y con personas que están involucradas en tus finanzas.

Si estás pensando en un tercer matrimonio, tienes oportunidades excelentes, y hay muchas probabilidades de boda. No es mucho lo que tienes que hacer: esta persona te encontrará.

En general, este año alternas con personas muy encumbradas, y así ha sido en los dos últimos años. Haces vida social con personas de mucho poder y prestigio que te pueden ayudar en la profesión. Se ven muchas posibilidades del clásico romance de oficina, sobre todo con superiores.

Progreso personal

En los dos últimos años has experimentado decepciones en el amor y en la amistad, y esto todavía no se acaba. Por lo tanto, es necesario evitar la amargura y el deseo de venganza. Es posible que albergues rencores muy profundos en un plano inconsciente. Eso no es constructivo y será causa de más problemas en el amor y en otras facetas de la vida. Así pues, este año es muy importante aprender y practicar el arte del perdón. El verdadero perdón no se hace sólo de boquilla; es un perdón orgánico; la herida y el sufrimiento se liberan por las células del cuerpo. Con el verdadero perdón puedes pensar en la persona sin rabia, dolor, pesar, tristeza ni ninguna otra emoción negativa. Tal vez no sientas un amor apasionado por la persona que te agravió, pero por lo menos no seguirás emanando más negatividad (con lo que te creas más experiencias negativas en tu vida). Podría servirte comprender que no perdonamos los actos sino sólo a las personas; los actos estuvieron mal y esas cosas no se pueden blanquear. Pero las personas actuaron movidas por sus inseguridades y errores y por lo tanto tenían más o menos poca elección en lo que hicieron.

Como hemos dicho, tu planeta de la espiritualidad, Neptuno (que es también el planeta genérico de la espiritualidad) hace un traslado importante este año; el 3 de febrero entra en tu casa doce. En consecuencia, la espiritualidad va a ser importante durante muchos años. Ahora bien, Aries es activista incluso en su vida espiritual. Cree en las «obras», en la salvación por las obras. Sirve a lo Divino con el cuerpo físico, siendo activo en obras o causas benéficas. Le gusta expresar sus ideales espirituales de manera física. Todo esto está muy bien y es bueno. Pero ahora, con la influencia de Neptuno sobre ti, podría convenirte incorporar también caminos más contemplativos, meditativos. La acción es buena, sí, pero la quietud también lo es. La quietud, el silencio, llevan a acciones más potentes aún, y a mí me parece que este es el mensaje espiritual para ti. Antes de precipitarte automáticamente en una actividad digna, pasa un tiempo en silencio comulgando con tu Divinidad. Así, cuando la hagas, tus actos serán más potentes y eficaces. Este es un periodo de tu vida en que aprendes que la no acción y la acción son las dos caras de una misma moneda. Una da nacimiento a la otra. Tu tendencia es hacer, hacer, hacer.

Urano está en tu primera casa y continuará ahí muchos años. Por lo tanto, como hemos dicho, eres más experimentador con tu cuerpo, quieres poner a prueba sus límites. Pero junto con esto, es posible que estés más rebelde en este periodo. A veces es necesaria la rebelión; hay ciertas situaciones a las que no debemos someternos. Pero en ocasiones las personas se rebelan simplemente por rebelarse. El cambio, la rebelión, se consideran buenos porque sí, y no siempre es así. La manera positiva de rebelarse es crear algo mejor que aquello contra lo cual nos rebelamos, ya sea un sistema, una manera de hacer las cosas o una institución. Encuentra una manera que de verdad mejore las cosas y practícala. A la larga esto hará más que un millón de rabietas.

Previsiones mes a mes

Enero

Mejores días en general: 1, 2, 10, 11, 19, 20, 28, 29
Días menos favorables en general: 8, 9, 14, 15, 21, 22
Mejores días para el amor: 6, 7, 14, 15, 16, 17, 25, 26
Mejores días para el dinero: 3, 4, 6, 7, 12, 16, 17, 21, 25, 26, 30, 31
Mejores días para la profesión: 15, 21, 22

El año comienza con el movimiento planetario abrumadoramente directo, hacia delante. Hasta el 24 todos los planetas están en movimiento directo y, después, el 90 por ciento. Y no sólo eso, sino que el ciclo solar universal está en fase creciente. Así pues, este es un mes para comenzar nuevos proyectos o lanzar nuevos productos. Procura encontrar los días en que la Luna también está creciente (del 1 al 9 y a partir del 23) y tendrás los mejores días de los mejores para comenzar nuevos proyectos.

El mes pasado el poder planetario comenzó a trasladarse al sector oriental de tu carta y este mes el traslado es más pronunciado; el 8 estarán en tu sector oriental el 70 por ciento de los planetas (y a veces el 80 por ciento). Siempre eres independiente, pero ahora lo eres más; tienes el respaldo planetario. Este es un periodo para crear las circunstancias de tu vida, en lugar de adaptarte a las cosas. Tu felicidad depende de ti. Los demás son siempre importantes, pero se adaptarán a ti, y no tú a ellos.

Este mes la salud necesita más atención, en especial hasta el 20. La energía y la vitalidad no están a la altura normal, así que descansa y relájate más y procura moderar la marcha. En lugar de un ritmo gogó a lo loco, adopta un ritmo gogó descansado. Por suerte, este mes (y los cinco próximos) estás más atento a la salud y le harás caso a tu cuerpo. Puedes fortalecer la salud dando más atención al hígado y los muslos, hasta el 8, y después a la columna, las rodillas, la dentadura, los huesos, la piel y la alineación esquelética general. Las terapias con calor, termoterapias, son potentes hasta el 8, y después son fuertes las terapias con tierra (baños de barro, baños en agua mineral y de ese tipo). Del 12 al 14 tu planeta de la salud viaja con Plutón, por lo que en ese periodo son especialmente potentes los regímenes de desintoxicación; en este periodo podrían recomendarte una intervención quirúrgica, y pareces inclinado a esas cosas, pero busca una segunda opinión; ten cuidado al conducir también en este periodo, sé prudente. Se ponen a prueba los coches y el equipo de comunicación, y podría ser necesario reemplazarlos. Del 8 al 10 tu planeta de la salud forma aspecto difícil con Urano, lo que refuerza lo dicho, y también recomienda evitar comportamientos arriesgados o temerarios.

Desde que Júpiter entró en tu casa del dinero en junio del año pasado estás en un ciclo de prosperidad, y la tendencia continúa. La intuición financiera es excepcionalmente buena y fuerte este mes. Del 12 al 15 Venus viaja con Neptuno, y el 14 entra en el místico Piscis. No puedes tomar decisiones financieras basándote solamente en la lógica; hay mucha actividad entre bastidores, así que tus premisas y suposiciones pueden ser defectuosas. La intuición ve a través de todas estas cosas. Aunque estás con mentalidad material en este periodo, este es un buen mes para profundizar en las realidades espirituales de la riqueza. El objeto material sólo es el efecto secundario de la realidad espiritual. El espíritu es la verdadera causa de la riqueza; las actividades de la Tierra son simples efectos.

Estás más caritativo este mes, más inclinado a dar. Esto es bueno; abre las puertas al aprovisionamiento espiritual. La participación en causas altruistas, no lucrativas, trae oportunidades amorosas y financieras.

Febrero

Mejores días en general: 7, 8, 15, 16, 24, 25
Días menos favorables en general: 4, 5, 11, 12, 17, 18
Mejores días para el amor: 5, 6, 11, 12, 15, 24, 25
Mejores días para el dinero: 1, 5, 6, 9, 15, 17, 24, 25, 27, 28
Mejores días para la profesión: 3, 12, 17, 18, 21

El movimiento planetario continúa principalmente directo este mes; no tan fuerte como el mes pasado, pero fuerte de todos modos. Hasta el 6, el 90 por ciento de los planetas están directos, y después el 80 por ciento. Por lo tanto, este mes sigue siendo bueno para lanzar nuevos productos al mercado o comenzar nuevos proyectos (y es muy probable que estés ocupado en nuevos proyectos en este periodo).

El poder planetario continúa en tu sector oriental, así que ten presente lo que hablamos sobre esto el mes pasado.

El principal titular de este mes es el poder que hay en tu casa doce, la de la espiritualidad; en estos momentos es fácilmente la casa más fuerte del horóscopo. Venus entró en ella el mes pasado; Neptuno entra el 3, Mercurio el 14 y el Sol el 19. La Luna nueva del 21 también ocurre en esta casa. No cabe duda de que este es un mes espiritual. Es normal si sientes la inclinación a recluirte, ansías la soledad, ponerte bien contigo mismo y con lo Divino. Y puesto que te acercas a tu año nuevo personal (tu Retorno solar, tu cumpleaños) este es buen periodo (hasta tu cumpleaños) para hacer revisión del año pasado, evaluar tu progreso o falta de progreso, expiar errores pasados y fijar tu curso para el año que comienza. Estas cosas sólo se pueden hacer en la soledad y el silencio.

Si estás en el camino espiritual, este es un mes para hacer progreso, adelanto; cuando ocurre esto te sientes extasiado. Cambia toda la visión de la vida.

El amor ha sido difícil desde hace unos años. Se han puesto a prueba matrimonios y relaciones. Este mes vemos cierta mejoría. Venus cruza tu Ascendente y entra en tu primera casa el 8. El cónyuge, pareja o ser amado se ve más cariñoso contigo, más de tu parte. Estás en modalidad más romántica. Si estás soltero o soltera no es probable que te cases este mes, pero hay amor en tu vida, y este amor te llega, te busca, te persigue. Pero el amor sigue siendo inestable, voluble (Venus está en conjunción con Urano del 8 al 10); el amor te llega de repente, pero también se marcha de repente. De todos modos, es emocionante. Este es un buen aspecto para las finanzas también. Te llegan oportunidades financieras, y tal vez ganancias imprevistas. Se presenta una oportunidad para formar una sociedad de negocios o empresa conjunta; tal vez una oportunidad para fusionar o vender tu empresa. Pero no te precipites; es dudosa la estabilidad de esta gestión. Tal vez gastas más en tecnología a partir del 8, y me parece buena inversión.

Aunque la salud ha estado difícil desde hace más de un año, este mes es uno de tus mejores periodos del año para la salud. Puedes fortalecerla prestando más atención a los tobillos y pantorrillas (debes darles masajes periódicos) hasta el 14, y después a los pies (también masajes periódicos). El 14 tu planeta de la salud entra en tu espiritual casa doce, así que este es un mes para profundizar en las dimensiones espirituales de la curación. Es posible que tomes parte en la curación espiritual de otras personas, y este sería un buen «punto de entrada» en este vasto tema.

Marzo

Mejores días en general: 5, 6, 13, 14, 22, 23, 24
Días menos favorables en general: 3, 4, 9, 10, 15, 16, 30, 31
Mejores días para el amor: 7, 9, 10, 15, 16, 25, 26
Mejores días para el dinero: 7, 15, 16, 25, 26
Mejores días para la profesión: 2, 10, 15, 16, 19, 29

Los planetas ya están en su posición oriental máxima del año. La independencia personal es la más fuerte. Este es un periodo para tener las cosas a tu manera y para crear tu felicidad según tus especificaciones. Tienes el poder y el respaldo.

Este mes los planetas hacen un importante traslado. Durante los dos últimos meses ha estado más fuerte el hemisferio superior de tu carta, por lo tanto los intereses dominantes han sido las ambiciones y la profesión. El 20, cuando el Sol cruza tu Ascendente, se hace dominante la mitad inferior de tu horóscopo. Entras en el periodo oscuro del año; cae la noche. Las actividades profesionales, externas, serán menos importantes durante los seis próximos meses más o menos. Ahora son más importantes los asuntos familiares y emocionales. Sí que trabajarás en tu profesión, pero tal vez de otra manera, no tanto con actos externos sino más bien estableciendo la infraestructura para el éxito futuro. Rudolph Steiner y otros clarividentes dicen que en invierno, cuando la naturaleza está sombría y desolada, y todo parece muerto, la naturaleza «sueña y visualiza» sus futuras flores y frutos. La naturaleza sigue viva, pero de un modo más interior. Luego, cuando llega la primavera, sus sueños comienzan a hacerse realidad. Eso mismo te ocurre a ti. Tus ambiciones externas no están en absoluto muertas, pero necesitan que se las trabaje de otra manera. Esta es la tendencia para los próximos seis meses más o menos. Ahora es muy importante tu armonía emocional; sin armonía emocional no serás eficaz en tus «sueños y visualizaciones». (No tenemos espacio para desarrollar esto como es debido; es un tema muy extenso.)

Tu casa doce, la de la espiritualidad, continúa fuerte hasta el 20, así que ten presente lo que hablamos sobre esto el mes pasado. El 20 el Sol entra en tu signo y primera casa; es un tránsito muy feliz; entras en una cima anual de placer personal. Estás en un periodo en que se satisfacen fácilmente los placeres del cuerpo. Hay optimismo y felicidad personales. Están muy mejoradas la salud y la energía (que han tenido problemas durante más de un año). Sea cual sea tu edad, eres más niño o niña este mes, feliz y despreocupado. Te ves más joven también. Si estás en edad de concebir, eres más fértil este mes. Hay suerte en las especulaciones también.

El 5 Venus entra en tu casa del dinero, donde se reúne con Júpiter; los dos planetas benéficos del zodiaco ocupan tu casa del dinero: un mes de prosperidad. También llegan oportunidades para formar una sociedad de negocios o empresa conjunta, y estas se ven más estables que el mes pasado: son oportunidades de algo más serio.

El amor se ve bien este mes también. Si estás soltero o soltera, tal vez eres demasiado práctico en el amor, tal vez muy materialista, pero me parece que consigues lo que deseas. Encuentras oportunidades amorosas cuando estás dedicado a tus objetivos financieros normales, y con personas relacionadas con tus finanzas.

Del 11 al 14 Venus viaja con Júpiter: este es un periodo fabuloso para el amor y para el dinero.

Abril

Mejores días en general: 1, 2, 10, 19, 20, 29, 30
Días menos favorables en general: 6, 12, 13, 26, 27
Mejores días para el amor: 5, 6, 14, 15, 24, 25
Mejores días para el dinero: 4, 5, 12, 13, 14, 15, 21, 22, 24, 25
Mejores días para la profesión: 6, 7, 12, 13, 15, 25

Tu planeta de la salud, Mercurio, estuvo retrógrado buena parte del mes pasado y este mes continúa retrógrado hasta el 4. Informes de salud que has recibido (resultados de análisis y cosas por el estilo) podrían no ser lo que piensas e incluso podrían no ser correctos. Este no ha sido un periodo para hacer cambios importantes en tu programa de salud; es un periodo para hacer más reflexión y análisis, hacer revisión de tu programa de salud, no para actuar. Después del 4 ya no habrá riesgos en hacer los cambios. Hasta el 17 Mercurio sigue en tu espiritual casa doce, así que la curación espiritual sigue siendo potente para ti; respondes bien a ella. Además, da más atención a los pies. El 17 Mercurio entra en tu signo, así que presta más atención a la cabeza, la cara y el cráneo (zonas que siempre la necesitan, por cierto) y a las suprarrenales. El ejercicio físico siempre es bueno para ti, pero ahora lo es más aún. Parece que del 17 al 20 haces cambios importantes en tu programa de salud; conduce con más precaución esos días. También hay cambios laborales en ese periodo; podría ser un cambio de puesto dentro de la misma empresa, o un cambio a otra. Si eres empleador, hay inestabilidad en el personal en ese periodo, tal vez cambio de empleados y dramas en la vida de los empleados. En el caso de que andes buscando trabajo, las oportunidades te buscan después del 17. Si eres empleador, te llegan nuevos empleados: no es mucho lo que necesitas hacer.

El mes pasado fue próspero y la tendencia continúa este (más fuerte aun). El 20 el Sol entra en tu casa del dinero y tú entras en una cima financiera anual. Este es uno de tus mejores meses financieros de un año financiero fabuloso. Disfrútalo. Lo que me gusta de este tránsito es que indica «dinero feliz», dinero que ganas de maneras placenteras y dichosas (no con trabajo pesado). También indica que gozas de tu riqueza, gastas en actividades de ocio y diversión. A partir del 20 hay suerte en las especulaciones también. Los hijos y figuras filiales de tu vida también prosperan y parece que te apoyan en las finanzas. Esto funciona de muchas maneras: a veces el apoyo es dinero o alguna oportunidad financiera (si están en la edad apropiada), y a veces tienen buenas ideas financieras o te estimulan a ganar más. Los astrólogos creen que todo niño nace con su aprovisionamiento financiero; este está desde el nacimiento. Por lo general, los padres son los instrumentos de esta provisión, pero esta viene del niño (en un plano espiritual). Por lo tanto, los padres de niños pequeños descubren que comienzan a abrírseles puertas que antes estaban cerradas. Es el niño el que abre la puerta (en el plano espiritual). Y este es el tipo de panorama que vemos este mes. Tu creatividad personal también se ve comercializable este mes.

Tu planeta del amor entra en tu tercera casa el 3 y pasa el resto del mes ahí. Así pues, las oportunidades amorosas se presentan en el barrio y tal vez con vecinos. El amor ocurre en ambientes de tipo educativo, en el colegio o en charlas o seminarios. La buena comunicación te excita. La sexualidad mental es tan importante como la física.

Mayo

Mejores días en general: 7, 8, 16, 17, 26, 27
Días menos favorables en general: 3, 4, 9, 10, 23, 24, 25, 30, 31
Mejores días para el amor: 3, 4, 11, 12, 21, 22, 30, 31
Mejores días para el dinero: 2, 3, 4, 10, 11, 12, 18, 19, 20, 21, 22, 29, 30, 31
Mejores días para la profesión: 4, 9, 10, 12, 22, 31

Siguen en vigor muchas de las tendencias de los meses pasados. La mayoría de los planetas continúan en tu sector oriental (aunque esto está a punto de cambiar) y la mayoría siguen bajo el horizonte de tu carta. Continúa creando tus condiciones como te convenga y esfuérzate en conseguir la armonía emocional. Teniendo retrógrado a tu planeta de la profesión desde hace unos meses, no hay riesgos en poner en un segundo plano la profesión y centrar la atención en el hogar y la familia. Muchos asuntos profesionales necesitan tiempo para resolverse y en estos momentos no hay solución rápida.

Aumenta la actividad retrógrada respecto a los meses pasados. Después del 15 están en movimiento retrógrado el 30 por ciento de los planetas. El ritmo de la vida se enlentece un poco. Los movimientos retrógrados que te afectan de modo más importante son el de Saturno (tu planeta de la profesión) y el de Venus (tu planeta del amor y del dinero); tres facetas importantes de la vida se ven afectadas. Así pues, el juicio financiero y social no está a la altura acostumbrada, por lo que no debes tomar decisiones importantes en estos frentes. Lógicamente, haz las compras de alimentos y de provisiones normales, pero las compras de cosas más caras, las inversiones, los cambios importantes, necesitan más reflexión y análisis. Venus hace movimiento retrógrado desde el 15 de este mes hasta el 27 de junio. El amor también es más complicado en este periodo. Tal vez retrocede en lugar de avanzar; tal vez el cónyuge, pareja o ser amado da marcha atrás, tal vez tú das marcha atrás. Todo esto forma parte del programa cósmico para que hagas revisión de tu vida amorosa, de tu relación romántica, y veas en qué se puede mejorar. A veces avanzar es ir hacia atrás; a veces la revisión (retroceder) lleva a más avance en el futuro. Evita tomar decisiones importantes en este periodo. Si estás soltero o soltera, deja que el amor se desarrolle, sin tratar de forzar las cosas (esto es difícil para Aries).

Tu planeta del amor hace su movimiento retrógrado en Géminis, tu tercera casa. El mensaje es que debes tener más cuidado cuando te comuniques con tu cónyuge, pareja o ser amado actual. No des las cosas por descontadas; asegúrate de que esta persona recibe tu mensaje y que tú recibes el suyo. Muchos de los problemas en el amor en este periodo vienen de la mala comunicación y los malos entendidos. Un poco más de cuidado al comienzo puede ahorrar mucho sufrimiento después.

Continúas en un periodo muy próspero, en una cima financiera anual. Esto continúa hasta el 20. El movimiento retrógrado de tu planeta del dinero no impide tu prosperidad pero tal vez la enlentece un poco. Tómate un respiro; es una pausa que renueva, como dicen.

Este mes hay un eclipse solar, el 20, justo en la cúspide de tu segunda y tercera casas; por lo tanto, afecta a los asuntos de ambas casas. Tendrás que hacer cambios importantes en tus finanzas en los próximos meses (pero tómate tu tiempo y analiza más las cosas). Evita la especulación durante el periodo del eclipse. Se ve afectada tu vida espiritual, ya que este eclipse hace impacto en Neptuno; es probable que cambies de profesor o maestro, de práctica o el programa general. Los hijos y las figuras filiales deberán evitar las actividades arriesgadas durante el periodo del eclipse. Se ponen a prueba los coches y los equipos de comunicación, por lo que posiblemente será necesario reemplazarlos. Hay dramas en la vida de hermanos, figuras fraternas y vecinos.

Junio

Mejores días en general: 3, 4, 12, 13, 22, 23
Días menos favorables en general: 5, 6, 20, 21, 27, 28
Mejores días para el amor: 8, 9, 17, 18, 27, 28
Mejores días para el dinero: 5, 6, 8, 9, 15, 16, 17, 18, 26, 27, 28
Mejores días para la profesión: 5, 6, 9, 18, 28

Este mes aumenta aun más la actividad retrógrada. La mayor parte del mes, hasta el 25, estarán retrógrados el 40 por ciento de los planetas, elevado porcentaje. Se enlentece el ritmo de la vida en el mundo, y también el personal. Paciencia, paciencia, paciencia: esta es la palabra clave, lección difícil para Aries, pero no servirá de nada tratar de salvar los obstáculos.

Este mes los planetas comienzan, sólo comienzan, a trasladarse al sector occidental de tu horóscopo. Como ya saben nuestros lectores, este es el sector social, el sector de los demás. El traslado se completará el próximo mes, pero empiezas a sentirlo en este. A lo largo de los cinco meses pasados, más o menos, ya te has creado las condiciones como las deseabas, has podido hacer las cosas a tu manera; ahora es llegado el periodo de hacer la «prueba de carretera» a tu creación: o bien la disfrutarás (si has construido bien) o bien sufrirás las incomodidades (si has construido imprudentemente). Ahora es más difícil cambiar las cosas. Dependes más de los demás y de su buena voluntad. Y es mejor que te adaptes a las cosas todo lo posible. Más adelante, hacia el final del año, volverás a entrar en un ciclo de independencia y podrás hacer los cambios deseados. Ahora es el periodo para afilar tus dotes sociales y conseguir tus fines con la colaboración de los demás, no solo. En este periodo se desarrolla otro lado de tu naturaleza, el lado social.

Júpiter hace un importante traslado este mes, entra en tu tercera casa el 11. Ha estado un año en tu casa del dinero. Ya has conseguido tus objetivos financieros y estás preparado para explorar otras facetas de interés: el intelecto, el aprendizaje, la expansión de la mente. Este es un tránsito excelente para ti si eres estudiante, universitario o preuniversitario. Hay éxito en los estudios. Aprender es más placentero y se te da mejor. Tal vez tengas que pasar por exámenes importantes en los próximos meses (test de aptitud académica, examen para ingresar en la universidad, para recibir el título o certificado, exámenes finales) y este tránsito trae buena suerte (¡de todos modos tienes que estudiar!). Si te estás preparando para entrar en la universidad, tienes suerte (el eclipse lunar del 4 crea algunos baches en el camino, pero incluso estos baches son positivos). Si estás en la fuerza laboral, disfrutarás haciendo cursos, asistiendo a seminarios y charlas. La mente está hambrienta y necesita que la alimenten. Te llega un equipo de comunicación nuevo y más moderno, y tal vez también un buen coche, parece ser uno caro.

Los hermanos y figuras fraternas de tu vida prosperan y tal vez entran en relaciones amorosas serias.

El eclipse lunar del 4 es bastante fuerte en ti. No sólo afecta a la Luna, tu planeta de la familia, sino también a Marte. Así pues, reduce tus actividades en ese periodo, unos pocos días antes y otros después. Evita las actividades arriesgadas o temerarias; evita poner a prueba los límites de tu cuerpo; en los próximos seis años tendrás muchas oportunidades más de hacer esto con menos riesgo. Este eclipse produce dramas en la vida de familiares y tal vez problemas en la casa física también. Si hay defectos ocultos en la casa, este es el periodo en que los descubres y das los pasos para corregirlos.

Si eres estudiante es posible que haya cambios bruscos en el colegio, universidad o en tu elección de asignatura principal. Pero esto se resolverá de buena manera.

Julio

Mejores días en general: 1, 2, 9, 10, 11, 19, 20, 21, 28, 29
Días menos favorables en general: 3, 4, 17, 18, 24, 25, 30, 31
Mejores días para el amor: 5, 6, 15, 24, 25
Mejores días para el dinero: 5, 6, 12, 13, 15, 16, 24, 25
Mejores días para la profesión: 3, 4, 5, 6, 15, 16, 24, 25, 30, 31

La actividad retrógrada sigue fuerte este mes. Cambian los actores del drama pero el porcentaje continúa elevado. Plutón y Neptuno están retrógrados todo el mes. El 13 Urano empieza un mes de movimiento retrógrado y el 15 Mercurio inicia movimiento retrógrado. A partir del 15 están retrógrados el 40 por ciento de los planetas. Como el mes pasado, la lección es la paciencia. Las prisas no conseguirán nada; los atajos crearán más retrasos. Tómate más tiempo y sé perfecto en lo que haces; esa es la mejor manera de llevar estos movimientos retrógrados.

Marte, el señor de tu horóscopo, y planeta muy importante en tu carta, forma un aspecto muy dinámico a Urano y a Plutón del 15 al 21. Es posible que esto lo sientas antes, y unos días después, pero ese es el periodo en que el aspecto es más exacto. No temas, simplemente ten más cuidado y prudencia al conducir y cuando manejes objetos afilados o peligrosos o instrumentos eléctricos. Evita los enfrentamientos y las actividades arriesgadas. Escucha más a tu cuerpo. Si haces ejercicio y sientes dolor, para. Si estás haciendo deporte y comienzas a sentir dolor, para. Este no es un periodo para poner a prueba los límites de tu cuerpo. Tus amistades también deberán tener más cuidado en este periodo. La relación con las amistades parece tensa en este periodo, pero procura no empeorar las cosas; la tensión pasará.

En general tendrás que estar más atento a la salud este mes, en especial hasta el 22. Trata de descansar y relajarte más. Es un buen periodo para hacer unas buenas y relajadas vacaciones. Habiendo tantos planetas retrógrados, no será mucho lo que te pierdas. El corazón, que es importante todo el año, es especialmente importante este mes: necesita más atención. La luz del sol y las termoterapias son potentes. Tu planeta de la salud inicia movimiento retrógrado el 15, así que evita hacer cambios importantes en tu dieta y programa de salud en ese periodo. Reflexiona y analiza más las cosas.

La salud y la energía mejoran espectacularmente después del 22, cuando el Sol entra en Leo, y tú entras en una de tus cimas de placer personal anual. Es el periodo para disfrutar de la vida.

Aunque tu energía general no está a su altura acostumbrada, de todos modos ocurren cosas buenas. Venus está muy cerca de Júpiter este mes, como lo estuvo el mes pasado también. El aspecto no es exacto pero continúa en vigor. Esto trae prosperidad y oportunidades financieras, y también oportunidades amorosas.

Como el mes pasado, el amor está cerca de casa, en el barrio o con vecinos. El amor se presenta en ambientes de tipo educativo: en el colegio, en charlas, seminarios, en la biblioteca o en la librería.

Agosto

Mejores días en general: 6, 7, 16, 17, 24, 25
Días menos favorables en general: 13, 14, 15, 20, 21, 27, 28
Mejores días para el amor: 2, 3, 13, 14, 20, 21, 22, 23, 31
Mejores días para el dinero: 1, 2, 3, 8, 9, 10, 11, 12, 13, 14, 20, 21, 22, 23, 29, 30, 31
Mejores días para la profesión: 1, 2, 11, 12, 20, 21, 27, 28, 29, 30

La actividad retrógrada sigue fuerte pero menos que el mes pasado. Mercurio retoma el movimiento directo el 8, y el porcentaje de retrógrados baja al 30 por ciento.

Estando retrógrado Plutón, es mejor retrasar cualquier intervención quirúrgica, a no ser que sea una urgencia; las operaciones optativas necesitan más reflexión y análisis. Los amigos se ven desorientados este mes, parecen estar «en el aire» (tendencia para los próximos meses). También hay que estudiar más la compra de equipos de alta tecnología o de programas informáticos. Podría estar en fabricación o elaboración una versión mejor, o nuevos sistemas operativos podrían dejarlos obsoletos tan pronto como los compres. Como dijimos el mes pasado, evita hacer cambios importantes en la dieta o programa de salud (o en el trabajo) hasta que haya pasado el 8, en que Mercurio retoma el movimiento directo. Como el mes pasado, fortalece la salud prestando más atención al corazón.

Habiendo dicho todo esto, este mes se ve fundamentalmente feliz, un tipo de mes placentero (divertirse tiende a mejorar la salud también). Hasta el 23 continúas en una cima de placer personal anual. La salud y la energía están mucho mejor que el mes pasado también. Marte, el señor de tu horóscopo, forma aspectos fabulosos a Júpiter desde el 8 al 21, tránsito muy feliz para ti. Esto trae oportunidades de viaje, felices. Si eres estudiante tendrás buenas noticias acerca del colegio o exámenes. Hay progreso religioso y filosófico. Tienes buena relación con académicos o estudiosos y con las figuras religiosas de tu vida. Hay suerte en la especulación y optimismo en general.

Venus, ya en firme movimiento directo desde el 27 de junio, entra en Cáncer el 8. Esto indica muchas cosas. Hay más relación con la familia y con las personas que son como familiares. Es posible que inviertas en la casa, redecorándola, embelleciéndola, adornándola con objetos bellos. La familia y las conexiones familiares son importantes en las finanzas en este periodo. Los familiares juegan a cupido. Después del 8 hay trastornos de corta duración en las finanzas y en el amor, pero pasan pronto.

El 23 el Sol entra en Virgo, tu sexta casa. Este es un periodo más serio. Estás en ánimo para el trabajo. Este es un buen tránsito si buscas trabajo, hay éxito este mes. Si este es tu caso, no sólo buscas «un empleo», deseas trabajar en algo que te guste; y parece que hay éxito en esto. Es posible que sacrifiques la paga por un trabajo placentero.

Los hijos y figuras filiales se ven confusos y faltos de dirección del 21 al 24; parecen soñadores o en otro mundo. Pero esto pasará. Evita la especulación estos días.

Septiembre

Mejores días en general: 2, 3, 12, 13, 21, 22, 29, 30
Días menos favorables en general: 10, 11, 16, 17, 23, 24
Mejores días para el amor: 1, 12, 16, 17, 21, 22, 29, 30
Mejores días para el dinero: 1, 5, 6, 7, 8, 12, 16, 17, 21, 22, 25, 26, 29, 30
Mejores días para la profesión: 8, 9, 17, 18, 23, 24, 26

Marte entró en tu octava casa el 24 del mes pasado y estará ahí todo este mes. En esto hay muchas cosas positivas. Es un periodo fabuloso para desintoxicar el cuerpo y adelgazar (si lo necesitas). Es un periodo fabuloso para ahondar en las cosas más profundas de la vida: vidas pasadas, reencarnación, estudios ocultos, la vida después de la muerte, etcétera. Sea cual sea tu edad o la fase en la que estés de tu vida, la libido será más fuerte que de costumbre. Este es un mes más activo sexualmente. Esta posición tiende a hacer más seria a la persona respecto a la vida; ve bajo la superficie de las cosas, bajo las fachadas que se erigen las personas. Hace falta tener buen estómago para esto. Muchas personas tienen esta facultad, pero la desconectan porque no es agradable. Hay también más conexión con la muerte, ya sea física o psíquicamente. Tiende a haber enfrentamientos con la muerte. Se hace necesario hacer las paces con ella, entenderla bien. Marte en la octava casa intensifica la naturaleza del deseo; los deseos pueden ser buenos o malos, pero serán más intensos de lo habitual. Por lo tanto, hay mayores posibilidades de éxito. Vas en pos de lo que deseas de una manera muy enérgica y unilateral.

La salud es buena la mayor parte del mes, hasta el 23; después necesitas descansar y relajarte más. Afortunadamente, estás atento a la salud este mes, en especial hasta el 23. Esto te servirá para superar cualquier cosa más adelante. Puedes fortalecer la salud dando más atención al corazón (todo el mes, pero en especial el 1); al intestino delgado (del 2 al 7); a los riñones y las caderas (a partir del 17). Del 1 al 3 evita el alcohol y las drogas. Siempre es bueno mantener la armonía en el matrimonio o relación amorosa, pero después del 17 esto se vuelve un verdadero asunto de salud; si surgieran problemas (Dios no lo permita) examina esta faceta y restablece la armonía lo más pronto posible.

La vida amorosa ha sido difícil hasta el momento, pero este mes las cosas mejoran. Venus entra en Leo el 7, y entonces hay más alegría en la relación actual y en general. Estás más dado a la diversión en el amor, no tan serio y pesimista como en los años pasados. Además, el 23 el Sol entra en tu séptima casa, iniciando una cima amorosa y social anual. Si estás soltero o soltera, ahora tienes maravillosas oportunidades, aunque no parecen serias, sino más bien de tipo aventura. Tal vez en el futuro se transformen en algo más serio, pero por el momento son aventuras amorosas.

Del 23 al 30 evita las especulaciones (siempre te inclinas a correr riesgos, pero este mes más). Los hijos y las figuras filiales de tu vida deben tener más prudencia al conducir o al manejar instrumentos eléctricos u objetos peligrosos; deben evitar las actividades arriesgadas o temerarias. Si los hijos son pequeños, mantén fuera de su alcance los objetos peligrosos.

Los hijos y las figuras filiales son prósperos este mes y hay buena colaboración financiera entre ellos y tú.

Octubre

Mejores días en general: 1, 9, 10, 11, 18, 19, 27, 28
Días menos favorables en general: 7, 8, 14, 15, 20, 21
Mejores días para el amor: 1, 12, 14, 15, 21
Mejores días para el dinero: 1, 2, 3, 4, 5, 6, 12, 14, 15, 21, 22, 23, 29, 30, 31
Mejores días para la profesión: 7, 16, 20, 21, 24

Nuevamente aumenta la actividad retrógrada este mes; el 4 Júpiter inicia movimiento retrógrado, que continúa el resto del año. A partir de esta fecha, el 30 por ciento de los planetas están retrógrados. Si tienes pendiente algún asunto legal o jurídico, hay más contratiempos y confusión en este periodo; tómate tu tiempo en estas cosas. Si eres estudiante ten más cautela o prudencia para hacer cambios en tu formación. Marte en tu novena casa (a partir del 7) sugiere que te sientes llamado por otros países; tienes la comezón de viajar, pero el movimiento retrógrado de Júpiter indica que es necesario estudiar más estos viajes.

Hasta el 23 sigue siendo necesario vigilar la salud, así que descansa y relájate más. Tal vez necesitas dormir más que de costumbre. Puedes fortalecer la salud (aparte de las formas mencionadas en las previsiones para el año) prestando más atención a los riñones y las caderas (hasta el 5); al colon, la vejiga y los órganos sexuales (del 5 al 29) y al hígado y los muslos (a partir del 29). Lo positivo este mes es que después del 23 mejoran espectacularmente la salud y la energía. Los planetas rápidos salen de su aspecto difícil, y, más importante aún, el 5 Saturno sale de Libra y del aspecto difícil en que ha estado casi tres años. Desde el 5 hasta fin de año (y los dos próximos años) te sentirás como si te hubieran quitado un enorme peso de los hombros. Si has tenido problemas de salud estos últimos años, deberías tener buenas noticias al respecto. Lo más probable es que la mejoría la atribuyas a este médico, a ese terapeuta o a aquella pastilla, medicamento o hierba; y es posible que esas cosas tuvieran un papel, pero la verdad es que cambió el poder planetario, mejoró tu sistema energético y por lo tanto pudo ocurrir la curación. Pero ten presente que aun cuando Saturno te deja en paz, otros dos planetas lentos continúan en aspecto difícil contigo, así que es necesario seguir controlando la salud.

El mes pasado fue sexualmente activo. Ahora, teniendo a Saturno en tu octava casa los dos próximos años, tendrás que ser más «selectivo» para la relación sexual. Es probable que se reduzca tu actividad sexual: está la necesidad de dar más atención a la calidad que a la cantidad. Si tienes pendientes asuntos de patrimonio, impuestos o seguros, necesitas más paciencia; hay muchos retrasos en esto; las cosas se resolverán, pero lentamente.

El mes pasado fue un buen periodo para la desintoxicación, el adelgazamiento, la transformación personal, los estudios ocultos y una comprensión más profunda de la muerte. Este mes también lo es, en especial después del 23.

El cónyuge, pareja o ser amado actual podría sentir estrechez financiera, pero los recursos que necesita están; sólo necesita «cambiar» un poco las cosas, reorganizarlas. Esta persona entra en una cima financiera el 23.

Hasta el 23 sigues en una cima anual amorosa y social. Si estás soltero o soltera sales más, tienes más citas y más oportunidades. Durante los últimos dos o tres años el círculo social «adelgazó» y ahora comienza a ensancharse otra vez, de una manera más sana. Con la salida de Saturno de tu séptima casa este mes, un matrimonio o relación amorosa actual o bien ha sanado o se ha roto. Sea lo uno o lo otro, estas en una situación social nueva y mejor.

Noviembre

Mejores días en general: 6, 7, 14, 15, 23, 24
Días menos favorables en general: 3, 4, 5, 10, 11, 16, 17
Mejores días para el amor: 1, 10, 11, 20
Mejores días para el dinero: 1, 2, 11, 19, 20, 26, 27, 28, 29
Mejores días para la profesión: 3, 12, 16, 17, 21

El 23 de septiembre el poder planetario inició el traslado desde la mitad inferior de tu carta a la superior. El mes pasado el traslado fue más pronunciado. Ahora el 70 por ciento de los planetas (y a veces el 80 por ciento) están en la mitad superior de tu carta, la mitad de la profesión. Estás en el periodo diurno de tu año otra vez. Basta de soñar y visualizar, ha llegado el momento de actuar para alcanzar tus objetivos profesionales, para hacer realidad tus sueños en el plano físico. Si has trabajado bien durante tu periodo nocturno, estos actos serán muy naturales y espontáneos. Gastarás energía, pero no será difícil, pues simplemente «ahora viene lo físico» de las realidades interiores.

Puedes desatender los asuntos domésticos y familiares sin riesgo, y concentrarte en tu profesión. Marte, el señor de tu horóscopo, entra en tu décima casa el 17, reforzando lo que hemos dicho.

Tu planeta de la profesión está ahora en tu octava casa, y el señor de tu octava casa está en tu casa de la profesión (técnicamente estos dos planetas están en «recepción mutua», es decir, colaborando mutuamente, aspecto positivo para tu profesión). Ha habido desintoxicación de tu cuerpo físico en los meses pasados (y continúa), pero también de la profesión. Te has visto obligado a contemplar la posible «casi muerte profesional» y a ver más allá de ella. Es posible que hayas cambiado de profesión. Estando la octava casa tan involucrada en la profesión, son favorables las actividades como intervenciones quirúrgicas, la psicología profunda, la administración de dinero, los seguros, banca y Bolsa, y los servicios de «inteligencia» (esta es una tendencia a largo plazo). Hay mucha reorganización y reestructuración en tu empresa e industria. Tal vez muere la vieja guardia (no muerte física necesariamente, sino tal vez por dimisiones y nuevos nombramientos) y cambian las reglas del juego.

Este mes hay dos eclipses, lo que garantiza que será un mes turbulento y lleno de cambios. Afortunadamente los dos son benignos contigo, aunque no te hará ningún daño reducir las actividades de todos modos.

El eclipse solar del 13 ocurre en tu octava casa. Así pues, el cónyuge o pareja pasa por trastornos y cambios drásticos en las finanzas. Los hijos o figuras filiales deben reducir sus actividades y evitar las arriesgadas; en ese periodo están temperamentales y volubles en las emociones. Podrían recomendarte una intervención quirúrgica (o a un hijo o figura filial), pero busca una segunda opinión. Hay encuentros con la muerte (por lo general en el plano psíquico). Los hijos o figuras filiales redefinen su imagen y personalidad, ahora y durante los seis próximos meses; podrían experimentar desintoxicación del cuerpo también.

El eclipse lunar del 28 ocurre en tu tercera casa. Los hermanos y figuras fraternas experimentan trastornos financieros y necesitan hacer cambios drásticos (también deben reducir sus actividades en el periodo del eclipse); además, redefinen su imagen y personalidad, ahora y durante los seis próximos meses. Este eclipse toca de refilón a Neptuno, tu planeta de la espiritualidad. Así pues, vas a hacer cambios importantes en tu programa y práctica espirituales. Hay trastornos en una organización benéfica o espiritual en la que colaboras. Si hay defectos en la casa, ahora los descubres y puedes corregirlos. Se pone a prueba el equipo de comunicación.

Diciembre

Mejores días en general: 3, 4, 12, 13, 20, 21, 22, 30, 31
Días menos favorables en general: 1, 2, 8, 9, 14, 15, 28, 29
Mejores días para el amor: 1, 8, 9, 10, 11, 20, 31
Mejores días para el dinero: 1, 8, 10, 11, 16, 20, 23, 24, 25, 31
Mejores días para la profesión: 1, 10, 14, 15, 18, 28

Entre el 70 y el 80 por ciento de los planetas continúan sobre el horizonte de tu carta, y el señor de tu horóscopo sigue en tu décima casa hasta el 26. Además, el 21 el Sol entra en tu décima casa, iniciando una cima profesional anual. El mensaje es muy claro: centra la atención en la profesión y deja estar los asuntos domésticos y familiares. Este es un mes profesional muy poderoso y se hará muchísimo progreso.

Disminuye la actividad retrógrada también. El impulso planetario es abrumadoramente hacia delante este mes; el 13 ya están en movimiento directo el 90 por ciento de los planetas. A esto suma el poder fuego que hay este mes en el horóscopo y tienes una receta para el progreso y el éxito rápidos. Ya va rápido el ritmo de la vida, tal como a ti te gusta.

La salud y la energía están mejor aún que el mes pasado. Disfrútalas. Con energía se te abren todo tipo de posibilidades. Puertas que estaban cerradas ahora se abren. Lo imposible es ahora eminentemente posible. Después del 21, cuando el Sol entra en Capricornio, tendrás que estar más vigilante de la energía, pero este periodo no será ni de cerca tan difícil como los de julio u octubre. Hasta el 11 puedes fortalecer la salud dando más atención al colon, la vejiga y los órganos sexuales. A partir del 11 puedes mejorar la salud y la energía dando más atención al hígado y los muslos. Hasta el 11 son potentes las hidroterapias, baños en la bañera, jacuzzi o agua de manantial natural; también la desintoxicación. Después del 11 son potentes las termoterapias: calor, sauna, baño de vapor, baño caliente y sol.

Tu novena casa estuvo poderosa el mes pasado y este mes también lo está. Por cierto, los astrólogos hindúes consideran la novena casa la más afortunada del horóscopo. Por lo tanto, este es un periodo feliz y despreocupado. Si eres estudiante deberías tener éxito en los estudios. Hay descubrimientos y progreso religioso y filosófico, si te interesan estas cosas (tenderás a tener más interés en ellas este mes). Hay felices oportunidades de viaje. Pero, como el mes pasado, Júpiter está retrógrado, así que estudia y analiza más estas cosas. Calcula más tiempo para el viaje; los planes podrían cambiar y cambiar una y otra vez.

Las finanzas se ven fuertes este mes. A principios de mes tienes el apoyo de los superiores de tu vida: jefe, figuras de autoridad, padres, figuras parentales, personas mayores. Tu buena fama profesional se ve muy importante. Hay probabilidades de aumento de sueldo y de ascenso. Hasta el 16 estás más cauteloso en las finanzas; tal vez esto es bueno. Después del 16 eres «libre para gastar», pero también ganas más. Me parece que hasta el 16 estás muy involucrado en las finanzas o ingresos de tu cónyuge, pareja o ser amado actual. Ten cuidado de no gastar en exceso en este periodo.

Hasta el 16 el magnetismo sexual parece ser lo más importante en el amor. La buena relación sexual cubre muchos pecados en la relación o el matrimonio. Sin embargo, no basta para mantener unidas las cosas. Después del 16 hay oportunidades amorosas en otros países, con personas extranjeras o en ambientes de tipo educativo. Ansías la compatibildad filosófica en la relación amorosa.

Tauro

El Toro

Nacidos entre el 21 de abril y el 20 de mayo

Rasgos generales

TAURO DE UN VISTAZO
Elemento: Tierra

Planeta regente: Venus
   Planeta de la profesión: Urano
   Planeta del amor: Plutón
   Planeta del dinero: Mercurio
   Planeta de la salud: Venus
   Planeta de la suerte: Saturno

Colores: Tonos ocres, verde, naranja, amarillo
   Colores que favorecen el amor, el romance y la armonía social:
     Rojo violáceo, violeta
   Colores que favorecen la capacidad de ganar dinero: Amarillo,
     amarillo anaranjado

Piedras: Coral, esmeralda

Metal: Cobre

Aromas: Almendra amarga, rosa, vainilla, violeta

Modo: Fijo (= estabilidad)

Cualidad más necesaria para el equilibrio: Flexibilidad

Virtudes más fuertes: Resistencia, lealtad, paciencia, estabilidad, propensión a la armonía

Necesidades más profundas: Comodidad, tranquilidad material, riqueza

Lo que hay que evitar: Rigidez, tozudez, tendencia a ser excesivamente posesivo y materialista

Signos globalmente más compatibles: Virgo, Capricornio

Signos globalmente más incompatibles: Leo, Escorpio, Acuario

Signo que ofrece más apoyo laboral: Acuario

Signo que ofrece más apoyo emocional: Leo

Signo que ofrece más apoyo económico: Géminis

Mejor signo para el matrimonio y/o las asociaciones: Escorpio

Signo que más apoya en proyectos creativos: Virgo

Mejor signo para pasárselo bien: Virgo

Signos que más apoyan espiritualmente: Aries, Capricornio

Mejor día de la semana: Viernes

La personalidad Tauro

Tauro es el más terrenal de todos los signos de tierra. Si comprendemos que la tierra es algo más que un elemento físico, que es también una actitud psicológica, comprenderemos mejor la personalidad Tauro.

Los Tauro tienen toda la capacidad para la acción que poseen los Aries. Pero no les satisface la acción por sí misma. Sus actos han de ser productivos, prácticos y generadores de riqueza. Si no logran ver el valor práctico de una actividad, no se molestarán en emprenderla.

El punto fuerte de los Tauro está en su capacidad para hacer realidad sus ideas y las de otras personas. Por lo general no brillan por su inventiva, pero sí saben perfeccionar el invento de otra persona, hacerlo más práctico y útil. Lo mismo puede decirse respecto a todo tipo de proyectos. A los Tauro no les entusiasma particularmente iniciar proyectos, pero una vez metidos en uno, trabajan en él hasta concluirlo. No dejan nada sin terminar, y a no ser que se interponga un acto divino, harán lo imposible por acabar la tarea.

Muchas personas los encuentran demasiado obstinados, conservadores, fijos e inamovibles. Esto es comprensible, porque a los Tauro les desagrada el cambio, ya sea en su entorno o en su rutina. ¡Incluso les desagrada cambiar de opinión! Por otra parte, esa es su virtud. No es bueno que el eje de una rueda oscile. Ha de estar fijo, estable e inamovible. Los Tauro son el eje de la rueda de la sociedad y de los cielos. Sin su estabilidad y su supuesta obstinación, las ruedas del mundo se torcerían, sobre todo las del comercio.

A los Tauro les encanta la rutina. Si es buena, una rutina tiene muchas virtudes. Es un modo fijado e idealmente perfecto de cuidar de las cosas. Cuando uno se permite la espontaneidad puede cometer errores, y los errores producen incomodidad, desagrado e inquietud, cosas que para los Tauro son casi inaceptables. Estropear su comodidad y su seguridad es una manera segura de irritarlos y enfadarlos.

Mientras a los Aries les gusta la velocidad, a los Tauro les gusta la lentitud. Son lentos para pensar, pero no cometamos el error de creer que les falta inteligencia. Por el contrario, son muy inteligentes, pero les gusta rumiar las ideas, meditarlas y sopesarlas. Sólo después de la debida deliberación aceptan una idea o toman una decisión. Los Tauro son lentos para enfadarse, pero cuando lo hacen, ¡cuidado!

Situación económica

Los Tauro son muy conscientes del dinero. Para ellos la riqueza es más importante que para muchos otros signos; significa comodidad, seguridad y estabilidad. Mientras algunos signos del zodiaco se sienten ricos si tienen ideas, talento o habilidades, los Tauro sólo sienten su riqueza si pueden verla y tocarla. Su modo de pensar es: «¿De qué sirve un talento si no se consiguen con él casa, muebles, coche y piscina?»

Por todos estos motivos, los Tauro destacan en los campos de la propiedad inmobiliaria y la agricultura. Por lo general, acaban poseyendo un terreno. Les encanta sentir su conexión con la tierra. La riqueza material comenzó con la agricultura, labrando la tierra. Poseer un trozo de tierra fue la primera forma de riqueza de la humanidad; Tauro aún siente esa conexión primordial.

En esta búsqueda de la riqueza, los Tauro desarrollan sus capacidades intelectuales y de comunicación. Como necesitan comerciar con otras personas, se ven también obligados a desarrollar cierta flexibilidad. En su búsqueda de la riqueza, aprenden el valor práctico del intelecto y llegan a admirarlo. Si no fuera por esa búsqueda de la riqueza, tal vez no intentarían alcanzar un intelecto superior.

Algunos Tauro nacen «con buena estrella» y normalmente, cuando juegan o especulan, ganan. Esta suerte se debe a otros factores presentes en su horóscopo personal y no forma parte de su naturaleza esencial. Por naturaleza los Tauro no son jugadores. Son personas muy trabajadoras y les gusta ganarse lo que tienen. Su conservadurismo innato hace que detesten los riesgos innecesarios en el campo económico y en otros aspectos de su vida.

Profesión e imagen pública

Al ser esencialmente terrenales, sencillos y sin complicaciones, los Tauro tienden a admirar a las personas originales, poco convencionales e inventivas. Les gusta tener jefes creativos y originales, ya que ellos se conforman con perfeccionar las ideas luminosas de sus superiores. Admiran a las personas que tienen una conciencia social o política más amplia y piensan que algún día (cuando tengan toda la comodidad y seguridad que necesitan) les gustará dedicarse a esos importantes asuntos.

En cuanto a los negocios, los Tauro suelen ser muy perspicaces, y eso los hace muy valiosos para la empresa que los contrata. Jamás son perezosos, y disfrutan trabajando y obteniendo buenos resultados. No les gusta arriesgarse innecesariamente y se desenvuelven bien en puestos de autoridad, lo cual los hace buenos gerentes y supervisores. Sus cualidades de mando están reforzadas por sus dotes naturales para la organización y la atención a los detalles, por su paciencia y por su minuciosidad. Como he dicho antes, debido a su conexión con la tierra, también pueden realizar un buen trabajo en agricultura y granjas.

En general, los Tauro prefieren el dinero y la capacidad para ganarlo que el aprecio y el prestigio públicos. Elegirán un puesto que les aporte más ingresos aunque tenga menos prestigio, antes que otro que tenga mucho prestigio pero les proporcione menos ingresos. Son muchos los signos que no piensan de este modo, pero Tauro sí, sobre todo si en su carta natal no hay nada que modifique este aspecto. Los Tauro sólo buscarán la gloria y el prestigio si están seguros de que estas cosas van a tener un efecto directo e inmediato en su billetero.

Amor y relaciones

En el amor, a los Tauro les gusta tener y mantener. Son de los que se casan. Les gusta el compromiso y que las condiciones de la relación estén definidas con mucha claridad. Más importante aún, les gusta ser fieles a una sola persona y esperan que esa persona corresponda a su fidelidad. Cuando esto no ocurre, el mundo entero se les viene abajo. Cuando está enamorada, la persona Tauro es leal, pero también muy posesiva. Es capaz de terribles ataques de celos si siente que su amor ha sido traicionado.

En una relación, los Tauro se sienten satisfechos con cosas sencillas. Si tienes una relación romántica con una persona Tauro, no hay ninguna necesidad de que te desvivas por colmarla de atenciones ni por galantearla constantemente. Proporciónale suficiente amor y comida y un techo cómodo, y será muy feliz de quedarse en casa y disfrutar de tu compañía. Te será leal de por vida. Hazla sentirse cómoda y, sobre todo, segura en la relación, y rara vez tendrás problemas con ella.

En el amor, los Tauro a veces cometen el error de tratar de dominar y controlar a su pareja, lo cual puede ser motivo de mucho sufrimiento para ambos. El razonamiento subyacente a sus actos es básicamente simple. Tienen una especie de sentido de propiedad sobre su pareja y desean hacer cambios que aumenten la comodidad y la seguridad generales de ambos. Esta actitud está bien cuando se trata de cosas inanimadas y materiales, pero puede ser muy peligrosa cuando se aplica a personas, de modo que los Tauro deben tener mucho cuidado y estar alertas para no cometer ese error.

Hogar y vida familiar

La casa y la familia son de importancia vital para los Tauro. Les gustan los niños. También les gusta tener una casa cómoda y tal vez elegante, algo de que alardear. Tienden a comprar muebles sólidos y pesados, generalmente de la mejor calidad. Esto se debe a que les gusta sentir la solidez a su alrededor. Su casa no es sólo su hogar, sino también su lugar de creatividad y recreo. La casa de los Tauro tiende a ser verdaderamente su castillo. Si pudieran elegir, preferirían vivir en el campo antes que en la ciudad.

En su hogar, un Tauro es como un terrateniente, el amo de la casa señorial. A los nativos de este signo les encanta atender a sus visitas con prodigalidad, hacer que los demás se sientan seguros en su casa y tan satisfechos en ella como ellos mismos. Si una persona Tauro te invita a cenar a su casa, ten la seguridad de que recibirás la mejor comida y la mejor atención. Prepárate para un recorrido por la casa, a la que Tauro trata como un castillo, y a ver a tu amigo o amiga manifestar muchísimo orgullo y satisfacción por sus posesiones.

Los Tauro disfrutan con sus hijos, pero normalmente son estrictos con ellos, debido a que, como hacen con la mayoría de las cosas en su vida, tienden a tratarlos como si fueran sus posesiones. El lado positivo de esto es que sus hijos estarán muy bien cuidados y educados. Tendrán todas las cosas materiales que necesiten para crecer y educarse bien. El lado negativo es que los Tauro pueden ser demasiado represivos con sus hijos. Si alguno de ellos se atreve a alterar la rutina diaria que a su padre o madre Tauro le gusta seguir, tendrá problemas.

Horóscopo para el año 2012*

Principales tendencias

Has sido idealista en tu profesión desde hace muchos años, Tauro, y ahora que tu planeta de la profesión está en tu espiritual casa doce (entró el año pasado) esta tendencia continúa, y continuará muchos más años. No te basta con hacer dinero y alcanzar posiciones; necesitas hacer esto teniendo conciencia de lo espiritual y social. Este es el reto en este periodo. (Volveremos sobre este tema.)

Durante los dos últimos años has estado muy atento a tu salud. Te has interesado más en seguir un programa disciplinado diario. Tal vez cuidas más la dieta, pero te cuesta un esfuerzo; más avanzado el año se te hará más fácil. El enfoque en la salud continúa este año. (Más adelante lo hablaremos con más detalle.)

Desde que Urano entró en Aries y en cuadratura con tu planeta del amor (2011), el amor ha sido difícil; muy inestable. La inestabilidad es tal vez lo que más le cuesta llevar a Tauro; necesita, anhela, estabilidad, seguridad, una rutina establecida. La vida amorosa o de matrimonio ha sido exactamente lo contrario. Este año continúa poniéndose a prueba el amor, en especial después del 5 de octubre. (Volveremos sobre este tema.)

Cuando Júpiter entró en tu signo a mediados del año pasado entraste en un periodo de prosperidad, que continúa este año. Júpiter estará en tu signo hasta el 11 de junio; entonces entrará en tu casa del dinero. Así pues, vives la buena vida, viajas y gozas de todos los placeres del cuerpo. También tienes los medios para permitirte estas cosas. (Más adelante volvemos sobre esto.)

---

* Las previsiones de este libro se basan en el Horóscopo Solar y todos los signos que derivan de él; tu Signo Solar se convierte en el Ascendente, y las casas se numeran a partir de él. Tu horóscopo personal, el trazado concretamente para ti (según la fecha, hora y lugar exactos de tu nacimiento) podrían modificar lo que decimos aquí. Joseph Polansky

Este año Neptuno hace un traslado importante (que ocurre cada 14 años más o menos); sale de tu casa diez y entra en la once. Por lo tanto, en este periodo vas a hacer amistades de tipo espiritual; es posible que entres en alguna organización o grupo espiritual, o participes en estas actividades más que de costumbre. Esta es una tendencia a largo plazo.

Las facetas de más interés para ti este año son: el cuerpo, la imagen y el placer personal (hasta el 11 de junio); las finanzas (a partir del 11 de junio); los hijos y la creatividad (del 1 de enero al 3 de julio); la salud y el trabajo (hasta el 5 de octubre); el amor, el romance y las actividades sociales (después del 5 de octubre); la religión, la filosofía, la teología, los viajes al extranjero y la formación superior; las amistades, los grupos y las actividades en grupo (a partir del 3 de febrero); la espiritualidad.

Tus caminos hacia la mayor satisfacción este año son: el cuerpo, la imagen y el placer personal (hasta el 11 de junio); las finanzas (a partir del 11 de junio); la sexualidad, la transformación y reinvención personales y los estudios ocultos (hasta el 30 de agosto); el amor, el romance y las actividades sociales (a partir del 30 de agosto).

Salud

(Ten en cuenta que esta es una perspectiva astrológica de la salud, no una médica. Antaño no había ninguna diferencia, ambas eran idénticas, pero en esta época podrían diferir muchísimo. Para una perspectiva médica, por favor, consulta a tu médico o a otro profesional de la salud.)

La salud debería ser buena este año, Tauro. Todos los principales planetas lentos o bien te forman aspectos favorables o te dejan en paz. Por lo tanto, la energía y la vitalidad son esencialmente buenas. Sin duda a lo largo del año habrá periodos en que la salud no esté tan bien como de costumbre, tal vez incluso difícil, pero estas cosas se deberán a los tránsitos de los planetas rápidos; son temporales, no la tendencia para el año. Cuando acabe el tránsito desfavorable volverá tu buena salud natural. (Estos periodos difíciles serán: del 20 de enero al 18 de febrero; del 22 de julio al 22 de agosto, y del 23 de octubre al 21 de noviembre; estos son los periodos en que debes descansar y relajarte más y aminorar el ritmo.)

Este año está fuerte tu sexta casa, la de la salud, lo que indica una gran atención a la salud. Pero puesto que la salud es fundamentalmente buena, yo diría que tu problema podría ser de «excesiva atención», la tendencia a creer que cosas de poca importancia son muy importantes, más de lo que lo son en realidad.

Aunque la salud es buena, puedes mejorarla más aún. Presta más atención a los siguientes órganos: el cuello y la garganta (irán bien masajes periódicos en el cuello, particularmente en la nuca, donde tiende a acumularse la tensión y es necesario aflojarla); los riñones y las caderas (los masajes periódicos serán potentes); la vesícula biliar; la columna, las rodillas, la dentadura, los huesos, la piel y la alineación esquelética general (serían convenientes visitas periódicas a un quiropráctico u osteópata; protege más la piel cuando te expongas al sol; irían bien terapias como la Técnica Alexander y el Método Feldenkreis; es importante mantener una buena postura; también me gusta la terapia sacro-craneal, que trabaja los huesos del cuello y de la cabeza; da más apoyo a las rodillas cuando hagas ejercicio).

Estas son las zonas más vulnerables este año, y si hubiera problemas lo más probable sería que comenzaran por ellas. Así pues, mantenerlas sanas será una buena medicina preventiva.

Venus, tu planeta de la salud, es un planeta de movimiento muy rápido. Al igual que Mercurio, a veces avanza rápido, a veces lento o incluso retrocede. A lo largo del año transita por todos los signos y casas del horóscopo. Por lo tanto, hay muchas tendencias de corta duración que es mejor tratar en las previsiones mes a mes.

El 5 de octubre Saturno entra en Escorpio, aspecto difícil para ti; por lo tanto, la energía no estará a su altura habitual. De todos modos, la acción de Saturno solo no basta para causar problemas importantes; nos preocupamos cuando muchos planetas lentos se unen en tu contra. De todos modos, es un problema; tienes que ser más selectivo en la forma de usar tu energía. Muchas veces esto nos obliga a tomar «decisiones difíciles»; no se puede hacer todo, hay que fijar prioridades.

Hogar y vida familiar

Tu cuarta casa, la del hogar y la familia, no está poderosa este año, Tauro. Esto tiende a dejar las cosas como están. Tienes más libertad en esta faceta, pero ningún deseo especial de hacer cambios. Te sientes más o menos satisfecho con las cosas como están.

Tu planeta de la familia, el Sol, es eclipsado dos veces cada año, y este año no es diferente. Estos eclipses suelen hacer aflorar problemas que hay en la casa o con familiares (saca a la luz los trapos sucios, rencores, desavenencias e insatisfacciones) y nos obliga a corregirlos. Este año los eclipses solares son el 20 de mayo y el 13 de noviembre, y hablaremos de ellos en las previsiones mes a mes.

Tu planeta de la familia viaja con Júpiter del 6 al 14 de mayo, aspecto esencialmente feliz. Es posible que tengas oportunidades para mudarte (mudanza feliz), renovar o agrandar o vender la casa, o recibir artículos caros para la casa. Habrá oportunidades en el sector inmobiliario también. En este periodo prospera la familia en su conjunto, y en especial un progenitor o figura parental. Tu planeta de la familia también formará aspectos hermosos a Júpiter (aunque no tan buenos como el que acabo de mencionar) del 3 al 11 de octubre.

Si tienes intenciones de embellecer la casa, pintarla o hacer cambios estéticos, o comprar objetos bellos de adorno para la casa, del 22 de julio al 22 de agosto y del 6 de septiembre al 5 de octubre serán periodos buenos para esto.

Un hermano, hermana o figura fraternal de tu vida podría desear mudarse; al parecer siente estrecha su casa actual, pero esto no es aconsejable este año; después del 5 de octubre sería mejor que antes. Esta persona necesita aprovechar mejor el espacio que tiene. Tal vez una remodelación de la casa sería mejor que una mudanza.

Para los hijos o figuras filiales de tu vida se ve un año sin novedades ni cambios en esta faceta. Como tú, parecen más o menos satisfechos con la casa como está. Entre los nietos (si los tienes) se ven muchas mudanzas o traslados este año.

Un progenitor o figura parental parece nómada este año; viaja o se traslada muchísimo. Esta persona podría pasar por una operación quirúrgica o por una experiencia de muerte temporal o cuasi muerte.

Profesión y situación económica

Como hemos dicho, este es un año próspero. Coges las rachas de buena suerte financiera. Hay suerte en las especulaciones (y especulaciones no son solamente las que se hacen en casinos o bingos; están las que hace cada día la gente de negocios). Hay viajes, buena ropa y complementos, buena comida, buenos vinos, buenos restaurantes, buen placer personal. Se satisfacen las fantasías carnales de modos felices. Tu único problema (y esto más desde la perspectiva de la salud) es que te excedas. El peso podría ser un problema.

Júpiter es el regente de tu octava casa, la de las herencias. Sí, pues este año te llega una herencia. Es de esperar que no muera nadie; alguien podría nombrarte en su testamento o se te nombra ejecutor o fideicomisario de bienes. Con este aspecto a veces la persona recibe la responsabilidad de administrar fondos. Si tienes asuntos pendientes con pago de derechos o patentes o de seguros, hay buena suerte.

Si buscas inversores para un proyecto, también hay buena suerte. Actualmente en todo el mundo se habla mucho de la dificultad para conseguir crédito, pero en tu caso no la hay. Personalmente tienes acceso a dinero ajeno.

El 11 de junio Júpiter entra en tu casa del dinero, y esto más o menos refuerza lo que hemos dicho. Teniendo a Júpiter en tu casa del dinero, los bienes que posees tienden a aumentar de valor.

A veces las personas se sienten decepcionadas con un tránsito de Júpiter; aunque siempre trae aumento, a veces las expectativas no son realistas. Tal vez una persona ruega recibir diez millones de euros y Júpiter sólo le aumenta el dinero en diez mil euros; entonces se decepciona con el tránsito; el problema no está en Júpiter sino en sus expectativas no realistas. En todo caso, sean cuales sean tus expectativas, deberías acabar el año más rico, con más riqueza neta de lo que tenías al comenzarlo.

En las finanzas no hay problemas este año. La profesión sí se ve más difícil. Tu planeta de la profesión está en aspecto difícil con Plutón, y esto significa cambios en la profesión, por ejemplo, cambio a otra empresa o industria, o incluso cambio de profesión. Las amistades, el círculo social general, no apoyan tus objetivos profesionales este año; llevará más trabajo que se embarquen contigo, conseguir que colaboren. Será mejor que te fíes de tus méritos que en las personas que conoces. Teniendo a tu planeta de la profesión en el signo Aries (desde 2011), deseas un tipo de profesión más independiente, para estar al mando de tu destino. Esto entraña ciertos riesgos, y es muy probable que tu cónyuge o pareja actual no esté a favor de esto. También, como hemos dicho, deseas una profesión que sea más coherente con tus intereses, que sirva a la humanidad en su conjunto, más consciente en lo social. Es posible que en estos últimos años hayas optado por una profesión de tipo espiritual, una profesión altruista, y si no, esto podría ocurrir todavía. Pero incluso en una profesión mundana, puedes mejorarla y avanzarla participando en obras benéficas y en causas altruistas.

Amor y vida social

Como hemos dicho, la entrada de Urano en Aries ha traído dificultades en el matrimonio o en la relación amorosa. El año pasado sentiste los comienzos de esto, pero este año la puesta a prueba del matrimonio o de la relación amorosa actual se vuelve más fuerte.

Divorcios o rupturas entre los nativos de Tauro no serían una sorpresa. De todos modos, estos aspectos no significan que «debas» divorciarte, sino solamente que está la tendencia. Si hay verdadero amor la relación puede sobrevivir, pero hará falta más trabajo y dedicación para hacerla funcionar.

Parte del problema parece ser un conflicto entre el cónyuge o ser amado con un progenitor o figura parental. Este se ve desagradable. Otro aspecto del problema podría ser el asunto profesional; las exigencias de la profesión tiran de ti, te alejan o distraen de la relación. En el caso de que estés soltero o soltera, podrían trasladarte a otra ciudad, lejos del ser amado, o incluso a otro país; esto también causa tensión en la relación.

Hacia fin de año Saturno entra en tu séptima casa, la del amor y el matrimonio, y esto pone aun más a prueba el matrimonio o la relación amorosa. El Cosmos hace una «prueba en carretera» del matrimonio o la relación, sometiéndola a dificultades extras, más o menos igual a como se prueba un coche; mediante estas pruebas el Cosmos revela la solidez de la relación, los defectos que se ven fácilmente para que se puedan corregir. Pero como ocurre en un coche malo, la prueba de carretera resulta excesiva para una mala relación, no es capaz de sobrellevarla, y se disuelve. (Si tu relación sobrevive a los dos próximos años, es probable que sobreviva a cualquier cosa.)

Estando el voluble Urano en cuadratura con tu planeta del amor todo el año, los cambios de humor en el amor son rápidos y desconcertantes. Un momento estás locamente enamorado y al siguiente estás de bronca con el ser amado. No sabes cual será tu actitud de un momento a otro, aun cuando la relación ya esté establecida; es como si cada momento fuera un nuevo galanteo. Tauro, más que la mayoría, se siente muy incómodo con esto; le gusta la seguridad en las finanzas y en el amor. Arreglártelas con la inestabilidad, con el cambio repentino, es uno de tus mayores retos.

Si estás pensando en un segundo matrimonio, podrías reunirte con tu cónyuge anterior o con una persona que se le parece mucho. A mí me parece que detrás de esto hay un programa o una pauta espiritual: quieres resolver viejos problemas que no pudieron resolverse de ninguna otra manera.

Si estás pensando en un tercer matrimonio, tienes oportunidades con personas de tipo espiritual en lugares y ambientes espirituales.

Si estás soltero o soltera tal vez no deberías casarte este año. Las cosas están muy inestables, en especial después del 5 de octubre. Después de esta fecha es posible que conciertes menos citas; sientes la necesidad de atender más a la calidad que a la cantidad. Pocas citas valiosas, con personas valiosas, son preferibles a citas mediocres. La actividad social en general disminuye después del 5 de octubre y por el mismo motivo: la necesidad de atender a la calidad, no a la cantidad.

Progreso personal

Como hemos dicho, Urano, tu planeta de la profesión, hizo un traslado importante el año pasado, entrando en tu casa doce, la de la espiritualidad. Así pues, es necesario que la profesión se vuelva valiosa para el mundo en general, no sólo para ti. Es necesario que la profesión no esté en contradicción con tus principios e ideales espirituales, que esté en armonía con ellos. Por mucho dinero que te ofrezca una empresa, por muy elevado que sea el puesto, es dudoso que puedas ser feliz en ella (o tengas éxito) si se violan tus principios espirituales.

Diferentes lectores están en diferentes fases del viaje espiritual. Si eres principiante, tal vez intentes incorporar ambas cosas, una profesión mundana y la dedicación a objetivos espirituales; a veces esto se hace participando en obras benéficas o causas altruistas a la vez que se realiza la profesión mundana; a veces se elige una profesión más espiritual, por ejemplo trabajar en una organización no lucrativa o ser un ejecutivo de una organización benéfica a nivel profesional. Conozco a personas con estos aspectos que han abierto una sala de yoga o de tai-chi lucrativa, y a otras que se han hecho sacerdotes o guías religiosos. Pero si estás más avanzado en el camino, el mensaje es muy claro: tu práctica espiritual, tu camino, es lo más importante, es tu misión en estos momentos. Sí, estas disciplinas aparentemente aisladas (lejos de la multitud) cambian el mundo. Primero cambias tu campo energético personal y esto influye en el campo energético de los demás, y sus campos energéticos influyen en las personas con las que se relacionan, y así sucesivamente. El mundo se cambia corazón a corazón, mente a mente, muchas veces en el silencio y la soledad. Ahí es donde ocurre el verdadero cambio. Los políticos, las personas de poder y prestigio, nunca crean el cambio, simplemente ratifican lo que ya ha ocurrido. Por lo tanto, tu práctica espiritual es en sí una profesión válida y tu misión durante los próximos seis a siete años.

Urano en tu casa doce tiene otros significados también. Urano es el planeta de la ciencia y el método. Por lo tanto, el mensaje es que necesitas un camino espiritual que sea científico y racional. Sí, lo Divino trasciende toda mente y toda lógica, pero el camino y su práctica tiene una ciencia que lo respalda y este tipo de método parece bueno para ti. El lado espiritual de la astrología también me parece bueno, un camino espiritual válido en este periodo. La presencia de Neptuno, el más espiritual de todos los planetas, en tu casa once, la de la astrología y la ciencia, refuerza lo que hemos dicho.

Previsiones mes a mes

Enero

Mejores días en general: 3, 4, 12, 13, 21, 22, 30, 31
Días menos favorables en general: 10, 11, 17, 18, 23, 24
Mejores días para el amor: 3, 6, 7, 12, 17, 18, 19, 21, 27, 28, 30
Mejores días para el dinero: 1, 2, 3, 4, 5, 6, 7, 12, 21, 22, 30
Mejores días para la profesión: 1, 10, 19, 23, 24, 28

La profesión es el principal titular este mes. Comienzas el año con el 60 por ciento de los planetas sobre el horizonte de tu carta (y a veces el 70 por ciento). Tu décima casa, la de la profesión, está poderosa todo el mes, mientras que tu cuarta casa, la del hogar y la familia, está vacía (sólo la visita la Luna los días 8 y 9). Además, el 20 entras en una cima profesional anual. Por lo tanto, la ambición es fuerte. Puedes desatender sin riesgo los asuntos domésticos y familiares en favor de la profesión. Lo bueno es que la familia, lejos de resentirse, te apoya. La familia en su conjunto está más ambiciosa también. Tú y tus familiares hacéis mucho progreso profesional este mes; tú y ellos sois elevados. Solamente el cónyuge o pareja actual parece que no apoya tus objetivos profesionales, tal vez incluso está en contra. Me parece que seguir tu camino profesional entraña cierto sacrificio social en este periodo (y el resto del año también).

La Luna nueva del 23 también ocurre en tu décima casa, por lo que muchos dilemas profesionales se esclarecerán a medida que avance el mes. Las relaciones con jefes, personas mayores y padres (o figuras parentales) también se esclarecen.

La salud es buena este mes, pero después del 20 descansa y relájate más. Puedes fortalecer la salud y la energía con masajes en los tobillos y las pantorrillas, hasta el 24, y después con masajes en los pies. Lo positivo es que hasta el 24 la salud está muy arriba en tu lista de prioridades y le prestas atención. Parece que entiendes que sin una buena salud el progreso profesional no sólo es más difícil sino también sin sentido. El éxito es maravilloso, pero sin salud para disfrutarlo no hay verdadera satisfacción.

Del 12 al 15 Venus viaja con Neptuno; la vida onírica será activa esos días, y es probable que tengas experiencias de tipo espiritual. Evita la ensoñación cuando vayas conduciendo o estés trabajando en el plano físico; manténte en tu cuerpo. La curación espiritual será potente en este periodo, y después del 24 también.

Las finanzas van bien este mes. Se mantendrán así hasta el 11 de junio. En estos momentos parece que el problema es un desacuerdo en las finanzas con el cónyuge, pareja o ser amado actual (tal vez con los socios de negocios también). Esto debería enderezarse después del 24. Al cónyuge, pareja o ser amado actual también le va bien, sobre todo hasta el 24; después deberá trabajar más arduo para conseguir sus objetivos financieros.

El amor es puesto a prueba todo el año; se ve difícil, pero este mes las cosas se ven más fáciles después del 24 que antes.

Febrero

Mejores días en general: 1, 9, 10, 17, 18, 27, 28
Días menos favorables en general: 7, 8, 13, 14, 19, 20
Mejores días para el amor: 5, 6, 9, 13, 14, 15, 17, 18, 24, 25, 27
Mejores días para el dinero: 1, 2, 3, 9, 11, 12, 17, 22, 23, 27, 28, 29
Mejores días para la profesión: 7, 15, 19, 20, 24

El 20 del mes pasado el Sol pasó del sector occidental de tu horóscopo al oriental. El 27, también del mes pasado, lo siguió Mercurio, y por lo tanto el poder planetario ha cambiado de posición. Ahora el sector oriental, el del yo (intereses e independencia personales), está más dominante que el occidental, el de los demás (necesidades de los demás, intereses sociales). Esto representa un cambio psíquico en ti también. Entras en un periodo (que durará los seis próximos meses más o menos) de más independencia. Estás más al mando de tu destino; si las circunstancias son molestas, tienes mayor poder para cambiarlas. No tienes necesidad de soportarlas ni de adaptarte a ellas. Los demás son siempre importantes, pero ahora tu felicidad no depende de ellos: depende de ti. Así pues, sé amable y simpático con los demás, pero date en el gusto tú. Si tú eres feliz, los demás serán felices.

La mayoría de los planetas siguen sobre el horizonte de tu carta, y tú sigues en una cima profesional anual. Continúa concentrado en tu profesión; las consecuciones externas son atractivas para ti, y tu ambición tiende a producir éxito.

Continúa descansando y relajándote más hasta el 19; después la salud y la energía vuelven a su nivel bueno normal. Puedes fortalecer la salud dando más atención a los pies, hasta el 8, y después a la cabeza, cara y cuero cabelludo. Los masajes en la cara y el cuero cabelludo harán maravillas. Del 8 al 17 Venus forma aspectos muy dinámicos con Urano y Plutón; ten más prudencia al conducir; evita las rabietas y los enfrentamientos; evita las actividades arriesgadas. Aunque este tránsito trae éxito y oportunidades profesionales, también puede incitar ira en los demás, sobre todo en el cónyuge o ser amado actual. Me parece que en este periodo estás más rebelde; también pareces más dispuesto a correr riesgos físicos.

El amor es tormentoso del 8 al 17; si la relación es débil podría romperse. Debes tener más paciencia con el ser amado y con las amistades en general.

Las finanzas van bien. Hasta el 14 el dinero viene de la profesión, de tu buena fama, o de un aumento de sueldo. Los padres o figuras parentales (también los jefes) apoyan tus objetivos económicos. Después del 14 las amistades y las conexiones sociales son importantes en las finanzas; te apoyan. Después de esta fecha sigue tu intuición financiera. También mantente al día de los últimos adelantos en tecnología.

Marzo

Mejores días en general: 7, 8, 15, 16, 25, 26
Días menos favorables en general: 5, 6, 11, 12, 18, 19
Mejores días para el amor: 7, 11, 12, 15, 16, 25, 26
Mejores días para el dinero: 1, 2, 5, 7, 13, 15, 16, 25, 26, 27, 28, 29, 31
Mejores días para la profesión: 5, 13, 18, 19, 22

El movimiento planetario ha sido abrumadoramente directo los meses pasados, por lo tanto el progreso ha sido rápido. Las cosas se han hecho rápidamente (y rara vez apreciamos esto cuando no experimentamos contratiempos). En enero todos los planetas estaban en movimiento directo hasta el 24. En febrero el 90 por ciento estaban en movimiento directo hasta el 6; después, el 80 por ciento. Este mes el 80 por ciento están en movimiento directo hasta el 11 y después el 70 por ciento. La actividad retrógrada ha ido aumentando lenta pero segura; todavía está en un grado tolerable, pero las cosas se van enlenteciendo. Tauro tiende a ser paciente, así que esto no es algo que no puedas manejar. Sólo tienes que ser más perfecto en todo lo que haces, dedicar más tiempo al comienzo y hacer las cosas bien, y esto te ahorrará mucho fastidio y retrasos después.

Marte ha estado retrógrado desde el 24 de enero. Es tu planeta de la espiritualidad, así que su movimiento retrógrado es muy importante, ya que este es un mes muy espiritual. Tu casa doce, la de la espiritualidad, es la más fuerte del horóscopo, por lo que vas a experimentar muchos fenómenos espirituales, sobrenaturales: sueños proféticos y reveladores, experiencias de sincronismo, coincidencias inexplicables y percepciones extrasensoriales. Pero el movimiento retrógrado de Marte sugiere que debes verificar tus intuiciones y mensajes espirituales; podrían no significar lo que crees. Además, no es aconsejable hacer cambios drásticos en tu práctica espiritual; espera hasta que Marte retome el movimiento directo, el 14 del mes que viene.

Mercurio inicia movimiento retrógrado el 12 y estará retrógrado todo el resto del mes. Con esto, muchos problemas de la vida, con las amistades, el cónyuge, los hijos vienen de una mala comunicación y los malos entendidos. Korzybski los llamaría «bloqueos semánticos». Las personas no entienden lo que dices y tú no las entiendes a ellas. Ahora, estando retrógrado el planeta de la comunicación, necesitas tener más cautela. Un poco más de cuidado al comienzo te ahorrará muchos sentimientos heridos y explosiones emocionales después. Tendrás que tener especial cuidado cuando te comuniques con los hijos o figuras filiales de tu vida.

Aunque este año tienes suerte en los asuntos financieros, este periodo no es especialmente bueno para la especulación.

El movimiento retrógrado de Saturno (que se inició el 7 de febrero) recomienda más cautela en los viajes al extranjero; es mejor evitarlos, si es posible, pero si debes viajar, programa más tiempo y asegura tus billetes. Protégete. Si eres estudiante debes tener más cautela para hacer cambios educativos importantes en este periodo. Reflexiona y analiza más las cosas.

Venus, tu planeta regente, cruza tu Ascendente el 5; es un tránsito feliz. Tu apariencia es fabulosa y atraes al sexo opuesto. Tienes un excelente sentido de la elegancia, y este es un buen periodo para comprarte ropa, complementos y objetos bellos. Venus viaja con Jú-

piter del 11 al 14 (desde antes que Mercurio inicie el movimiento retrógrado), y esto trae suerte en las especulaciones, oportunidades de
viaje y abundancia económica.

Abril

Mejores días en general: 4, 12, 13, 21, 22
Días menos favorables en general: 1, 2, 8, 14, 15, 29, 30
Mejores días para el amor: 4, 5, 8, 12, 14, 15, 21, 24, 25
Mejores días para el dinero: 4, 8, 9, 12, 13, 17, 18, 21, 22, 24, 25,
  29, 30
Mejores días para la profesión: 1, 9, 10, 14, 15, 18, 19, 29

El amor es puesto a prueba todo el año, y con el movimiento retrógrado de Plutón, que se inicia el 10 y dura muchos meses, las cosas se
complican más aún. Evita tomar decisiones importantes en el amor,
en uno u otro sentido; en este periodo no es aconsejable ni el matrimonio ni el divorcio (aunque podrías sentir una fuerte tentación).
Tanto tú como tu pareja o ser amado actual necesitáis más libertad;
los dos necesitáis hacer revisión. Mientras tanto, puedes disfrutar de
tu vida; lo mismo vale para las sociedades de negocios. El 20 el Sol
cruza tu Ascendente y entra en tu primera casa, iniciando una cima de
placer personal anual (tendrás otra dentro de unos meses).

Este mes son importantes el cuerpo y el espíritu. Aunque estos intereses parecen opuestos están muy relacionados. El bienestar y la armonía físicos son el efecto secundario natural de una vida espiritual sana.
Así pues, estando poderosa tu casa doce hasta el 20, vas a poner en orden tu vida espiritual (Marte, tu planeta de la espiritualidad, retoma el
movimiento directo el 14, lo que facilitará las cosas). Los adelantos espirituales llevan a adelantos «físicos y materiales»; la consecuencia natural de esto es un periodo de placer personal que comienza el 20.

La salud es excelente este mes. Tienes toda la energía que necesitas para conseguir cualquier objetivo que te propongas. Puedes tener
las cosas a tu manera (y probablemente las tienes). A partir del 20 estás en el periodo de máxima independencia personal. No esperes a
que otros te hagan feliz; coge el asunto en tus manos y créate la felicidad.

Tu apariencia es fabulosa este mes. Te vistes maravillosamente; tu
imagen resplandece. A pesar de las dificultades en las relaciones,
atraes al sexo opuesto. Tienes buena autoestima y seguridad en ti
mismo.

Hasta el 3, puedes fortalecer tu salud ya buena prestando más atención al cuello y la garganta (el masaje en el cuello es maravilloso), y a partir del 3, a los pulmones, sistema respiratorio, brazos y hombros. Después del 3 son saludables los ejercicios de respiración; en ese periodo eres más sensible a las impurezas del aire. Si te sientes abatido o indispuesto, sal a tomar aire fresco y respira hondo durante una hora más o menos.

La entrada de Venus en tu casa del dinero el 3 indica un fuerte interés en las finanzas (siempre es un interés fuerte, pero ahora lo es más); indica que los ingresos proceden del trabajo; si buscas trabajo deberías tener buena suerte. También indica que la apariencia personal, el porte en general, es excepcionalmente importante para los ingresos. Es probable que gastes más en ti, en tu imagen.

Mayo

Mejores días en general: 1, 2, 9, 10, 18, 19, 20, 28, 29
Días menos favorables en general: 5, 6, 11, 12, 26, 27
Mejores días para el amor: 1, 2, 3, 4, 5, 6, 9, 10, 11, 12, 19, 20, 21, 22, 28, 29, 30, 31
Mejores días para el dinero: 2, 8, 10, 18, 19, 20, 21, 22, 28, 29
Mejores días para la profesión: 7, 11, 12, 16, 26

Este mes aumenta la actividad retrógrada. La principal novedad es el movimiento retrógrado de Venus, que se inicia el 15. Este movimiento retrógrado es fuerte en el plano personal; Venus es a la vez el señor de tu horóscopo y el señor de la sexta casa

Eres muy independiente en este periodo, tienes mucho poder personal, puedes tener las cosas a tu manera; pero estando retrógrada Venus, no sabes bien «cuál es tu manera». Esto hace más problemático hacer los cambios. De todos modos, este es un periodo para analizar estas cosas, estudiarlas más, hacer revisión de tu vida y circunstancias, y ver qué mejoras puedes introducir. Lo mismo vale para los cambios en el trabajo y en el programa de salud. Es un periodo para revisar, no para actuar.

El movimiento retrógrado de Venus, el planeta genérico del amor, complica aún más tu vida amorosa. Los dos planetas del amor de tu horóscopo están retrógrados al mismo tiempo; esto refuerza lo que dijimos el mes pasado.

El 20 del mes pasado el Sol entró en tu primera casa, iniciando una cima de placer personal anual (tendrás otra dentro de unos meses).

Has vivido la buena vida durante casi un año y este mes esto se intensifica. Se hacen realidad todas tus fantasías carnales. El único problema es que te excedas; el peso podría ser un problema.

Los familiares, en especial un progenitor o figura parental, están muy afectuosos contigo este mes; la familia te apoya, aunque tal vez controla demasiado. El Sol viaja con Júpiter del 11 al 14; es un tránsito feliz. Los familiares prosperan; a un progenitor o figura parental le llega una ganancia imprevista o una oportunidad financiera. También al cónyuge, pareja o ser amado actual. A ti te llegan oportunidades para mudarte, o comprar o vender una casa. Hay buena suerte en las reclamaciones de seguros. Es un buen periodo para pagar o refinanciar deudas.

El 20 hay un eclipse solar en tu casa del dinero. Este indica cambios importantes y a largo plazo en tus finanzas. A mí me parece que los cambios son buenos, aunque producen trastornos. Es probable que estos cambios y trastornos aumenten la prosperidad a la larga. Este eclipse ocurre cuando el Sol entra en tu casa del dinero iniciando una cima financiera anual. Es un periodo de ingresos cumbre. La familia y las figuras parentales te apoyan y se involucran en tu vida financiera. Los asuntos de bienes raíces te son favorables.

El 9 Mercurio entra en tu signo y cambia el peso en la balanza del horóscopo. Ahora la mitad inferior de tu carta está más fuerte que la mitad superior. Más o menos se han conseguido los objetivos profesionales a corto plazo y llega el momento de centrar más la atención en el hogar y la familia. Este es un periodo (que dura los próximos cinco o seis meses) para establecer las condiciones (internas y externas) para el éxito profesional futuro. Parte de estas condiciones entrañan una base hogareña estable, buenas relaciones familiares y la sensación de armonía emocional.

Junio

Mejores días en general: 5, 6, 15, 16, 24, 25
Días menos favorables en general: 1, 2, 8, 9, 22, 23, 29, 30
Mejores días para el amor: 1, 2, 5, 8, 9, 15, 17, 18, 24, 27, 28, 29, 30
Mejores días para el dinero: 1, 5, 6, 10, 17, 18, 20, 21, 26, 27
Mejores días para la profesión: 3, 8, 9, 12, 22

Este es un mes lleno de cambios importantes. Júpiter, el planeta de la abundancia, entra en tu casa del dinero el 11, aumentando aún más la prosperidad que ya tienes.

El 4 hay un eclipse lunar que ocurre en tu octava casa y afecta también a las finanzas del cónyuge, pareja o ser amado actual; esta persona se ve obligada a hacer cambios financieros importantes. Este eclipse (como también el solar del mes pasado) tiene efectos en la familia y la casa. Es posible que se produzca una especie de crisis familiar; podría ser necesario hacer reparaciones en la casa; las emociones se vuelven volubles, tanto en ti como en los familiares; hay dramas en la vida de los padres o figuras parentales. Dado que la Luna, el planeta eclipsado, rige tu tercera casa, es posible que haya dramas en la vida de hermanos, figuras fraternas y vecinos. Se ponen a prueba los coches y el equipo de comunicación y podría ser necesario reemplazarlos.

La octava casa es la casa de la muerte y la resurrección, de experiencias de cuasi muerte o muerte temporal, de encuentros con la muerte, así que es posible que ahora ocurran ese tipo de encuentros (en el plano psíquico, lo más probable). Reduce tus actividades durante este periodo. Este eclipse hace un fuerte impacto en Marte, y esto refuerza lo dicho. Haz lo que sea necesario hacer, pero evita las actividades arriesgadas que no son necesarias. Marte es tu planeta de la espiritualidad, así que ocurren importantes cambios; cambios en el programa espiritual, en la práctica y en la actitud. Ahora que Marte está en movimiento directo no hay riesgo en hacerlos. También podría haber trastornos y reestructuración en una organización espiritual o benéfica en la que participas.

Aunque el matrimonio o la relación amorosa seria continúa experimentando severas pruebas, en el plano financiero hay colaboración y apoyo mutuo; una cosa no tiene que ver con la otra. Te involucras en las finanzas de tu pareja y ella en las tuyas. En este periodo tienes acceso a dinero ajeno. Si tienes buenas ideas y necesitas inversores, te es fácil atraerlos; están ahí. Si necesitas pedir un préstamo, también se ve fácil. Hay buena suerte en los asuntos de seguros, patrimonio o herencia e impuestos. Tal vez pagas más impuestos, pero eso significa que ganas más. Hay oportunidades financieras mediante tipos de financiación creativa.

La salud es buena. Puedes fortalecerla más prestando más atención a los pulmones, al sistema respiratorio, a los brazos y lo hombros. Son potentes los ejercicios de respiración y los baños de aire.

Del 28 al 30 el Sol hace un tránsito dinámico. Estos días los familiares deben evitar las actividades arriesgadas o temerarias. Limpia la casa de objetos peligrosos y mantenlos fuera del alcance de los niños; la vida emocional es más inestable, y esto puede llevar a accidentes también. Esfuérzate en tomarte con calma las provocaciones; cuando te provoquen haz unas cuantas respiraciones profundas.

Julio

> *Mejores días en general:* 3, 4, 12, 13, 22, 23, 30, 31
> *Días menos favorables en general:* 5, 6, 19, 20, 21, 26, 27
> *Mejores días para el amor:* 5, 6, 15, 24, 25, 26, 27
> *Mejores días para el dinero:* 1, 2, 5, 6, 9, 10, 11, 15, 16, 19, 20, 21, 24, 25, 28, 29
> *Mejores días para la profesión:* 1, 5, 6, 9, 19, 20, 28

Este mes aumenta la actividad retrógrada. Neptuno inició movimiento retrógrado el mes pasado; Plutón está retrógrado desde el 10 de abril; Urano lo inicia el 13 de este mes, y Mercurio el 15. A partir del 15 el 40 por ciento de los planetas están en movimiento retrógrado, el mayor porcentaje en lo que va de año. Se enlentece el ritmo de la vida, el ritmo de los acontecimientos.

El movimiento retrógrado de Urano indica que la profesión aminora un poco la marcha. Tal vez eso es conveniente ahora; tu mayor atención está en el hogar y la familia, como debe ser, y la profesión se puede dejar en un segundo plano. Evita tomar decisiones importantes en la profesión siempre que sea posible. Reflexiona, analiza, revisa.

El 21 del mes pasado el Sol pasó del sector oriental de tu carta al occidental. Ahora está más poderoso tu sector occidental, el social; el sector oriental está débil. Estás en la fase anual de «pagar karma»; tienes que vivir con tus creaciones de los meses pasados; ahora no es fácil cambiarlas. Si creaste bien, disfrutarás de tu «buen karma»; es agradable. Si creaste mal, ahora pagas el precio; debes adaptarte a las situaciones y circunstancias lo mejor posible y hacer las correcciones cuando comience el próximo ciclo «independiente».

Cuando está fuerte la mitad occidental del horóscopo no es muy importante la iniciativa personal, y ni siquiera la capacidad personal. Lo que importan son las dotes sociales. La consecución ocurre gracias a la buena voluntad de los demás. El factor simpatía, tu don de gentes, es lo que da el éxito.

La salud es esencialmente buena, pero después del 22 necesitas más descanso y relajación. Puedes fortalecer la salud prestando más atención al corazón, los pulmones, el sistema respiratorio, los brazos y los hombros (masajes periódicos en los hombros harán maravillas).

La buena salud mental también es importante este mes. Evita pensar y hablar demasiado (es un gran desperdicio de energía). Procura que lo que dices sea positivo y constructivo. Esfuérzate en conseguir la pureza intelectual.

Marte entra en tu sexta casa el 4 y continúa en ella todo el mes. Así pues, en este periodo es importante también el ejercicio físico, el buen tono muscular. Y puesto que Marte es tu planeta de la espiritualidad, también se ven buenos los ejercicios de tipo espiritual, como el yoga, el tai chi o el chikung. También obtienes buenos resultados de las técnicas de curación espiritual: oración, meditación, imposición de manos y la manipulación de las energías sutiles.

Del 15 al 21 Marte hace un tránsito muy dinámico: está en oposición con Urano y forma cuadratura con Plutón. Durante estos días, tú, tus amistades, tu cónyuge o pareja y los padres o figuras parentales debéis tener más cautela y prudencia en el plano físico. Evita los enfrentamientos y las actividades arriesgadas. Hay que evitar las hazañas temerarias como a la peste. Conduce con más prudencia y atención.

Agosto

Mejores días en general: 8, 9, 10, 18, 19, 27, 28
Días menos favorables en general: 1, 2, 16, 17, 22, 23, 29, 31
Mejores días para el amor: 2, 3, 8, 13, 14, 18, 22, 23, 27, 31
Mejores días para el dinero: 1, 2, 6, 7, 11, 12, 16, 17, 20, 21, 24, 25, 29, 30
Mejores días para la profesión: 1, 2, 6, 16, 24, 29, 30

Hasta el 23 continúa descansando y relajándote. Fortalece la salud de las formas explicadas el mes pasado. Después del 8, presta más atención al estómago y los pechos (si eres mujer). También debes prestar más atención a la dieta.

El mes pasado Marte formó aspectos dinámicos con Urano y Plutón; este mes, del 14 al 17, Venus forma aspectos similares con estos planetas. Ten presente lo que hablamos el mes pasado. Tómate las cosas con calma. Aminora la marcha y sé prudente y consciente en el plano físico. Estos días también se pone a prueba el matrimonio o la relación amorosa actual de una manera muy severa. Las emociones se disparan. Procura mantenerte tranquilo y evita empeorar las cosas. El 17 ya habrá pasado lo peor de esto. Durante este tránsito también podría haber cambios en la profesión.

El 23, cuando el Sol entra en Virgo, entras en otra cima de placer personal anual. Pásalo bien, disfrútala. La creatividad estará más fuerte que de costumbre. Te relacionas más con los hijos y figuras filiales. La salud y la energía también comienzan a mejorar.

Tu planeta del dinero, Mercurio, que ha estado retrógrado desde el 15 del mes pasado, retoma el movimiento directo el 8. Evita las compras y las decisiones financieras importantes durante el periodo retrógrado; lógicamente compra los alimentos o comida, nos referimos a compras grandes. En ese periodo deberías hacer revisión de tu vida financiera, inversiones y cambios. Si esto lo haces bien, estarás en buena posición el 8, cuando Mercurio retoma el movimiento directo. Parece que en este periodo gastas más en la casa y la familia. El apoyo familiar tenderá a ser bueno; las conexiones familiares también son importantes en las finanzas.

El Sol en tu cuarta casa (posición poderosa, pues este es su signo y casa) indica que este es un mes para el progreso o adelanto psíquico. Se te revelan las pautas emocionales, o estados de ánimo, que te han estado refrenando, para que puedas corregirlas. Tienes más percepción de los estados anímicos y sentimientos este mes y esto te sirve para tratar con los familiares.

Si estás en edad de concebir, eres más fértil este mes y el próximo.

El 24 Marte entra en tu séptima casa. Esto provocará más pruebas para el matrimonio o relación amorosa actual. Puedes facilitar las cosas evitando las luchas de poder todo lo posible.

Septiembre

Mejores días en general: 5, 6, 14, 15, 23, 24
Días menos favorables en general: 12, 13, 19, 25, 26,
Mejores días para el amor: 1, 5, 12, 14, 18, 19, 21, 22, 23, 29, 30
Mejores días para el dinero: 4, 5, 7, 8, 15, 16, 17, 25, 26
Mejores días para la profesión: 2, 12, 20, 21, 25, 26, 29

Este mes disminuye la actividad retrógrada; después del 18 el porcentaje baja a un 20 por ciento. Los contratiempos, fallos técnicos y fastidios van desapareciendo lentamente, pero sin duda se resuelven, y esta tendencia se hace más pronunciada en los próximos meses. Se acelera el ritmo de la vida.

Hasta el 23 continúas muy establecido en una cima de placer personal anual; este es un periodo para gozar de la vida, para expresar la creatividad personal (una de las grandes dichas de la vida) y disfrutar más del ocio y la diversión. Después del 23 la atención pasa a cosas más serias: la salud y el trabajo.

Venus entra en tu cuarta casa el 7, por lo tanto el hogar y la familia siguen siendo un centro de atención importante, como debe ser. Este es buen periodo para embellecer la casa, redecorarla o comprar objetos bellos de adorno. También es bueno para recibir a gente en casa, en fiestas o reuniones. Si ha habido discordia en la familia, este es buen periodo para restablecer la armonía (cuentas con el respaldo cósmico).

La salud de la familia, de los familiares, parece ser un importante centro de atención, y tienes éxito en esto. Es un periodo muy bueno para hacer «más sana» la casa (p. ej., eliminando la pintura o sustancias químicas nocivas, e instalando un equipo de salud). Creo verte más interesado en una dieta más sana también, tanto para ti como para la familia.

Tu planeta del dinero avanza muy rápido este mes y esto indica progreso financiero rápido; seguridad, confianza en ti mismo; la consecución rápida de las metas financieras. Es probable que seas más rápido para tomar tus decisiones en las finanzas (y si hiciste bien tu trabajo durante el movimiento retrógrado de Mercurio, las decisiones son buenas). Después del 23 mejoran las finanzas del cónyuge o pareja.

El amor sigue tormentoso. Como el mes pasado, el consejo es no empeorar las cosas. Reduce la negatividad al mínimo posible (el periodo del 28 al 30 se ve especialmente difícil).

Del 28 al 30 el Sol forma un aspecto muy dinámico a Urano y Plutón. Es necesario que estos días los familiares, en especial las figuras parentales, eviten las actividades difíciles y arriesgadas. Al cónyuge o pareja no le haría ningún daño evitar también las hazañas arriesgadas o temerarias.

Octubre

Mejores días en general: 2, 3, 12, 13, 20, 21, 29, 30, 31
Días menos favorables en general: 9, 10, 11, 16, 17, 22, 23
Mejores días para el amor: 1, 2, 12, 16, 17, 20, 21, 29
Mejores días para el dinero: 4, 5, 6, 7, 14, 15, 16, 17, 22, 23, 25, 26
Mejores días para la profesión: 9, 18, 22, 23, 27

El 4 la actividad retrógrada aumenta en el 30 por ciento de los planetas. Pero esto es temporal. Júpiter inicia movimiento retrógrado y continúa así hasta el final del año. En este periodo el cónyuge, pareja o ser amado actual debe tener más cautela en sus asuntos financieros; debería hacer revisión de sus finanzas; las nuevas transacciones, inversiones o compras importantes requieren más estudio, en especial aquellas que parecen no necesitar pensarlas mucho. Para ti, indica que debes estudiar y analizar más las cosas antes de comprar pólizas de seguros o solicitar préstamos de dinero. Lee atentamente la letra pequeña. Es mejor retrasar para más adelante las intervenciones quirúrgicas optativas.

El 23 entras en una cima social anual, pero es una cima social en medio de un año difícil en el amor. De todos modos te da un respiro. Si estás soltero o soltera tienes más citas y asistes a más fiestas (todos, solteros y casados vais a asistir a más fiestas y reuniones sociales en este periodo), pero no hay probabilidades de boda, ni es aconsejable. Ahora que Saturno entra en tu séptima casa (el 5) reducirás las actividades de tu vida social (aunque esto es más probable en los meses futuros). Ahora y en los dos próximos años se van a reordenar y reorganizar la vida amorosa, el matrimonio, las amistades. Todos los nativos de Tauro estáis más cautelosos en asuntos amorosos. Sí, vas a salir más, pero con cautela en cuanto a enamorarte. Vas a buscar una relación que prometa «aguante» y determinar esto lleva tiempo.

Este mes los planetas se trasladan del sector inferior de tu carta al superior. Ya has encontrado tu punto de armonía emocional y la situación familiar está más o menos en orden. Llega el periodo para centrar la atención en la profesión. Todavía no son aconsejables las gestiones externas, pues Urano continúa retrógrado, pero te preparas para hacerlas. Es como despertar de una buena noche de sueño. Comienza tu día y haces las cosas preliminares, te preparas para el día que te espera.

La salud continúa buena, pero ahora que Saturno te forma un aspecto difícil, la energía ya no es lo que ha sido todo el año. Si organizas mejor tu día, y delegas tareas siempre que sea posible, esto no debería ser un problema. Pero descansa y relájate más después del 23. No te avergüences de echar una siesta cuando te sientas cansado. Fortalece la salud dando más atención al corazón (a partir del 5); al intestino delgado (del 3 al 28), y a los riñones y caderas (del 28 en adelante). Tu planeta de la salud pasa la mayor parte del mes en tu quinta casa (del 3 al 28), así que simplemente ser feliz te mejorará la salud. Si te sientes deprimido o indispuesto haz alguna actividad placentera, echa una cana al aire en la ciudad o haz algo que requiera creatividad, y te sentirás mucho mejor.

Noviembre

Mejores días en general: 8, 9, 16, 17, 26, 27
Días menos favorables en general: 6, 7, 12, 13, 18, 19
Mejores días para el amor: 1, 8, 11, 12, 13, 16, 20, 26
Mejores días para el dinero: 1, 2, 6, 7, 11, 14, 15, 19, 23, 24, 28, 29
Mejores días para la profesión: 6, 14, 18, 19, 23

Continúan vigentes muchas de las tendencias de los meses anteriores. La mayoría de los planetas siguen en el sector occidental, social (y desde el mes pasado en su posición occidental máxima) y también sobre el horizonte de tu carta. Así pues, continúa la necesidad de cultivar tus dotes sociales (y es difícil) y de obtener tu bienestar con la colaboración de otras personas. La profesión sigue siendo importante, más que los asuntos domésticos y familiares. Este mes disminuye la actividad retrógrada, pues Neptuno retoma el movimiento directo el 11. A partir de ese día, el porcentaje baja al 20 por ciento.

Sigue siendo necesario estar atento a la salud, en especial hasta el 22. Favorece la salud de las maneras explicadas el mes pasado, pero, además, hasta el 22 da más atención a los riñones y las caderas, y después al colon, la vejiga y los órganos sexuales. Si surge algún problema de salud, es probable que la causa sea un problema en el amor. Procura restablecer la armonía (no será fácil). A partir del 22 también son potentes los regímenes de desintoxicación.

Desde que tu planeta de la familia entró en tu séptima casa el 23 del mes pasado, hay más relación con los familiares en reuniones y fiestas en casa. También podrían entrar viejos amores en el cuadro.

Este mes hay dos eclipses, uno solar el 13 y uno lunar el 28. Me parece que el eclipse solar es fuerte en ti, así que reduce tus actividades en ese periodo, y evita las arriesgadas. Este eclipse ocurre en tu séptima casa, la del amor y el matrimonio, por lo que se intensifican las pruebas que hemos visto todo el año; las tensiones llegan a su punto álgido. Se han ido acumulando todo el año y ahora se liberan las emociones reprimidas. Esto podría acabar en una ruptura; podríamos decir que la relación que ha sobrevivido al año y ahora a este eclipse, durará eternamente. Hay drama en la vida de amistades y familiares también. Si hay algún problema en la casa, defectos ocultos, se revela para que puedas corregirlos. Los familiares están más temperamentales también, así que ten más paciencia.

El eclipse lunar del 28 ocurre en tu casa del dinero, y señala cambios importantes en las finanzas. Necesitas una nueva estrategia y el eclipse te llevará a ella. Este eclipse, como todos los lunares, pone a prueba los coches y el equipo de comunicación; a veces es necesario reemplazarlos.

Diciembre

Mejores días en general: 5, 6, 7, 14, 15, 23, 24
Días menos favorables en general: 3, 4, 10, 11, 16, 17, 30, 31
Mejores días para el amor: 1, 6, 10, 11, 14, 20, 23, 31
Mejores días para el dinero: 2, 8, 11, 16, 21, 25, 26, 27, 31
Mejores días para la profesión: 3, 12, 16, 17, 20, 30

Tu planeta de la profesión, Urano, retoma el movimiento directo el 13. La mayoría de los planetas están sobre el horizonte de tu carta (también en movimiento directo), y dentro de un mes entrarás en una cima profesional anual. Tu cautela en los asuntos profesionales da resultados ahora: tienes claridad mental, un plan claro, dirección y muchísima gasolina en el depósito, para ir dondequiera que desees. Del 16 al 27, Venus, el señor de tu horóscopo, forma aspectos maravillosos a tu planeta de la profesión, así que hay éxito; tal vez un ascenso. Te llevas bien con tu jefe y figuras de autoridad; te aprueban en este periodo. A veces los planetas no traen un ascenso literal, sobre el papel, pero ocurren cosas que ascienden a la persona de formas sutiles, en los planos interiores; a su debido tiempo llega la parte «oficial». Marte, tu planeta de la espiritualidad, cruza tu Medio cielo el 26 y se queda ahí hasta bien entrado el próximo mes. Esto indica que puedes favorecer tu profesión (hacer las conexiones convenientes y abrillantar tu imagen) participando en actividades benéficas y altruistas. En tu profesión ha habido maniobras secretas entre bastidores, y este mes, y el próximo, salen a la luz.

La salud es buena y después del 21 mejora más aún. Puedes fortalecerla más mediante desintoxicación y prestando más atención al colon, la vejiga y los órganos sexuales, hasta el 16, y después al hígado y los muslos.

El amor continúa complicado, pero me parece que te esfuerzas mucho; te desvives por complacer al ser amado y a tus amistades. Sí, eres más popular, pero ¿cuánto va a durar eso?

La mayoría de los planetas continúan en tu sector occidental, y tu planeta del dinero está en tu séptima casa hasta el 11. Tu bien viene de los demás, de su buena voluntad, y no tanto por ser tú tan inteligente. Esto vale especialmente en las finanzas; tu capacidad para caer bien y tus conexiones sociales te abren muchas puertas. Hasta el 11 se presentan oportunidades para formar una sociedad de negocios o empresa conjunta (podrían haberse presentado el mes pasado también). Continúas en un ciclo para prosperar con dinero de otras personas, dinero ajeno, ya sea por préstamo, financiación creativa o atrayendo inversores a tus ideas. Este ciclo lleva muchos meses, pero ahora se intensifica. Mientras atiendas a los intereses de otras personas, anteponiéndolos a los tuyos, habrá prosperidad.

Después del 21 está fuerte tu novena casa. Este podría ser un periodo más religioso para ti; y habrá progreso y revelaciones religiosas y filosóficas. Otra posibilidad es que te atraigan otros países; hay felices oportunidades de viaje. Si eres estudiante tienes éxito en tus estudios.

Géminis

♊

Los gemelos
Nacidos entre el 21 de mayo y el 20 de junio

Rasgos generales

GÉMINIS DE UN VISTAZO
Elemento: Aire

Planeta regente: Mercurio
   Planeta de la profesión: Neptuno
   Planeta de la salud: Plutón
   Planeta del amor: Júpiter
   Planeta del dinero: la Luna

Colores: Azul, amarillo, amarillo anaranjado
   Colores que favorecen el amor, el romance y la armonía social:
      Azul celeste
   Colores que favorecen la capacidad de ganar dinero: Gris, pla-
      teado

Piedras: Ágata, aguamarina

Metal: Mercurio

Aromas: Lavanda, lila, lirio de los valles, benjuí

Modo: Mutable (= flexibilidad)

Cualidad más necesaria para el equilibrio: Pensamiento profundo en
   lugar de superficial

Virtudes más fuertes: Gran capacidad de comunicación, rapidez y agilidad de pensamiento, capacidad de aprender rápidamente

Necesidad más profunda: Comunicación

Lo que hay que evitar: Murmuración, herir con palabras mordaces, superficialidad, usar las palabras para confundir o malinformar

Signos globalmente más compatibles: Libra, Acuario

Signos globalmente más incompatibles: Virgo, Sagitario, Piscis

Signo que ofrece más apoyo laboral: Piscis

Signo que ofrece más apoyo emocional: Virgo

Signo que ofrece más apoyo económico: Cáncer

Mejor signo para el matrimonio y/o las asociaciones: Sagitario

Signo que más apoya en proyectos creativos: Libra

Mejor signo para pasárselo bien: Libra

Signos que más apoyan espiritualmente: Tauro, Acuario

Mejor día de la semana: Miércoles

La personalidad Géminis

Géminis es para la sociedad lo que el sistema nervioso es para el cuerpo. El sistema nervioso no introduce ninguna información nueva, pero es un transmisor vital de impulsos desde los sentidos al cerebro y viceversa. No juzga ni pesa esos impulsos; esta función se la deja al cerebro o a los instintos. El sistema nervioso sólo lleva información, y lo hace a la perfección.

Esta analogía nos proporciona una indicación del papel de los Géminis en la sociedad. Son los comunicadores y transmisores de información. Que la información sea verdadera o falsa les tiene sin cuidado; se limitan a transmitir lo que ven, oyen o leen. Enseñan lo que dice el libro de texto o lo que los directores les dicen que digan. Así pues, son tan capaces de propagar los rumores más infames como de transmitir verdad y luz. A veces no tienen muchos escrúpulos a la hora de comunicar algo, y pueden hacer un gran bien o muchísimo daño con su poder. Por eso este signo es el de los Gemelos. Tiene una naturaleza doble.

Su don para transmitir un mensaje, para comunicarse con tanta facilidad, hace que los Géminis sean ideales para la enseñanza, la literatura, los medios de comunicación y el comercio. A esto contribuye el hecho de que Mercurio, su planeta regente, también rige estas actividades.

Los Géminis tienen el don de la palabra, y ¡menudo don es ése! Pueden hablar de cualquier cosa, en cualquier parte y en cualquier momento. No hay nada que les resulte más agradable que una buena conversación, sobre todo si además pueden aprender algo nuevo. Les encanta aprender y enseñar. Privar a un Géminis de conversación, o de libros y revistas, es un castigo cruel e insólito para él.

Los nativos de Géminis son casi siempre excelentes alumnos y se les da bien la erudición. Generalmente tienen la mente llena de todo tipo de información: trivialidades, anécdotas, historias, noticias, rarezas, hechos y estadísticas. Así pues, pueden conseguir cualquier puesto intelectual que les interese tener. Son asombrosos para el debate y, si se meten en política, son buenos oradores.

Los Géminis tienen tal facilidad de palabra y de convicción que aunque no sepan de qué están hablando, pueden hacer creer a su interlocutor que sí lo saben. Siempre deslumbran con su brillantez.

Situación económica

A los Géminis suele interesarles más la riqueza del aprendizaje y de las ideas que la riqueza material. Como ya he dicho, destacan en profesiones como la literatura, la enseñanza, el comercio y el periodismo, y no todas esas profesiones están muy bien pagadas. Sacrificar las necesidades intelectuales por el dinero es algo impensable para los Géminis. Se esfuerzan por combinar las dos cosas.

En su segunda casa solar, la del dinero, tienen a Cáncer en la cúspide, lo cual indica que pueden obtener ingresos extras, de un modo armonioso y natural, invirtiendo en propiedades inmobiliarias, restaurantes y hoteles. Dadas sus aptitudes verbales, les encanta regatear y negociar en cualquier situación, pero especialmente cuando se trata de dinero.

La Luna rige la segunda casa solar de los Géminis. Es el astro que avanza más rápido en el zodiaco; pasa por todos los signos y casas cada 28 días. Ningún otro cuerpo celeste iguala la velocidad de la Luna ni su capacidad de cambiar rápidamente. Un análisis de la Luna, y de los fenómenos lunares en general, describe muy bien las actitudes geminianas respecto al dinero. Los Géminis son versátiles y flexibles en los asuntos económicos. Pueden ganar dinero de muchas maneras. Sus actitudes y necesidades en este sentido parecen variar diariamente. Sus estados de ánimo respecto al dinero son cambiantes. A veces les entusiasma muchísimo, otras apenas les importa.

Para los Géminis, los objetivos financieros y el dinero suelen ser solamente medios para mantener a su familia y tienen muy poco sentido en otros aspectos.

La Luna, que es el planeta del dinero en la carta solar de los Géminis, tiene otro mensaje económico para los nativos de este signo: para poder realizar plenamente sus capacidades en este ámbito, han de desarrollar más su comprensión del aspecto emocional de la vida. Es necesario que combinen su asombrosa capacidad lógica con una comprensión de la psicología humana. Los sentimientos tienen su propia lógica; los Géminis necesitan aprenderla y aplicarla a sus asuntos económicos.

Profesión e imagen pública

Los Géminis saben que se les ha concedido el don de la comunicación por un motivo, y que este es un poder que puede producir mucho bien o un daño increíble. Ansían poner este poder al servicio de las verdades más elevadas y trascendentales. Este es su primer objetivo: comunicar las verdades eternas y demostrarlas lógicamente. Admiran a las personas que son capaces de trascender el intelecto, a los poetas, pintores, artistas, músicos y místicos. Es posible que sientan una especie de reverencia sublime ante las historias de santos y mártires religiosos. Uno de los logros más elevados para los Géminis es enseñar la verdad, ya sea científica, histórica o espiritual. Aquellas personas que consiguen trascender el intelecto son los superiores naturales de los Géminis, y estos lo saben.

En su casa diez solar, la de la profesión, los Géminis tienen el signo de Piscis. Neptuno, el planeta de la espiritualidad y el altruismo, es su planeta de la profesión. Si desean hacer realidad su más elevado potencial profesional, los Géminis han de desarrollar su lado trascendental, espiritual y altruista. Es necesario que comprendan la perspectiva cósmica más amplia, el vasto fluir de la evolución humana, de dónde venimos y hacia dónde vamos. Sólo entonces sus poderes intelectuales ocuparán su verdadera posición y Géminis podrá convertirse en el «mensajero de los dioses». Es necesario que cultive la facilidad para la «inspiración», que no se origina «en» el intelecto, sino que se manifiesta «a través» de él. Esto enriquecerá y dará más poder a su mente.

Amor y relaciones

Los Géminis también introducen su don de la palabra y su locuacidad en el amor y la vida social. Una buena conversación o una contienda verbal es un interesante preludio para el romance. Su único problema en el amor es que su intelecto es demasiado frío y desapasionado para inspirar pasión en otra persona. A veces las emociones los perturban, y su pareja suele quejarse de eso. Si estás enamorado o enamorada de una persona Géminis, debes comprender a qué se debe esto. Los nativos de este signo evitan las pasiones intensas porque estas obstaculizan su capacidad de pensar y comunicarse. Si adviertes frialdad en su actitud, comprende que esa es su naturaleza.

Sin embargo, los Géminis deben comprender también que una cosa es hablar del amor y otra amar realmente, sentir el amor e irradiarlo. Hablar elocuentemente del amor no conduce a ninguna parte. Es necesario que lo sientan y actúen en consecuencia. El amor no es algo del intelecto, sino del corazón. Si quieres saber qué siente sobre el amor una persona Géminis, en lugar de escuchar lo que dice, observa lo que hace. Los Géminis son muy generosos con aquellos a quienes aman.

A los Géminis les gusta que su pareja sea refinada y educada, y que haya visto mucho mundo. Si es más rica que ellos, tanto mejor. Si estás enamorado o enamorada de una persona Géminis, será mejor que además sepas escuchar.

La relación ideal para los Géminis es una relación mental. Evidentemente disfrutan de los aspectos físicos y emocionales, pero si no hay comunión intelectual, sufrirán.

Hogar y vida familiar

En su casa, los nativos de Géminis pueden ser excepcionalmente ordenados y meticulosos. Tienden a desear que sus hijos y su pareja vivan de acuerdo a sus normas y criterios idealistas, y si estos no se cumplen, se quejan y critican. No obstante, se convive bien con ellos y les gusta servir a su familia de maneras prácticas y útiles.

El hogar de los Géminis es acogedor y agradable. Les gusta invitar a él a la gente y son excelentes anfitriones. También son buenos haciendo reparaciones y mejoras en su casa, estimulados por su necesidad de mantenerse activos y ocupados en algo que les agrada hacer. Tienen muchas aficiones e intereses que los mantienen ocupados cuando están solos. La persona Géminis comprende a sus hijos y se lleva bien con ellos, sobre todo porque ella misma se mantiene joven. Dado que es una excelente comunicadora, sabe la manera de explicar las cosas a los niños y de ese modo se gana su amor y su respeto. Los Géminis también alientan a sus hijos a ser creativos y conversadores, tal como son ellos.

Horóscopo para el año 2012*

Principales tendencias

Desde 2003 a 2010 tu vida ha sido una serie de cambios drásticos y trastornos. Ha habido cambios en la profesión, dramas con las figuras parentales de tu vida, y muchos cambios personales. No hay riesgo en decir que estás en circunstancias personales totalmente diferentes de las que estabas en 2003. Mirando en retrospectiva ves que estos trastornos han resultado para mejor, que no han sido castigos sino que te han liberado para entrar en condiciones y circunstancias nuevas y mejores. Para muchos Géminis la situación ha mejorado muchísimo en los últimos nueve años. Afortunadamente las cosas se asientan; hay más paz y menos drama en tu vida; hay más estabilidad.

A mediados del año pasado entró Júpiter en tu casa doce, la de la espiritualidad; así pues, has estado en un periodo de crecimiento interior, espiritual. Es posible que hayas realizado algún tipo de peregrinaje religioso; es posible que hayas tenido asombrosas experiencias espirituales. Y esta tendencia continúa este año, hasta el 11 de junio. Neptuno, el más espiritual de los planetas, entra este año en tu décima casa, la de la profesión, y no sólo eso, sino que pasará la mayor parte del año transitando cerca del Medio cielo de tu carta; otra indicación de espiritualidad; es tal vez lo más importante en tu vida en estos momentos. Esto te supone unos cuantos retos, porque los valores espirituales tienden a estar reñidos con los valores mundanos, y seguir el camino espiritual suele entrañar diversos tipos de sacrificios mundanos.

El 11 de junio Júpiter entra en tu primera casa y continúa ahí el resto del año. Este es un tránsito muy feliz. Indica un periodo de prosperidad que durará hasta bien entrado el próximo año. Viajarás en este periodo, esta vez más por placer que por fines religiosos. Gozarás de la buena vida, buena comida, buenos vinos, restaurantes y todos los placeres del cuerpo físico. Te sientes afortunado y optimis-

---

* Las previsiones de este libro se basan en el Horóscopo Solar y todos los signos que derivan de él; tu Signo Solar se convierte en el Ascendente, y las casas se numeran a partir de él. Tu horóscopo personal, el trazado concretamente para ti (según la fecha, hora y lugar exactos de tu nacimiento) podrían modificar lo que decimos aquí. Joseph Polansky

ta, y en realidad lo eres. El amor se ve muy feliz este año también. (Volveremos sobre este tema.)

Las facetas de más interés para ti este año son: la espiritualidad; el cuerpo, la imagen y el placer personales; el hogar y la familia (hasta el 3 de julio); los hijos y la creatividad personal (hasta el 5 de octubre); la salud y el trabajo (a partir del 5 de octubre); la sexualidad, la transformación y reinvención personales, los estudios ocultos, la muerte y el renacimiento, la vida después de la muerte; la profesión; las amistades, las organizaciones, los grupos y las actividades en grupo.

Tus caminos hacia la mayor satisfacción este año son: la espiritualidad (en especial hasta el 11 de junio); el cuerpo, la imagen y el placer personal (desde el 11 de junio); el amor, el romance y las actividades sociales (hasta el 31 de agosto); la salud y el trabajo (después del 31 de agosto).

Salud

(Ten en cuenta que esta es una perspectiva astrológica de la salud, no una médica. Antaño no había ninguna diferencia, ambas eran idénticas, pero en esta época podrían diferir muchísimo. Para una perspectiva médica, por favor, consulta a tu médico o a otro profesional de la salud.)

La salud se ve buena este año. La mayoría de los planetas lentos o te forman aspectos armoniosos o te dejan en paz. Solamente Neptuno comienza a formarte un aspecto difícil (el 3 de febrero), y él solo no es un problema importante; hay que preocuparse cuando los planetas lentos se unen en tu contra.

Aunque la salud es buena, a lo largo del año habrá periodos en que esta y la energía no estarán a la altura. Esto también es normal; estas cosas vienen de los tránsitos de los planetas rápidos y son temporales. No son la tendencia para el año. Cuando acaban los tránsitos desfavorables vuelve tu buena salud y tu energía naturales. Este año los periodos más difíciles para la salud serán: del 18 de febrero al 20 de marzo; del 22 de agosto al 22 de septiembre, y del 22 de noviembre al 21 de diciembre. Estos son periodos en que debes descansar y relajarte más y prestar más atención a la salud.

Tu sexta casa, la de la salud, no está poderosa este año, así que más o menos das por descontada la salud. Pero el 5 de octubre comienza a ser casa de poder y tu atención se centra más en la salud.

Aunque tu salud es buena, siempre puedes mejorarla. Presta más atención a los siguientes órganos: los pulmones, el aparato respiratorio, los brazos y los hombros (deberás darte masajes periódicos en los brazos y los hombros); el colon, la vejiga y los órganos sexuales (la moderación sexual y el sexo seguro son muy importantes en tu vida); la columna, las rodillas, la dentadura, los huesos, la piel y la alineación esquelética general (son importantes todo el año, pero en especial después del 5 de octubre; debes protegerte bien las rodillas cuando hagas ejercicio; te conviene hacerte una revisión dental, para resolver los problemas antes que se agraven; los masajes en la espalda y las rodillas serán potentes; también convienen las terapias como la Técnica Alexander y el Método Feldenkreis); la vesícula biliar.

Plutón es tu planeta de la salud; en el cuerpo físico rige el colon, la vejiga y los órganos sexuales, de ahí su importancia en la salud en general.

Plutón rige tu salud desde el signo Capricornio, el que está relacionado con la columna, las rodillas, los dientes, los huesos, la piel y la alineación esquelética general; de ahí la importancia de estos órganos también. Saturno, el regente planetario de estos órganos, entrará en tu sexta casa, la de la salud, el 5 de octubre, lo que refuerza lo que hemos dicho.

Estando tu planeta de la salud en el conservador signo Capricornio (por muchos años) estás más conservador y tradicional en lo referente a la salud. Podrías estar en la vanguardia en muchas otras facetas de la vida, pero no tratándose de tu salud. Deseas lo probado y cierto, las terapias que son aceptadas y han resistido las pruebas del tiempo. En general, esto indica una tendencia hacia la medicina ortodoxa, y aunque pruebes terapias alternativas, tenderás hacia las más «tradicionales», las que funcionan desde hace mucho tiempo.

La parte buena es que deseas una curación duradera y no apaños de corta duración. Y esto tenderá a ocurrirte. También eres más capaz de, y sientes más inclinación a, atenerte a programas de salud disciplinados, rigurosos, e incluso duros.

Este año los nativos de Géminis en edad de concebir estáis más fértiles de lo habitual, en especial después del 11 de junio. Y en estos tiempos, con todos los tratamientos para la fertilidad que existen, incluso los Géminis de edad avanzada seréis más fértiles.

Hogar y vida familiar

Tu cuarta casa, la del hogar y la familia, estará sólo temporalmente fuerte este año. Marte pasa una cantidad insólita de tiempo en esta casa, más de seis meses, desde el 1 de enero al 3 de julio. Esto sugiere diversas cosas. La más obvia es que hay obras de reparación obligadas en la casa; tal vez incluso construcción o reconstrucción de una casa. Con toda probabilidad vas a instalar electrodomésticos de alta tecnología y, en general, vas a hacer más experimentos con la casa.

Pero también hay otros significados. La vida familiar podría ser muy tempestuosa. Las emociones están turbulentas entre los familiares; se enciende el mal genio. Podría haber conflictos entre familiares, y, si no tienes cuidado, se podría llegar incluso a la violencia. Tu reto es mantener cierta apariencia de calma en medio de la tormenta, mantener el equilibrio emocional; fácil de decir pero no tanto de hacer. Debes esforzarte en «no empeorar las cosas», en evitar exacerbar una situación ya exacerbada.

Será necesario revisar la casa para comprobar que no haya objetos peligrosos; las cerillas, los encendedores, los cuchillos, las armas u otros objetos peligrosos deberán mantenerse fuera del alcance de los niños. Esto es siempre una buena norma, pero en especial durante los seis primeros meses del año.

Una persona amiga viene a alojarse en tu casa durante un tiempo prolongado. Los amigos pasan por muchos dramas personales en sus vidas este año, y ese podría ser el motivo.

Un progenitor o figura parental podría someterse a una operación quirúrgica; esta persona se ve más impaciente que de costumbre, más impetuosa; esto podría llevar a accidentes. Debe moderar la marcha y controlar el genio.

El otro progenitor o figura parental entra en un año más espiritual. Parece estar más idealista, en busca de más sentido en su vida. Si está en un camino espiritual esto resultará bien; si no, podría llevar a abuso de alcohol o de fármacos. Es probable que esta persona se mude o haga renovaciones en su casa este año; o tal vez compre una segunda casa.

Parece que los hijos también hacen renovaciones en la casa. No necesariamente una mudanza, sólo renovaciones a fondo. Los nietos podrían haberse mudado el año pasado, si no, esto podría ocurrir este año. Los hermanos o figuras fraternas harán bien en continuar donde están y aprovechar mejor el espacio que tienen.

Profesión y situación económica

Este año se ve próspero, como hemos dicho. Deberías ver un aumento natural de tu riqueza, en tus ingresos y en el valor de los bienes que posees. En la primera mitad del año te preparas para esto, dispones el escenario; el 11 de junio comienza. Como hemos dicho, esto continúa hasta bien entrado el próximo año.

Cuando Júpiter entre en tu signo (11 de junio) te invadirá un inmenso optimismo: es natural. Y este optimismo innato, este espíritu de despreocupación, te sirve en las finanzas. En realidad la riqueza no es una «suma de dinero», es un estilo de vida. Estas dos cosas suelen confundirse. No es tanto dinero lo que necesitamos, sino lo que este puede comprar. Muchas veces estas son cosas tangibles, materiales, pero con igual frecuencia son intangibles: la sensación de libertad, seguridad, comodidad, etcétera. Tengas o no bienes tangibles, vivirás como si los tuvieras, el estilo de vida a lo grande. Vivirás por encima de las posibilidades que te dan tus ingresos, viajando a lugares exóticos, comiendo en los mejores restaurantes, llevando ropa y complementos caros, y como sea (el Cosmos dispone estas cosas de un modo muy individual) tendrás los medios para hacerlo.

Tienes la sensación de que vas a tener suerte . Y hay suerte en las especulaciones en la segunda mitad del año. Por negra que parezca la situación, en tu interior sientes que la superarás y brillará. Se dice que superar el desaliento y los reveses es el 90 por ciento del arte del éxito.

Ocurre que Júpiter es tu planeta del amor. Por lo tanto, este año hay amor en tu vida. Desde el punto de vista económico, esto podría indicar una feliz sociedad de negocios. En astrología los aspectos para una sociedad de negocios y un matrimonio son los mismos, intervienen los mismos planetas. Una sociedad de negocios es un cierto tipo de matrimonio, y un matrimonio suele ser una sociedad de negocios también. No es mucho lo que necesitas hacer para que ocurra esto. Te encontrará. Sólo necesitas estar presente, simplemente ocuparte de tus asuntos diarios.

La profesión se ve más complicada. Siempre tiendes a ser idealista en tu profesión, pero ahora este idealismo aumenta muchísimo con la presencia de Neptuno en tu décima casa (entra en ella el 3 de febrero), donde se quedará muchos años. Vemos algunas tendencias similares a las que vimos en Tauro. Tu profesión tiene que tener sentido, un valor. Tiene que ser buena para el planeta, consciente de lo social. Tiene que ser altruista y espiritual. Cualquier camino profesional que esté en contradicción con tus principios o ideales espirituales no te hará feliz, o al menos no durante mucho tiempo. Y no es muy fácil integrar valores espirituales con valores mundanos; se puede hacer, pero hará falta trabajo y creatividad por tu parte. Cada persona encuentra su manera de hacer las cosas. Hay personas que optan por una profesión totalmente espiritual (y esto podría ocurrir en tu caso): sacerdocio o algo similar, pastor de almas, trabajo en una organización benéfica, trabajo en una organización no lucrativa, trabajo misionero, cosas de esa naturaleza. Algunas personas siguen una profesión mundana al tiempo que hacen mucho trabajo «benéfico» por otro lado.

En un plano más prosaico, al estar Neptuno en tu casa diez hay mucho secretismo en los asuntos profesionales, mucha actividad y manipulación entre bastidores, así que debes estudiar y reflexionar más antes de tomar decisiones importantes. Muchas veces hay escándalos o revelaciones desagradables en relación a los superiores de tu vida: jefes, figuras de autoridad, padres, figuras parentales y mayores. En el plano personal, debes ser absolutamente «honrado» en tu profesión. No hagas cosas que no deseas que aparezcan en el noticiario de la noche o que se comenten en Internet.

Amor y vida social

Aunque no está poderosa tu séptima casa, la del amor y el matrimonio, en tu horóscopo hay otros indicadores de un año amoroso y social muy fuerte. Decididamente, hay amor en el ambiente; y se ve feliz.

Este año hay dos tendencias importantes. La primera, como hemos dicho, es que tu planeta del amor, Júpiter, cruza tu Ascendente y entra en tu primera casa el 11 de junio, y continuará en ella el resto del año. Este es un potente indicador de amor. En segundo lugar, Venus, el planeta genérico del amor del zodiaco, pasa una cantidad de tiempo insólita en tu signo, del 3 de abril al 7 de agosto. Normalmente, Venus tarda alrededor de un mes en transitar por un signo. Ahora más o menos va a acampar en tu signo. Esto también es un indicador de amor. Desde el 11 de junio al 7 de agosto los dos planetas del amor de tu horóscopo estarán en tu signo.

Habrá amor sin duda, y tal vez incluso boda. La belleza de estos tránsitos está en que no necesitas hacer nada especial; el amor te encontrará. Simplemente ocúpate de tus asuntos normales y ocurrirá.

Lo que también me gusta es que tienes el amor según tus condiciones. El ser amado antepone tus intereses a los suyos. Tú estás en primer lugar; tienes las cosas a tu manera.

Lo mismo vale en los asuntos sociales. Este año entran en el cuadro nuevas amistades, y leales. Las amistades ya existentes son más leales que de costumbre también. No necesitas buscar oportunidades sociales; ellas vienen a ti.

La presencia de los dos planetas del amor en tu signo indica que tu apariencia personal resplandece. Sea cual sea tu edad o la fase en que estés en la vida, tu apariencia es mejor de lo habitual. Rezumas más elegancia y encanto. Vistes más bella y elegantemente. Tienes un excelente sentido del gusto en este periodo. El sexo opuesto lo nota, sin duda.

Lo dicho se aplica a todos los nativos de Géminis, pero en especial a aquellos que están pensando en un primer o segundo matrimonio. Si ya estás casado o casada, el cónyuge te presta más atención y te apoya mucho más que de costumbre. Si estás pensando en un tercer matrimonio, tal vez sea mejor que no te cases; limítate a salir en citas. El amor se ve muy inestable este año (y en los venideros). Si te interesa un cuarto matrimonio, tienes oportunidades maravillosas, y hay probabilidades de boda.

Para los hermanos se ve un año sin novedades ni cambios en el amor; para los solteros hay buenas oportunidades después del 11 de junio. Para los hijos o figuras filiales se ponen a prueba los matrimonios y las relaciones amorosas. Hay probabilidades de rupturas. Los nietos en edad de casarse tienen un año sin cambios en el amor; si están solteros tienden a continuar solteros, y si están casados, a continuar casados.

Progreso personal

Neptuno está en tu Medio cielo todo el año, y Júpiter está en tu casa doce, la de la espiritualidad, hasta el 11 de junio. Estás, pues, en un periodo muy espiritual, como hemos dicho. Estás bajo influencias espirituales muy intensas. El mundo invisible te da a conocer su presencia. Este es un año (en especial la primera parte) para todo tipo de experiencias sobrenaturales, para una vida onírica activa y profética y para todo tipo de experiencias sincrónicas. El mundo espiritual, y el mundo en general, está sentado esperando en suspenso que entres en tu verdadero trabajo, en tu verdadera misión.

La vida espiritual se convertirá en la principal misión de la vida de muchos Géminis. Cuando cambias tu campo energético también cambian los campos energéticos de las personas con las que entras en contacto. Tu trabajo individual cambiará familias, comunidades e incluso el país en general. Pero dado que los efectos son sutiles y muchas veces secretos, esto no lo reconoce el mundo. Pero eso no tiene importancia.

A partir del 11 de junio, aunque con más fuerza en junio y julio, afrontas los clásicos conflictos que afectan a muchas personas. Tu planeta del amor y Neptuno se forman aspectos difíciles entre ellos, por lo tanto tienes la impresión de que cumplir tu verdadera misión, realizar tu verdadero trabajo, entraña algún sacrificio en el amor y en la vida social, y esto siempre es difícil. El llamado sacrificio sólo es «aparente», no real, pero es un buen examen a tu compromiso. Si lo apruebas se te devuelve el amor (el equivalente o algo mejor). Además, el cónyuge o ser amado actual, si bien te quiere y te es leal, no apoya mucho tu profesión; tal vez siente un poco de celos, y solucionar esto va a requerir cierto esfuerzo por tu parte.

Urano en tu casa once indica mucha inestabilidad en las amistades. Indica que hay muchos dramas en sus vidas, y esto podría afectar a la relación. Aunque este año tienes éxito social, te resulta difícil hacer planes sociales a largo plazo, pues nunca sabes cuándo está alguien disponible. Sentirte cómodo con el cambio social es una de las principales lecciones de este año y de los venideros.

Previsiones mes a mes

Enero

Mejores días en general: 5, 6, 7, 14, 15, 23, 24
Días menos favorables en general: 12, 13, 19, 20, 25, 26
Mejores días para el amor: 3, 4, 6, 7, 12, 18, 19, 20, 21, 27, 28, 30
Mejores días para el dinero: 3, 4, 8, 9, 12, 13, 21, 23, 24, 30
Mejores días para la profesión: 7, 15, 24, 25, 26

Comienzas el año con una nota feliz; a partir del 20 está fuerte tu benéfica casa nueve (considerada la más afortunada de las casas por los hindúes). Mercurio, tu planeta regente, avanza raudo, indicando confianza y seguridad en ti mismo y progreso rápido. Además, hasta el

24 el ciento por ciento de los planetas están en movimiento directo (muy excepcional), reforzando el progreso y las consecuciones rápidos. Así pues, este es un mes feliz y de éxito. Cubres mucho terreno y lo haces bien.

Comienzas el año con el 70 por ciento de los planetas sobre el horizonte de tu carta. Del 1 al 4 y luego del 18 en adelante, el porcentaje sube al 80 por ciento. Estás en un periodo profesional muy intenso; concéntrate en tus objetivos externos; puedes desatender los asuntos familiares y domésticos; sirves mejor a tu familia, y consigues armonía emocional, triunfando en el mundo. Este es el periodo para conseguir los objetivos profesionales mediante actos físicos, externos.

La mayoría de los planetas están en el sector occidental o social de tu carta. Esto va a cambiar pronto. Pero por ahora estás en un fuerte ciclo social, un ciclo en que desarrollas tus dotes sociales y diplomáticas, en que consigues tus objetivos mediante consenso y colaboración, y no por iniciativa personal. Ahora es más difícil cambiar las circunstancias desagradables; tienes que adaptarte a ellas lo mejor posible.

Tu octava casa está muy poderosa hasta el 27; este es un fabuloso periodo para bajar de peso, desintoxicar el cuerpo y librarte de las posesiones viejas e inútiles. Limpia la casa, no sólo la casa física sino también la mente y las emociones. Este es también un mes muy activo sexualmente. El cónyuge, pareja o ser amado actual está en una cima financiera anual y es probable que sea más generoso contigo.

La salud y la energía están bien este mes; después del 20 estarán mejor aún. Los regímenes de desintoxicación van bien, como hemos dicho, aunque en especial del 12 al 14. Puedes fortalecer la salud de las maneras explicadas en las previsiones para el año.

Mercurio, el señor de tu horóscopo, está en cuadratura con Urano del 8 al 10. Este es un aspecto muy dinámico; los familiares podrían estar más temperamentales; ten más prudencia en el plano físico, para conducir y para manejar objetos peligrosos.

El amor es más difícil después del 20; pero esta es una tendencia de corta duración. En general la vida amorosa se ve bien.

Del 12 al 15 Venus viaja con Neptuno; recibes mensajes espirituales acerca de la profesión, o bien directamente, en sueños o por intuiciones o, indirectamente, a través de videntes, canalizadores, pastores religiosos, astrólogos. La vida onírica es muy activa esos días, activa y reveladora.

Febrero

Mejores días en general: 2, 3, 11, 12, 19, 20, 29
Días menos favorables en general: 9, 10, 15, 16, 22, 23
Mejores días para el amor: 1, 5, 6, 9, 15, 16, 17, 24, 25, 27, 28
Mejores días para el dinero: 1, 2, 3, 4, 5, 9, 11, 12, 17, 21, 22, 27, 28
Mejores días para la profesión: 4, 13, 21, 22, 23

Este mes, el 19, el poder planetario se traslada de tu sector occidental, donde ha estado muchos meses, al oriental. El 60 por ciento de los planetas, y a veces el 70 por ciento, estarán en el sector oriental. Entras, pues, en un periodo de mayor independencia, de mayor poder personal. Tienes más poder para crear las circunstancias como te gustan, y ya no tienes necesidad de adaptarte a las cosas. Puedes y debes tener la vida según tus condiciones. Es de esperar que no abuses de este enorme poder, aunque muchas personas lo hacen. De todos modos, cuando llegue el ciclo para «pagar karma», cuando los planetas pasen al sector occidental otra vez (dentro de unos seis meses), tendrás que vivir con tus creaciones y entonces es cuando se ajustan las cuentas de los abusos. Mientras tanto, eres creador. Los pájaros cantan, el sol brilla, porque esa es su naturaleza; la naturaleza de un creador es crear.

El principal titular este mes es tu profesión. El 50 por ciento de los planetas (elevado porcentaje) o están instalados o transitan por tu décima casa este mes. La décima casa está fuerte cuantitativa y cualitativamente; dos de los tres planetas más importantes de tu carta pasan mucho tiempo en ella: el Sol y el señor de tu horóscopo. Por lo tanto, estás en un periodo de enorme éxito externo. Llega un aumento de sueldo, un ascenso, elevación (y tal vez incluso honores). Si tus objetivos profesionales son ultra, ultra elevados, es posible que no los consigas este mes, pero verás ocurrir un enorme progreso. La profesión es un largo proyecto vital, nuestro trabajo en la vida; con un mes no basta para conseguir estas cosas. Así pues, mientras avancemos, hagamos progresos, podemos considernos exitosos. Los familiares, en especial los hermanos, figuras fraternas, padres y figuras parentales, también tienen éxito externo y parece que apoyan tu profesión. Estás en muy buena relación con los superiores de tu vida: jefe, figuras de autoridad, padres, figuras parentales y mayores. En realidad, tú eres una figura de autoridad en este periodo.

La salud y la energía son excelentes hasta el 19; después, necesitas más descanso y relajación. La profesión es ajetreada y exigente, pero sin salud el éxito es un cascarón vacío. Estás ocupadísimo este mes, pero puedes delegar tareas todo lo posible e intentar trabajar con ritmo, alternar actividades. Concéntrate en lo esencial y deja estar las cosas menos importantes. Las personas que están arriba, como estás tú este mes (según la fase en que te encuentres) suelen ser blanco de la malicia y de la rabia de aquellos menos afortunados. Este es otro drenaje de energía. Es uno de los precios que se paga por el éxito externo. Hay muchas maneras de arreglárselas con esto, pero ese tema está fuera del alcance de estas previsiones.

Del 8 al 10 ten más paciencia con los hijos y las figuras filiales de tu vida. Que eviten las actividades arriesgadas; parecen inclinados a hacer proezas temerarias.

El amor se ve feliz este mes y todo el año. Pero este mes no ocurre nada especial.

Marzo

Mejores días en general: 1, 9, 10, 18, 19, 27, 28, 29
Días menos favorables en general: 7, 8, 13, 14, 20, 21
Mejores días para el amor: 7, 13, 14, 15, 16, 25, 26
Mejores días para el dinero: 3, 4, 7, 11, 12, 15, 16, 22, 23, 25, 26, 30, 31
Mejores días para la profesión: 2, 11, 20, 21, 30

Este mes aumenta la actividad retrógrada. Marte, que inició el movimiento retrógrado el 24 de enero, está retrógrado todo el mes; las amistades se ven desorientadas, faltas de dirección; estudia más las cosas antes de comprar un nuevo equipo de alta tecnología y programas informáticos; las cualidades que se les atribuyen no son lo que parecen. Saturno inició movimiento retrógrado el 7 del mes pasado y continuará así varios meses; el cónyuge, pareja o ser amado actual debe hacer revisión de sus finanzas en este periodo. Mercurio (y esto es lo más importante para ti) inicia movimiento retrógrado el 12; acabas de pasar por un periodo de enorme éxito y llega el momento de hacer revisión para ver cuál es tu situación; pareces inseguro acerca de qué debes hacer ahora o adónde deseas ir (perfectamente natural), así que se impone una buena revisión. Necesitas adquirir cierta claridad mental. La situación doméstica y familiar también necesita revisión. Los movimientos retrógrados, cuando se entienden y aprovechan bien, son «la pausa que renueva»; no te suponen mayor contratiempo que una buena noche de sueño. Son los periodos en que reúnes fuerzas para el siguiente salto hacia el progreso. Los reveses y contratiempos que parecen ocurrir vienen porque no colaboramos con la intención cósmica.

A partir del 12 ten especial cuidado al comunicarte con tus familiares; no des las cosas por descontadas. Gran parte del drama familiar que ocurre, los sentimientos heridos, se deben a una mala comunicación y malos entendidos. Un poco más de cuidado al comienzo ahorrará muchas molestias, sentimientos heridos y dramas emocionales.

La profesión sigue muy fuerte hasta el 20; estás en medio de una cima profesional anual. Continúa siendo válido mucho de lo que escribimos el mes pasado.

Las finanzas no han sido muy importantes en lo que va de año. Tu casa del dinero está prácticamente vacía (sólo la visitará la Luna unos pocos días cada mes). La profesión, la posición, el prestigio, el ascenso, son mucho más importantes para ti que el dinero. Esto lo interpreto como una buena señal: estás esencialmente satisfecho económicamente y no tienes necesidad de hacer cambios importantes en tus finanzas. Este mes la Luna está en fase creciente del 1 al 8 y luego del 22 en adelante: esos son los periodos en que el poder adquisitivo es más fuerte.

Este mes la vida amorosa va mejor que hasta ahora. Venus, el planeta genérico del amor, viaja con tu planeta del amor del 11 al 14. Si estás soltero o soltera, esto sugiere un encuentro romántico, algo muy feliz. Si estás casado o casada, indica más romance en el matrimonio y felices experiencias sociales: invitaciones, reuniones sociales, felicidad procurada por las amistades.

Del 1 al 5 el Sol está en oposición con Marte; del 23 al 26 está en conjunción con Urano, y del 28 al 31 forma cuadratura con Plutón. Ten más prudencia al conducir durante estos periodos; evita las discusiones y riñas todo lo que te sea posible.

Mercurio, el señor de tu horóscopo, forma conjunción con Urano dos veces este mes (una en movimiento directo y la otra en movimiento retrógrado); ten más prudencia al conducir, y más paciencia con los familiares.

Abril

Mejores días en general: 6, 14, 15, 24, 25
Días menos favorables en general: 4, 10, 16, 17
Mejores días para el amor: 4, 5, 10, 12, 13, 14, 15, 21, 22, 24, 25

Mejores días para el dinero: 1, 2, 4, 10, 11, 12, 13, 20, 21, 22, 26, 27

Mejores días para la profesión: 7, 16, 17, 26

Tu casa once, la de las amistades, ha estado poderosa desde el año pasado. El 20 del mes pasado se hizo más poderosa aún y esta tendencia continúa hasta el 20. Por lo tanto, te relacionas más con amigos y grupos, y participas más en actividades de grupo y en organizaciones comerciales o profesionales. Siempre eres bueno en hacer contactos, pero ahora lo eres más. Es posible que dediques más tiempo a actividades *online*. La astrología y la ciencia te interesan más y aumenta tu conocimiento de estos temas. Eres más ocurrente y original en este periodo. Y un poco rebelde también; deseas hacer cosas no convencionales y es probable que las hagas; te aburre lo normal, la rutina.

El 4 Mercurio retoma el movimiento directo y por lo tanto tienes más claridad y dirección. Más o menos has conseguido tus objetivos profesionales (no del todo, eso nunca; en esencia son infinitos, pero has llegado a un nuevo nivel), y ahora tu interés está en lo social.

Este es un mes poderoso en lo social, tanto desde el punto de vista romántico como de la amistad. El 20 el Sol entra en Tauro y comienza a hacer impacto en tu planeta del amor. Este aspecto será más exacto el próximo mes, pero lo sentirás después del 20 de este. Se huele el amor, y es un amor de tipo serio. Si estás soltero o soltera, es posible que no te cases, pero conocerás a una persona con la que considerarías la posibilidad de casarte, buena para el matrimonio. Parece que esto ocurre en ambientes espirituales, en la sala de yoga, en la reunión para hacer oración, en el seminario de meditación o en una función benéfica. También podría ser en el barrio, en un lugar no muy alejado. Los hermanos y figuras fraternas hacen de cupido, y también tienen oportunidades románticas ahora y el próximo mes.

La Luna está creciente del 1 al 6 y del 21 a fin de mes. En esos periodos debería ser mayor el poder adquisitivo, cuando es más fuerte tu entusiasmo por las finanzas. Pero se ve inestable la situación laboral.

Tu casa doce, la de la espiritualidad, ha estado poderosa desde el año pasado y a partir del 20 lo está más aún. Estás en un periodo de crecimiento interior. Tal vez todavía no lo veas por fuera, pero por dentro se está produciendo crecimiento; tienes revelaciones y percepciones espirituales; es posible también que tengas experiencias sobrenaturales. Hay más comunicación con personas espirituales: videntes, gurús, canalizadores, sacerdotes, pastores religiosos, este tipo de personas. Tu gusto por la lectura se vuelve más espiritual a partir del 20: las Escrituras, escritos místicos y poéticos. También es más fuerte tu capacidad para comunicar tus percepciones a los demás, y no todo el mundo comunica bien estos asuntos.

Del 22 al 24 Mercurio (ya en movimiento directo) vuelve a estar en conjunción con Urano; como el mes pasado, sé más prudente al conducir y evita las actividades arriesgadas y las hazañas temerarias (los familiares también).

Mayo

Mejores días en general: 3, 4, 11, 12, 23, 24, 25, 30, 31
Días menos favorables en general: 1, 2, 7, 8, 13, 14, 15, 28, 29
Mejores días para el amor: 2, 3, 4, 7, 8, 10, 11, 12, 19, 20, 21, 22, 29, 30, 31
Mejores días para el dinero: 1, 2, 9, 10, 19, 20, 21, 23, 24, 25, 29, 30
Mejores días para la profesión: 5, 13, 14, 15, 23

El eclipse solar del 20 ocurre en tu signo, por lo tanto es potente en ti, Géminis. Si naciste en la primera parte del signo (20-25 de mayo) lo sentirás más fuerte (lo sentirán incluso los nativos de Tauro nacidos en la última parte del signo). Todos los Géminis debéis reducir las actividades, pero en especial los nacidos en la primera parte del signo. Este eclipse produce una redefinición de tu imagen y personalidad, del concepto de ti mismo. Siempre es bueno poner periódicamente a punto esta faceta; los seres humanos crecemos y evolucionamos constantemente. Rara vez lo hacemos, a menos que nos obliguen, y eso es lo que ocurre ahora. Hay todo tipo de posibilidades en cuanto al cómo tiene lugar esta redefinición. Podría ocurrir que algunas personas te calumniaran o difamaran, y tienes que elegir entre definirte tú o permitir que te definan ellas. Cuando una mujer se queda embarazada o da a luz, necesita definirse como madre; al padre también puede ocurrirle esto. Este eclipse también provoca cambios en las finanzas y la profesión; tal vez era necesario hacer estos cambios desde hacía un tiempo y ahora te ves obligado a hacerlos; y es conveniente también (quizás esto lo veas en retrospectiva). Hay trastornos y reorganización en tu empresa o industria; caen cabezas. Hay dramas en la vida de los padres o figuras parentales, jefes y mayores. Podría haber crisis en el gobierno de tu ciudad o región. Dado que el Sol rige tu tercera casa, se ponen a prueba los coches y el equipo de comunicación; podría ser necesario reemplazarlos. Este eclipse toca de refilón, no con demasiada exactitud, a tu planeta del amor; esto significa que una relación actual es puesta a prueba. Un eclipse en el planeta del amor produce cambio en el estado marital; con este aspecto muchas veces la persona soltera se casa, y la casada se divorcia (o tiene una experiencia de casi divorcio). Este efecto durará seis meses.

Aparte del periodo del eclipse, este es un mes feliz. Una vez que se asiente el polvo te encontrarás en tu cima de placer personal anual (una de ellas). La salud general y la energía son buenas también (una suerte: te conviene afrontar el eclipse con una actitud fuerte, no débil).

Este es un mes para poner en forma el cuerpo y la imagen, ponerlo como lo deseas. En realidad el eclipse te ayuda en esto, ya que revela defectos e imperfecciones, que podrían estar ocultos, para que puedas corregirlos. Y cuentas con otra ayuda más; Venus entró en tu signo el 3 del mes pasado y continuará ahí hasta el 7 de agosto, un tránsito muy largo para ella y muy bueno para ti. Este mes el Sol entra en tu signo el 20; así pues, tu apariencia es fabulosa; resplandeces; están bien la autoestima y tu seguridad en ti mismo. Tienes la vida según tus condiciones, te impones. En este periodo atraes al sexo opuesto; es posible que tengas que ahuyentar a pretendientes. Te vistes bien y tienes un excelente sentido de la elegancia. El amor se ve feliz (y mejorará más en los próximos meses).

La luna está creciente del 1 al 6 y a partir del 20. Estos tienden a ser tus periodos financieros más fuertes. Tienes más entusiasmo y energía para conseguir tus objetivos.

Junio

Mejores días en general: 8, 9, 17, 18, 27, 28
Días menos favorables en general: 3, 4, 10, 11, 24, 25
Mejores días para el amor: 3, 4, 5, 6, 8, 9, 17, 18, 26, 27, 28
Mejores días para el dinero: 5, 6, 8, 9, 17, 18, 19, 20, 21, 26, 27, 29, 30
Mejores días para la profesión: 1, 10, 11, 19, 29

Aunque hay ciertos baches en el camino (el eclipse lunar del 4 es fuerte en ti), este mes es feliz y próspero. Disfrútalo.

Desde el 20 del mes pasado el poder planetario ha estado en su posición oriental máxima; tu primera casa estuvo fuerte el mes pasado y este lo está más aún. Estás, pues, en tu periodo de máximo poder e independencia. Tienes la energía para conseguir cualquier objetivo realista que te propongas. Tienes un enorme poder para crear las circunstancias como las deseas. No necesitas doblegarte ante los demás; en realidad ocurre al revés: los demás se doblegan ante ti. Cuando Júpiter, tu planeta del amor, entre en tu signo el 11, estarán en tu signo los dos planetas del amor de tu horóscopo. La vida amorosa chisporrotea. Estás muy solicitado, romántica y socialmente. Te cortejan. El amor te encuentra, no tienes que buscarlo. Podrían repicar campanas de boda muy pronto (estando retrógrada Venus hasta el 27, una boda no sería aconsejable todavía).

Aumenta muchísimo la fertilidad también, y esto continúa por lo menos otro año.

Las finanzas también se ven buenas este mes. Por primera vez en lo que va de año vemos poder en tu casa del dinero; el 21 entra el Sol en ella y tú entras en una cima financiera anual.

Júpiter tiene sus maneras de anunciar su presencia en tu signo; no es simplemente una «abstracción matemática» lo que ocurre en los cielos; es una energía real, tangible. Las personas hablan de diversos tipos de fenómenos: una especulación afortunada, un regalo importante inesperado, una feliz oportunidad de viaje, la manifestación de «algo» largamente deseado. Cuando comiencen a ocurrirte estas cosas, sabe que estás bajo los benéficos rayos de Júpiter.

El eclipse lunar del 4 ocurre en tu séptima casa, la del amor. Esto más o menos refuerza los efectos del eclipse solar del mes pasado. La vida amorosa es «sacudida», reestructurada; cambia de formas drásticas. La relación actual pasa por severas pruebas. Pero, como hemos dicho, también hay probabilidades de matrimonio para los Géminis solteros.

La Luna, la eclipsada, es tu planeta del dinero, por lo tanto hay más cambios en las finanzas. Normalmente esto ocurre debido a un «trastorno», una crisis; pero una vez hecho el cambio estás en mejor situación que antes. Reduce las actividades durante el periodo de este eclipse.

La salud es buena.

Julio

Mejores días en general: 5, 6, 15, 16, 24, 25

Días menos favorables en general: 1, 2, 7, 8, 22, 23, 28,29
Mejores días para el amor: 1, 2, 5, 6, 15, 24, 25, 28, 29
Mejores días para el dinero: 5, 6, 7, 8, 15, 16, 17, 18, 19, 24, 25, 28
Mejores días para la profesión: 6, 7, 8, 16, 17, 25, 26

Ya se han aireado concienzudamente los trapos sucios de tu relación. O has hecho las correcciones (si la relación es buena) o ha habido ruptura (si era mala). Fuera como fuera, ahora la vida amorosa es maravillosa. Desde el punto de vista astrológico, no podrías pedir mejores aspectos para el amor de los que tienes en este periodo. Los dos planetas del amor de tu horóscopo están en tu signo, y Venus ya retomó el movimiento directo. Irradias amor; proyectas tu mejor imagen de amor y belleza. Rezumas muchísima elegancia y encanto, y el sexo opuesto lo nota. Si estás soltero o soltera, sin duda ya estás en una relación seria. Si no, todavía puede ocurrir en los próximos meses.

Hasta el 22 sigues en una cima financiera anual. Para entonces ya habrás conseguido (relativamente) tus objetivos en las finanzas y puedes pasar la atención a otras cosas.

El mes pasado el poder planetario se trasladó desde la mitad superior de tu carta (profesión) a la mitad inferior. Esto indica un cambio psíquico en ti. La profesión es menos importante que antes. Sigue siendo importante, pero trabajarás en ella de otra forma, de un modo interior, meditativo, más suave, menos enérgico. Tu planeta de la profesión inició movimiento retrógrado el 4 del mes pasado (bella combinación de factores) y por lo tanto no hay mucho que hacer en la profesión en todo caso; los asuntos profesionales necesitan tiempo para resolverse, y están en revisión. Este es un periodo para centrar la atención en el hogar, la familia y en tu vida emocional. Necesitas trabajar en las «condiciones interiores» que crean el éxito profesional: armonía emocional y una base hogareña estable. A veces servimos a la familia triunfando en el mundo externo, cuando eso es lo que más se necesita; otras veces la servimos «estando presente para ella», estando disponibles emocional y físicamente. Ahora es el periodo para esto último.

La salud continúa muy buena. Puedes fortalecerla más de las maneras explicadas en las previsiones para el año.

Del 15 al 21 Marte hace un tránsito de poder a Urano y Plutón; evita las actividades arriesgada esos días. Ten aún más presente el plano físico cuando conduzcas, y especialmente cuando manejes un equipo eléctrico. El principal peligro para la salud en este periodo no es una patología física sino un accidente o lesión. Tus amistades también deben ser más prudentes (si lees la prensa durante este periodo verás a qué nos referimos).

El 22 entras en el cielo de Géminis; se hace poderosa tu tercera casa. El Cosmos te impulsa hacia las facetas que más te gustan: aprendizaje, estudio, enseñanza, escritura y comunicación.

Agosto

Mejores días en general: 1, 2, 11, 12, 20, 21, 29, 30
Días menos favorables en general: 4, 5, 18, 19, 24, 25, 31
Mejores días para el amor: 1, 2, 3, 11, 12, 13, 14, 20, 21, 22, 23, 24, 25, 29, 30, 31
Mejores días para el dinero: 1, 2, 6, 7, 11, 12, 13, 14, 15, 17, 18, 20, 21, 27, 29, 30
Mejores días para la profesión: 3, 4, 5, 13, 22, 31

Tu tercera casa, la de la comunicación, adquirió poder a fines del mes pasado y continúa poderosa este mes hasta el 22. Esto coincide bastante con el movimiento retrógrado de Mercurio, que comenzó el 15 del mes pasado. Seguro que has tenido éxito en tus proyectos de comunicación, pero con muchos contratiempos. Tu inmenso interés y concentración superaron las diversas dificultades. Mercurio continúa retrógrado hasta el 8. Siendo Géminis y teniendo fuerte la tercera casa, es improbable que te refrenes en la comunicación, pero pon más cuidado. Di lo que quieres decir, dale el sentido que deseas a lo que dices y comprueba que la otra persona hayar recibido correctamente el mensaje.

En tu horóscopo, el movimiento retrógrado de Mercurio también afecta a la familia y los asuntos familiares. Es necesario estudiar más los proyectos para la casa, las decisiones familiares, las importantes. Un progenitor o figura parental está desorientado, falto de dirección en este periodo; esta persona debe revisar sus objetivos personales; el objetivo no es «hacer» sino conseguir claridad mental; cuando hay claridad mental, el «hacer» se da naturalmente.

Te gusta leer; eres ávido consumidor de los medios de información. Teniendo a Mercurio retrógrado no debes tomarte al pie de la letra toda esa información.

El Sol, tu planeta de la comunicación, está en oposición con Neptuno del 22 al 25. Aunque Mercurio ya está en movimiento directo entonces, este es un periodo para tener más cuidado en la comunicación: cautela al firmar contratos, al cerrar la venta o compra de una casa, y al hacer compromisos a largo plazo. Hay muchas cosas ocultas o no reveladas que necesitas saber antes de firmar algo. Ten más cuidado al conducir en este periodo también: permanece en tu cuerpo, manténte alerta, no te entregues a ensoñaciones. Nunca conviene beber o tomar drogas o fármacos cuando se va a conducir, pero en este periodo es especialmente inconveniente. Esto vale para los familiares también.

El poder planetario comienza a trasladarse a tu sector occidental este mes. El traslado sólo comienza el 22, pero se hará más pronunciado en los próximos meses. Se acabará la independencia personal por un tiempo (volverá en el próximo ciclo, dentro de siete meses más o menos). Llega el periodo para cultivar tu «don de gentes». Afortunadamente ese don se ve excelente.

Venus, el planeta del amor, pero también tu planeta de la espiritualidad, ha estado en tu signo desde abril. Hemos hablado de los aspectos amorosos de este tránsito, pero también hay aspectos espirituales. Has estado aprendiendo a «embellecer» el cuerpo por medios espirituales; aprendiendo el control absoluto del cuerpo por el espíritu. Han sido buenos para ti los ejercicios de tipo espiritual como el yoga, el tai chi y el chikung. Este mes, el 8, Venus entra en tu casa del dinero y aprenderás el dominio del espíritu en el terreno financiero también. Sean cuales sean tus circunstancias, el espíritu puede enseñarte o llevarte a tu abundante aprovisionamiento. La intuición es importante en las finanzas y en este periodo se va a entrenar en asuntos financieros.

La salud es fundamentalmente buena, pero es necesario vigilarla más después del 23. Descansa y relájate más.

Septiembre

Mejores días en general: 7, 8, 16, 17, 25, 26
Días menos favorables en general: 1, 14, 15, 21, 22, 27, 28
Mejores días para el amor: 1, 7, 8, 12, 16, 17, 21, 22, 25, 26, 29, 30
Mejores días para el dinero: 5, 6, 7, 8, 10, 11, 14, 15, 16, 17, 25, 26
Mejores días para la profesión: 1, 9, 18, 27, 28

Ahora que Mercurio está en movimiento directo, la actividad retrógrada es menor que el mes pasado. Hasta el 18 el 30 por ciento de los planetas están retrógrados, y, después, sólo el 20 por ciento. Se acelera el ritmo de la vida en general, y de tu vida en particular.

Continúan vigentes muchas de las tendencias de que hemos hablado. Tu planeta de la profesión sigue retrógrado todo el mes. Tu cuarta casa, la del hogar y la familia está muy fuerte este mes, y la mayoría de los planetas están bajo el horizonte de tu carta. Así pues, la atención está en la familia. Puedes, sin riesgo, poner la profesión en un segundo plano. Ahora tu trabajo es establecer las «condiciones interiores» que más adelante producirán el éxito profesional.

Del 1 al 3 parece que estás a malas con un jefe, progenitor o figura parental; no estáis de acuerdo; tenéis opiniones distintas de las cosas; al parecer irreconciliables. Pero esto sólo es aparente. Dale tiempo; es un problema de corta duración. Si tienes algún asunto pendiente con un organismo gubernamental, no elijas estos días para resolverlo; no es buen periodo para tratar estas cosas. Como el mes pasado, evita beber alcohol o tomar drogas o fármacos si vas a conducir. Esto vale para los familiares también.

También ten más cuidado al conducir del 28 al 30; sería mejor si pudieras evitar conducir (y mejor reprogramar los viajes largos u opcionales); si no puedes, simplemente ten más prudencia, conduce con más precaución. También hay probabilidades de que tengas problemas con el ordenador en este periodo: bloqueos, virus y fastidios.

Venus ha estado en tu casa del dinero desde el 8 del mes pasado, y continúa ahí hasta el 7 de este. Además de que vas a profundizar más en las dimensiones espirituales de la riqueza, del aprovisionamiento espiritual, este tránsito indica que los hijos ofrecen más apoyo y tú a ellos. Gastas en ellos, pero ellos podrían estimularte en tus finanzas, o darte buenas ideas. Tu creatividad es más comercializable también (otra de las maneras como aprovisiona el espíritu). Este ha sido un periodo en que disfrutas de tu riqueza; gastas en ocio y en diversión.

La situación laboral continúa muy inestable. También hay cambios importantes en tu programa de salud, pero espera a que Plutón retome el movimiento directo, el 18, para hacerlos.

Hasta el 23 debes estar atento a tu salud; no es nada grave; solamente descansa y relájate más. El exceso de cansancio te hace vulnerable a los problemas. Puedes fortalecer la salud de las maneras explicadas en las previsiones para el año. Marte entró en tu sexta casa el mes pasado y se quedará en ella todo este mes; por lo tanto, presta más atención a la cabeza, la cara y el cuero cabelludo (dales masajes periódicos) y haz más ejercicio. Es importante el buen tono muscular.

Octubre

Mejores días en general: 4, 5, 6, 14, 15, 22, 23
Días menos favorables en general: 12, 13, 18, 19, 24, 25, 26
Mejores días para el amor: 1, 12, 18, 19, 21
Mejores días para el dinero: 4, 5, 6, 7, 8, 14, 15, 22, 23, 24
Mejores días para la profesión: 7, 16, 24, 25, 26

El 23 del mes pasado el Sol entró en tu quinta casa, iniciando otra cima de placer personal anual; esta continúa hasta el 23 de este mes. Teniendo a Júpiter en tu signo desde el 11 de junio ya estás en un periodo de diversión y sería interesante saber hasta cuándo se va a prolongar. Aumentan más aún el placer personal y las actividades de ocio y diversión. Es un mes muy feliz.

Si estás en edad de concebir, has sido fértil todo el año y este mes lo eres aún más.

La salud es buena ahora; la energía es abundante. Es difícil saber si tu ánimo elevado y los momentos de placer y diversión te producen la buena salud o es a la inversa; tal vez hay algo de las dos cosas. El ejercicio físico y los masajes a la cabeza y cara siguen siendo potentes hasta el 7. El 5 Saturno entra en tu sexta casa (y continuará en ella los dos o tres próximos años). Por lo tanto, también serán potentes los masajes en la espalda y en las rodillas; los regímenes de desintoxicación serán buenos en este largo periodo. Tal vez te han recomendado una intervención quirúrgica; no te precipites a someterte a ella (ahora tienes esa tendencia); busca otras opiniones.

Aunque la salud es buena, me parece que te ocupas más de ella este mes; tu sexta casa se hace muy poderosa después del 23; es muy probable que centres tu interés en un estilo de vida y un programa de salud más sanos; medidas preventivas.

El 3 Venus pasa del sector oriental de tu carta al occidental. Hasta ahora los planetas han estado más o menos equilibrados entre ambos sectores; no te has mostrado excesivamente dependiente ni independiente; a veces has sido lo uno, a veces lo otro; en ciertas facetas has sido independiente, en otras dependiente. Pero ahora domina el sector occidental, por lo tanto te muestras más dependiente de los demás. A veces esto es bueno; con estos aspectos desarrollamos nuestras dotes sociales; valoramos más a los demás y sus necesidades; mediante la interacción con ellos, mediante nuestras relaciones, aprendemos acerca de nosotros mismos, de quiénes somos. Estar al mando tiene sus ventajas, pero no estarlo tiene otras. Dejamos que un Poder Superior tome el mando y nos lleve a nuestro destino; normalmente los demás son sus instrumentos para esto.

Es muy posible que hayas cambiado de trabajo recientemente, y este mes se ve afortunado para los Géminis que buscan empleo, en especial después del 23. Si buscas trabajo te beneficias de la «ruta normal»: los medios de comunicación, los anuncios en busca de empleados (ya sea en los diarios o en la red), solicitudes por escrito, y las conexiones familiares.

El amor ha sido súper todo el año. El 4 inicia movimiento retrógrado tu planeta del amor, así que ahora procede un respiro, un descanso; es el periodo para hacer revisión de tu relación (y la actividad social en general), para ver en qué se puede mejorar. Evita tomar decisiones importantes en el amor en este periodo, sea en uno u otro sentido.

Noviembre

Mejores días en general: 1, 2, 10, 11, 18, 19, 23, 24
Días menos favorables en general: 8, 9, 14, 15, 21, 22
Mejores días para el amor: 1, 2, 11, 14, 15, 19, 20, 28, 29
Mejores días para el dinero: 1, 2, 3, 4, 5, 11, 13, 19, 23, 28, 29
Mejores días para la profesión: 3, 12, 21, 22

La situación laboral ha sido inestable todo el año, y en los últimos meses ha aumentado esta inestabilidad. Sin duda ha habido cambios laborales. El eclipse solar del 13 ocurre en tu sexta casa, reforzando la inestabilidad que vemos; hay más cambios laborales. Esto es un programa cósmico. Sólo lo mejor te irá bien y cualquier otra cosa inferior fracasará; esto es especialmente así si tu actitud ha sido la de «conformarte» solamente con «un trabajo» y no buscar algo que realmente te guste.

Este eclipse podría producir «sustos» en la salud, miedo, pero puesto que la salud es buena, sólo serán eso, sustos.

Los eclipses solares tienden a poner a prueba los coches y el equipo de comunicación; el Sol rige tu tercera casa. Por lo tanto, podría ser necesario reemplazar o reparar alguna de estas cosas; también puede producir problemas en el ordenador: bloqueos, virus, problemas en la red, llamadas perdidas, fallos en el disco duro, etcétera; antes que llegue el periodo del eclipse (una semana antes, tal vez), te conviene hacer copias de seguridad de todos tus archivos importantes. Ten especial cuidado en esto. También ten más cuidado con estas cosas del 23 al 25 y del 27 al 30.

Este mes también hay un eclipse lunar, el 28. Este ocurre en tu signo, así que es fuerte en ti. Tal como en el eclipse solar del 20 de mayo, si naciste en la primera parte del signo, te afecta más. Tómate las cosas con calma en ese periodo; reduce tus actividades, relájate, pasa más tiempo tranquilo en casa; lee un libro, mira una película, ora y medita más. Al igual que aquel eclipse, este trae redefinición de tu personalidad, de tu imagen y del concepto de ti mismo. Vas a cambiar tu forma de considerarte y de cómo deseas que te vean los demás. Por lo general, a lo largo de seis meses, esto produce cambios importantes en la vestimenta; proyectas una nueva imagen. Tu viejo yo se acaba y nace tu nuevo yo.

Los eclipses lunares siempre te traen cambios en las finanzas; la Luna es tu planeta del dinero. Habiendo estado vacía tu casa del dinero durante muchos meses, es probable que no hayas prestado mucha atención a esta faceta y ahora el eclipse te obliga. El próximo año va a ser muy próspero, así que hay cambios que es necesario hacer para prepararte para eso.

Este mes Marte forma aspectos dinámicos con Urano y Plutón. Del 23 al 25 está en cuadratura con Urano y del 27 al 30 está en conjunción con Plutón. Esto provoca dramas en la vida de personas amigas (y estas deben tener más prudencia al conducir y estar más conscientes del plano físico). Podría haber irregularidades en tu ordenador o aparatos de alta tecnología en este periodo; podrían recomendarte una intervención quirúrgica.

La vida amorosa ha sido activa desde abril y el 22 de este mes entras en una cima amorosa y social anual. Prospera el romance. Si estás soltero o soltera y sin compromiso, ahora conoces a una persona especial. La única complicación es el movimiento retrógrado de tu planeta del amor. Las oportunidades son incontables, pero ve lento y con cautela. No tomes decisiones importantes en el amor todavía (aunque la tentación será fuerte).

Diciembre

Mejores días en general: 8, 9, 16, 17, 25, 26
Días menos favorables en general: 5, 6, 7, 12, 13, 18, 19
Mejores días para el amor: 1, 8, 10, 11, 12, 13, 16, 20, 25, 31

Mejores días para el dinero: 1, 2, 3, 8, 13, 16, 22, 25, 28, 29
Mejores días para la profesión: 1, 10, 18, 19, 28

Sigues en una cima amorosa y social anual todo el mes. El Sol sale de tu séptima casa el 21, pero a partir del 16 estarán en esta casa Mercurio (el señor de tu horóscopo) y Venus (el planeta genérico del amor). Por lo tanto, este es un mes activo y feliz en el amor. Tu planeta del amor continúa retrógrado, así que ten presente lo que hablamos sobre esto el mes pasado.

El 11, cuando Mercurio entre en tu casa del amor, Mercurio (tú) y Júpiter (el ser amado) estarán en «recepción mutua», es decir, cada uno será «huésped» en la casa del otro. Esto es muy positivo: estás de parte del ser amado y esta persona está de tu parte. Hay una hermosa colaboración y apoyo mutuos en este periodo; tal como debe ser una buena relación. Tú y el ser amado no sois clones el uno del otro; sois quienes sois, tenéis diferentes ideas y opiniones, y tal vez veis las cosas de maneras del todo diferentes. Sin embargo, os las arregláis para colaborar bellamente entre vosotros. Zanjáis vuestras diferencias con facilidad.

Vemos un fenómeno similar en el ámbito de la salud. Saturno y Plutón están en «recepción mutua», cada uno es huésped en la casa del otro; hay buena colaboración entre estas dos fuerzas. En tu carta esto indicaría la potencia de la desintoxicación en la salud. La buena salud no va de añadir más cosas al cuerpo sino de eliminar lo que no debe estar en él. Esta posición sugiere intervenciones quirúrgicas también. Y aunque debes buscar una segunda opinión, las intervenciones quirúrgicas se ven exitosas en este periodo.

El mes pasado fue de cambios importantes; dos eclipses se encargaron de esto. Pero también ocurrieron otras cosas; el poder planetario se trasladó desde la mitad inferior de tu carta a la superior. El 16 de este mes este traslado se hace más fuerte aún. Además, tu planeta de la profesión retomó el movimiento directo el 11 del mes pasado. Nuevamente es hermosa esta combinación de factores. Ha llegado el periodo de centrar la atención en la profesión; el periodo de servir a tu familia triunfando en el mundo. Ya debes de tener más claridad mental acerca de la profesión, has tenido muchos meses para hacer revisión y evaluar tu situación; así pues, tus actos o gestiones serán más potentes y exitosos.

Me parece que todo el año ha sido más activo sexualmente, pero este mes lo es más aún. El principal mensaje es no excederse en algo bueno; modera la actividad sexual. Tal como con la comida, si te excedes después pagas el precio.

El poder en tu octava casa todo el mes indica que este es un buen periodo para pagar deudas (o contraerlas, si lo necesitas), ahondar en la comprensión de la muerte y la vida después de la muerte, y para todos los proyectos de transformación y reinvención personales. Todo el año te han interesado estas cosas y ahora te interesan más aún. Vas a dar a luz a tu «nuevo yo».

Cáncer

El Cangrejo
Nacidos entre el 21 de junio y el 20 de julio

Rasgos generales

CÁNCER DE UN VISTAZO
Elemento: Agua

Planeta regente: Luna
  Planeta de la profesión: Marte
  Planeta de la salud: Júpiter
  Planeta del amor: Saturno
  Planeta del dinero: el Sol
  Planeta de la diversión y los juegos: Plutón
  Planeta del hogar y la vida familiar: Venus

Colores: Azul, castaño rojizo, plateado
  Colores que favorecen el amor, el romance y la armonía social: Negro, azul índigo
  Colores que favorecen la capacidad de ganar dinero: Dorado, naranja

Piedras: Feldespato, perla

Metal: Plata

Aromas: Jazmín, sándalo

Modo: Cardinal (= actividad)

Cualidad más necesaria para el equilibrio: Control del estado de ánimo

Virtudes más fuertes: Sensibilidad emocional, tenacidad, deseo de dar cariño

Necesidad más profunda: Hogar y vida familiar armoniosos

Lo que hay que evitar: Sensibilidad exagerada, estados de humor negativos

Signos globalmente más compatibles: Escorpio, Piscis

Signos globalmente más incompatibles: Aries, Libra, Capricornio

Signo que ofrece más apoyo laboral: Aries

Signo que ofrece más apoyo emocional: Libra

Signo que ofrece más apoyo económico: Leo

Mejor signo para el matrimonio y/o las asociaciones: Capricornio

Signo que más apoya en proyectos creativos: Escorpio

Mejor signo para pasárselo bien: Escorpio

Signos que más apoyan espiritualmente: Géminis, Piscis

Mejor día de la semana: Lunes

La personalidad Cáncer

En el signo de Cáncer los cielos han desarrollado el lado sentimental de las cosas. Esto es lo que es un verdadero Cáncer: sentimientos. Así como Aries tiende a pecar por exceso de acción, Tauro por exceso de inacción y Géminis por exceso de pensamiento, Cáncer tiende a pecar por exceso de sentimiento.

Los Cáncer suelen desconfiar de la lógica, y tal vez con razón. Para ellos no es suficiente que un argumento o proyecto sea lógico, han de «sentirlo» correcto también. Si no lo sienten correcto lo rechazarán o les causará irritación. La frase «sigue los dictados de tu corazón» podría haber sido acuñada por un Cáncer, porque describe con exactitud la actitud canceriana ante la vida.

Sentir es un método más directo e inmediato que pensar. Pensar es un método indirecto. Pensar en algo jamás toca esa cosa. Sentir es una facultad que conecta directamente con la cosa o tema en cuestión. Realmente la tocamos y experimentamos. El sentimiento es casi otro sentido que poseemos los seres humanos, un sentido psíquico. Dado que las realidades con que nos topamos durante la vida a menudo son dolorosas e incluso destructivas, no es de extrañar que Cáncer elija erigirse barreras de defensa, meterse dentro de su caparazón, para proteger su naturaleza vulnerable y sensible. Para los Cáncer se trata sólo de sentido común.

Si se encuentran en presencia de personas desconocidas o en un ambiente desfavorable, se encierran en su caparazón y se sienten protegidos. Los demás suelen quejarse de ello, pero debemos poner en tela de juicio sus motivos. ¿Por qué les molesta ese caparazón? ¿Se debe tal vez a que desearían pinchar y se sienten frustrados al no poder hacerlo? Si sus intenciones son honestas y tienen paciencia, no han de temer nada. La persona Cáncer saldrá de su caparazón y los aceptará como parte de su círculo de familiares y amigos.

Los procesos del pensamiento generalmente son analíticos y separadores. Para pensar con claridad hemos de hacer distinciones, separaciones, comparaciones y cosas por el estilo. Pero el sentimiento es unificador e integrador. Para pensar con claridad acerca de algo hay que distanciarse de aquello en que se piensa. Pero para sentir algo hay que acercarse. Una vez que un Cáncer ha aceptado a alguien como amigo, va a perseverar. Tendrías que ser muy mala persona para perder su amistad. Un amigo Cáncer jamás te abandonará, hagas lo que hagas. Siempre intentará mantener cierto tipo de conexión, incluso en las circunstancias más extremas.

Situación económica

Los nativos de Cáncer tienen una profunda percepción de lo que sienten los demás acerca de las cosas, y del porqué de esos sentimientos. Esta facultad es una enorme ventaja en el trabajo y en el mundo de los negocios. Evidentemente, es indispensable para formar un hogar y establecer una familia, pero también tiene su utilidad en los negocios. Los cancerianos suelen conseguir grandes beneficios en negocios de tipo familiar. Incluso en el caso de que no trabajen en una empresa familiar, la van a tratar como si lo fuera. Si un Cáncer trabaja para otra persona, entonces su jefe o jefa se convertirá en la figura parental y sus compañeros de trabajo en sus hermanas y hermanos. Si la persona Cáncer es el jefe o la jefa, entonces considerará a todos los empleados sus hijos. A los cancerianos les gusta la sensación de ser los proveedores de los demás. Disfrutan sabiendo que otras personas reciben su sustento gracias a lo que ellos hacen. Esta es otra forma de proporcionar cariño y cuidados.

Leo está en la cúspide de la segunda casa solar, la del dinero, de Cáncer, de modo que estas personas suelen tener suerte en la especulación, sobre todo en viviendas, hoteles y restaurantes. Los balnearios y las salas de fiesta son también negocios lucrativos para los nativos de Cáncer. Las propiedades junto al mar los atraen. Si bien básicamente son personas convencionales, a veces les gusta ganarse la vida de una forma que tenga un encanto especial.

El Sol, que es el planeta del dinero en la carta solar de los Cáncer, les trae un importante mensaje en materia económica: necesitan tener menos cambios de humor; no pueden permitir que su estado de ánimo, que un día es bueno y al siguiente malo, interfiera en su vida laboral o en sus negocios. Necesitan desarrollar su autoestima y un sentimiento de valía personal si quieren hacer realidad su enorme potencial financiero.

Profesión e imagen pública

Aries rige la cúspide de la casa 10, la de la profesión, en la carta solar de los Cáncer, lo cual indica que estos nativos anhelan poner en marcha su propia empresa, ser más activos en la vida pública y política y más independientes. Las responsabilidades familiares y el temor a herir los sentimientos de otras personas, o de hacerse daño a sí mismos, los inhibe en la consecución de estos objetivos. Sin embargo, eso es lo que desean y ansían hacer.

A los Cáncer les gusta que sus jefes y dirigentes actúen con libertad y sean voluntariosos. Pueden trabajar bajo las órdenes de un superior que actúe así. Sus líderes han de ser guerreros que los defiendan.

Cuando el nativo de Cáncer está en un puesto de jefe o superior se comporta en gran medida como un «señor de la guerra». Evidentemente sus guerras no son egocéntricas, sino en defensa de aquellos que están a su cargo. Si carece de ese instinto luchador, de esa independencia y ese espíritu pionero, tendrá muchísimas dificultades para conseguir sus más elevados objetivos profesionales. Encontrará impedimentos en sus intentos de dirigir a otras personas.

Debido a su instinto maternal, a los Cáncer les gusta trabajar con niños y son excelentes educadores y maestros.

Amor y relaciones

Igual que a los Tauro, a los Cáncer les gustan las relaciones serias y comprometidas, y funcionan mejor cuando la relación está claramente definida y cada uno conoce su papel en ella. Cuando se casan, normalmente lo hacen para toda la vida. Son muy leales a su ser amado. Pero hay un profundo secretillo que a la mayoría de nativos de Cáncer les cuesta reconocer: para ellos casarse o vivir en pareja es en realidad un deber. Lo hacen porque no conocen otra manera de crear la familia que desean. La unión es simplemente un camino, un medio para un fin, en lugar de ser un fin en sí mismo. Para ellos el fin último es la familia.

Si estás enamorado o enamorada de una persona Cáncer debes andar con pies de plomo para no herir sus sentimientos. Te va a llevar un buen tiempo comprender su profunda sensibilidad. La más pequeña negatividad le duele. Un tono de voz, un gesto de irritación, una mirada o una expresión puede causarle mucho sufrimiento. Advierte el más ligero gesto y responde a él. Puede ser muy difícil acostumbrarse a esto, pero persevera junto a tu amor. Una persona Cáncer puede ser una excelente pareja una vez que se aprende a tratarla. No reaccionará tanto a lo que digas como a lo que sientas.

Hogar y vida familiar

Aquí es donde realmente destacan los Cáncer. El ambiente hogareño y la familia que crean son sus obras de arte personales. Se esfuerzan por hacer cosas bellas que los sobrevivan. Con mucha frecuencia lo consiguen.

Los Cáncer se sienten muy unidos a su familia, sus parientes y, sobre todo, a su madre. Estos lazos duran a lo largo de toda su vida y maduran a medida que envejecen. Son muy indulgentes con aquellos familiares que triunfan, y están apegados a las reliquias de familia y los recuerdos familiares. También aman a sus hijos y les dan todo lo que necesitan y desean. Debido a su naturaleza cariñosa, son muy buenos padres, sobre todo la mujer Cáncer, que es la madre por excelencia del zodiaco.

Como progenitor, la actitud de Cáncer se refleja en esta frase: «Es mi hijo, haya hecho bien o mal». Su amor es incondicional. Haga lo que haga un miembro de su familia, finalmente Cáncer lo perdonará, porque «después de todo eres de la familia». La preservación de la institución familiar, de la tradición de la familia, es uno de los principales motivos para vivir de los Cáncer. Sobre esto tienen mucho que enseñarnos a los demás.

Con esta fuerte inclinación a la vida de familia, la casa de los Cáncer está siempre limpia y ordenada, y es cómoda. Les gustan los muebles de estilo antiguo, pero también les gusta disponer de todas las comodidades modernas. Les encanta invitar a familiares y amigos a su casa y organizar fiestas; son unos fabulosos anfitriones.

Horóscopo para el año 2012*

Principales tendencias

El año pasado fue difícil, estresante, Cáncer; un año para formar carácter. Este año sigue siendo muy estresante, pero más fácil. Si terminaste 2011 con la salud y la cordura intactas, superarás también este año.

El año pasado había cuatro planetas lentos en alineación desfavorable contigo. Este año sólo hay tres: Saturno, Plutón y Urano. Hacia finales del año, el 5 de octubre, Saturno sale de un aspecto desfavorable y entra en uno favorable contigo. Por lo tanto, a medida que avance el año habrá más y más mejoría. Habrás pasado lo peor.

Tu salud general y tu energía van mejorando cada vez más; de todos modos necesitas estar atento. Volveremos sobre este tema.

El año pasado Neptuno coqueteó con tu novena casa, y este año, el 3 de febrero, entra en ella para quedarse muchos años. Esto también es otra señal positiva para ti, en lo referente a salud y energía, porque Neptuno te forma aspectos armoniosos. Si tienes pendientes asuntos legales o jurídicos, deberás estudiar y reflexionar mucho al respecto; hay mucha actividad encubierta entre bastidores. Si eres estudiante deberás informarte muy bien acerca del centro al que vas a ir; también aquí hay muchos asuntos encubiertos y las cosas no son lo que parecen.

El año pasado trajo cambios repentinos y drásticos en la profesión, y la tendencia continúa este año. Más adelante lo trataremos con más detalle.

Las facetas de más interés para ti este año son: el hogar y la familia (hasta el 5 de octubre); los hijos, la creatividad y el placer personal (a partir del 5 de octubre); el amor, el romance y las actividades sociales; la religión, la metafísica, la teología, la formación superior y los viajes al extranjero (a partir del 3 de febrero); la profesión; las amistades, los grupos, las actividades de grupo y las organizaciones (hasta el 11 de junio); la espiritualidad (a partir del 3 de abril).

---

* Las previsiones de este libro se basan en el Horóscopo Solar y todos los signos que derivan de él; tu Signo Solar se convierte en el Ascendente, y las casas se numeran a partir de él. Tu horóscopo personal, el trazado concretamente para ti (según la fecha, hora y lugar exactos de tu nacimiento) podrían modificar lo que decimos aquí. Joseph Polansky

Tus caminos hacia la mayor realización este año son: las amistades, los grupos, las actividades en grupo y las organizaciones (hasta el 11 de junio); la espiritualidad (a partir del 11 de junio); la salud y el trabajo (hasta el 31 de agosto); los hijos, la creatividad y el placer personal (a partir del 31 de agosto).

Salud

(Ten en cuenta que esta es una perspectiva astrológica de la salud, no una médica. Antaño no había ninguna diferencia, ambas eran idénticas, pero en esta época podrían diferir muchísimo. Para una perspectiva médica, por favor, consulta a tu médico o a otro profesional de la salud.)

No hay que andarse con rodeos en esto, Cáncer; la salud está difícil este año y debes prestarle más atención que de costumbre. Esto será un reto, teniendo prácticamente vacía, no poderosa, tu sexta casa, la de la salud. No te apetece prestar mucha atención a los asuntos de salud, así que tendrás que obligarte. (Así fue el año pasado también.)

Como hemos dicho, la salud estará mucho mejor que el año pasado, y mejorará más a medida que avance el año, pero sigue la necesidad de estar atento, de vigilarla.

Lo bueno es que puedes hacer mucho para mejorarla. Presta más atención a los siguientes órganos: el estómago y los pechos si eres mujer (siempre importantes para ti; también es importante una buena dieta); el hígado y los muslos (deberás dar masajes frecuentes a los muslos); el cuello y la garganta (los masajes periódicos en el cuello serían maravillosos, en especial en la nuca, donde el cuello conecta con el cráneo; ahí tiende a acumularse la tensión y es necesario aflojarla; la terapia sacro-craneal también es buena para esto; esto es importante hasta el 11 de junio); los pulmones, el aparato respiratorio, los brazos y los hombros (importantes a partir del 11 de junio; deberás dar masajes a los brazos y los hombros; la tensión tiende a acumularse en los hombros y es necesario aflojarla periódicamente).

Tan importante como fortalecer estos órganos es mantener elevada la energía. Como ya saben nuestros lectores fieles, pues lo hemos escrito muchas veces, en realidad hay una enfermedad primordial: la falta de energía, la falta de fuerza vital. Todos los demás problemas que enfrentamos nacen de esto, de que no hay suficiente energía natural para resistir a los virus, bacterias u otros invasores oportunistas. Además, cuando la energía está baja, no a su altura habitual, los mecanismos sensoriales, las facultades pensantes, también lo están y por lo tanto pueden ocurrir todo tipo de accidentes y contratiempos.

La energía elevada protege de muchos pecados y malos comportamientos; pero si la energía está baja (como cuando los planetas no están alineados favorablemente) estos pecados comienzan a cobrarse su precio. Una mujer embarazada que tiene alta la energía puede ir a una fiesta en donde la energía es negativa y esta no le afectará; pero si tiene baja la energía, esa misma fiesta puede ser causa de un aborto espontáneo. La persona rica que tiene mucho dinero en el banco se puede permitir derroches; pero si baja su cuenta bancaria, el derroche se cobra un elevado precio. Con la energía vital ocurre más o menos lo mismo.

Así pues, descansa y relájate más este año, especialmente del 1 al 19 de enero; del 20 de marzo al 20 de abril, del 22 de septiembre al 22 de octubre y del 21 al 31 de diciembre. Centra la atención en las cosas verdaderamente importantes de la vida y deja estar las demás. Evita la preocupación y la ansiedad, que agotan la energía. Haz las cosas lo mejor que puedas y una vez que las hayas hecho, goza de la vida. Aprende a disfrutar de los retos tanto como de las cosas fáciles; simplemente es una opción espiritual.

Las hierbas, las gemas, los aromas y los metales de Júpiter son tónicos naturales curativos para ti. El azul es un color sanador; la hojalata es un metal sanador; el clavel va bien como aroma, infusión y esencia floral; la sola presencia física de esta flor tiene un efecto curativo, animador. Los animales grandes (p. ej., caballos, alces, elefantes, ballenas) tienen poder curativo.

Hogar y vida familiar

Tu cuarta casa, la del hogar y la familia, ha sido casa de poder los últimos años y esta tendencia continúa este año; es un centro de atención importante, más de lo habitual.

Saturno lleva unos años en esta casa, por lo tanto esta faceta de la vida ha sido difícil, por decirlo suave. La familia te parece más una carga que una alegría; trabajo arduo. Además, has asumido más responsabilidades familiares. Pero no es mucho lo que puedes hacer al respecto: debes aceptar la responsabilidad y arreglártelas lo mejor que puedas. Esto fortalece el carácter. Estando dispuesto a asumir la responsabilidad, a no evitarla o hurtarle el cuerpo, te atraes ayuda espiritual y esta etapa no se te hará tan pesada como crees.

Saturno en la cuarta casa tiende a oponerse a las mudanzas, y tal vez no es aconsejable que te mudes. Sientes estrecha la casa, demasiado pequeña para ti, pero con creatividad puedes aprovechar mejor el espacio que tienes.

Los hijos (y las figuras filiales de tu vida) han estado difíciles; están más rebeldes que de costumbre y al parecer hay muchos dramas en su vida personal. Parece que desean desafiar a toda autoridad. Los padres y figuras parentales también tienen muchos dramas personales, tal vez operaciones quirúrgicas o una experiencia de tipo muerte temporal o cuasi muerte. Parecen nómadas, inquietos, trasladándose de un lugar a otro. Desean explorar su libertad personal y están «hartos» de obligaciones y responsabilidades. Además, hay conflictos entre el cónyuge o pareja actual y los hijos y las figuras parentales. Mantener una apariencia de armonía en la familia es todo un reto.

Saturno en la cuarta casa es un aspecto difícil para muchas personas, pero en especial para ti, Cáncer. Indica que consideras «arriesgado» expresar tus sentimientos y por lo tanto tiendes a reprimirlos. Lógicamente, esto no lo puedes hacer siempre, así que cuando los expresas tiendes a exagerarlos. Tal como el año pasado, necesitas una manera sin riesgos de desahogar tus emociones.

La depresión es otro síntoma de la presencia de Saturno en la cuarta casa, y ahora debes protegerte de ella (te hace más vulnerable a los problemas de salud).

Como hemos dicho, Saturno sale de tu cuarta casa el 5 de octubre. Por lo tanto, entonces debería comenzar a mejorar la situación familiar. Lo peor ya ha pasado, pero los problemas con los hijos siguen siendo un reto.

Los hermanos y las figuras fraternas pasan por un periodo más fácil que tú con la familia, y este año se ve sin cambios ni novedades para ellos.

Un hijo o una hija podría mudarse este año, tal vez muchas veces. También se ven mudanzas para los nietos mayores, y estas se ven más fáciles que para los hijos (tal vez las llevan mejor).

Saturno es tu planeta del amor y la belleza. Así pues, este año te dedicas a embellecer la casa (esto lleva unos cuantos años). Una nueva capa de pintura, redecoración, nuevo diseño del jardín, y compras de objetos de adorno para la casa.

Profesión y situación económica

Tu casa del dinero no ha estado poderosa desde hace unos cuantos años. Está más o menos vacía. Esto significa que las finanzas no son un interés importante este año. La tendencia es dejar las cosas como están. Si los ingresos fueron buenos el año pasado, tenderán a ser buenos este año. Si hubo dificultades el año pasado, habrá dificultades este año. Pero, en general, indica que estás más o menos satisfecho con tus finanzas y no tienes ninguna necesidad de hacer cambios importantes.

Este año tu casa del dinero estará poderosa del 23 de julio al 22 de agosto, periodo en que el Sol transita por ella, y del 7 de septiembre al 3 de octubre, periodo en que transita Venus. Estos serán tus periodos cumbre, del año en lo que a ingresos se refiere.

Tu planeta del dinero, el Sol, transita por todos los signos y casas del horóscopo cada año. Por lo tanto, hay muchas tendencias en las finanzas que es mejor tratarlas en las previsiones mes a mes.

El Sol es eclipsado dos veces cada año, y entonces tienes la oportunidad de poner a punto tus finanzas, hacer los ajustes y cambios que sean necesarios. Este año los eclipses ocurren el 20 de mayo y el 13 de noviembre.

El poder adquisitivo tiende a estar en función del grado de energía de la persona. Por lo tanto, puesto que tu energía general mejora a lo largo del año, es de suponer que también mejorarán tus finanzas.

Este año las herencias, las coberturas de seguros y el pago de derechos o patentes son una gran fuente de ingresos.

La profesión se convierte más en el foco de interés que el dinero. El dinero en sí no te interesa gran cosa; lo que sí te interesa, y mucho, es tu categoría y posición en la sociedad y en tu empresa o profesión. Si naciste en la primera parte de tu signo (21-25 de junio) sin duda experimentaste cambios en la profesión el año pasado y es probable que ocurran otros más. El camino profesional se ve muy inestable. Deseas el cambio, deseas libertad, la libertad para experimentar e innovar en tu profesión, y en muchas empresas el ambiente no es conducente a esto. Tienes el tipo de carta que tendría un trabajador autónomo, independiente. Aceptas diferentes trabajos o misiones en diferentes momentos. Es posible que te establezcas como «autónomo».

Urano en el Medio cielo indica muchas, muchas reorganizaciones, del tipo terremoto volcánico, en tu empresa, industria y jerarquía empresarial. Caen cabezas; las normas continúan cambiando. Entre los superiores de tu vida (jefes, mayores, padres y figuras parentales) habrá experiencias de cuasi muerte u operaciones quirúrgicas; en algún caso podría haber muerte real. Este año te resulta más difícil llevarte bien con estas personas; te es muy difícil saber en qué situación estás con ellas, qué aceptarán y qué no aceptarán, qué teclas pulsar con ellas. En el plano personal vas a tener experiencias de tipo «cuasi muerte» profesional. Urano, el señor de tu octava casa, está en tu casa de la profesión, de modo que el mensaje es que ocurre una desintoxicación en tu profesión, se limpia de impurezas de todo tipo (miedos, actitudes y suposiciones falsas, errores en la elección del camino profesional) para que puedas dar a luz la profesión de tus sueños, el trabajo que sólo tú puedes hacer, el trabajo para el cual naciste.

Tu planeta de la profesión, Marte, pasa una cantidad de tiempo insólita en Virgo, tu tercera casa; estará ahí la primera mitad del año. Esto sugiere profesiones en el campo de la salud (Virgo rige la salud) o en la comunicación: ventas, mercadotecnia, escritura, enseñanza, publicidad y relaciones públicas. Sea cual sea tu trabajo o negocio, avanzas la profesión con buena comunicación y también con tu pericia tecnológica. Necesitas estar al día en todas las últimas tecnologías.

Amor y vida social

Desde que Plutón entró en tu séptima casa en 2008 el amor ha sido difícil. Se está produciendo una desintoxicación cósmica en tu vida amorosa y social. Afloran las impurezas en el matrimonio o relación amorosa actual para que se puedan eliminar y transformar. La desintoxicación no suele ser una experiencia agradable (¡¿de verdad salió eso de mí?!), pero el resultado es bueno. Los problemas en el amor siempre provienen de actitudes internas que no están bien. Cuando se limpian estas actitudes (que muchas veces son inconscientes) comienza a mejorar la vida amorosa. Se han roto muchos matrimonios y relaciones amorosas en los últimos años; hubo una muerte real del amor (Plutón rige la muerte). Pero en muchos casos no fue una auténtica muerte, sino una experiencia de muerte temporal o cuasi muerte; la relación estuvo a punto de romperse (y tal vez se rompió por un tiempo) y luego resucitó.

El año pasado fue difícil para el amor, porque aparte de Plutón, Saturno, tu planeta del amor, recibía aspectos muy desfavorables. Los matrimonios y las relaciones amorosas pasaron por severas pruebas; muchos fracasaron. Si tu relación sobrevivió al año pasado, lo más probable es que sobreviva a este. El amor continúa difícil, pero no tanto como el año pasado.

Saturno lleva unos años en tu cuarta casa. Por lo tanto, han sido muy importantes la comunicación y la intimidad emocional, la compatibilidad emocional. No basta la buena química sexual. La sexualidad emocional es más importante que la sexualidad física. Esto va a cambiar hacia finales de este año, pues tu planeta del amor entra en Escorpio. Vuelve a ser importante la química sexual.

En general, la vida social ha estado centrada en el hogar estos últimos años, y esto continúa este año. Tienes más relación con la familia y con personas que son como familiares para ti.

Si estás soltero o soltera, en este periodo te atraen figuras de «padre» o «madre». Si analizas a la persona amada encontrarás características muy similares a la de una figura parental (sobre todo cuando esta figura parental era joven).

Los valores familiares siempre son importantes para ti, Cáncer, pero en este periodo más que nunca. El ser amado tiene que tener sólidos valores familiares.

Si estás soltero o soltera encuentras oportunidades amorosas cerca de casa; no hace falta viajar mucho en busca del amor. Los padres, las figuras parentales y los familiares en general hacen de cupido, se ven muy involucrados en tu vida amorosa. Hay oportunidades amorosas a través de conexiones familiares también.

Cuando el planeta del amor entre en Escorpio el 5 de octubre, habrá un cambio drástico en la actitud en el amor. Como hemos dicho, la relación sexual se volverá más importante. Sin duda, nuestros lectores saben que la relación sexual, si bien es importante, no puede ser la única base de una relación duradera. Por lo tanto, esto podría convertirse en un problema, en especial para los Cáncer solteros. Habrá también un enfoque de la atención hacia la «diversión», atracción por la persona capaz de hacerte pasarlo bien. El problema es que en una relación seria, duradera, las cosas no siempre son «diversión», pues al final llegan los periodos difíciles. Las buenas relaciones necesitan un apuntalamiento más sólido.

El cónyuge o ser amado actual es mucho más fértil que de costumbre en este periodo (si está en edad de concebir, lógicamente).

Si estás soltero o soltera y pensando en un primer matrimonio, es posible que no te cases este año. Si estás pensando en un segundo matrimonio, tienes oportunidades amorosas con personas de tipo espiritual y creativo, y en ambientes espirituales. En el caso de que te interese un tercer matrimonio, tienes oportunidades maravillosas; hay amor en el ambiente. El año pasado podría haber habido una relación seria, y si no, podría ocurrir este año también; parece que con una persona con la que trabajas o que está involucrada en tu salud.

Progreso personal

El Medio cielo es probablemente el punto abstracto más importante del horóscopo. El Ascendente es importante, pero el Medio cielo es más fuerte. En este periodo tienes al inquieto Urano en tu Medio cielo (en especial si naciste en la primera parte del signo). Así pues, tendrás que arreglártelas con la muerte y el problema de la muerte; esto es una tendencia de larga duración. No significa que vayas a morir, sino que te preocupa o te interesa la muerte. El objetivo cósmico es que adquieras una comprensión más profunda, más espiritual, de la muerte para que puedas vivir mejor. En realidad no vivimos bien mientras no entendemos la muerte. Pero esta posición también tiene un significado más profundo; indica que la transformación personal, la reinvención personal, se convierte en un interés principal este año y los venideros. Primero te transformas tú; con esto queremos decir que das a luz a tu «yo ideal», la persona que deseas ser, la persona con la que sueñas ser. Es un trabajo inmenso. Después, cuando ya tengas cierta habilidad en esto, ayudarás a otros a «dar a luz» a sus «yoes ideales».

Neptuno ha estado muchos años en tu octava casa y este año, como hemos dicho, hace un traslado importante, entra en tu novena casa, en la que se quedará para largo. Esto significa que se perfecciona y espiritualiza tu religión personal, tu filosofía de la vida. Recibes muchísimas revelaciones espirituales sobre estos asuntos. Detrás de toda religión, de todo sistema moral, de todo sistema de reglas y reglamentos, hay una revelación espiritual; estas cosas no surgen por casualidad. Ahora se te revela el signicado espiritual que respalda estas cosas. Tu religión, tu filosofía personal, dejará de ser una simple serie de haz esto y no hagas aquello, y se llenará de sentido. Este es un tránsito importante si eres estudiante, si estás en o vas a entrar en la universidad o hacer un curso de posgrado; indica un interés en estudios espirituales, sacerdocio, religión, fenómenos sobrenaturales, canalización, ciencias espirituales. Actualmente hay muchas escuelas que enseñan estas cosas, y estas escuelas se te harán atractivas.

Saturno ha estado algunos años en tu cuarta casa, la de la vida emocional; este es un tránsito difícil para las mujeres. Escribimos sobre esto el año pasado, pero sigue en vigor la mayor parte de este año. Como hemos dicho, hay una tendencia a reprimir los sentimientos. Tienes la impresión de que es «arriesgado» expresar tus sentimientos, y por lo tanto los reprimes. Esto no es bueno desde el punto de vista de la salud, puesto que esos sentimientos negativos pueden ser causa de patologías físicas. Además, esto sólo se puede hacer durante un tiempo corto, ya que finalmente estos sentimientos se expresan, y de una forma, por lo general, exagerada y desequilibrada, totalmente desproporcionada a los incidentes que los causaron. Así pues, es necesaria una manera «sin riesgo», inofensiva, de expresar los verdaderos sentimientos. Puedes escribirlos en un papel y luego romperlo y tirarlo; puedes grabarlos en una cinta magnetofónica y luego borrarla. Será bueno que hagas de esto un «rito»; di una breve oración cuando tires el papel o borres la cinta, algo como lo siguiente: «Estos sentimientos ya salieron de mi organismo para siempre». En mi libro *A technique for meditation* ofrezco muchos más métodos (véase capítulos dos y tres).

Previsiones mes a mes

Enero

Mejores días en general: 8, 9, 17, 18, 25, 26
Días menos favorables en general: 1, 2, 14, 15, 21, 22, 28, 29
Mejores días para el amor: 6, 7, 15, 16, 18, 19, 21, 22, 24, 27, 28
Mejores días para el dinero: 3, 4, 10, 11, 12, 13, 21, 23, 24, 30
Mejores días para la profesión: 1, 2, 3, 4, 12, 13, 21, 22, 28, 29, 30, 31

Comienzas el año en medio de una cima social y amorosa anual; esto significa que hay mucha actividad social, en su mayor parte feliz. Si estás casado o casada, o en una relación seria, la relación se complica, o bien por los hijos (desacuerdos acerca de ellos o problemas con ellos), o infidelidades, posibles infidelidades y desacuerdos en las finanzas (la segunda parte del mes). Todo se puede solucionar si el amor es verdadero.

El año comienza con la mayoría de los planetas en el sector occidental o social de tu carta. Por lo tanto, es más difícil cambiar las circunstancias o condiciones. Debes ser más adaptable, apañártelas en la situación actual. Estás en un periodo para cultivar tu don de gentes y tus dotes sociales. Mas avanzado el año tendrás la oportunidad (y el poder) de hacer cambios drásticos en tus circunstancias, pero no ahora. Mientras tanto, puedes aprender a disfrutar de «no estar al mando»; hay cosas positivas en eso. Es menor la responsabilidad con respecto a lo que ocurre, y por lo tanto tienes más tranquilidad. No necesitas deprimirte por lo que ocurre o no ocurre. Pero el principal punto positivo es que es más fácil dejar que esté al mando un Poder Superior, y si haces esto de corazón, verás cómo empieza a manifestarse la perfección en tus asuntos. Este Poder sólo conoce perfección, pero debes darle rienda suelta, para que haga las cosas a su manera.

La mayoría de los planetas están sobre el horizonte de tu carta: el 70 por ciento, y a veces el 80 por ciento. Aunque el hogar y la familia son siempre importantes, estás en un periodo profesional, de consecuciones externas. Esta es la mejor manera de servir a tu familia en este periodo. Hay mucho cambio y efervescencia en la profesión; es posible que estés interesado en otra profesión o en un nuevo camino profesional. Pero estando retrógrado tu planeta de la profesión (a partir del 24), mira bien antes de lanzarte o hacer cambios drásticos. Si te inclinas a hacer cambios, hazlos antes del 24.

Tus dotes sociales son importantes en muchas facetas de tu vida, pero muy especialmente en las finanzas. Necesitas la buena voluntad de los demás. Podría formarse una sociedad de negocios o empresa conjunta; la oportunidad está ahí. Después del 20, cuando tu planeta del dinero entra en tu octava casa, los asuntos de impuestos y deudas van a configurar tu toma de decisiones financieras. Lo positivo es que las deudas se pagan con más facilidad (y este es un buen periodo para hacerlo). Si necesitas un préstamo, hay disponible dinero ajeno, sea cual sea el estado de la economía. Puedes ganar dinero mediante una financiación creativa, reclamaciones de seguros, herencia o patrimonio y derechos de patente o de autor. Más importante aun, y esto vale para todo el mes: ten muy presente los intereses financieros de otras personas (socios y amistades). Sé útil para otras personas en las finanzas y tu prosperidad vendrá naturalmente. Después del 20 te irá bien librarte de posesiones que ya no necesitas o no usas. Pon orden en tu vida financiera; elimina cuentas bancarias o bursátiles y tarjetas de crédito que están de más. Reduce el derroche. Prospera «recortando», eliminando lo no esencial y la basura.

Es necesario estar atento a la salud, en especial hasta el 20. Fortalece la salud de las maneras explicadas en las previsiones para el año. Pero este mes, hasta el 8, presta más atención a los pulmones, sistema respiratorio, intestino delgado, brazos, hombros. Más importante aún, descansa y relájate más, para mantener elevada la energía. La energía mejora después del 20, pero de todos modos vigila la salud.

Febrero

Mejores días en general: 4, 5, 13, 14, 22, 23
Días menos favorables en general: 11, 12, 17, 18, 24, 25
Mejores días para el amor: 3, 5, 6, 12, 15, 17, 18, 21, 24, 25
Mejores días para el dinero: 1, 2, 3, 7, 8, 9, 11, 12, 17, 21, 22, 27, 28
Mejores días para la profesión: 1, 9, 10, 17, 18, 24, 25, 27, 28

La mayoría de los planetas continúan sobre el horizonte de tu carta, y tu décima casa, la de la profesión, se hace más fuerte aún el 8. Así pues, como el mes pasado, estás en un periodo profesional. Tu planeta de la profesión está retrógrado en tu tercera casa. Como saben nuestros lectores, el movimiento retrógrado de un planeta enlentece las cosas. Son necesarios más análisis y reflexión respecto a las decisiones y cambios en la profesión. Más importante aún, el movimiento retrógrado de un planeta es la manera que tiene el Cosmos de instarnos a ser más perfectos en los asuntos regidos por ese planeta. Evita los «atajos profesionales» en este periodo; estos no serán atajos sino que en realidad retrasarán aun más las cosas. Ahora conviene un progreso lento, uniforme, metódico y perfecto. Ten especial cuidado cuando te comuniques con jefes o superiores. Verifica que has dicho lo que realmente quieres decir y que has entendido bien lo que ellos quieren decir. Si hay problemas en la profesión en este periodo lo más probable es que vengan de una mala comunicación y malos entendidos.

El 7 inicia movimiento retrógrado tu planeta del amor. Es el periodo para revisar la relación amorosa o de matrimonio; y de toda la vida social también. Está indicado repensar, revaluar. Ve lento en el amor, evita la precipitación, evita los atajos; deja que el amor se desarrolle y crezca a su aire. Tu tarea en los próximos meses es conseguir «claridad» en tu vida amorosa. Una vez conseguida, las decisiones amorosas serán fáciles.

Tu octava casa está muy fuerte hasta el 19; repasa lo que dijimos sobre esto el mes pasado.

Las finanzas van bien este mes. El cónyuge, pareja o ser amado actual prospera; tal vez es más generoso contigo también. El 19 tu planeta del dinero entra en Piscis, tu novena casa. Se agudiza la intuición financiera (será especialmente aguda del 18 al 21, cuando el Sol viaja con Neptuno; mantente atento a la orientación o los informes financieros: serán buenos). La novena casa y su regente se consideran muy afortunados, así que hay acontecimientos financieros felices; hay incremento en las finanzas; las técnicas espirituales, como la oración y la meditación, tendrán consecuencias fundamentales en los ingresos. Las oportunidades financieras vienen de otros países, de inversiones en el extranjero, de personas y empresas extranjeras; también vienen de las personas religiosas de tu vida, personas con las que te encuentras en tu lugar de culto.

El poder que hay en la novena casa a partir del 19 indica viaje al extranjero. Si eres estudiante esto indica éxito en los estudios. Hay más interés en la religión, la filosofía, la teología y la formación superior; hay descubrimientos, revelaciones, en estos temas si los deseas.

La salud está mucho mejor este mes, sobre todo después del 19. Fortalécela más de las maneras explicadas en las previsiones para el año.

Marzo

Mejores días en general: 3, 4, 11, 12, 20, 21, 30, 31
Días menos favorables en general: 9, 10, 15, 16, 22, 23, 24
Mejores días para el amor: 2, 7, 10, 15, 16, 19, 25, 26, 29
Mejores días para el dinero: 3, 4, 5, 6, 7, 11, 12, 15, 16, 22, 23, 25, 26
Mejores días para la profesión: 7, 8, 15, 16, 22, 23, 24, 25

Los principales titulares este mes son el poder que hay en tu décima casa, la de la profesión, a partir del 20, día en que entras en una cima profesional anual, y el traslado del poder planetario de tu sector occidental al oriental, al sector de poder e independencia personales, que también ocurre alrededor de ese día. El 20 ya habrá un 60 por ciento de los planetas en tu sector oriental, y a veces el 70 por ciento. Ha acabado el ciclo de «complacer a los demás». Sin duda los demás son importantes y los tratas con cortesía y respeto, pero ya no necesitas «doblegarte» ante ellos, sacrificar tu felicidad por ellos. Ahora quien importa eres tú, quién eres, tus capacidades y tu iniciativa. Probablemente en los seis últimos meses, más o menos, has identificado aspectos de tu vida que te resultan incómodos o desagradables y necesitas cambiar; ahora y los próximos meses es el periodo para hacerlo. Tienes mayor poder en tus asuntos; estás más al mando de tu persona que de costumbre. A medida que pasen los meses, ahora sólo percibes el comienzo, descubrirás que las personas, el mundo en general, comienza a adaptarse a ti, y no a la inversa.

Hay éxito en la profesión, en especial después del 20. Pero tu planeta de la profesión está retrógrado, así que ten presente lo que hablamos el mes pasado; apresúrate lento y parejo; sé perfecto en todo lo que haces.

Después del 20 la salud se vuelve muy delicada. Sí, estás ocupado y activo en tu profesión, pero procura descansar y relajarte más. Con creatividad puedes combinar trabajo y descanso de una manera adecuada; puedes interrumpir el día, echar una siesta o darte un masaje a medio día; puedes delegar más. El 60 por ciento de los planetas, y a veces el 70 por ciento, están en una alineación difícil contigo en uno u otro momento, así que esto no es algo que debas tomarte a la ligera. Lo superarás: ya lo pasaste el año pasado y este es más fácil. Pero tienes que hacer tu parte. Fortalece la salud de las maneras explicadas en las previsiones para el año.

Las finanzas van bien este mes, aunque hay ciertos baches en el camino. Tu planeta del dinero continúa en la «optimista» novena casa, la casa más afortunada del horóscopo (según los astrólogos hindúes). Gran parte de lo que escribimos el mes pasado sigue siendo válido hasta el 20. Entonces el Sol entra en Aries, tu décima casa. Esto es fundamentalmente bueno, pues indica que las finanzas están muy arriba en tus prioridades y les prestas atención; esta atención tiende a producir éxito. En el Medio cielo (la parte superior de tu carta) el Sol está en su posición más poderosa. Así pues, los ingresos son fuertes. Este tipo de tránsito indica que el dinero viene de la profesión, de tu buena fama profesional (la que te atrae recomendaciones y otras oportunidades), de aumento de sueldo, del apoyo y buena voluntad de los superiores de tu vida (jefe, figuras de autoridad, padres, figuras parentales y mayores) y tal vez incluso del gobierno.

Ganas mucho, pero también gastas con derroche; después del 20 te apetece el riesgo.

Del 1 al 5 el Sol está en oposición con Marte; esto indica un desacuerdo financiero con un jefe, progenitor o figura parental; esto pasará, procura no empeorar las cosas. Del 23 al 26 el Sol está en conjunción con Urano, fundamentalmente un buen tránsito; de repente, inesperadamente, te llega dinero, artículos caros, una racha de suerte. Del 28 al 31 el Sol está en cuadratura con Plutón; evita la especulación en ese periodo; ten más cautela con los préstamos.

Abril

Mejores días en general: 8, 16, 17, 26, 27
Días menos favorables en general: 6, 12, 13, 19, 20
Mejores días para el amor: 5, 6, 7, 12, 13, 14, 15, 24, 25
Mejores días para el dinero: 1, 2, 4, 10, 11, 12, 13, 20, 21, 22, 29,
    30
Mejores días para la profesión: 3, 4, 12, 19, 20, 21

La salud continúa necesitando atención hasta el 20. Repasa lo que hablamos sobre esto el mes pasado; después del 20 mejora algo pero sigue necesitando atención.

Hasta el 20 continúas en una cima profesional anual. Tu planeta de la profesión ha estado retrógrado desde el 24 de enero, y podrías pensar que retrocedes en tu profesión en lugar de avanzar, pero eso es sólo una impresión, no una realidad. Haces mucho progreso, tal vez entre bastidores; recibes mucha ayuda y apoyo en la profesión. Tu planeta de la profesión forma aspectos fabulosos a Plutón todo el mes. Los hijos y figuras filiales de tu vida apoyan tus objetivos profesionales. Encuentras más fácil disfrutar de tu camino profesional, lo pasas bien y eres creativo, y esto tiende a llevar al éxito. Un progenitor o figura parental o un jefe podría pasar por una intervención quirúrgica, y esta se ve exitosa. Marte retoma el movimiento directo el 14, y esto produce más claridad en la profesión; se despejan las nubes. Mercurio cruza tu Medio cielo y entra en tu décima casa el 17; esto es positivo para la profesión. Mejora tu comunicación con tus superiores; hay mejor entendimiento mutuo. Dado que Mercurio es tu planeta de la espiritualidad y de la comunicación, esto indica que la buena comunicación favorece tu posición y tu profesión. También favoreces tu profesión participando en causas benéficas y altruistas. Tu práctica espiritual es ultra importante en este periodo.

Las tendencias en las finanzas son muy similares a las del mes pasado: repasa lo que dijimos entonces. Hasta el 20 el Sol está en Aries, tu décima casa. Cuentas, pues, con el favor y buena voluntad financieros de los superiores de tu vida; esto indica aumento de sueldo e ingresos por tu buena fama profesional. El peligro financiero ahora es que te excedas en correr riesgos; la temeridad y la precipitación también. Las empresas nuevas son muy atractivas en este periodo. El 20 el Sol entra en Tauro, también una buena posición para las finanzas; tienes buen juicio financiero; te vuelves más cauteloso; los ingresos y la riqueza son tal vez menos fascinantes pero mucho más estables. La presencia del planeta del dinero en la casa once indica muchas cosas. Son importantes las conexiones sociales en este periodo; las amistades son adineradas y te apoyan; gastas más en tecnología pero también puedes ganar en este campo; tal vez hay nuevos programas informáticos que te dan más control sobre tus finanzas, o que mejoran tu poder adquisitivo en el trabajo. En este periodo se hacen realidad los deseos y esperanzas financieros más acariciados; pero una vez hechos realidad, sin duda tendrás nuevos de esos «deseos y esperanzas más acariciados».

Del 14 al 18 tu planeta del dinero está en oposición con Saturno; decididamente aminora la marcha y evita correr riesgos en asuntos monetarios. Con este aspecto a veces la persona experimenta retrasos en sus finanzas, no llega a tiempo la paga, se retrasan proyectos prometidos, cosas de esta naturaleza. Pero esto es de corta duración, no una tendencia para el año. También indica desacuerdo en finanzas con el cónyuge, pareja o ser amado actual.

El 1 el Sol forma cuadratura con Plutón. Evita la especulación ese día.

El amor ha sido problemático en lo que va de año (y el año pasado también), pero las cosas tendrían que mejorar después del 20, ya que el Sol sale de su aspecto desfavorable con tu planeta del amor.

Mayo

Mejores días en general: 5, 6, 13, 14, 15, 23, 24, 25
Días menos favorables en general: 3, 4, 9, 10, 16, 17, 30, 31
Mejores días para el amor: 3, 4, 9, 10, 11, 12, 21, 22, 30, 31
Mejores días para el dinero: 1, 2, 9, 10, 19, 20, 21, 26, 27, 29, 30
Mejores días para la profesión: 1, 2, 9, 10, 16, 17, 19, 20, 28, 29

El 3 del mes pasado Venus entró en tu espiritual casa doce, en la que estará cuatro meses (hasta el 7 de agosto), y Mercurio, tu planeta de la espiritualidad, cruzó tu Medio cielo y entró en tu décima casa. Así pues, la espiritualidad es ya un centro de atención importante. Entran en tu vida nuevas amistades de tipo espiritual; la familia se ve más espiritual y tal vez celebras reuniones espirituales en tu casa. Sólo una comprensión espiritual va a resolver ciertos enredos familiares; pero esa comprensión te llega. Si estás en el camino estás aprendiendo la importancia del «ánimo correcto» para el éxito espiritual, el éxito en tu vida de meditación y oración; la ira, la irritación, la discordia bloquean la corriente de energía espiritual. La atención a la espiritualidad continúa este mes y se hace incluso más fuerte. El 20 el Sol entra en tu casa doce, y el 24 se le reúne ahí Mercurio. En este periodo hay mucho progreso espiritual, revelaciones y experiencias de tipo sobrenatural.

Cáncer siempre tiene una vida onírica activa, y ahora más aún. Presta atención a tus sueños porque hay mensajes importantes para ti.

La salud está mucho mejor pero sigue necesitando atención. Gastas más en salud (en especial del 11 al 14) y esto creo que es bueno; el estado de tus finanzas tiene efectos en la salud, y puesto que las finanzas son buenas, esto es una señal positiva.

Te acercas a tu nuevo año personal, tu Retorno Solar. Si naciste en la primera parte del signo será el próximo mes, si no el mes siguiente. En nuestra cultura occidental el Año Nuevo es una ocasión de fiesta, pero en muchas culturas (la japonesa y la judía, por ejemplo) es una ocasión más solemne; hay celebración, pero también mucho examen de conciencia; la revisión y la expiación de los errores pasados lleva a la celebración. La astrología parece apoyar esta perspectiva; antes de nuestro año nuevo, del inicio de nuestro nuevo ciclo solar, está ultra fuerte la casa doce, la de la espiritualidad. Esto vale para todos los signos. La casa doce va de expiación, de corregir viejos karmas y errores, de limpiar la basura que obstruye el flujo de poder espiritual. «Despejamos el terreno» para que el nuevo ciclo pueda comenzar de forma positiva. Llegará la celebración, no temas, porque en el periodo de inicio de tu nuevo ciclo el Sol estará en tu primera casa, la del placer personal y deleites carnales. Pero te conviene llegar a esto de la manera correcta. Así pues, procede una revisión del año anterior, de lo que has conseguido, de lo que ha quedado sin hacer, de adónde quieres ir a partir de ahora. Fija tus objetivos para el próximo ciclo. Esta es tu tarea este mes y el próximo.

El 20 hay un eclipse solar que ocurre en la cúspide de tu casa doce. Este eclipse es esencialmente benigno contigo, pero no te hará ningún daño reducir tus actividades de todos modos. Este eclipse produce cambios drásticos en la espiritualidad y las finanzas. Se te revelan defectos en estas facetas para que puedas hacer las correcciones.

Junio

Mejores días en general: 1, 2, 10, 11, 20, 21, 29, 30
Días menos favorables en general: 5, 6, 12, 13, 27, 28
Mejores días para el amor: 5, 6, 8, 9, 17, 18, 27, 28
Mejores días para el dinero: 5, 6, 8, 9, 17, 18, 19, 22, 23, 26, 27, 29, 30
Mejores días para la profesión: 5, 6, 7, 12, 13, 15, 16, 25, 26

Tu casa de la espiritualidad, la doce, se hace más fuerte aun este mes, así que ten presente lo que hablamos el mes pasado. El 11 entra Júpiter en esta casa y se queda en ella el resto del año; la espiritualidad va a ser importante este resto de año, importante y feliz.

Ocurre que Júpiter es tu planeta de la salud; su entrada en tu casa doce tiene consecuencias importantes y positivas. Como hemos dicho, la salud ha estado difícil este último tiempo (el año pasado y lo que va de este). Es posible que hayas probado todas las modalidades «externas», materialistas, y muy probablemente con resultados «variados». Ahora se te llama a probar las modalidades espirituales, a hacer intervenir al Médico Maestro que vive en ti y dejarlo que actúe y se ocupe de los problemas de salud. Verás resultados sorprendentes. Pero necesitas fe, práctica y paciencia. Lee todo lo que puedas sobre la curación espiritual. No hay nada incurable para este Médico Maestro; pero no vendrá a no ser que lo invites de todo corazón. Lo que realmente necesitas para tu salud es un adelanto espiritual, no más píldoras ni pociones.

El cambio de signo y casa del planeta de la salud indica cambios en el programa de salud y en la práctica. Y, reforzando esto, el eclipse lunar del 4 en tu sexta casa, la de la salud, también lo indica. Tal vez experimentes un susto con la salud y esto te induzca a cambiar de programa o tratamiento. Así es como ocurren los cambios muchas veces, aunque no necesariamente.

Todos los eclipses lunares (y cada año hay por lo menos dos) producen un cambio de imagen y personalidad, una redefinición del yo. Esto es una práctica muy saludable. Los seres humanos evolucionamos y crecemos, por lo que es natural un cambio periódico de imagen y concepto de nosotros mismos. Ya no eres la persona que eras seis meses atrás, y dentro de seis meses serás una persona diferente a la que eres ahora. Así pues, dos veces al año tienes la oportunidad de poner a punto esta faceta. Generalmente esto produce cambios importantes en la manera de vestir, de llevar el pelo, etcétera. Vas a pro-

yectar una nueva imagen, que esté en conformidad con tu nuevo yo.
Es probable que haya cambios laborales también. Y si eres empleador verás cambios de personal o dramas en la vida de los empleados
(o ambas cosas). Disminuye las actividades en el periodo de este
eclipse y evita las que conlleven riesgos.

Si has hecho bien tu revisión anual, llega el periodo de celebrar y
disfrutar de la vida, pues el Sol entra en tu primera casa (tu signo) el
21. Este es buen periodo para poner en forma el cuerpo y la imagen,
como los deseas.

La situación financiera es buena este mes también, sobre todo después del 21. Hay ganancias inesperadas y oportunidades buscándote.
Te sientes rico y proyectas esa imagen. La apariencia personal es importante en los ingresos, más que de costumbre. Hasta el 21 haz caso
a tu intuición.

Julio

Mejores días en general: 7, 8, 17, 18, 26, 27
Días menos favorables en general: 3, 4, 9, 10, 11, 24, 25, 30, 31
Mejores días para el amor: 3, 4, 5, 6, 15, 16, 24, 25, 30, 31
Mejores días para el dinero: 5, 6, 7, 8, 15, 16, 18, 19, 20, 21, 24,
      25, 28
Mejores días para la profesión: 4, 5, 9, 10, 11, 15, 24

El 21 del mes pasado entraste en uno de los periodos cumbre del año
en lo que a salud se refiere. Aunque la salud ha sido problemática, en
este periodo más o menos se acaban los problemas; esta tendencia
continúa este mes.

Los planetas están comenzando, sólo comenzando, a trasladarse
de la mitad superior de tu carta a la inferior; en estos momentos están
repartidos equitativamente entre los dos hemisferios. La mitad superior de tu horóscopo ya no está dominante, como lo estaba desde el
comienzo del año. La profesión y las ambiciones van bajando en intensidad y muy pronto centrarás la atención en tu verdadero amor: el
hogar y la familia. Este mes vas y vienes entre estos dos intereses, ya
centrando la atención en la profesión, ya centrándola en la familia.

Desde el 21 del mes pasado los planetas están en su posición
oriental máxima, así que aprovecha esto creándote las condiciones
como las quieres. No tengas miedo de hacer cambios; diseña tu vida
según tus especificaciones.

Tu planeta del amor retomó el movimiento directo el 25 del mes pasado; así pues, el amor, aunque problemático, se esclarece. Del 12 al 15 parece que un desacuerdo en las finanzas crea una dificultad en la relación. El planeta de las finanzas del cónyuge, pareja o amor actual inicia movimiento retrógrado el 13, así que tal vez su forma de pensar y planificar las finanzas no sean realistas; esta persona debería revisar sus finanzas hasta diciembre.

Tus finanzas van muy bien ahora; tu planeta del dinero está en tu primera casa hasta el 22; este es un tránsito de prosperidad, repasa lo que hablamos el mes pasado. El 22 el Sol entra en tu casa del dinero y tú entras en una cima financiera anual.

Del 15 al 24 Marte forma aspectos difíciles con Urano y Plutón; tú, tus padres e hijos debéis tener más prudencia al conducir y ser más conscientes del plano físico; evita los enfrentamientos y las actividades arriesgadas; mantén los objetos peligrosos fuera del alcance de los niños. Podría haber dificultades temporales en la profesión también.

Mercurio inicia movimiento retrógrado el 15, por lo tanto pon más cuidado en tu forma de comunicarte. Evita si es posible firmar contratos o hacer compromisos a largo plazo; la información que recibes podría no ser fiable, así que resérvate el juicio, estudia y analiza más las cosas. Mercurio es también tu planeta de la espiritualidad, así que los mensajes espirituales, los sueños y las intuiciones necesitan más verificación.

Agosto

Mejores días en general: 4, 5, 13, 14, 15, 22, 23, 31
Días menos favorables en general: 6, 7, 20, 21, 27, 28
Mejores días para el amor: 1, 2, 3, 11, 12, 13, 14, 20, 21, 22, 23, 27, 28, 29, 30, 31
Mejores días para el dinero: 1, 2, 6, 7, 11, 12, 16, 17, 18, 20, 21, 27, 29, 30
Mejores días para la profesión: 1, 2, 6, 7, 11, 12, 20, 21, 31

El mes pasado, a partir del 15, la actividad retrógrada llegó a su punto máximo en lo que va de año; y esta situación continúa hasta el 8 de este mes. Esto no te afecta personalmente, pero sí afecta a las personas que te rodean y al mundo en general. Ten paciencia con los retrasos que ocurran. Hasta el 8, el 40 por ciento de los planetas están retrógrados, después del 8, el 30 por ciento. Cuando es elevada la actividad retrógrada, el Cosmos nos insta a aminorar la marcha, a evitar los atajos y a ser perfectos en todo lo que hacemos. Esta es la mejor manera de pasar estos periodos. Los aparentes atajos no lo son y acabarán enlenteciéndote más aún (hay que volver a hacer el trabajo que no se ha hecho bien).

Hasta el 23 continúas en una cima financiera anual. Desde el punto de vista de la inversión, hasta esta fecha son interesantes los sectores oro, servicios públicos y diversión o entretenimiento. Después se ve interesante el campo de la salud.

Tu planeta del dinero está en Leo desde el 22 del mes pasado. Esto significa que te inclinas más a la especulación y a correr riesgos en las finanzas. Ganas más y gastas más también. Deseas disfrutar de tu riqueza y por lo tanto gastas en actividades de ocio y diversión, actividades placenteras. Después del 23 te vuelves más analítico y conservador en las finanzass. Es posible que gastes menos y desees conseguir más valor por tu dinero. En este periodo son muy importantes las ventas, la comercialización, la publicidad, las relaciones públicas y el buen uso de los medios de comunicación. La gente necesita saber acerca de tu producto o servicio; debes darlo a conocer, crear «rumores» acerca de este. También gastas en comunicación después del 23, y en libros, revistas, charlas, cursos y equipo de comunicación.

Del 22 al 25 el Sol está en oposición con Neptuno; haz más averiguaciones y analiza la situación para las transacciones o compromisos financieros, compras o inversiones importantes; hay actividad entre bastidores que necesitas conocer; la intuición necesita más verificación estos días.

La salud continúa necesitando atención, pero es bastante buena este mes. No se ven crisis importantes en el horizonte. Continúa fortaleciéndola de las maneras ya explicadas.

Venus entra en tu signo el 8, un tránsito feliz. Te ves más atractivo y airoso; tu aparienca externa es más encantadora y elegante. El baile sería un ejercicio maravilloso en este periodo. Las amistades te demuestran su afecto, los familiares también. El amor continúa problemático, pero esto no tiene nada que ver contigo, atraes al sexo opuesto; es la relación actual, los detalles de relacionarse día a día los que son problemáticos. Del 11 al 17 Marte transita con tu planeta del amor; esto podría generar conflictos en el matrimonio o con el ser amado actual; luchas de poder. Si estás soltero o soltera, esto trae oportunidades de romance de oficina. En ese periodo vas a alternar con personas de elevada posición.

Septiembre

Mejores días en general: 1, 10, 11, 19, 27, 28
Días menos favorables en general: 2, 3, 16, 17, 23, 24, 29, 30
Mejores días para el amor: 1, 8, 9, 12, 17, 18, 21, 22, 23, 24, 26, 29, 30
Mejores días para el dinero: 5, 6, 7, 8, 12, 13, 14, 15, 16, 17, 25, 26
Mejores días para la profesión: 1, 2, 3, 10, 11, 18, 19, 27, 28, 29, 30

Aunque el principal centro de atención es el hogar y la familia, como debe ser, la profesión se ve exitosa; parece que la disfrutas. Avanzas en tu profesión cuando estás dedicado a actividades de ocio; tal vez haces contactos importantes en una fiesta, en el teatro o en el campo de fútbol. Los hijos y las figuras filiales de tu vida también están más ambiciosos este mes. Es posible que tengas más ambiciones para ellos que para ti. Los hijos son tu misión espiritual este mes.

Estos últimos meses has estado en un fuerte ciclo de independencia; has tenido el poder para crearte las circunstancias y vivir según tus condiciones. Pero esto está a punto de cambiar, pues el 23 los planetas comienzan a trasladarse a tu sector occidental. El traslado no se completa este mes, pero el próximo el sector occidental estará más fuerte que el oriental y por lo tanto serás más dependiente de los demás y de su buena voluntad. Estar al mando (como has estado estos meses pasados) es maravilloso, pero no estarlo también lo es, aunque, claro está, de formas diferentes. Aprende a disfrutar de ambas cosas.

La prosperidad continúa muy fuerte este mes. Tu casa del dinero sigue poderosa y activa. Mercurio en esta casa refuerza la importancia de las ventas, mercadotecnia y actividades con los medios de comunicación. Como el mes pasado, es importantísima la buena comunicación acerca de tu producto o servicio. El 23 el Sol entra en tu cuarta casa; entonces gastas más en la casa y la familia, más de lo habitual; el apoyo familiar es bueno; hay oportunidades financieras a través de la familia y conexiones familiares (y de personas que son como familiares para ti). Tienes actividades de trabajo o negocios «dentro de la familia», llevas el trabajo o negocio en casa y con familiares. Hay oportunidades de beneficio en los sectores inmobiliario, restaurantes, alimentación e industrias de productos para el hogar. Del 28 al 30 hay baches en el camino, tal vez algún gasto repentino que no entraba en los cálculos. Evita las especulaciones y otros tipos de riesgos financieros esos días.

La salud vuelve a estar delicada después del 23. Repasa lo que hablamos en las previsiones para el año.

El poder que hay en la cuarta casa (a partir del 23) es el cielo de Cáncer. El Cosmos te impulsa a ocuparte de lo que más te gusta: el hogar y la familia. Si la energía estuviera más elevada sería realmente el cielo.

Octubre

Mejores días en general: 7, 8, 16, 17, 24, 25, 26
Días menos favorables en general: 1, 14, 15, 20, 21, 27, 28
Mejores días para el amor: 1, 7, 12, 16, 20, 21, 24
Mejores días para el dinero: 4, 5, 6, 9, 10, 11, 14, 15, 22, 23, 24
Mejores días para la profesión: 1, 9, 18, 27, 28

La salud sigue necesitada de atención, sobre todo hasta el 23, pero se te aligeran las cosas. Como hemos dicho, el 5 Saturno sale de Libra y entra en Escorpio; has pasado lo peor en lo que a salud se refiere. Este mes está fuerte tu sexta casa, así que le prestas más atención a tu salud, y esto es positivo. Continúa fortaleciéndola de las maneras explicadas en las previsiones para el año. Pero este mes puedes añadir unas cuantas cosas; la presencia de Marte en tu sexta casa a partir del 7 señala la importancia del ejercicio físico y el buen tono muscular; también serán potentes los masajes en la cara y el cuero cabelludo. Mercurio entra en tu sexta casa el 29, así que a partir de entonces necesitan más atención los pulmones, el sistema respiratorio, el intestino delgado, los brazos y los hombros. Los masajes en los brazos y hombros es una terapia potente para el resto del año; lo ha sido desde el 11 de junio, pero después del 29 será más beneficiosa aún (en los hombros tiende a acumularse tensión, y un buen masaje la afloja). La salud mejora muchísimo después del 23, cuando el Sol entra en Escorpio, pues este es un aspecto armonioso para ti.

El hogar y la familia siguen siendo el interés dominante hasta el 23. Después del 23 son importantes los hijos, en particular los mayores; son un centro de atención especial. El 23 entras en una cima de placer personal anual. Entras en un periodo de diversión, te llaman las actividades de ocio; la creatividad es fuerte. Es un periodo feliz y despreocupado, unas vacaciones.

Las tendencias financieras del mes pasado continúan hasta el 23. Después te inclinas más a la especulación y a correr riesgos. Deseas ganar el dinero de formas felices, gozar del acto de ganar dinero, y es probable que lo consigas. Disfrutas de tu riqueza en este periodo y no siempre podemos decir esto; por lo general los ingresos cubren los gastos básicos, pero ahora puedes gastar en actividades de diversión. Está agudo el juicio financiero en este periodo: ves bajo la superficie, lo que hace difícil que te engañen o estafen.

La vida amorosa mejora también este mes. Ahora Saturno te forma aspectos armoniosos. Si la relación sobrevivió a los dos años pasados, continuará sobreviviendo. Hay más armonía con el cónyuge, pareja o ser amado actual. El amor es más placentero, lo pasas bien, te diviertes, en tu relación y con tus amistades.

Si estás soltero o soltera, también te atrae la diversión; te atrae la persona con la que puedas pasarlo bien, divertirte y tener una buena química sexual. Encuentras oportunidades amorosas en los lugares habituales: en fiestas, balnearios, en el teatro, en lugares de ocio y diversión. Durante los dos últimos años han sido importantes en el amor los valores familiares y la intimidad emocional; ahora son importantes la diversión y el magnetismo sexual.

Del 7 al 10 el Sol forma trígono con Júpiter y esto trae buenas sorpresas financieras, mayores ingresos y oportunidades de empleo (si lo andas buscando). Del 24 al 27 el Sol está en conjunción con Saturno; el cónyuge o pareja y las amistades prosperan y también proporcionan dinero y oportunidades. Te apoyan económicamente.

Noviembre

Mejores días en general: 3, 4, 5, 12, 13, 21, 22
Días menos favorables en general: 10, 11, 16, 17, 23, 24
Mejores días para el amor: 1, 3, 11, 12, 16, 17, 20, 21
Mejores días para el dinero: 1, 2, 3, 4, 6, 7, 11, 13, 19, 23, 28, 29
Mejores días para la profesión: 6, 7, 15, 23, 24, 26

La actividad retrógrada aumenta bruscamente este mes, es pasajera, así que necesitas más paciencia y perfección en todo lo que haces. Lento y más metódico es mejor que tomar atajos en este periodo.

Habiendo dos eclipses este mes habrá mucho cambio, pero la actividad retrógrada sugiere que estos cambios proceden de una «reacción retardada»; también procura no lanzarte a actuar antes de hacer un buen estudio con la debida diligencia.

El eclipse solar del 13 ocurre en tu quinta casa (22º de Escorpio) y es esencialmente benigno contigo. De todos modos reduce tus actividades; es posible que no sea tan benigno con las personas que te rodean. Los hijos y las figuras filiales son los más afectados; hay dramas en su vida; tal vez se produce una desintoxicación física (que no hay que confundir con enfermedad); van a redefinir sus personalidades y dentro de seis meses presentarán una nueva imagen al mundo. Este eclipse trae los cambios y ajustes financieros necesarios (todos los eclipses solares hacen esto); tiene que cambiar la forma de pensar y la estrategia en las finanzas. Por lo general, esto ocurre debido a un gasto inesperado o algún otro trastorno; esto depende de la situación y necesidad de la persona. Sé de muchos casos en que la persona parecía rica sobre el papel, y vivía así; entonces llega el eclipse y descubre que su cuenta de inversiones era un fraude, no existía en la realidad, sólo sobre el papel (estos son casos extremos, pero ilustran la situación); estas situaciones llevaban muchos años, ocultas, y las personas no lo sabían; el eclipse las hizo salir a la luz, y entonces tuvieron que tomar un rumbo más sano y realista. Con el tiempo los cambios resultan bien; sólo son trastornos temporales, de corta duración.

Evita las especulaciones y los riesgos financieros en ese periodo (y será difícil, te veo muy inclinado a la especulación).

Todos los eclipses lunares son fuertes en ti, y el del 28 no es diferente. Tómate las cosas con calma; pasa más tiempo en la tranquilidad de tu casa o cerca de ella. Si trabajas fuera de casa, tómate un descanso para hacer un ejercicio relajado. Si sientes dolor en alguna parte, una punzada, para, descansa un momento y reanuda el trabajo. Escucha a tu cuerpo. Este eclipse ocurre en tu casa doce, la de la espiritualidad (en el 7º de Géminis), y sugiere importantes cambios espirituales, cambio de programa, de práctica y tal vez de profesor y de ideas. Normalmente esto se produce por revelaciones interiores, y por lo tanto es bueno. Estas revelaciones inducen una redefinición del cuerpo, de la imagen y concepto de ti mismo. Como los hijos, a lo largo de los próximos seis meses vas a cambiar tu imagen y tu forma de presentarte al mundo. Cambiarán incluso tus deseos y apetitos. Esto también indica trastornos y reestructuración en una organización benéfica en la que participas; hay drama en la vida de las personas espirituales con que te relacionas.

Diciembre

Mejores días en general: 1, 2, 10, 11, 18, 19, 30, 31
Días menos favorables en general: 8, 9, 14, 15, 20, 21, 22
Mejores días para el amor: 1, 10, 11, 14, 15, 18, 20, 28, 31
Mejores días para el dinero: 3, 4, 8, 13, 16, 22, 25, 30, 31
Mejores días para la profesión: 6, 15, 20, 21, 22, 24

El aumento de la actividad retrógrada del mes pasado fue una aberración; el 13 de este mes ya están en movimiento directo el 90 por ciento de los planetas, elevado porcentaje. Esto también es un cambio enorme en un mes; pasamos de un 40 por ciento de planetas retrógrados (el máximo del año) al 90 por ciento en movimiento directo. Esto es como un coche que pasa de marcha atrás a 80 km/hora en diez segundos; ¡zum! El ritmo de la vida se acelera repentinamente. Los proyectos detenidos no sólo se ponen en marcha sino que además avanzan rápido.

Hay otros cambios para ti este mes también. El 21 el Sol entra en Capricornio y entonces el poder planetario está en la mitad superior de tu carta. La profesión y las actividades externas son más importantes que el hogar, la familia y los asuntos emocionales. Es el periodo para actuar, avanzar externamente en la profesión, hacia tus objetivos.

Tu sexta casa, la de la salud y el trabajo, está muy poderosa este mes, especialmente hasta el 21. Estás concentrado en la salud. Si buscas trabajo tiendes a tener suerte, el interés es enorme. Deseas trabajar, y la persona que realmente desea un trabajo suele encontrarlo. Tu atención a la salud te mantendrá alerta más avanzado el mes, cuando la salud y la energía se vuelven más delicadas. Descansa y relájate más después del 21. Fortalece la salud de las maneras explicadas en las previsiones para el año. Y a partir del 16 da más atención a los riñones y las caderas (el masaje en las caderas es potente). Como hemos dicho, aunque la salud está delicada, esto no será tan grave como el año pasado y la primera parte de este año

La situación amorosa mejora día a día. Desde el 5 de octubre tu planeta del amor está en alineación armoniosa contigo; además, está en movimiento directo. Y el 21 entras en una cima amorosa y social anual. Ahora el amor es más feliz. Siguen vigentes muchas de las tendencias en el amor de que hablamos en octubre. Pasarlo bien y un buen magnetismo sexual son los principales atractivos en el amor. Pero este mes vemos que también son importantes la riqueza y la posición. Si estás soltero o soltera tienes oportunidades románticas en la oficina, y con superiores; tienes el aspecto para romance de oficina. Sin embargo, ten presente que continúa muy en vigor la desintoxicación de larga duración en el amor y la vida social. Nace un nuevo matrimonio, la vida amorosa soñada, y el nacimiento siempre conlleva «dolores de parto».

Las finanzas son fuertes todo el mes. Hasta el 21 tu planeta del dinero está en Sagitario, posición de prosperidad y expansión (también gastas más, gastas «como si» fueras rico). Gastar en exceso es tal vez el principal peligro. Con este aspecto a veces la persona siente un optimismo no realista que puede dañar la toma de decisiones. El optimismo es bueno, pero lo que necesitamos es un optimismo sano, un optimismo que tome en cuenta las diversas dificultades y trastornos que suele traer la vida. El optimismo no realista genera una actitud temeraria y por lo tanto induce a cometer errores. Con este aspecto a veces la persona tiende a inflar sus ingresos; por ejemplo, si gana, digamos, 3.000 euros, en su mente gana 15.000, y esto también lleva a errores. Pero en general, hay incremento financiero este mes. El 21 tu planeta del dinero entra en Capricornio, tu séptima casa; entonces el juicio financiero se vuelve más sensato, más realista, más basado en la realidad. El círculo social parece rico y estas personas te apoyan financieramente.

Leo

♌

El León
Nacidos entre el 21 de julio y el 21 de agosto

Rasgos generales

LEO DE UN VISTAZO
Elemento: Fuego

Planeta regente: Sol
  Planeta de la profesión: Venus
  Planeta de la salud: Saturno
  Planeta del amor: Urano
  Planeta del dinero: Mercurio

Colores: Dorado, naranja, rojo
  Colores que favorecen el amor, el romance y la armonía social:
    Negro, azul índigo, azul marino
  Colores que favorecen la capacidad de ganar dinero: Amarillo,
    amarillo anaranjado

Piedras: Ámbar, crisolita, diamante amarillo

Metal: Oro

Aroma: Bergamota, incienso, almizcle

Modo: Fijo (= estabilidad)

Cualidad más necesaria para el equilibrio: Humildad

Virtudes más fuertes: Capacidad de liderazgo, autoestima y confianza en sí mismo, generosidad, creatividad, alegría

Necesidad más profunda: Diversión, alegría, necesidad de brillar

Lo que hay que evitar: Arrogancia, vanidad, autoritarismo

Signos globalmente más compatibles: Aries, Sagitario

Signos globalmente más incompatibles: Tauro, Escorpio, Acuario

Signo que ofrece más apoyo laboral: Tauro

Signo que ofrece más apoyo emocional: Escorpio

Signo que ofrece más apoyo económico: Virgo

Mejor signo para el matrimonio y/o las asociaciones: Acuario

Signo que más apoya en proyectos creativos: Sagitario

Mejor signo para pasárselo bien: Sagitario

Signos que más apoyan espiritualmente: Aries, Cáncer

Mejor día de la semana: Domingo

La personalidad Leo

Cuando pienses en Leo, piensa en la realeza; de esa manera te harás una idea de cómo es Leo y por qué los nativos de este signo son como son. Es verdad que debido a diversas razones algunos Leo no siempre expresan este rasgo, pero aun en el caso de que no lo expresen, les gustaría hacerlo.

Un monarca gobierna no por el ejemplo (como en el caso de Aries) ni por consenso (como hacen Capricornio y Acuario), sino por su voluntad personal. Su voluntad es ley. Sus gustos personales se convierten en el estilo que han de imitar todos sus súbditos. Un rey tiene en cierto modo un tamaño más grande de lo normal. Así es como desea ser Leo.

Discutir la voluntad de un Leo es algo serio. Lo considerará una ofensa personal, un insulto. Los Leo nos harán saber que su voluntad implica autoridad, y que desobedecerla es un desacato y una falta de respeto.

Una persona Leo es el rey, o la reina, en sus dominios. Sus subordinados, familiares y amigos son sus leales súbditos. Los Leo reinan con benevolente amabilidad y con miras al mayor bien para los demás. Su presencia es imponente, y de hecho son personas poderosas. Atraen la atención en cualquier reunión social. Destacan porque son los astros en sus dominios. Piensan que, igual que el Sol, están hechos para brillar y reinar. Creen que nacieron para disfrutar de privilegios y prerrogativas reales, y la mayoría de ellos lo consiguen, al menos hasta cierto punto.

El Sol es el regente de este signo, y si uno piensa en la luz del Sol, es muy difícil sentirse deprimido o enfermo. En cierto modo la luz del Sol es la antítesis misma de la enfermedad y la apatía. Los Leo aman la vida. También les gusta divertirse, la música, el teatro y todo tipo de espectáculos. Estas son las cosas que dan alegría a la vida. Si, incluso en su propio beneficio, se los priva de sus placeres, de la buena comida, la bebida y los pasatiempos, se corre el riesgo de quitarles su voluntad de vivir. Para ellos, la vida sin alegría no es vida.

Para Leo la voluntad humana se resume en el poder. Pero el poder, de por sí, y al margen de lo que digan algunas personas, no es ni bueno ni malo. Únicamente cuando se abusa de él se convierte en algo malo. Sin poder no pueden ocurrir ni siquiera cosas buenas. Los Leo lo saben y están especialmente cualificados para ejercer el poder. De todos los signos, son los que lo hacen con más naturalidad. Capricornio, el otro signo de poder del zodiaco, es mejor gerente y administrador que Leo, muchísimo mejor. Pero Leo eclipsa a Capricornio con su brillo personal y su presencia. A Leo le gusta el poder, mientras que Capricornio lo asume por sentido del deber.

Situación económica

Los nativos de Leo son excelentes líderes, pero no necesariamente buenos jefes. Son mejores para llevar los asuntos generales que los detalles de la realidad básica de los negocios. Si tienen buenos jefes, pueden ser unos ejecutivos excepcionales trabajando para ellos. Tienen una visión clara y mucha creatividad.

Los Leo aman la riqueza por los placeres que puede procurar. Les gusta llevar un estilo de vida opulento, la pompa y la elegancia. Incluso aunque no sean ricos, viven como si lo fueran. Por este motivo muchos se endeudan, y a veces les cuesta muchísimo salir de esa situación.

Los Leo, como los Piscis, son generosos en extremo. Muchas veces desean ser ricos sólo para poder ayudar económicamente a otras personas. Para ellos el dinero sirve para comprar servicios y capacidad empresarial, para crear trabajo y mejorar el bienestar general de los que los rodean. Por lo tanto, para los Leo, la riqueza es buena, y ha de disfrutarse plenamente. El dinero no es para dejarlo en una mohosa caja de un banco llenándose de polvo, sino para disfrutarlo, distribuirlo, gastarlo. Por eso los nativos de Leo suelen ser muy descuidados con sus gastos.

Teniendo el signo de Virgo en la cúspide de su segunda casa solar, la del dinero, es necesario que los Leo desarrollen algunas de las características de análisis, discernimiento y pureza de Virgo en los asuntos monetarios. Deben aprender a cuidar más los detalles financieros, o contratar a personas que lo hagan por ellos. Tienen que tomar más conciencia de los precios. Básicamente, necesitan administrar mejor su dinero. Los Leo tienden a irritarse cuando pasan por dificultades económicas, pero esta experiencia puede servirles para hacer realidad su máximo potencial financiero.

A los Leo les gusta que sus amigos y familiares sepan que pueden contar con ellos si necesitan dinero. No les molesta e incluso les gusta prestar dinero, pero tienen buen cuidado de no permitir que se aprovechen de ellos. Desde su «trono real», a los Leo les encanta hacer regalos a sus familiares y amigos, y después disfrutan de los buenos sentimientos que estos regalos inspiran en todos. Les gusta la especulación financiera y suelen tener suerte, cuando las influencias astrales son buenas.

Profesión e imagen pública

A los Leo les gusta que los consideren ricos, porque en el mundo actual la riqueza suele equivaler a poder. Cuando consiguen ser ricos, les gusta tener una casa grande, con mucho terreno y animales.

En el trabajo, destacan en puestos de autoridad y poder. Son buenos para tomar decisiones a gran escala, pero prefieren dejar los pequeños detalles a cargo de otras personas. Son muy respetados por sus colegas y subordinados, principalmente porque tienen el don de comprender a los que los rodean y relacionarse bien con ellos. Generalmente luchan por conquistar los puestos más elevados, aunque hayan comenzado de muy abajo, y trabajan muchísimo por llegar a la cima. Como puede esperarse de un signo tan carismático, los Leo siempre van a tratar de mejorar su situación laboral, para tener mejores oportunidades de llegar a lo más alto.

Por otro lado, no les gusta que les den órdenes ni que les digan lo que han de hacer. Tal vez por eso aspiran a llegar a la cima, ya que allí podrán ser ellos quienes tomen las decisiones y no tendrán que acatar órdenes de nadie.

Los Leo jamás dudan de su éxito y concentran toda su atención y sus esfuerzos en conseguirlo. Otra excelente característica suya es que, como los buenos monarcas, no intentan abusar del poder o el éxito que consiguen. Si lo llegan a hacer, no será voluntaria ni intencionadamente. En general a los Leo les gusta compartir su riqueza e intentan que todos los que los rodean participen de su éxito.

Son personas muy trabajadoras y tienen buena reputación, y así les gusta que se les considere. Es categóricamente cierto que son capaces de trabajar muy duro, y con frecuencia realizan grandes cosas. Pero no olvidemos que, en el fondo, los Leo son en realidad amantes de la diversión.

Amor y relaciones

En general, los Leo no son del tipo de personas que se casan. Para ellos, una relación es buena mientras sea agradable. Cuando deje de serlo, van a querer ponerle fin. Siempre desean tener la libertad de dejarla. Por eso destacan por sus aventuras amorosas y no por su capacidad para el compromiso. Una vez casados, sin embargo, son fieles, si bien algunos tienen tendencia a casarse más de una vez en su vida. Si estás enamorado o enamorada de un Leo, limítate a procurar que se lo pase bien, viajando, yendo a casinos y salas de fiestas, al teatro y a discotecas. Ofrécele un buen vino y una deliciosa cena; te saldrá caro, pero valdrá la pena y os lo pasaréis muy bien.

Generalmente los Leo tienen una activa vida amorosa y son expresivos en la manifestación de su afecto. Les gusta estar con personas optimistas y amantes de la diversión como ellos, pero acaban asentándose con personas más serias, intelectuales y no convencionales. Su pareja suele ser una persona con más conciencia política y social y más partidaria de la libertad que ellos mismos. Si te casas con una persona Leo, dominar su tendencia a la libertad se convertirá ciertamente en un reto para toda la vida, pero ten cuidado de no dejarte dominar por tu pareja.

Acuario está en la cúspide de la casa siete, la del amor, de Leo. De manera, pues, que si los nativos de este signo desean realizar al máximo su potencial social y para el amor, habrán de desarrollar perspectivas más igualitarias, más acuarianas, con respecto a los demás. Esto no es fácil para Leo, porque «el rey» sólo encuentra a sus iguales entre otros «reyes». Pero tal vez sea esta la solución para su desafío social: ser «un rey entre reyes». Está muy bien ser un personaje real, pero hay que reconocer la nobleza en los demás.

Hogar y vida familiar

Si bien los nativos de Leo son excelentes anfitriones y les gusta invitar a gente a su casa, a veces esto es puro espectáculo. Sólo unos pocos amigos íntimos verán el verdadero lado cotidiano de un Leo. Para este, la casa es un lugar de comodidad, recreo y transformación; un retiro secreto e íntimo, un castillo. A los Leo les gusta gastar dinero, alardear un poco, recibir a invitados y pasárselo bien. Disfrutan con muebles, ropa y aparatos de última moda, con todas las cosas dignas de reyes.

Son apasionadamente leales a su familia y, desde luego, esperan ser correspondidos. Quieren a sus hijos casi hasta la exageración; han de procurar no mimarlos ni consentirlos demasiado. También han de evitar dejarse llevar por el deseo de modelar a los miembros de su familia a su imagen y semejanza. Han de tener presente que los demás también tienen necesidad de ser ellos mismos. Por este motivo, los Leo han de hacer un esfuerzo extra para no ser demasiado mandones o excesivamente dominantes en su casa.

Horóscopo para el año 2012*

Principales tendencias

2011 fue un buen año, Leo. Júpiter formó aspectos fabulosos a tu Sol en la primera parte del año y a mediados de año entró en tu décima casa. Hubo prosperidad, muchos éxito y oportunidades profesionales. La salud también debería haber sido buena; sólo un planeta lento estaba en aspecto difícil contigo, lo que no basta para causar problemas graves. Muchas de estas tendencias positivas continúan este año. La salud debería ser mejor que el año pasado (hasta el 5 de octubre), ya que Neptuno sale de su aspecto difícil. Desde el 3 de febrero hasta el 5 de octubre, los planetas lentos o bien te forman buenos aspectos o bien te dejan en paz. Júpiter continúa en tu décima casa, la de la profesión, hasta el 11 de junio, así que continúa el éxito profesional. En esta fecha Júpiter entra en tu casa once, la de las amistades y te traerá una vida social feliz.

El 5 de octubre Saturno entra en Escorpio y te forma un aspecto difícil, pero tampoco lo bastante para causar problemas graves. Volveremos sobre este punto.

* Las previsiones de este libro se basan en el Horóscopo Solar y todos los signos que derivan de él; tu Signo Solar se convierte en el Ascendente, y las casas se numeran a partir de él. Tu horóscopo personal, el trazado concretamente para ti (según la fecha, hora y lugar exactos de tu nacimiento) podrían modificar lo que decimos aquí. Joseph Polansky

El 3 de febrero Neptuno hace un traslado importante, entra en tu octava casa, en la que inicia un tránsito de larga duración. Ahora vas a ocuparte más de la muerte y de asuntos relativos a la muerte; adquirirás comprensión espiritual de estas cosas. También se espiritualizará la práctica sexual, se hará más refinada. Hay otras tendencias en este tránsito de las que hablaremos más adelante.

La presencia de Urano en tu novena casa (desde el año pasado) indica que van a experimentar un cambio radical tus creencias religiosas y metafísica; muchas serán puestas a prueba. Te verás obligado a redefinir y reformar esta faceta de la vida, tal vez adoptando criterios más científicos.

Las facetas de mayor interés para ti este año son: las finanzas (hasta el 3 de julio); la comunicación y los intereses intelectuales (hasta el 5 de octubre); el hogar y la familia (después del 5 de octubre); la salud y el trabajo; la sexualidad, la transformación y la reinvención personales, los estudios ocultos (a partir del 3 de febrero, y por muchos años); la religión, la filosofía, la teología, la formación superior y viajes al extranjero (todo el año y por muchos años más); la profesión (hasta el 11 de junio); las amistades, los grupos y las actividades en grupo (a partir del 3 de abril).

Tus caminos hacia la mayor satisfacción este año son: la profesión (hasta el 11 de junio); las amistades, los grupos y las actividades de grupo (a partir del 11 de junio); la creatividad, el placer personal y los hijos (hasta el 31 de agosto); el hogar y la familia (después del 31 de agosto).

Salud

(Ten en cuenta que esta es una perspectiva astrológica de la salud, no una médica. Antaño no había ninguna diferencia, ambas eran idénticas, pero en esta época podrían diferir muchísimo. Para una perspectiva médica, por favor, consulta a tu médico o a otro profesional de la salud.)

Como hemos dicho, la salud en general se ve buena este año, en especial hasta el 5 de octubre. El año pasado Urano entró en un aspecto armonioso contigo y este año, el 3 de febrero, Neptuno sale de un aspecto difícil. Por lo tanto, la salud en general y la energía se ven muy bien.

Normalmente en una situación como esta esperaríamos ver vacía la sexta casa, pero no lo está. Aunque la salud es buena, sigues con la atención puesta en ella; tal vez deseas procurar que continúe buena.

Saturno, tu planeta de la salud, recibió algunos aspectos muy desfavorables el año pasado, por lo que podría haber habido unos pocos sustos con la salud. Lo más probable es que sólo fueran eso, sustos, nada más (esto lo podría modificar tu carta personal, la hecha para ti personalmente). La energía, la fuerza vital, es la mejor sanadora y la mejor prevención de la enfermedad. Y esto lo has tenido y sigues teniendo en abundancia.

Aunque la salud es buena, puedes mejorarla más. Presta más atención a los siguientes órganos: el corazón (siempre importante para ti; evita la preocupación y la ansiedad, las principales causas espirituales de los problemas cardiacos); la columna, las rodillas, la dentadura, los huesos, la piel y la alineación esquelética general (masajes periódicos en la espalda y las rodillas serían maravillosos; serían convenientes visitas periódicas a un quiropráctico, osteópata o dermatólogo; es necesario mantener bien alineadas las vértebras; da más apoyo a las rodillas cuando hagas ejercicio; las terapias como la Técnica Alexander y Feldenkreis siempre son buenas para ti); los riñones y las caderas (hasta el 5 de octubre; deberías dar masajes frecuentes a las caderas); el colon, la vejiga y los órganos sexuales (la moderación sexual y el sexo seguro son importantes a la larga, pero muy especialmente después del 5 de octubre).

Estas son las zonas más vulnerables este año, y si hubiera problemas muy probablemente comenzarán en ellas. Por lo tanto, mantenerlas sanas y en forma es una buena medicina preventiva. La mayor parte del tiempo se pueden evitar los problemas, y en el caso de que no se puedan evitar del todo, se pueden suavizar hasta tal punto que sólo sean molestias de poca importancia.

Existen muchas terapias no medicamentosas que nuestros lectores ya conocen, entre ellas la reflexología.

Plutón en tu sexta casa indica la importancia del colon, la vejiga y los órganos sexuales. Esto lo refuerza la entrada de tu planeta de la salud en Escorpio (el signo que rige estos órganos) el 5 de octubre. Esta posición también indica una tendencia a operaciones quirúrgicas. Es posible que te recomienden una, pero muchas veces la desintoxicación (que esta posición también favorece) hace el trabajo igual de bien, aunque normalmente tarda más tiempo. Los programas de desintoxicación en general son buenos para la salud, y tú respondes bien a ellos.

Nuestros lectores ya saben (y hemos escrito sobre esto con frecuencia) que las enfermedades acaban en el cuerpo pero nunca comienzan en él. En realidad el cuerpo físico no es causa de nada; el cuerpo y el mundo físico sólo son «efectos», sólo manifestaciones de causas que se originan en otros planos: la mente y los sentimientos.

Tu carta indica que las causas espirituales de los problemas de salud provienen de algunas facetas: mal uso o abuso de la energía sexual, problemas en el amor, mal uso o abuso de las facultades intelectuales y de comunicación, y de discordias familiares. Si surgiera algún problema, tendrás que investigar estas facetas y devolverles la armonía lo más pronto posible.

Aquí no disponemos del espacio para desarrollar estos puntos todo lo que quisiéramos, pero para el juicioso basta una palabra.

Saturno, como hemos dicho, entra en Escorpio el 5 de octubre, y este es un aspecto difícil. Así pues, tendrás que estar más atento a tu nivel de energía a partir de esa fecha (y los dos próximos años más o menos).

Hogar y vida familiar

Tu cuarta casa, la del hogar y la familia, no ha estado fuerte desde hace varios años, y estará prácticamente vacía la mayor parte de este año; pero a partir del 5 de octubre, cuando entra Saturno en ella, comienza a ser importante.

Desde que tu planeta de la familia, Plutón, entró en tu sexta casa en 2008, has tenido centrada la atención en la salud en general de la familia. Has trabajado en hacer más sano el hogar y tal vez has instalado mucho equipamiento nuevo para fortalecerla en la casa; tal vez un gimnasio o equipo para ejercicios también. La casa está cobrando forma de «balneario de salud» además de hogar, y esta tendencia se refuerza este año, en especial después del 5 de octubre.

La salud de los familiares, en especial de padres o figuras parentales, se convierte un gran centro de atención; pareces más atento a la salud de ellos que a la tuya.

Más o menos todo el mundo trabaja por su familia, la familia va de servicios mutuos. Pero los últimos años, y en especial a partir del 5 de octubre, haces más por ellos, este trabajo es más pronunciado. Hay una cultura de servicio en la familia. Si amas a tu familia, haces cosas por ellos; esta es la medida del amor familiar: cuánto haces, cuánto sirves. Lo bueno es que esto no es una calle de un solo sentido: haces más por la familia y ellos hacen más por ti.

Tienes el horóscopo de una persona que hace su trabajo en casa. Y esto también ha sido una tendencia importante en los años anteriores. Muchos Leo habéis instalado la oficina en casa. La casa es tanto un lugar de trabajo como un hogar. La tendencia se hace más fuerte este año.

Tu planeta de la familia, Plutón, pasa el año en un aspecto de cuadratura bastante exacta con Urano. Esto indica muchos dramas y reestructuraciones en la unidad familiar; a veces indica cambios repentinos, cosas que ocurren inesperadamente. Muchas veces indica «rupturas» en la unidad familiar, división, separación. El cónyuge, pareja o ser amado actual no está en armonía con la familia, o viceversa.

Las emociones y sentimientos están alborotados. Los familiares (y tal vez tú también) experimentan cambios de humor repentinos e inesperados. Esto es difícil de sobrellevar: un instante todo es amor y armonía, y al siguiente estáis en una enardecida riña. No sabes qué esperar de tus familiares de un momento a otro. Será todo un reto mantener tu armonía emocional, y la armonía en la unidad familiar. Puedes, desde luego, pero tendrás que esforzarte. Si deseas mudarte, será mejor que lo hagas antes del 5 de octubre.

Profesión y situación económica

Este año Marte pasa una cantidad de tiempo insólita en tu casa del dinero. Ten en cuenta que un tránsito normal de Marte dura aproximadamente un mes y medio; este año estará más de seis meses en esta casa. Esto es muy importante y nos da muchos mensajes.

En primer lugar, este año te vuelves más osado en las finanzas. Siempre eres arriesgado (no sólo en las finanzas sino en muchas otras facetas de la vida también), pero este año lo eres más aún, sobre todo hasta el 3 de julio. Esto no va tanto de si ganas o pierdes, o de si tus riesgos compensan o no, sino que va de superar el miedo en las finanzas, de superar el miedo a la pérdida, de estar «por encima» de la ganancia o pérdida. Si lo consigues, puedes considerarlo un éxito.

Estás más osado, más activo en los asuntos financieros, en la actitud de «hacer ocurrir la riqueza», crear riqueza, en lugar de sólo dejar que ocurra. En el lado positivo, esto produce éxito; en el lado negativo, puede producir «temeridad» e impaciencia en los asuntos financieros. Tal vez actúas demasiado rápido, sin pensar lo bastante antes de tomar las decisiones. Tal vez exageras en actuar, haces demasiado. No todo se puede resolver con la «acción», a veces es necesaria la «no acción»; el tiempo, más que la acción, resolverá esta situación.

De todos modos, adquieres mucha pericia.

Marte es el señor de tu novena casa, y esto también nos da muchos mensajes. En primer lugar, el señor de la novena casa se considera el planeta más afortunado del horóscopo. Por lo tanto, esto es otra señal de buena suerte, de expansión económica, de mayores ingresos. Indica que tus objetivos financieros son Grandes, con mayúscula. Buscas riqueza a lo grande, no sólo vivir de paga en paga. Las metas elevadas tienden a producir resultados elevados. Pero también indica que viajas mucho por trabajo o negocios; que hay oportunidades económicas e ingresos en otros países, con extranjeros y tal vez con empresas extranjeras. El estado de la economía mundial tiene un papel importantísimo (más que de costumbre) en tu vida económica y en tus decisiones financieras.

La novena casa rige la religión personal y las creencias metafísicas; Marte es, pues, tu planeta de la religión. Por lo tanto, las prácticas religiosas, como la oración y decir la palabra, mejoran o aumentan tu riqueza. Personas religiosas en general, las que participan en tu lugar de culto, están involucradas en tu vida financiera, tal vez de modo positivo (haces más donaciones a tu lugar de culto también).

Marte en la casa del dinero indica una persona que desea independencia económica, una persona que desea estar al mando de su destino financiero, y este es uno de tus objetivos, y hay posibilidades de que lo consigas o hagas adelantos en conseguirlo.

La profesión, como hemos dicho, se ve fabulosa; este es un año excelente. El año pasado también fue bueno. Ha habido ascenso, aumento de sueldo y elevación general en tu profesión y situación profesional. También se presentan oportunidades profesionales felices. Lo más importante es que parece que disfrutas con tu profesión; lo pasas bien. Esto tiende a llevar al éxito.

En esencia, este es un año exitoso y próspero. Disfrútalo.

Amor y vida social

Tu séptima casa, la del amor, ha estado poderosa muchos años; este año lo estará menos. Neptuno sale de esta casa el 3 de febrero y entonces queda más o menos vacía: sólo transitarán por ella planetas rápidos con efectos de corta duración.

Normalmente, una séptima casa vacía indica un año sin cambios en el amor: las personas casadas tienden a seguir casadas y las solteras, solteras. Pero este año no estoy muy seguro de eso. Tu planeta del amor, Urano, pasa el año más o menos en cuadratura con Plutón, y este es un aspecto muy dinámico. El amor se presenta sin duda difícil este año; es puesto a prueba.

Gran parte de estas pruebas podrían no deberse a la relación esencial; los problemas y dificultades pueden venir de dramas personales en la vida del cónyuge, pareja o ser amado actual. Esta persona podría tener una experiencia de muerte temporal o cuasi muerte, pasar por una operación quirúrgica, o sufrir de una pérdida en su familia, por muerte; esto afecta a la relación. Tus amigos podrían tener este tipo de experiencia también. Las riñas familiares también afectan a la relación amorosa.

Si estás soltero o soltera, no hay probabilidades de matrimonio este año; lo mismo vale si estás pensando en un segundo matrimonio. Si estás con miras a un tercer matrimonio, podrías casarte o entrar en una relación seria (parecida a matrimonio); en esta relación se ve mucha diversión y agrado.

Leo siempre es de amor a primera vista; para ti el amor es algo instantáneo, un flechazo. Pero ahora que tu planeta del amor está en Aries (desde el año pasado) esta tendencia aumenta muchísimo. Y aunque parece que la familia no aprueba al ser amado, sigues adelante de todos modos; el peligro ahora es iniciar una relación seria demasiado pronto.

Tu planeta del amor está en tu novena casa, y por muchos años. Esto indica varias cosas. Si eres estudiante indica que te enamoras de un profesor o profesora. En general, te atraen personas muy cultas o de tipo religioso. Las oportunidades amorosas y sociales se presentan en ambientes religiosos o académicos o en el extranjero. Leo parece dispuesto a viajar hasta los confines de la Tierra en busca del amor, y muchos Leo lo haréis. Estás en un periodo para amor «a larga distancia», a través de la red, por videoconferencias y viajes largos. Un matrimonio o relación ya existente se puede mejorar viajando; si hay problemas, emprended un viaje juntos; también va bien hacer cursos juntos, como pareja, o asistir juntos a actos de culto religioso.

Las personas Leo son muy sexuales; pero en este periodo el buen sexo no basta para sostener una relación; hace falta una compatibilidad filosófica, tener una perspectiva similar acerca de la vida (no tiene por qué ser exactamente igual), una visión similar del mundo. Si esto falta, la relación no durará mucho tiempo.

Tus periodos mejores y más activos en el amor este año serán del 19 de enero al 19 de febrero; del 20 de marzo al 5 de abril; del 23 de julio al 6 de agosto, y del 23 de noviembre al 6 de diciembre.

La vida amorosa en general es muy emocionante, una telenovela, tal como a ti te gustan las cosas. El amor puede llegar en cualquier momento; el problema es la estabilidad en el amor.

Progreso personal

Como hemos dicho, el 3 de febrero Neptuno hace una importante entrada en tu octava casa, donde continuará los próximos 14 años más o menos. Poco a poco la vida sexual y la sexualidad se elevan, se refinan y se espiritualizan. El acto sexual es mucho más que una «liberación neurológica» o una secreción de líquido. En realidad, desde el punto de vista espiritual, este es el aspecto menos importante. El acto sexual es un intercambio de energía, un verdadero circuito de energía, que ocurre en muchos, muchos planos. El acto sexual no sólo engendra bebés físicos sino también bebés «astrales y mentales», formas poderosas en los mundos interiores. Cuando el acto se realiza mecánicamente o por simple lujuria, estas formas no son agradables y pueden ser causa de problemas indecibles más adelante en la vida. El acto sexual no es malo, como se les ha enseñado a muchas personas; por el contrario, es la fuerza más sagrada del universo, y justamente por esta razón su abuso es tan destructivo. Así pues, estás en un periodo en que vas a explorar las dimensiones espirituales de la relación sexual. En Oriente están el Yoga kundalini y el Tantra; en Occidente están la Cábala, la Ciencia hermética y el método Carezza.

Neptuno en tu octava casa también sugiere que estarás más interesado en la transformación y la reinvención, pero de modo espiritual. El ser humano mortal no se puede reinventar. Ah, sí que puede hacer un gran espectáculo, cambiar la manera de vestir, hacer cambios estéticos, pero no verdaderos cambios fundamentales; sólo el espíritu puede hacer esto. Y este es un periodo para explorar estas cosas.

Saturno pasa la mayor parte del año en tu tercera casa, donde ha estado los dos años anteriores, por lo tanto estás en un periodo para disciplinar la forma de pensar y de hablar. Te conviertes en un pensador más profundo; el Cosmos te lo exige. Es mejor que no hables ni ofrezcas opiniones mientras no hayas hecho tu estudio e investigación. Tómate tu tiempo para llevarlo a cabo y no te des por satisfecho con conocimientos superficiales. Si haces esto, cuando hables se te escuchará, se te oirá. Tu comunicación será más satisfactoria.

Previsiones mes a mes

Enero

Mejores días en general: 6, 7, 16, 17, 25, 26
Días menos favorables en general: 3, 4, 17, 18, 23, 24, 30, 31
Mejores días para el amor: 1, 6, 7, 10, 18, 19, 23, 24, 27, 28
Mejores días para el dinero: 1, 2, 3, 4, 12, 13, 21, 22, 30
Mejores días para la profesión: 3, 4, 6, 7, 18, 19, 27, 28, 30, 31

Comienzas el año con tu sector occidental o social totalmente dominante. De hecho, los planetas rápidos están en su posición occidental máxima este mes (y el próximo también). Te encuentras en un periodo social muy fuerte. El 20 entras en una cima amorosa y social del año. Aumentan las fiestas y citas; es posible que asistas a más bodas en este periodo también. Cuando los planetas están en tu sector occidental significa que están «más alejados» de ti; es como si el Cosmos dijera: «Este periodo no va de ti sino de los demás; tus intereses son importantes, pero pensamos en el bien general y en estos momentos es necesario que la energía se aleje de ti y fluya hacia los demás». No hay nada malo en el interés propio racional, pero no es el periodo para eso. Es necesario anteponer los intereses de los demás a los tuyos (y parece que lo haces). Este es el tipo de periodo en que consigues tus fines atendiendo a las necesidades de otras personas. Hay quienes llamarían «desinteresado», no egoísta, a este periodo. En realidad, sólo es una especie de egoísmo más progresista. Tu bien te llega pero gracias a la buena voluntad de otras personas. El bien que te llega es una especie de «efecto secundario» del bien que llega a los demás. Este es el tipo de periodo en que aprendes acerca de ti mismo mediante tus relaciones, mediante la interacción con los demás. La independencia, la soledad, da cierta cantidad de conocimiento, pero no toda. En las relaciones hay cosas que nunca aprenderíamos solos. Es muy bueno tomarnos unas «vaciones» de nosotros mismos de vez en cuando, vacaciones de nuestros intereses y preocupaciones personales, es muy alentador. Y estás en uno de esos periodos.

Dado que el poder planetario está «lejos» de ti (tú estás representado por el punto oriental de tu carta, el Ascendente), el poder personal y la seguridad en ti mismo están más débiles de lo habitual. Es más difícil cambiar las circunstancias desagradables o incómodas; se puede hacer, pero con mucho más esfuerzo que de costumbre. Por lo tanto, es mejor que te adaptes a las situaciones lo mejor posible.

El 20 el poder planetario se traslada de la mitad inferior de tu carta a la superior. Es un cambio importante; amanece en tu carta; el Sol comienza a asomarse por el horizonte; acaban por el momento las actividades de la noche: dormir, soñar, la actividad interior. Llega el momento de levantarte y dedicarte a tus objetivos externos con entusiasmo. Llega el periodo para centrar la atención en la profesión de formas objetivas, externas, de hacer manifiestos tus sueños y visiones interiores mediante actos físicos. Ya puedes pasar a un segundo plano los asuntos domésticos y familiares y poner la energía en la profesión.

La salud necesita más atención después del 20; la salud es buena, pero este no es uno de tus mejores periodos. Descansa y relájate más. Fortalece la salud de las maneras explicadas en las previsiones para el año. Afortunadamente tu sexta casa está fuerte todo el año, aunque especialmente hasta el 27, así que le prestas atención. Hasta el 27 puedes fortalecerla dando más atención a los pulmones, sistema respiratorio, el instestino delgado, los brazos y los hombros; los masajes periódicos en los brazos y hombros serán maravillosos.

Febrero

Mejores días en general: 7, 8, 15, 16, 24, 25
Días menos favorables en general: 1, 13, 14, 19, 20, 27, 28
Mejores días para el amor: 5, 6, 7, 15, 19, 20, 24, 25
Mejores días para el dinero: 1, 2, 3, 9, 10, 11, 12, 17, 22, 23, 27, 28
Mejores días para la profesión: 1, 5, 6, 15, 24, 25, 27, 28

Continúan en vigor las tendencias de las que escribimos el mes pasado. El poder planetario sigue en tu sector occidental y la mitad superior de tu carta está mucho más fuerte que la inferior. Repasa lo que hablamos sobre esto el mes pasado.

Sigue siendo necesario vigilar la salud, hasta el 19; ve lo que hablamos el mes pasado. Fortalécela de las maneras explicadas en las previsiones para el año.

Hasta el 19 continúas en una cima amorosa y social anual. Después se hace muy fuerte tu octava casa. No son sólo los planetas rápidos los que la hacen fuerte sino también Neptuno, que entra en tu octava casa el 3. El mes es activo sexualmente también; guárdate del exceso; complácete pero no demasiado. Sea cual sea tu edad o etapa de la vida, la libido va a estar más fuerte que de costumbre.

El poder que hay en la octava casa indica muchas cosas. En el plano práctico, indica que el cónyuge, pareja o ser amado actual está en una cima financiera anual; esta persona es más generosa contigo (tu planeta del dinero estará en tu octava casa a partir del 14, reforzando lo que hemos dicho). Hay más apoyo conyugal

Este es buen periodo para la desintoxicación, y no sólo del cuerpo físico sino de todas las diversas facetas de la vida. Es bueno desintoxicar la mente y las emociones, purgarlas de errores, de materia agotada, caduca. Es bueno desintoxicar las finanzas (especialmente después del 14); líbrate del exceso de posesiones que ya no usas; líbrate del derroche (no de los gastos en las cosas que realmente necesitas). Consolida las cuentas bancarias y bursátiles; líbrate de lo que está de más. Si tienes buenas ideas este es el periodo para atraer inversores. Si necesitas pedir un préstamo también es un buen periodo para hacerlo. Es posible que tengas pendientes reclamaciones de seguros o de asuntos de patrimonio o herencia: ahora hay buena suerte en estas cosas. Tal vez deseas pagar deudas existentes y este mes esto será más fácil. Harás más progreso que de costumbre.

Hasta aquí hemos hablado de cosas «prácticas». Pero el poder en la octava casa indica muchas cosas más profundas. Tal vez estás dedicado a la transformación personal, a la reinvención personal. Hay quienes la llamarían «autorrealización»; va de dar a luz a tu yo «ideal», a la persona que deseas ser, que sabes que puedes ser. Este tipo de trabajo va bien este mes (y es un trabajo, a veces, de jornada completa). Y no sólo eso, sino que además te llega el conocimiento que necesitas para dar los próximos pasos. Tienes más energía y entusiasmo para este tipo de cosas.

Si eres estudiante estás en un periodo de ebullición y cambio, de inestabilidad. La escuela ha cambiado; tal vez ha habido cambios de asignaturas principales y planes de estudios. Todo esto es bueno. Pero Marte inició movimiento retrógrado el 24 del mes pasado, así que los cambios requieren más reflexión y análisis. No te precipites.

Los asuntos legales o jurídicos también necesitan más estudio y reflexión.

Marzo

Mejores días en general: 5, 6, 13, 14, 22, 23, 24
Días menos favorables en general: 11, 12, 18, 19, 25, 26

Mejores días para el amor: 5, 7, 13, 15, 16, 18, 19, 22, 25, 26
Mejores días para el dinero: 2, 5, 7, 8, 13, 15, 16, 25, 26, 31
Mejores días para la profesión: 7, 15, 16, 25, 26

Tienes todos los ingredientes clásicos para el éxito profesional este mes y este año. Júpiter está en el Medio cielo de tu horóscopo, clásica señal de éxito, y de éxito a lo grande (de acuerdo con la etapa en que estás de tu vida, lógicamente); el 60 por ciento de los planetas, y a veces el 70 por ciento, están sobre el horizonte de tu carta; tu salud y energía son fundamentalmente buenas, y el 5 Venus entra en tu décima casa y viaja con Júpiter. Los dos planetas benéficos del zodiaco están en tu casa de la profesión; la profesión se eleva pero aún no está en la cima; eso ocurrirá el próximo mes. Hay aumento de sueldo y ascenso; elevación de categoría; hay reconocimiento de tus logros profesionales, tal vez incluso honores. También hay oportunidades profesionales, muy felices, en especial del 11 al 14 (estos días hay suerte en las especulaciones también). Los padres y figuras parentales prosperan y se ven generosos contigo. Cuentas con el favor de los superiores de tu vida, las figuras de autoridad. Si tienes pendiente algún asunto con un organismo gubernamental este es un buen mes para resolverlo; están favorablemente dispuestos hacia ti; si necesitas favores de los «de arriba», este es un buen mes para solicitarlos.

Tu octava casa continúa poderosa hasta el 20, así que repasa lo que hablamos el mes pasado acerca de esto.

El 21 se hace muy poderosa tu novena casa (más de lo habitual). La novena casa está considerada la más afortunada de todas las casas por los hindúes. Así pues, este es un periodo feliz y despreocupado. Hay viaje y felices oportunidades de formación. Si eres estudiante, deberías tener éxito en tus estudios (pero Marte continúa retrógrado y podría haber retrasos en esto). Los asuntos jurídicos o legales son favorables (aunque con retrasos también).

Aunque normalmente la novena casa no está relacionada con el amor (a no ser que estés pensando en un segundo matrimonio), este es un excelente periodo en el amor. Tal vez el amor es tormentoso e inestable, pero está ahí. Tu planeta del amor recibe estimulación muy positiva después del 20. Entre el 23 y el 26 hay «amor repentino», un encuentro repentino, inesperado. Si estás casado o casada esto indica una invitación social inesperada o conocimiento de nuevos amigos. Si estás soltero o soltera y con miras a un segundo matrimonio, hay oportunidades felices.

Cuando está fuerte la novena casa, hay un gran interés por la religión, la teología y la filosofía. Muchas veces este tipo de estudios o conversaciones son más interesantes que una salida nocturna; a la llegada de un guía religioso, predicador o gurú se le da la misma importancia que a la de una famosísima estrella del pop (tal vez más). Por lo tanto, en este periodo hay revelaciones de tipo teológico y religioso si las deseas.

Del 1 al 5 el señor de tu horóscopo, el Sol, está en oposición con Marte; evita las actividades arriesgadas estos días, y será mejor reprogramar los planes de viaje (sobre todo de larga distancia); evita los enfrentamientos. Del 23 al 26 el Sol viaja con Urano, y si bien este es un periodo fascinante en el amor, ten más prudencia al conducir y evita las hazañas temerarias; me parece que esos días deseas poner a prueba los límites de tu cuerpo. Del 28 al 31 el Sol está en cuadratura con Plutón; ten más paciencia con los familiares, en especial con un progenitor o figura parental; evita los enfrentamientos y las actividades arriesgadas.

Abril

Mejores días en general: 1, 2, 10, 19, 20, 29, 30
Días menos favorables en general: 8, 14, 15, 21, 22
Mejores días para el amor: 1, 5, 9, 10, 14, 15, 18, 19, 24, 25, 29
Mejores días para el dinero: 4, 8, 9, 12, 13, 17, 18, 21, 22, 29, 30
Mejores días para la profesión: 5, 14, 15, 21, 22, 24, 25

Siguen vigentes las tendencias para la profesión que explicamos el mes pasado, más fuertes. Tu décima casa estuvo fuerte el mes pasado y este mes lo está más aún. El Sol cruza tu Medio cielo el 20 y entra en tu décima casa, iniciando una cima profesional anual. Haces un enorme progreso profesional. Estás en la cima (en la cima de tu carta), al mando, por encima de todas las personas de tu vida, a excepción tal vez de los hijos o figuras filiales. Estás en tu lugar legítimo, el señor de todo lo que contemplas, el rey sentado en el trono (siempre eres el rey o la reina, pero no siempre estás en tu trono; este mes lo estás).

El mes pasado fue bueno para obtener el favor de las autoridades de tu vida. Este mes eres tú la autoridad, y eres el que concede o niega favores; una posición totalmente diferente.

Tu novena casa continúa poderosa hasta el 20, así que repasa lo que explicamos el mes pasado.

El movimiento planetario ha sido abrumadoramente directo desde el comienzo del año. Desde el 24 de enero, entre el 80 y el 90 por ciento de los planetas están en movimiento directo. Por lo tanto, consigues tus objetivos bastante rápido y con relativamente pocos contratiempos o retrasos. El ritmo de la vida tiende a ser rápido, como a ti te gustan las cosas. Este mes aumenta un poco la actividad retrógrada; Plutón se suma a Marte en el movimiento retrógrado. En tu carta esto afecta a la familia y los asuntos familiares. Por un lado, la cadencia de esto es muy buena; dado que tu atención está en la profesión, los asuntos familiares pueden esperar; necesitan tiempo para resolverse, en todo caso. Todo lo relativo al hogar y la familia, las decisiones importantes, las mejoras en la casa, las compras para la casa, necesitan más reflexión y análisis en este periodo. Este es un periodo para hacer revisión de la situación doméstica y familiar, no para actuar.

Aun estando retrógrado Plutón, el movimiento dominante de los planetas es directo.

Tu planeta del dinero inició movimiento retrógrado el mes pasado, el 12, así que los asuntos financieros necesitan más estudio; esto continúa hasta el 4 de este mes. Del 22 al 24 tu planeta del dinero está en conjunción con Urano y esto trae ganancias u oportunidades financieras repentinas, inesperadas. Tal vez se forma una sociedad de negocios o empresa conjunta, la oportunidad está ahí. Una persona amiga te apoya mucho.

La salud se vuelve más delicada después del 20; no es uno de tus mejores periodos para la salud. Pero no se ve ningún problema importante. No estando a la altura tu energía, podrías ser más vulnerable a microbios y cosas de esa naturaleza. Descansa y relájate más. Fortalece la salud de las formas explicadas en las previsiones para el año.

Mayo

Mejores días en general: 7, 8, 16, 17, 26, 27
Días menos favorables en general: 5, 6, 11, 12, 18, 19, 20
Mejores días para el amor: 3, 4, 7, 11, 12, 16, 21, 22, 26, 30, 31
Mejores días para el dinero: 1, 2, 8, 10, 18, 19, 20, 28, 29
Mejores días para la profesión: 3, 4, 11, 12, 18, 19, 20, 21, 22, 30, 31

Todos los eclipses solares tienden a ser más fuertes en ti que en la mayoría de las personas; esto se debe a que el Sol es el señor de tu horóscopo, y por eso eres más sensible a los tránsitos y fenómenos solares que los demás signos. Pero el del 20 es relativamente moderado en ti; no se ven afectados muchos de los otros planetas; has pasado por muchos más fuertes. Este eclipse ocurre justo en la cúspide (el límite) de tus casas diez y once, y tiene efectos en los asuntos de las dos. Así pues, hay cambios, trastornos y reestructuración en la empresa o la industria en que trabajas; hay dramas en la vida de los padres, figuras parentales y jefes, tal vez en el gobierno de tu localidad también; hay dramas en la vida de tus amigos, y se ponen a prueba las amistades. Ten más paciencia con estas personas este mes, están más propensas a ser temperamentales. Todos los eclipses solares te inducen a redefinir tu imagen, personalidad y concepto de ti mismo; vas a cambiar tu forma de considerarte y de cómo deseas que te vean los demás. En los próximos meses te vas a crear una «nueva apariencia». Este eclipse tiene algunos efectos desagradables también, pues hace impacto directo en Neptuno, el señor de tu octava casa. Por lo tanto, es posible que haya encuentros con la muerte (normalmente esto ocurre en el plano psíquico), alguna experiencia de muerte temporal o cuasi muerte o tal vez una intervención quirúrgica (o se te recomienda). Hay necesidad de una comprensión más profunda de la muerte. Si no has tenido cuidado con tu dieta, el eclipse producirá una desintoxicación del cuerpo (que no hay que confundir con enfermedad). Afortunadamente este eclipse ocurre cuando están mejor la salud y la energía, así que no afecta mucho a la salud.

Este eclipse ocurre el 20, es decir, «astronómicamente» ocurre este día, pero en la vida se puede sentir hasta dos semanas antes y luego dos semanas después. Si eres una persona sensible, lo sentirás antes. Cuando tu ordenador comience a darte extraños mensajes erróneos o comience a bloquearse o colgarse, sabrás que estás en el periodo del eclipse. El Cosmos nos envía avisos de los acontecimientos que van a venir. Ese es el momento de comenzar a reducir un poco tus actividades.

Este eclipse también pone a prueba tu equipo de alta tecnología, disco duro y programas informáticos; podría ser necesario reemplazarlos.

La profesión continúa muy fuerte hasta el 20, y haces mucho progreso, pero el interés mengua; el Sol sale de tu décima casa el 20, así que tu atención pasa a las amistades, las actividades en grupo, la ciencia y la tecnología; este es un periodo fabuloso para ampliar tus conocimientos en estos temas.

Junio

Mejores días en general: 3, 4, 12, 13, 22, 23
Días menos favorables en general: 1, 2, 8, 9, 15, 16, 29, 30
Mejores días para el amor: 3, 8, 9, 12, 17, 18, 22, 27, 28
Mejores días para el dinero: 1, 5, 6, 10, 17, 20, 21, 24, 25, 26, 27
Mejores días para la profesión: 8, 9, 15, 16, 17, 18, 27, 28

En los primeros meses del año estaba poderoso el sector occidental de tu carta; el poder planetario estaba «alejado» de ti y por lo tanto tu energía iba hacia los demás, y estabas «orientado» a los demás. El mes pasado el poder planetario se trasladó a tu sector oriental, es decir, ahora los planetas están «más cerca» de ti, y tu energía fluye hacia ti, no se aleja de ti. Esta tendencia se reforzará en los próximos meses. Estás en un periodo de fuerte independencia personal. Ahora tienes el poder para cambiar las circunstancias, para crearlas según tus especificaciones; ya no necesitas adaptarte a las incomodidades. Ahora la atención está en ti y en tus intereses. Los demás son importantes, pero tu propio interés está en primer lugar. Si te sientes débil o desgraciado no estás en posición de ayudar a otros, pero en una posición de fuerza eres mejor instrumento para el Cosmos. Si los demás no están de acuerdo con tus planes tienes el poder de lanzarte solo si es necesario; pero lo más probable es que los demás se adapten a ti, y no tú a ellos. Eres creador y el creador crea; esta es tu naturaleza. Si tus creaciones no están a la altura, pagarás el precio después, a lo largo del camino, cuando tengas que vivir con tus creaciones. Pero esto no importa, aprendemos de nuestros errores. Crea lo mejor que puedas y luego haz los reajustes en el camino.

El 11 Júpiter hace un traslado importante, sale de tu casa diez y entra en la once. Mengua la atención y el interés por la profesión. Tu planeta de la profesión continúa retrógrado hasta el 27. Has conseguido mucho este año; ahora es el periodo para hacer revisión y ver hacia dónde deseas continuar a partir de aquí.

Tu casa once estuvo poderosa el mes pasado y ahora con Júpiter en ella está más poderosa aún. Este es un periodo para profundizar y expandir tus conocimientos y pericia científica y tecnológica, para ponerte al día y dominar todos los últimos programas informáticos (y es posible que te dediques a escribir o a producir artilugios de alta tecnología y programas de ordenador). Este es un periodo para modernizar tu equipo (o comprar uno nuevo). A Leo le encantan los medios de comunicación e información; este es un periodo para ahondar

más en eso o tal vez adoptarlo como una afición creativa (existen artilugios y programas para los aficionados a los medios y a la música).

Júpiter rige tu quinta casa, la de la creatividad, así que su paso de
la casa diez a la once indica un cambio en tu creatividad; se orienta
más a la tecnología.

El 4 hay un eclipse lunar que ocurre en tu quinta casa, la de la
creatividad, lo que también indica cambios. También indica que hay
drama en la vida de los hijos y figuras filiales de tu vida; no hay un
solo momento aburrido este mes. Al igual que tú, ellos se van a redefinir, redefinir su imagen y concepto de sí mismos. Esto tiene profundas consecuencias para el futuro, porque cuando cambiamos también
cambiamos nuestras relaciones y muchas otras facetas de la vida.
Este periodo no es bueno para las especulaciones. También vienen
cambios espirituales, en la práctica, programa e ideas. Hay drama en
la vida de las personas espirituales de tu vida.

Julio

Mejores días en general: 1, 2, 9, 10, 11, 19, 20, 21, 28, 29
Días menos favorables en general: 5, 6, 12, 13, 26, 27
Mejores días para el amor: 1, 5, 6, 9, 15, 19, 20, 24, 25, 28
Mejores días para el dinero: 1, 2, 5, 6, 9, 10, 11, 15, 16, 19, 20, 21,
  22, 23, 24, 25, 28, 29
Mejores días para la profesión: 5, 6, 12, 13, 15, 26, 24, 25

Tu casa doce, la de la espiritualidad, se hizo poderosa el 21 del mes
pasado y continúa fuerte hasta el 22. Este es un mes espiritual, un
mes para progreso espiritual y crecimiento interior. En la naturaleza
el crecimiento se produce «de dentro hacia fuera»; antes que el crecimiento sea visible externamente ya ha ocurrido en el interior. Y así
nos ocurre a nosotros. Este crecimiento interior, secreto y no observado (a no ser por aquellos que tienen ojos para ver) te llevará a la expansión externa, así que es muy importante. Este es el periodo para
hacer revisión del año pasado, corregir errores, hacer expiación y fijar tus objetivos para el año que comienza; te estás acercando a tu año
nuevo personal, tu Retorno Solar. Tal vez tu cumpleaños es este mes,
o tal vez el próximo, pero estás acabando tu año viejo. Te conviene
comenzar el nuevo ciclo limpio y de buena manera.

Las finanzas van muy bien este mes. El 26 del mes pasado tu planeta del dinero entró en tu signo y estará ahí todo el mes. Así pues, te
han llegado buenas sorpresas y oportunidades felices; y esto sigue

ocurriendo. Las oportunidades financieras te buscan; te impones en tu vida financiera. Las negociaciones de contratos te son favorables. Vistes ropa más cara, gastas en ti, proyectas la imagen de la riqueza; los demás te consideran rico. (A veces esto es negativo; en ciertos barrios las personas prósperas se convierten en el blanco de todas las miradas.) El único problema, que en realidad no es un problema, sino algo que es necesario comprender, es que Mercurio inicia movimiento retrógrado el 15. Haz antes del 15 las compras y las inversiones importantes. Después revisa tus finanzas para ver en qué las puedes mejorar. El movimiento retrógrado de Mercurio no impedirá que lleguen ingresos, sólo enlentecerá un poco las cosas.

Este mes el poder planetario está en su posición oriental máxima; el mes que viene también. Estás en un periodo de máxima independencia y poder personal. Aprovéchalo para mejorar tu vida y crearte circunstancias y condiciones felices. Repasa lo que hemos hablado acerca de esto antes.

Urano ha estado en cuadratura con Plutón prácticamente todo lo que va de año. El mes pasado este aspecto fue muy exacto, y esta es la situación este mes también. Así pues, hay dramas en el hogar y eso hace necesaria tu atención ahí. Tus familiares y amistades no se llevan muy bien; lo mismo ocurre con el cónyuge, pareja o ser amado actual. No hay aceptación mutua. Podría haber una mudanza. Hay trastornos en la unidad familiar. Mantener la armonía emocional será todo un reto.

La salud es excelente este mes, sobre todo después del 22. Tienes toda la energía que necesitas para conseguir cualquier objetivo que te propongas. El Sol entra en tu signo el 22 y tú entras en una cima de placer personal anual. Es un periodo feliz; nadie sabe disfrutar de la vida mejor que Leo. No necesitas charlas de un astrólogo sobre cómo disfrutarla.

Agosto

Mejores días en general: 6, 7, 16, 17, 24, 25
Días menos favorables en general: 1, 2, 8, 9, 10, 22, 23, 29, 31
Mejores días para el amor: 1, 2, 3, 6, 13, 14, 16, 22, 23, 24, 29, 30, 31
Mejores días para el dinero: 1, 2, 6, 7, 11, 12, 16, 17, 18, 19, 20, 21, 24, 25, 29, 30
Mejores días para la profesión: 2, 3, 8, 9, 10, 13, 14, 22, 23, 31

Continúas en una cima de placer personal anual. Haces tu voluntad en la vida y disfrutas de todos los placeres de la carne. Este es un periodo fabuloso para darle a tu cuerpo la forma que deseas. El amor fue feliz el mes pasado, sobre todo al final, y si estás soltero o soltera tuviste sólidas oportunidades románticas. El amor sigue bueno este mes, en especial hasta el 22. Teniendo fuerte tu primera casa, tienes más carisma y magnetismo; tu apariencia resplandece. Está realzada tu calidad normal de «estrella». Este es otro punto positivo para el amor.

Las finanzas continúan excelentes. Mercurio, tu planeta del dinero, continúa en tu primera casa (repasa lo que explicamos el mes pasado) y sigue retrógrado hasta el 8. Después de esta fecha mejora tu juicio financiero. Leo es especulador por naturaleza, y ahora, teniendo a Mercurio en tu signo, lo eres más aún. Pero refrena ese impulso durante el movimiento retrógrado de Mercurio; también has de refrenar el impulso a gastar, otro rasgo Leo. El 23 el Sol entra en tu casa del dinero y tú entras en una cima financiera anual; así pues, continúan los buenos tiempos.

Los planetas están comenzando a pasar de la mitad superior de tu carta a la inferior. El traslado aún no está completo; los planetas están repartidos más o menos equitativamente entre los dos hemisferios. Pero el próximo mes sí se habrá completado. Te necesitan en casa; la situación familiar sigue muy inestable. Un progenitor o figura parental experimenta muchos cambios y dramas; esta persona podría estar desorientada también, falta de dirección.

Los sabios dicen que el principal motivo de que no se escuchen nuestras oraciones o se retrase la respuesta es la falta de armonía emocional (esto es para los creyentes; los no creyentes tienen otros asuntos que tratar). Así pues, la armonía emocional es más importante que sólo «sentirse bien», es un factor en tu vida interior. Teniendo a Urano en cuadratura con Plutón (tu planeta de la familia y de las emociones) estos meses pasados han sido todo un reto y podría ser una causa importante de que no puedas conectar con el Poder Superior. Lo Divino no te ha abandonado; su energía no puede llegar a ti debido a la falta de armonía. De ti depende crear armonía en tu cuerpo sensible.

Tu planeta del amor inició movimiento retrógrado el 13 del mes pasado; esto no impide que haya amor ni citas amorosas, simplemente enlentece las cosas. En realidad, deberían enlentecerse un poco; has tenido felices oportunidades románticas y sociales, pero no precipites las cosas; deja que el amor se desarrolle a su ritmo, que las circunstancias de la vida lo pongan a prueba. No te conviene tomar decisiones importantes en el amor en este periodo, ni en un sentido ni en otro. Urano estará retrógrado hasta diciembre.

Del 22 al 25 el Sol está en oposición con Neptuno; evita las bebidas alcohólicas cuando tengas que conducir, o tomar medicamentos fuertes mientras conduces. Manténte en tu cuerpo; evita las «ensoñaciones» en el plano físico. Sé más prudente y consciente en todo lo que hagas, sobre todo cuando manejes objetos peligrosos.

Septiembre

Mejores días en general: 2, 3, 12, 13, 21, 22, 29, 30
Días menos favorables en general: 5, 6, 19, 25, 26
Mejores días para el amor: 1, 2, 12, 20, 21, 22, 25, 26, 29, 30
Mejores días para el dinero: 4, 5, 7, 8, 14, 15, 16, 17, 25, 26
Mejores días para la profesión: 1, 5, 6, 12, 21, 22, 29, 30

La situación familiar continúa muy explosiva y es posible que estén ocurriendo intensos conflictos. Tu atención se necesita más que nunca. Toma todas las medidas necesarias para hacer más segura la casa; mantén los objetos peligrosos fuera del alcance de los niños; comprueba el buen funcionamiento del detector de humos y los otros sistemas de alarma. Tal vez tienes la intención de hacer reparaciones o renovaciones de peso en la casa; en ese caso los aspectos de seguridad son importantes. Plutón retoma el movimiento directo el 18, y entonces se van a esclarecer las cosas y tendrás claros los siguientes pasos.

Hasta el 23 sigues en una cima financiera anual. El juicio financiero está más fiable que el mes pasado, más sagaz y conservador. Este es un buen periodo para comprar artículos importantes, caros, obtienes buen valor por tu dinero. Las finanzas son especialmente favorables del 1 al 6 pues Mercurio forma bellos aspectos a Plutón; también la familia, y en especial un progenitor o figura parental, te apoya más económicamente. Tienes oportunidades de beneficios a través de la familia y conexiones familiares, y oportunidades de beneficio en negocios o trabajo en casa, sector inmobiliario, restaurantes, hoteles e industrias de aprovisionamiento para el hogar (pero hay problemas ocultos que debes investigar, lo que ves no es lo que obtienes). Es probable que gastes más en la casa y la familia también, pero esto no se ve difícil; tienes el dinero para hacerlo.

El 23 el Sol entra en tu tercera casa (y Mercurio entra el 17). Este es un mes para expandir la mente, ponerte al día con las llamadas telefónicas, *e-mails,* mensajes de texto y cartas que debes; es un buen mes para ampliar los conocimientos, para hacer cursos en temas que te interesan. La mente está más aguda en este periodo y el aprendizaje va mejor. Si eres estudiantes debería irte bien en los estudios. Tu planeta del dinero entra en tu tercera casa el 17, por lo tanto las ventas, las actividades comerciales, la comunicación, la publicidad, las relaciones públicas y el uso de los medios de comunicación son importantes en las finanzas. Estas actividades son siempre importantes en el plano financiero, pero en este periodo lo son aún más. También indica ingresos en compra-venta, comercio y venta al detalle. Tienes buena intuición para las tendencias de corta duración en el mercado y esto se puede traducir en beneficios.

Venus entra en tu signo el 7 y estará allí todo el mes; este es un tránsito fundamentalmente feliz. Venus aporta belleza y atractivo a la imagen, elegancia social y encanto a la personalidad. Generalmente este es un buen aspecto para el amor. Si eres hombre atraes a tu vida a mujeres jóvenes y hermosas, y si eres mujer te vuelves «más joven y hermosa», más atractiva. Pero Venus es también tu planeta de la profesión, así que su tránsito indica que te buscan felices oportunidades profesionales. Tienes también una oportunidad para comprar un coche y un equipo de comunicación nuevos.

Del 28 al 30 el Sol forma aspectos desfavorables a Plutón y Urano. Tómate las cosas con calma al conducir, hacer ejercicio o deporte; evita las hazañas temerarias; este no es el periodo para batir un récord atlético; evita los enfrentamientos.

Octubre

Mejores días en general: 1, 9, 10, 11, 18, 19, 27, 28
Días menos favorables en general: 2, 3, 16, 17, 22, 23, 29, 30, 31
Mejores días para el amor: 1, 9, 12, 18, 21, 22, 23, 27
Mejores días para el dinero: 4, 5, 6, 7, 12, 13, 14, 15, 16, 17, 22, 23, 25, 26
Mejores días para la profesión: 1, 2, 3, 12, 21, 29, 30, 31

El principal titular de este mes es la entrada de Saturno en Escorpio, tu cuarta casa, el 5. Estará en esta casa entre los próximos dos y tres años, así que es un tránsito importante. Las cosas han estado inestables, explosivas, todo el año en el hogar y la familia. Ojalá pudiéramos decir que todo va a mejorar, pero no se ve así. La vida familiar no es feliz en este periodo. Vas a echarte encima cargas y responsabilidades extra en la casa. Es muy probable que cumplas con tu deber, que lo hagas todo bien, pero sólo harás los movimientos; no lo disfrutas. Tu tarea ahora es hacer felices y dichosas esas cargas y responsabilidades extra. Tendrás que esforzarte, pero lo puedes hacer. El Cosmos va a poner «orden» en la situación doméstica y familiar. Es necesario hacer unos cambios, reorganizar. La vida emocional también necesita reorganización.

Este mes ves la importancia de esta faceta de la vida y le prestas más atención a partir del 23.

Leo no es el tipo de persona dada a «deprimirse». Tu naturaleza siempre es «animada y optimista». Pero ahora tienes que tener más cuidado en esto; está ausente tu animación natural. Tendrás que proyectar conscientemente más optimismo y alegría en tu vida.

La evitación de la depresión es ahora un importante factor en tu salud. Si surge algún problema de salud, examina la vida emocional y familiar y devuélveles la armonía lo mejor que puedas (y lo más rápido posible).

Hasta el 5 las tendencias financieras son iguales a las del mes pasado; pero el 5 Mercurio entra en Escorpio, tu quinta casa. Del 4 al 7 las finanzas se ven difíciles; tal vez surge un gasto extra, en salud o en la familia; pero esto es de corta duración. Gastas en la casa y la familia pero puedes ganar con eso también; funciona en los dos sentidos. El planeta del dinero en Escorpio te da una intuición financiera aguda, afilada; ves bajo la superficie de las cosas, las realidades que hay debajo. Venus entra en tu casa del dinero el 3, otro tránsito bueno para las finanzas; este indica que cuentas con el favor y apoyo financiero de los superiores de tu vida: jefe, figuras de autoridad, padres, figuras parentales y mayores. Este aspecto suele indicar un aumento de sueldo y de los ingresos debidos a la buena fama profesional. También podrían llegar pagos de organismos gubernamentales.

El 23 el poder planetario se traslada nuevamente al sector occidental o social de tu carta. Llega el periodo para tomarte unas vacaciones de tu yo y de tus intereses y centrar la atención en los demás. Ahora tienes que vivir, hacer la prueba de carretera, de las condiciones que te has creado en los seis meses pasados, cuando estaba fuerte tu poder personal. Ahora es el periodo para cultivar tus dotes sociales y conseguir tus fines con consenso y colaboración; a veces un rey sabio o una reina sabia tienen que hacer esto.

Noviembre

Mejores días en general: 6, 7, 14, 15, 23, 24
Días menos favorables en general: 12, 13, 18, 19, 26, 27
Mejores días para el amor: 1, 6, 11, 14, 18, 19, 20, 23
Mejores días para el dinero: 1, 2, 6, 7, 8, 9, 11, 14, 15, 19, 23, 24, 28, 29
Mejores días para la profesión: 1, 11, 20, 26, 27

Este mes la salud necesita más atención, así que descansa y relájate más. Relájate especialmente durante el periodo del eclipse del 13, que es fuerte en ti. Procede pasar más tiempo tranquilo en casa o cerca de casa. Es una irregularidad pasajera, pero fuerte. La salud y la vitalidad mejoran después del 22. Fortalece la salud de las formas explicadas en las previsiones para el año.

Las cosas en la casa y con los familiares han sido problemáticas todo el año, y parece que este eclipse solar del 13 las lleva a un punto crítico, a un clímax; ocurre en tu cuarta casa. Hay muchas emociones reprimidas en los familiares y están a punto de explotar. Procura no empeorar las cosas. Conserva la calma todo lo posible ante las circunstancias. Habrá negatividad, pero tú puedes aumentarla o disminuirla, tú eliges. Este eclipse, como todos los solares, te obliga a redefinirte, a redefinir tu imagen, el concepto de ti mismo, cómo deseas que te vean los demás. Es posible que los familiares te definan de formas desagradables y de ti depende definirte y aclarar las cosas. Si no lo haces, quedarás «encasillado» de manera no agradable. Podría haber mudanza o reparaciones en la casa también.

El eclipse lunar del 28 ocurre en tu casa once y es relativamente benigno; pero no te hará ningún daño reducir las actividades de todos modos. La luna es la regente genérica de la familia y los asuntos emocionales, y esto refuerza lo dicho anteriormente. Hay dramas en la familia en este periodo; hay dramas en la vida de tus amigos, y se pone a prueba la amistad. Ten más paciencia con tus amistades en este periodo pues estarán más propensas a ser temperamentales. Todos los eclipses lunares producen cambios espirituales, nuevas revelaciones, cambios en la práctica y la actitud, y este no es diferente. Se ponen a prueba los equipos de alta tecnología (ordenadores, programas informáticos y aparatos electrónicos) y es posible que tengas que reemplazar alguno.

Marte forma aspectos adversos este mes. Del 23 al 25 está en cuadratura con Urano; del 27 al 30 está en conjunción con Plutón. Estos son tránsitos potentes. Ten más prudencia al conducir, conduce con más precaución; evita los enfrentamientos y las rabietas, pues tanto tú como los demás estáis más propensos a reaccionar exageradamente; ten más conciencia del plano físico; evita las actividades arriesgadas. El cónyuge, pareja o ser amado actual también debe tener más cuidado en el plano físico. Ten más paciencia con esta persona en este periodo.

Tu planeta del dinero hace movimiento retrógrado del 6 al 26; cómo ya sabes, esto indica la necesidad de hacer revisión de las finanzas, de evaluar la situación y hacer planes de mejoras. Será mejor retrasar las compras e inversiones importantes; si debes hacer estas cosas, procura programarlas antes del 6 o después del 26. Los ingresos aumentan este mes; el movimiento retrógrado de Mercurio no impide esto, pero habrá «reacciones retardadas».

Diciembre

Mejores días en general: 3, 4, 12, 13, 20, 21, 22, 30, 31
Días menos favorables en general: 10, 11, 16, 17, 23, 24
Mejores días para el amor: 1, 3, 10, 11, 12, 16, 17, 20, 30, 31
Mejores días para el dinero: 2, 5, 6, 7, 8, 11, 16, 21, 25, 31
Mejores días para la profesión: 1, 10, 11, 20, 23, 24, 31

El 22 del mes pasado entraste en otra de tus cimas de placer personal anual, y esta sigue en vigor hasta el 21. La oportunidad de esto es maravillosa, porque es un periodo del año en que hay más fiestas y jaranas, así que estás en perfecta sincronía con los tiempos (las virtudes de Leo son más necesarias ahora y el Cosmos te impulsa en esa dirección; las fiestas no son fiestas sin Leo; les falta algo).

Tu sector occidental, el social, ha estado fuerte desde octubre, pero desde el mes pasado su poderío ha aumentado. Del 1 al 10 y del 23 al 31 el 80 por ciento de los planetas están en este sector, y del 10 al 23, el 90 por ciento. Estos son porcentajes elevados. Olvídate de ti durante un tiempo y centra la atención en los demás. Consigue tus fines mediante consenso y colaboración, y no con «edictos de Su Majestad». Si antepones a los demás, tus necesidades serán atendidas muy bien, por la ley kármica. Como dice Emerson, con esta conducta «pones en deuda contigo al Universo» (algunas personas no te devolverán la atención o el favor, pero otras sí; y en realidad esto no importa). Leo es una persona muy individualista, así que anteponer a los demás es una lección difícil.

Las finanzas fueron buenas el mes pasado y este mes son mejores aún. Tu planeta del dinero está en Sagitario, tu quinta casa; además, ya está en movimiento directo. El dinero se gana de modos felices; hay suerte en las especulaciones. Es probable que gastes en exceso y tengas que trabajar más para compensar esto (después del 21). Ahora el optimismo financiero es ilimitado. Disfrutas de tu riqueza, y de eso se trata; si la tienes guardada, ¿qué dicha hay en ella? Un maestro dijo: «El dinero es como el estiércol, no es bueno a no ser que se esparza». Sin duda esta es tu actitud este mes.

El 21 se acaba la jarana. Entras en un periodo de trabajo más serio. Si buscas trabajo tendrás buena suerte en este periodo. Es un periodo muy bueno para poner al día el trabajo no hecho durante la etapa de fiestas. La salud debería ser buena también; estás atento a ella.

El amor va esencialmente bien este mes. Tu dedicación a los demás te hace popular. Entran nuevas amistades en el cuadro. Tu planeta del amor retoma el movimiento directo el 13, aumentando tu seguridad y confianza social y dando más claridad a tus relaciones. El principal peligro es la tendencia a luchas de poder en la relación; Marte entra en tu séptima casa el 26. Intenta evitar estas luchas. Del 25 al 27 el Sol está en cuadratura con tu planeta del amor; ten más paciencia con el ser amado; acepta los desacuerdos. Este es un aspecto difícil pero de muy corta duración; no es la tendencia en tu relación en general. Ten más prudencia al conducir esos días (evita las bebidas alcohólicas cuando te subas al coche), y evita las actividades arriesgadas; no es un periodo para hazañas temerarias.

Virgo

♍

La Virgen

Nacidos entre el 22 de agosto y el 22 de septiembre

Rasgos generales

VIRGO DE UN VISTAZO

Elemento: Tierra

Planeta regente: Mercurio
  Planeta de la profesión: Mercurio
  Planeta de la salud: Urano
  Planeta del dinero: Venus
  Planeta del hogar y la vida familiar: Júpiter
  Planeta del amor: Neptuno
  Planeta de la sexualidad: Marte

Colores: Tonos ocres, naranja, amarillo
  Color que favorece el amor, el romance y la armonía social: Azul
  Colores que favorecen la capacidad de ganar dinero: Jade, verde

Piedras: Ágata, jacinto

Metal: Mercurio

Aromas: Lavanda, lila, lirio de los valles, benjuí

Modo: Mutable (= flexibilidad)

Cualidad más necesaria para el equilibrio: Ver el cuadro completo

Virtudes más fuertes: Agilidad mental, habilidad analítica, capacidad para prestar atención a los detalles, poderes curativos

Necesidad más profunda: Ser útil y productivo

Lo que hay que evitar: Crítica destructiva

Signos globalmente más compatibles: Tauro, Capricornio

Signos globalmente más incompatibles: Géminis, Sagitario, Piscis

Signo que ofrece más apoyo laboral: Géminis

Signo que ofrece más apoyo emocional: Sagitario

Signo que ofrece más apoyo económico: Libra

Mejor signo para el matrimonio y/o las asociaciones: Piscis

Signo que más apoya en proyectos creativos: Capricornio

Mejor signo para pasárselo bien: Capricornio

Signos que más apoyan espiritualmente: Tauro, Leo

Mejor día de la semana: Miércoles

La personalidad Virgo

La virgen es un símbolo particularmente adecuado para los nativos de este signo. Si meditamos en la imagen de la virgen podemos comprender bastante bien la esencia de la persona Virgo. La virgen, lógicamente, es un símbolo de la pureza y la inocencia, no ingenua sino pura. Un objeto virgen es fiel a sí mismo; es como siempre ha sido. Lo mismo vale para una selva virgen: es prístina, inalterada.

Aplica la idea de pureza a los procesos de pensamiento, la vida emocional, el cuerpo físico y las actividades y proyectos del mundo cotidiano, y verás cómo es la actitud de los Virgo ante la vida. Desean la expresión pura del ideal en su mente, su cuerpo y sus asuntos. Si encuentran impurezas tratarán de eliminarlas.

Las impurezas son el comienzo del desorden, la infelicidad y la inquietud. El trabajo de los Virgo es eliminar todas las impurezas y mantener solamente lo que el cuerpo y la mente pueden aprovechar y asimilar.

Aquí se revelan los secretos de la buena salud: un 90 por ciento del arte del bienestar es mantener puros la mente, el cuerpo y las emociones. Cuando introducimos más impurezas de las que el cuerpo y la

mente pueden tratar, tenemos lo que se conoce por malestar o enfermedad. No es de extrañar que los Virgo sean excelentes médicos, enfermeros, sanadores y especialistas en nutrición. Tienen un entendimiento innato de la buena salud y saben que no sólo tiene aspectos físicos. En
todos los ámbitos de la vida, si queremos que un proyecto tenga éxito,
es necesario mantenerlo lo más puro posible. Hay que protegerlo de los
elementos adversos que tratarán de socavarlo. Este es el secreto subyacente en la asombrosa pericia técnica de los Virgo.

Podríamos hablar de las capacidades analíticas de los nativos de Virgo, que son enormes. Podríamos hablar de su perfeccionismo y su atención casi sobrehumana a los detalles. Pero eso sería desviarnos de lo
esencial. Todas esas virtudes son manifestaciones de su deseo de pureza y perfección; un mundo sin nativos de Virgo se habría echado a perder hace mucho tiempo.

Un vicio no es otra cosa que una virtud vuelta del revés, una virtud
mal aplicada o usada en un contexto equivocado. Los aparentes vicios
de Virgo proceden de sus virtudes innatas. Su capacidad analítica, que
debería usarse para curar, ayudar o perfeccionar un proyecto, a veces se
aplica mal y se vuelve contra la gente. Sus facultades críticas, que deberían utilizarse constructivamente para perfeccionar una estrategia o
propuesta, pueden a veces usarse destructivamente para dañar o herir.
Sus ansias de perfección pueden convertirse en preocupación y falta de
confianza; su humildad natural puede convertirse en autonegación y re-
bajamiento de sí mismo. Cuando los Virgo se vuelven negativos tienden a dirigir en su contra sus devastadoras críticas, sembrando así las
semillas de su propia destrucción.

Situación económica

Los nativos de Virgo tienen todas las actitudes que crean riqueza: son
muy trabajadores, diligentes, eficientes, organizados, ahorrativos, productivos y deseosos de servir. Un Virgo evolucionado es el sueño de
todo empresario. Pero mientras no dominen algunos de los dones sociales de Libra no van ni a acercarse siquiera a hacer realidad su potencial
en materia económica. El purismo y el perfeccionismo pueden ser muy
molestos para los demás si no se los maneja con corrección y elegancia.
Los roces en las relaciones humanas pueden ser devastadores, no sólo
para nuestros más queridos proyectos, sino también, e indirectamente,
para nuestro bolsillo.

A los Virgo les interesa bastante su seguridad económica. Dado que
son tan trabajadores, conocen el verdadero valor del dinero. No les gusta

arriesgarse en este tema, prefieren ahorrar para su jubilación o para los tiempos de escasez. Generalmente hacen inversiones prudentes y calculadas que suponen un mínimo riesgo. Estas inversiones y sus ahorros normalmente producen buenos dividendos, lo cual los ayuda a conseguir la seguridad económica que desean. A los Virgo ricos, e incluso a los que no lo son tanto, también les gusta ayudar a sus amigos necesitados.

Profesión e imagen pública

Los nativos de Virgo realizan todo su potencial cuando pueden comunicar sus conocimientos de manera que los demás los entiendan. Para transmitir mejor sus ideas, necesitan desarrollar mejores habilidades verbales y maneras no críticas de expresarse. Admiran a los profesores y comunicadores; les gusta que sus jefes se expresen bien. Probablemente no respetarán a un superior que no sea su igual intelectualmente, por mucho dinero o poder que tenga. A los Virgo les gusta que los demás los consideren personas educadas e intelectuales.

La humildad natural de los Virgo suele inhibirlos de hacer realidad sus grandes ambiciones, de adquirir prestigio y fama. Deberán consentirse un poco más de autopromoción si quieren conseguir sus objetivos profesionales. Es necesario que se impulsen con el mismo fervor que emplearían para favorecer a otras personas.

En el trabajo les gusta mantenerse activos. Están dispuestos a aprender a realizar cualquier tipo de tarea si les sirve para lograr su objetivo último de seguridad económica. Es posible que tengan varias ocupaciones durante su vida, hasta encontrar la que realmente les gusta. Trabajan bien con otras personas, no les asusta el trabajo pesado y siempre cumplen con sus responsabilidades.

Amor y relaciones

Cuando uno es crítico o analítico, por necesidad tiene que reducir su campo de aplicación. Tiene que centrarse en una parte y no en el todo, y esto puede crear una estrechez de miras temporal. A los Virgo no les gusta este tipo de persona. Desean que su pareja tenga un criterio amplio y una visión profunda de las cosas, y lo desean porque a veces a ellos les falta.

En el amor, los Virgo son perfeccionistas, al igual que en otros aspectos de la vida. Necesitan una pareja tolerante, de mentalidad abierta y de manga ancha. Si estás enamorado o enamorada de una persona Virgo, no pierdas el tiempo con actitudes románticas nada prácticas.

Haz cosas prácticas y útiles por tu amor Virgo; eso será lo que va a apreciar y lo que hará por ti.

Los nativos de Virgo expresan su amor con gestos prácticos y útiles, de modo que no te desanimes si no te dice «Te amo» cada dos días. No son ese tipo de persona. Cuando aman lo demuestran de modos prácticos. Siempre estarán presentes; se interesarán por tu salud y tu economía; te arreglarán el fregadero o la radio. Ellos valoran más estas cosas que enviar flores, bombones o tarjetas de san Valentín.

En los asuntos amorosos, los Virgo no son especialmente apasionados ni espontáneos. Si estás enamorado o enamorada de una persona Virgo, no interpretes esto como una ofensa. No quiere decir que no te encuentre una persona atractiva, que no te ame o que no le gustes. Simplemente es su manera de ser. Lo que les falta de pasión lo compensan con dedicación y lealtad.

Hogar y vida familiar

No hace falta decir que la casa de un Virgo va a estar inmaculada, limpia y ordenada. Todo estará en su lugar correcto, ¡y que nadie se atreva a cambiar algo de sitio! Sin embargo, para que los Virgo encuentren la felicidad hogareña, es necesario que aflojen un poco en casa, que den más libertad a su pareja y sus hijos y que sean más generosos y de mentalidad más abierta. Los miembros de la familia no están para ser analizados bajo un microscopio; son personas que tienen que expresar sus propias cualidades.

Una vez resueltas estas pequeñas dificultades, a los Virgo les gusta estar en casa y recibir a sus amigos. Son buenos anfitriones y les encanta hacer felices a amigos y familiares y atenderlos en reuniones de familia y sociales. Aman a sus hijos, pero a veces son muy estrictos con ellos, ya que quieren hacer lo posible para que adquieran un sentido de la familia y los valores correctos.

Horóscopo para el año 2012*

Principales tendencias

La primera década del milenio ha sido difícil, Virgo, llena de cambios

* Las previsiones de este libro se basan en el Horóscopo Solar y todos los signos

repentinos y drásticos (trastornos y reestructuraciones) en muchas facetas de la vida. Los años comprendidos entre 2007 y 2009 fueron especialmente difíciles. Si aguantaste esos años, 2012 será coser y cantar. Ya estás en condiciones y circunstancias radicalmente distintas a las que estabas hace diez años y yo diría que mucho mejor también. Esta era la finalidad de esas reestructuraciones: liberarte, incluso en contra de tu voluntad, para hacerte entrar en condiciones mejores.

Comienzas el año con todos los principales planetas lentos o bien formándote aspectos buenos o dejándote en paz. Por lo tanto, la salud y la energía (y el éxito en general) son buenas. Estando la energía elevada, el mundo está a tus pies, no hay nada que no puedas hacer o conseguir; posibilidades que antes parecían imposibles ahora son posibles. Pero cuando la energía está baja es como si estuvieran limitados los horizontes y es más difícil conseguir éxito en general.

El 3 de febrero Neptuno hace un traslado importante, pasa de tu sexta casa a la séptima, donde continuará los próximos 14 años más o menos. Y esto tiene un efecto importantísimo en tu matrimonio o relación amorosa actual, y en la vida amorosa en general. Volveremos sobre este tema.

Además, este tránsito de Neptuno es un aspecto difícil para ti, aunque no lo bastante para causar problemas importantes. El 11 de junio Júpiter sale de Tauro y entra en Géminis, otro aspecto difícil. Así pues, a medida que avanza el año, baja la energía. Volveremos sobre este tema.

El tránsito de Júpiter por Géminis, si bien es más difícil en lo físico, es un aspecto fabuloso para tu profesión. Y entras en uno de los periodos profesionales cumbre de tu vida. Volveremos sobre esto.

Saturno ha estado más de dos años en tu casa del dinero y por lo tanto te has sentido limitado, constreñido, en las finanzas; tal vez te has echado encima cargas financieras extras. Pero, afortunadamente, el 5 de octubre Saturno sale de tu segunda casa y entra en la tercera. Verás mejorar tus finanzas. Hablaremos más sobre esto.

Las facetas de mayor interés para ti este año son: el cuerpo, la imagen y el placer personal (hasta el 3 de julio); las finanzas (hasta el 5 de octubre); los hijos y la creatividad personal; la salud y el trabajo

---

que derivan de él; tu Signo Solar se convierte en el Ascendente, y las casas se numeran a partir de él. Tu horóscopo personal, el trazado concretamente para ti (según la fecha, hora y lugar exactos de tu nacimiento) podrían modificar lo que decimos aquí. Joseph Polansky (hasta el 3 de febrero); el amor, el romance y las actividades sociales (a partir del 3 de febrero); la sexualidad, las cosas más profundas de la vida, la transformación y la reinvención personales, los estudios ocultos; la religión, la filosofía, la teología, la formación superior y los viajes al extranjero (hasta el 11 de junio); la profesión (después del 11 de junio).

Tus caminos hacia la mayor realización este año serán: el hogar y la familia (hasta el 31 de agosto); la comunicación y los intereses intelectuales (después del 31 de agosto); la religión, la filosofía, la teología, la formación superior y los viajes al extranjero (hasta el 11 de junio); la profesión (después del 11 de junio).

Salud

(Ten en cuenta que esta es una perspectiva astrológica de la salud, no una médica. Antaño no había ninguna diferencia, ambas eran idénticas, pero en esta época podrían diferir muchísimo. Para una perspectiva médica, por favor, consulta a tu médico o a otro profesional de la salud.)

La salud siempre es importante para ti, Virgo. Siempre es un principal interés, y en los últimos años lo ha sido más. Este año es menos importante que de costumbre, dado que Neptuno sale de tu sexta casa, la de la salud. Esto lo considero positivo; tu salud está fundamentalmente bien y por lo tanto no tienes necesidad de prestarle mucha atención. (Pero ya avanzado el año, en especial después del 11 de junio, podría convenirte prestarle más atención.)

Neptuno ha estado en tu sexta casa los últimos 14 años; esto ha influido inmensamente en tu actitud hacia la salud y en tus prácticas. Has visto cómo afectan a tu salud los problemas amorosos y conyugales; la conexión ha sido directa y profunda. Además, estando Neptuno, el más espiritual de todos los planetas, involucrado en tu salud, es posible que hayas explorado (profundizado más) las dimensiones espirituales de la curación. La curación espiritual ha sido un interés principal. Ahora ya has aprendido esas lecciones y vas a explorar otras dimensiones de la curación.

El año pasado tu planeta de la salud salió de Piscis y entró en Aries (en realidad el traslado comenzó en 2010, pero eso fue temporal). Urano estará unos seis años más en Aries, así que esta es una tendencia a largo plazo. Ahora tu actitud hacia la salud es menos espiritual (aunque lo espiritual sigue siendo importante) y más física. Si bien los pies han sido importantes para tu salud durante muchos años,

ahora serán la cabeza, la cara y el cuero cabelludo; los masajes periódicos a la cabeza y la cara te resultarán muy potentes. Igual que los
pies, la cabeza y la cara contienen puntos reflejos de todo el cuerpo,
así que al darte masaje en ellas das energía a todo el cuerpo, no sólo
a la cabeza y la cara. Si bien durante muchos años buena salud era si-
nónimo de estar en «buena forma espiritual» ahora va más de buena
forma física. Buena salud no es solamente ausencia de síntomas, sino
la capacidad de correr, trotar o patinar una cantidad equis de kilóme-
tros o levantar una cantidad equis de kilos. El buen tono muscular es
muy importante en este periodo. Y no sólo por motivos estéticos; los
músculos son los que mantienen bien alineados la columna y el esqueleto, y si pierden su tono el cuerpo deja de estar bien alineado. En
este periodo vas a pasar más tiempo en el gimnasio que haciendo meditación. Es posible que te intereses por los ejercicios de musculación
y culturismo. (De todos modos, lo que has aprendido acerca de la curación espiritual te servirá también; no arrojes las lecciones por la
ventana.)

Siendo ahora la cabeza un órgano vulnerable, la terapia craneo-sa-
cral será potente para ti. Con mucha frecuencia surgen enfermedades
crónicas debido a que las placas del cráneo no están bien alineadas;
en el instante en que se alinean la enfermedad comienza a sanar.

Urano está en tu octava casa, por lo tanto respondes bien a regímenes de desintoxicación. La buena salud no va de añadir más al
cuerpo, sino de eliminar lo que no le corresponde estar en él. En muchos casos se cree que la cirugía es una solución rápida para un problema de salud; estas cosas son necesarias a veces, pero me parece
que tú tiendes a precipitarte en eso. Busca una segunda opinión.

El planeta de la salud en la octava casa indica también la necesidad de sexo seguro y moderación sexual; una vida sexual sana.

Este año Marte pasa una cantidad de tiempo insólita, muy insólita, en tu signo. La duración normal de un tránsito es de un mes y medio; este año estará en tu signo más de 6 meses (del 1 de enero al 3 de
julio). Estarás mucho más inclinado hacia el ejercicio físico y los deportes durante ese periodo, y esto es esencialmente bueno. Pero este
tránsito actúa de modo muy parecido a una anfetamina; acelera el organismo. Hay más energía, más agresividad, la tendencia a precipi-
tarse, a desear que todo se haga de prisa; y esto puede llevar a accidentes y lesiones. Muchas veces vuelve a la persona más combativa
que de costumbre, y esto lleva a peleas, físicas y verbales. Este es el
principal peligro para la salud en ese periodo. Por lo tanto, haz ejercicio y consigue tus objetivos, faltaría más, pero controla el genio y

esfuérzate en reducir la marcha. Ten más prudencia al conducir o al practicar deportes.

Hogar y vida familiar

Desde que Plutón salió de Sagitario en 2008, las cosas deberían haber estado más tranquilas en la familia. Los quince años anteriores a eso fueron turbulentos; hubo muertes y rupturas en la familia, y toda una desintoxicación cósmica; hubo muchos, muchos dramas, operaciones quirúrgicas y tal vez experiencias de muerte temporal o cuasi muerte también. Es de suponer que la calma será muy bienvenida. Ya acabó la principal desintoxicación; los cambios importantes que eran necesarios ya ocurrieron. Probablemente ahora tu relación con tu familia está en un plano superior y mejor.

El 4 de junio un eclipse lunar trae una desintoxicación de poca importancia y de corta duración; si hay defectos en la casa o malos entendidos y secretos entre familiares, saldrán a la luz para que se limpien y corrijan. Pero esto no será en absoluto tan severo como lo que ocurrió antes de 2008.

Estando vacía tu cuarta casa, lo más probable es que este año las cosas continúen como están; aunque tienes la libertad de mudarte o hacer cambios si lo deseas; tal vez te falta la inclinación. Estás más o menos satisfecho con la casa y la situación familiar tal como están.

Júpiter, tu planeta de la familia, estará en Tauro hasta el 11 de junio. Tauro tiende al conservadurismo y la estabilidad; no desearás hacer cambios en ese periodo.

Puesto que entonces Júpiter estará en tu novena casa, los familiares harán viajes y estarán más interesados en la religión, la metafísica y la formación superior. Podría ampliarse tu círculo familiar en ese periodo, ya sea por matrimonio, nacimiento o al conocer a personas que serán como familiares para ti. Gozas de buen apoyo familiar; tus familiares se ven generosos contigo.

Un progenitor o figura parental tiene maravillosas oportunidades laborales este año. Esto podría ser en el trabajo actual o en otro. Esta persona se ve también muy dedicada a su pareja, al otro progenitor o figura parental, en especial después del 11 de junio. En general, los padres y las figuras parentales prosperan, viajan y gozan de la buena vida (aunque deberán vigilar el peso).

La familia en su conjunto se eleva de posición este año, en especial después del 11 de junio. Los familiares se ven muy ambiciosos. Los hijos o figuras filiales de tu vida podrían pasar por operaciones quirúrgicas y experiencias de muerte temporal. Es probable que haya muchas mudanzas entre ellos este año y los años futuros.

Los hermanos o figuras fraternales están bien hasta el 5 de octubre; después se vuelven más serios; al parecer se echan encima cargas y responsabilidades extras. Necesitan esforzarse más en demostrar cariño y afecto a los demás; se ven fríos y distantes. Un hermano o hermana podría haberse casado el año pasado (y hay probabilidades de boda o de relación seria este año también); sin embargo, parece que esto no le da la felicidad que esperaba.

Profesión y situación económica

Como hemos dicho, los dos años anteriores las finanzas han estado difíciles, ajustadas, y la tendencia continúa la mayor parte de este año. Sin embargo, a mí me parece que lo peor ya ha pasado. Había necesidad de reorganizar las finanzas y eso es lo que has hecho. Aunque tal vez te sentías limitado, estrecho, la verdad es que con ciertos cambios, arreglos, ciertos malabarismos, tienes todos los recursos que necesitas.

Como hemos escrito antes, estos dos últimos años han sido más de administración financiera que de ingresos. El Cosmos te ha obligado a administrar lo que tienes de manera mejor y más sana; a llevar el mando de tu vida financiera en lugar de dejarte controlar por ella.

La presión rara vez es agradable, pero ha tenido ciertos efectos secundarios buenos; si bien revela debilidades (y por lo tanto tienes la oportunidad de corregirlas) también revela fuerzas secretas que ni sabías que poseías. Estos años has recibido muchos conocimientos y percepciones profundas; ya no tiemblas ante una crisis financiera; la llevas con calma y eficiencia; te has vuelto un experto en manejar dificultades financieras. El casero suele estar dispuesto a esperar unos días para el pago; es posible negociar con la empresa de la tarjeta de crédito; los bancos están dispuestos a refinanciar o reestructurar el préstamo o la hipoteca. No hay ninguna dificultad que sea insuperable. Puedes dar mejor uso a dinero que tal vez gastabas de modo frívolo o derrochador; cosas que creías absolutamente esenciales ya no te lo parecen tanto; es probable que ese traje nuevo que deseas esté rebajado dentro de unas semanas. Estas nuevas percepciones te preparan para la prosperidad futura que va a venir.

Tal vez lo más importante que has adquirido es una visión más sobria y a largo plazo en las finanzas. Has aprendido que la riqueza se adquiere a lo largo del tiempo, paso a paso, metódicamente. Rara vez viene de la noche a la mañana. Y has aprendido cómo se hace este proceso paso a paso. Es una disciplina, sin duda. Hay que ahorrar una cantidad equis, invertir una cantidad equis, y de manera constante, incesante. Vivir de acuerdo a los ingresos no significa necesariamente privaciones; simplemente tienes que aplicar cierta creatividad en la obtención de lo que deseas. Practicando esto desarrollas una fuerza, un «ímpetu» que te lleva a una riqueza estable, segura, perdurable. La riqueza será como la marea que sube: inexorable, inevitable.

El Cosmos te ha puesto en un «régimen de riqueza»; tal vez no es llamativo ni ostentoso, pero da resultados.

El principal titular este año es la profesión. El 11 de junio Júpiter comienza a cruzar tu Medio cielo, y estará en tu décima casa el resto del año. Así pues, tienes éxito en el mundo exterior, en tu profesión, en tu posición social. Este año se te eleva y asciende. La familia también se ve más próspera, como hemos dicho, y apoya muchísimo tus objetivos profesionales. Algunas de las oportunidades profesionales vienen de la familia o de conexiones familiares.

Lo que me gusta especialmente de tu profesión es que se ve cómoda, agradable, en lo emocional; no vulnera tu armonía emocional. Esto tiende a llevar al éxito. Es posible que este tránsito indique que el trabajo se hace en casa, o que la oficina se transforma en algo más parecido a un hogar.

Aunque vas a experimentar éxito y oportunidades profesionales antes, tal vez no veas todos los beneficios financieros de esto hasta pasado el 5 de octubre, fecha en que Saturno sale de tu casa del dinero. Pero de todos modos, lo peor ya pasó y la tendencia está en marcha.

Amor y vida social

La situación amorosa ha sido turbulenta desde hace muchos años, en especial desde 2003 a 2010. Incluso matrimonios y relaciones establecidas desde mucho tiempo tuvieron problemas; en ese periodo hubo muchos divorcios y rupturas. Ahora ya estás en condiciones sociales totalmente diferentes, en otro círculo de amistades y diferentes relaciones. Si estabas casado o casada y tu matrimonio sobrevivió al periodo 2003-2010, es probable que dure eternamente; sobrevivirá a cualquier cosa.

Desde que Urano salió de tu séptima casa el año pasado la situación se ha calmado y estabilizado. Después de siete años de agitación e inestabilidad, tal vez das la bienvenida a este periodo un poco «aburrido»; hay algo consolador y agradable en esta situación; hay seguridad, la sensación de estar «firme» con los dos pies en el suelo, la sensación de estar a salvo.

La principal tendencia este año, como hemos dicho, es la entrada de Neptuno en tu séptima casa. Esta es una posición poderosa para Neptuno, pues estará en su propio signo y casa, y por lo tanto será más poderoso a favor tuyo. Es una buena señal para el amor. La vida amorosa y social será buena.

Tus elevados ideales en el amor se elevan más aún. Neptuno va a perfeccionar, elevar y espiritualizar toda tu vida amorosa y tu círculo social. Vas a trabar amistad con personas de tipo creativo: bailarines, poetas, pintores, artistas, videntes, astrólogos, yoguis, canalizadores espirituales, personas de este tipo; personas glamurosas.

La conexión espiritual en el amor, siempre importante para ti, se vuelve más importante ahora (y los próximos catorce años). Por buena que sea la química sexual o financiera, si falta la conexión espiritual la relación no durará mucho. Cuando estás con el ser amado necesitas sentir que estás cerca de Dios, que tu relación cuenta con la aprobación Divina. Este es el tipo de tránsito en que el amor (el matrimonio) no es sólo un asunto rutinario, físico, práctico, sino realmente dos personas que siguen el mismo camino espiritual. El amor y el matrimonio se convierten en parte integral de tu disciplina espiritual.

En un plano más prosaico, hay necesidad de profundizar más en el amor (y esto vale para las sociedades de negocios también). Hay muchas cosas no reveladas, muchas cosas ocultas. Lo que ves en la superficie no es la verdadera realidad. Así pues, ve lento en el amor; deja que se desarrolle; aprende a ver lo que hay detrás del atractivo exterior.

Neptuno es el planeta de la revelación; descorre el velo y revela las cosas ocultas. En un plano prosaico, este «descorrer el velo» tiende a causar escándalos y revelaciones desagradables. La intención de Neptuno no es producir escándalo, pero cuando se enciende una luz en una habitación oscura se revela lo que sea que haya en ella, tanto lo bueno como lo malo. Estas revelaciones de cosas ocultas pondrán a prueba al amor en los próximos años. Si el amor es verdadero, sobrevivirá a estas cosas; si no lo es, es probable que la relación se disuelva.

Por el lado positivo, es muy posible que encuentres el amor y el romance ideal en este periodo; tu ideal más elevado (nada inferior te satisfará). Muchos Virgo vais a experimentar matices del amor que pocos mortales experimentan en su vida.

Este año se ve sexualmente activo (y los próximos también); Urano está en tu octava casa. Esto también indica mucha experimentación en lo sexual. Es como si arrojaras todos los viejos libros de reglas sobre la relación sexual y aprendieras solo, probando y cometiendo errores, lo que te va bien a ti. En general esto es bueno, porque así es como adquirimos verdadero conocimiento, pero es necesario que estos experimentos sean siempre positivos y constructivos.

Si estás soltero o soltera y con miras a un primer matrimonio, es probable que te cases o entres en una relación parecida al matrimonio. Si estás pensando en un segundo matrimonio, también tienes aspectos fabulosos hasta el 11 de junio (el año pasado también fue bueno para segundos matrimonios). Si estás con miras a un tercer matrimonio, no se ven novedades este año; las cosas tenderán a continuar como están.

Encuentras oportunidades amorosas en ambientes y lugares espirituales, en seminarios de meditación o retiros espirituales, o cuando estás en actividades de tipo benéfico o altruista. Videntes, pastores religiosos y gurús tienen importante orientación en el amor para ti en este periodo.

Progreso personal

El tránsito de Neptuno por tu séptima casa durante muchos años venideros indica que tu ideal en el amor está más elevado que nunca. Sabes qué es y qué no es verdadero amor; muchas personas no tienen ni idea. Tener un ideal elevado en el amor es fundamentalmente bueno, y te lo mereces. Pero en la vida cotidiana esto puede generar muchos dramas. En primer lugar, tu ideal podría ser tan elevado que ningún mortal podría estar a la altura. Los seres humanos somos limitados, por definición. Algunas personas tienen mayor capacidad para el amor que otras, pero siempre hay alguna limitación. Por lo tanto, en la relación amorosa entre humanos siempre hay una sensación de «insatisfacción» y decepción. Suele ser difícil entender este sentimiento desde fuera; el ser amado podría ser una persona buena y cariñosa según los criterios mundanos, pero para ti no es suficiente. Comparas a esta persona con el Ideal Divino, y de ahí nace esta insatisfacción. (Además, el ser amado siente en el subconsciente tu decepción y reacciona a ella, lo que nubla aún más la relación).

Estas decepciones no son castigos. Tras ellas hay un programa espiritual. Poco a poco, decepción tras decepción, se te conduce hacia tu amor Ideal, el amor espiritual que procede de lo Divino. Esto es lo que has buscado todos estos años y lo que anhela tu corazón; simplemente te has equivocado de lugar a la hora de buscarlo.

Cuando descubras esto y te fíes, siempre serás amado a la perfección. Todo lo que necesita el amor se manejará. Todo significa todo; no quedará nada sin hacer. Seguirás teniendo un amor humano, pero lo verás como «instrumento» de un amor superior y no como la fuente del amor; importante distinción.

Más importante aún, entrarás en la relación desde otro plano o actitud, no como una persona necesitada, sino como una persona capaz de expresar más amor en la relación que cuando estaba soltera o sola.

Siempre fue irracional de tu parte esperar que un simple mortal satisficiera todas tus necesidades en el amor.

Neptuno en la séptima casa suele producir confusión en el amor; vaguedad, falta de claridad. Por lo tanto, te conviene «echar todas las cargas amorosas sobre lo Divino y quedar libre»; entregar a lo Divino el matrimonio, la relación y la dirección de tu vida amorosa. Si haces esto sinceramente (no sólo de boquilla) se enderezará toda tu vida amorosa.

Previsiones mes a mes

Enero

Mejores días en general: 3, 4, 12, 13, 21, 22, 30, 31
Días menos favorables en general: 5, 6, 7, 19, 20, 25, 26
Mejores días para el amor: 6, 7, 15, 18, 19, 24, 25, 26, 27, 28
Mejores días para el dinero: 3, 4, 6, 7, 12, 14, 15, 16, 17, 21, 25, 26, 30
Mejores días para la profesión: 1, 2, 5, 6, 7, 12, 22

El arte de leer el horóscopo es en realidad el arte de resolver contradicciones. Y aquí vemos una belleza. Marte está en tu signo, haciéndote muy independiente y voluntarioso; una persona que desea tener lo que desea cuando lo desea; una persona que no tolera a los tontos. Sin embargo, el poder planetario está principalmente en tu sector occidental o social, el sector «de los demás». Está la necesidad de ser independiente, pero también la necesidad de llevarte bien con los demás. Tus intereses son muy importantes, pero los de los demás lo son más. Probablemente tu forma de hacer no es la mejor en este pe-

riodo; sin embargo, podrías pensar que sí y desear hacer las cosas a
tu manera de todos modos. Esto podría producir sentimientos de
frustración y rabia. Quieres tener lo que deseas, pero otras personas
están al mando de tu destino; esto te irrita. Con esta configuración,
me parece que lo mejor es canalizar esta energía Marte hacia direcciones más constructivas. Haz más ejercicio, participa más en actividades deportivas y de atletismo. Este es un buen mes para bajar de
peso y desintoxicar el cuerpo (los seis próximos meses también son
buenos para estas cosas). Canaliza tus deseos de manera que no estén reñidos con los de los demás, que no piensen que se los impones.
En este periodo el Cosmos te llama a sublimar tus deseos (sólo por
un tiempo) y a anteponer a los demás. Teniendo a Marte en tu signo,
la tendencia es conseguir que se hagan las cosas por la fuerza, pero
este no es un periodo para eso. Este es un periodo para la diplomacia y el tacto, para conseguir que se hagan las cosas mediante consenso y colaboración.

La ira y la impaciencia (rasgos de Marte) no te son útiles ahora.

Comienzas el año con la mayoría de los planetas bajo el horizonte de tu carta; estás en el periodo noche de tu año. Esto va a cambiar
pronto, pero esta es la situación este mes. Sigues en el periodo para
crear la infraestructura de tu éxito profesional futuro. Estás haciendo
el trabajo interior que requiere tu profesión. Todavía necesitas encontrar tu punto de armonía emocional y funcionar a partir de ella. El hogar y la familia deben tener prioridad sobre la profesión en este periodo.

La salud es buena este mes, sobre todo hasta el 20. Tu sexta casa,
la de la salud, está poderosa todo el mes, pero en especial después del
20, así que estás atento a tu salud, más que de costumbre. Si buscas
trabajo tienes éxito este mes; hay muchas, muchas oportunidades.

El amor se ve feliz este mes, estés soltero o soltera, casado o casada. Venus entra en tu séptima casa el 14 y continúa ahí el resto del
mes. Además, del 12 al 15 está en conjunción con tu planeta
del amor; este es un tránsito feliz para el amor; son los dos planetas del amor de tu carta viajando juntos. Si estás soltero o soltera
hay un encuentro romántico; parece ideal, pero debes mirar más en
profundidad; dale tiempo; la persona, la situación, no es lo que parece. Este tránsito también produce oportunidades para una sociedad de negocios o empresa conjunta. El cónyuge, pareja o ser amado actual te apoya económicamente, también las amistades.

Febrero

Mejores días en general: 1, 9, 10, 17, 18, 27, 28
Días menos favorables en general: 2, 3, 15, 16, 22, 23, 29
Mejores días para el amor: 4, 5, 6, 13, 15, 21, 22, 23, 24, 25
Mejores días para el dinero: 1, 5, 6, 9, 11, 12, 15, 17, 24, 25, 27, 28
Mejores días para la profesión: 2, 3, 11, 12, 22, 23, 29

El poder planetario está en su posición occidental máxima: los planetas están «más alejados» de ti y el poder debe fluir hacia los demás; pero Marte sigue en tu signo, así que repasa lo que explicamos el mes pasado.

El principal titular ahora es el poder que hay en tu séptima casa, la del amor. Venus entró en ella el mes pasado; Neptuno (tu planeta del amor) entra el 3, Mercurio el 14 y el Sol el 19; incluso la Luna nueva del 21 ocurre en tu séptima casa. Ahí, pues, es donde están la acción y el interés. La vida social es muy activa. Este es un mes romántico. Si estás soltero o soltera, estás en ánimo para el amor, no sólo el amor de diversión y juegos, sino el amor verdadero, el amor romántico, el amor comprometido. Por lo tanto, atraes a «material para matrimonio»; sales más y disfrutas de las citas. Uno de los problemas (y es bueno tener uno así) es que hay tantas oportunidades que te confunden. La Luna nueva del 21 esclarecerá estas cosas. Con la energía de Piscis muy fuerte en el horóscopo, eres idealista en el amor, deseas lo más elevado de lo elevado, lo definitivo. No estás para conformarte con menos. Este mes es también más activo sexualmente; el regente de tu octava casa está en tu signo, y Venus entra en tu octava casa el 8.

Tu planeta del dinero está en Piscis desde el 14 del mes pasado y continúa ahí hasta el 8. Por lo tanto, la intuición financiera ha sido súper; sólo necesitas fiarte de ella. Tienes buen apoyo en las finanzas por parte del cónyuge, pareja o ser amado actual (y de las amistades también). Los contactos sociales tienen un papel importante en los ingresos. Como el mes pasado, tienes oportunidades para formar una sociedad de negocios o una empresa conjunta, pero debes estudiar más la situación, averiguar, informarte más. El 8 tu planeta del dinero entra en Aries y desde este día hasta el 10 está en conjunción con Urano; llegan ganancias y oportunidades repentinos, inesperados. Si buscas trabajo también se te presenta una oportunidad repentina (hasta el 19 tienes buenos aspectos para encontrar trabajo). Las finanzas han estado ajustadas los dos años pasados, pero este es uno de tus mejores periodos. Después del 8 tienes oportunidades financieras con empresas nuevas o recién puestas en marcha, y es posible que se te ocurra poner en marcha tu propia empresa o negocio.

El tránsito de tu planeta del dinero por tu octava casa a partir del 8 también sugiere la necesidad de reducir el despilfarro, el exceso de gastos, y eliminar lo que está de sobra en las finanzas (montones de cuentas bancarias o de ahorro, muchas tarjetas de crédito, cosas de esa naturaleza). Expandes recortando; tu poder para obtener préstamos aumentará después del 8 también; ten cuidado, no abuses de esto.

La salud es fundamentalmente buena, pero descansa y relájate más a partir del 19. Fortalecela de las maneras explicadas en las previsiones para el año.

Marzo

Mejores días en general: 7, 8, 15, 16, 25, 26
Días menos favorables en general: 1, 13, 14, 20, 21, 27, 28, 29
Mejores días para el amor: 2, 7, 11, 15, 16, 20, 21, 25, 26, 30
Mejores días para el dinero: 7, 9, 10, 15, 16, 25, 26
Mejores días para la profesión: 1, 2, 5, 13, 27, 28, 29, 31

Hasta el 20 continúa fuerte tu cima social anual. La vida amorosa es feliz y muy activa. La mayoría de los planetas siguen en el sector occidental o social de tu carta, así que ten presente lo que hemos hablado sobre esto. Antepón a los demás (y parece que lo haces), evita la voluntariedad y consigue tus fines mediante tus dotes sociales. Ahora es más difícil cambiar las condiciones indeseadas (aun cuando seguro que lo deseas), así que adáptate a ellas lo mejor que puedas. De esta manera ves lo que es necesario cambiar y esos cambios los puedes realizar cuando comience tu ciclo de poder personal, dentro de unos meses.

Mercurio, el señor de tu horóscopo, inicia movimiento retrógrado el 12 y continuará retrógrado todo el mes. La seguridad en ti mismo y la autoestima no están a la altura acostumbrada; es el periodo para hacer revisión de tus objetivos personales, en especial los relacionados con tu cuerpo e imagen, y ver en qué puedes hacer mejoras. En cierto modo esta falta de seguridad en ti mismo, esta mayor vulnerabilidad, es atractiva para los demás y te hace más popular aún.

El mes pasado los planetas hicieron un importante traslado; pasaron de la mitad inferior de tu carta a la superior. Estás, pues, en el periodo día de tu año; se acabaron las actividades de la noche. Ahora estás más concentrado en los objetivos externos, el éxito profesional, y trabajas por ellos de modo físico, externo. El hogar y la familia siguen siendo importantes, pero puedes desatenderlos por un tiempo. El movimiento retrógrado de Mercurio afecta a tu profesión dado que también es tu planeta de la profesión. Por lo tanto, ahora te conviene hacer revisión de tu situación profesional y de tus objetivos en ella para ver en qué puedes mejorar. También es un buen periodo para adquirir más claridad mental respecto a tus objetivos profesionales. Una vez hecho esto, estarás en posición más fuerte cuando Mercurio retome el movimiento directo el mes que viene.

Sigue siendo necesario estar atento a la salud hasta el 20. No ocurre nada grave, simplemente tienes menos energía. Así pues, descansa y relájate más. La salud mejorará espectacularmente después del 20.

Tu octava casa estuvo fuerte el mes pasado y después del 20 se hace más fuerte aún. El señor de tu octava casa sigue en tu signo (y está ahí desde el comienzo del año). Cuando la octava casa está fuerte, la persona se encuentra ante el tema de la muerte; tal vez llega el aniversario de la muerte de alguien y hay una misa, un responso; tal vez lees algo acerca de una extraña masacre o un acto terrorista; a veces la persona sueña con la muerte o en un sueño se le aparece alguien que ya ha muerto. Esto es lo más común. Pero a veces hay una muerte, o alguna experiencia de muerte temporal o cuasi muerte; a veces se recomienda una intervención quirúrgica como solución a un problema de salud (una cirugía estética no sería una sorpresa). Todos estos tipos de experiencias se presentan para ayudarte a llegar a una comprensión más profunda, más espiritual, de la muerte. Cuando no se comprende la muerte la vida no se vive bien.

Si buscas trabajo has tenido buenos aspectos desde el comienzo del año, y este mes hay oportunidades en empresas u organizaciones no lucrativas (en especial del 23 al 26). Si aún no encuentras trabajo, podría convenirte dedicar un tiempo a un trabajo en una organización benéfica o no lucrativa; esto llevará a tener oportunidades.

Del 11 al 14 tu planeta del dinero viaja con Júpiter; este es un periodo muy próspero; hay suerte en las especulaciones; si trabajas en ventas haces unas muy buenas; si eres escritor, vendes tu trabajo. La propiedad intelectual se valora más. En general, aumentan los ingresos.

Abril

Mejores días en general: 4, 12, 13, 21, 22
Días menos favorables en general: 10, 16, 17, 24, 25
Mejores días para el amor: 5, 7, 14, 15, 16, 17, 24, 25, 26
Mejores días para el dinero: 4, 5, 6, 12, 13, 14, 15, 21, 22, 24, 25
Mejores días para la profesión: 8, 9, 17, 18, 24, 25, 29, 30

Tu octava casa estuvo fuerte el mes pasado y sigue fuerte todo este mes. El Sol sale de ella el 20, pero el señor de tu horóscopo, Mercurio, vuelve a entrar en ella el 17 y continúa ahí el resto del mes. Repasa lo que dijimos el mes pasado.

Pero hay algo más que añadir. La octava casa es el lugar donde nos «renovamos» y «regeneramos». Todos tenemos facetas necesitadas de «resurrección» y «renovación»; para algunas personas es una relación, para otras es la situación financiera la que necesita resurrección, o bien algún órgano. Este es el mes para trabajar en esas cosas. La desintoxicación y la regeneración van cogidas de la mano; en realidad es un mismo proceso; para que algo se pueda renovar, antes debe eliminarse la materia (mental, emocional o sustancia material) que causa el problema (que ha causado el deterioro o pudrición, la muerte). Cuando se elimina la causa, ocurre naturalmente la resurrección; la naturaleza lo hace constantemente. Por lo tanto, este es un mes fabuloso para hacer un régimen de desintoxicación (esto ha sido favorable todo el año, pero ahora lo es especialmente). Conviene desintoxicar el cuerpo físico, las emociones y la mente. Existen muchas técnicas y es bueno investigarlas, estudiarlas, en este periodo. También conviene hacer revisión de la casa física y librarla del exceso de posesiones que ya no usas y se han ido acumulando. Te sorprenderá lo «liviano» que te sentirás cuando lo hagas. No iría mal una desintoxicación de la vida financiera. Hemos hablado de esto en los meses pasados. Si todavía derrochas, en gastos superfluos o tienes muchas cuentas bancarias, bursátiles o de tarjetas de crédito, libérate de las que no usas ni necesitas. Esto también te hará sentir «liviano». Además, esto dejará espacio para los bienes nuevos, nuevas posesiones y dinero, que desean llegar a ti.

La reinvención y transformación personales, otras maneras de llamar a la resurrección y renovación, también están relacionadas con la octava casa. Es posible que ya estés dedicado a estos tipos de proyectos (y son proyectos nobles, el mejor trabajo que puede hacer una persona) y, además, van bien en este periodo. Verás mucho progreso si trabajas en esto.

En un plano más prosaico, la octava casa representa los ingresos del cónyuge o pareja. Así pues, esta persona prospera este año, en especial este mes; está en una cima financiera anual; y por lo tanto es probable que sea más generosa contigo.

Del 22 al 24 Mercurio está en conjunción con Urano; este es fundamentalmente un buen aspecto. Exploras tu libertad personal; si buscas trabajo tienes oportunidades fabulosas; hay cambios y oportunidades profesionales repentinos (y se ven felices); un progenitor o figura parental podría experimentar una curación de tipo milagroso; tal vez esta persona viaje también.

Pero hay que hacer ciertas advertencias. Influido por este corto tránsito, vas a estar más experimentador con tu cuerpo, así que es posible que te tiente hacer proezas temerarias, y debes tener más prudencia y cautela en estas cosas; experimenta con el cuerpo, pero de maneras que no entrañen riesgo, de modo consciente, prudente.

Mayo

Mejores días en general: 1, 2, 9, 10, 18, 19, 20, 28, 29
Días menos favorables en general: 7, 8, 13, 14, 15, 21, 22
Mejores días para el amor: 3, 4, 5, 11, 12, 13, 14, 15, 21, 22, 23, 30, 31
Mejores días para el dinero: 2, 3, 4, 10, 11, 12, 19, 20, 21, 22, 29, 30, 31
Mejores días para la profesión: 8, 18, 19, 20, 21, 22, 28, 29

El mes pasado estuvo fuerte tu novena casa, la de la religión, la filosofía, la teología, la formación superior y los viajes al extranjero, y continúa fuerte hasta el 24; otro interés importante. Si eres estudiante universitario o de posgrado, esto indica éxito en los estudios. También es un buen periodo para entrar en la universidad o solicitar admisión; hay buena suerte. Sea cual sea tu edad o fase en la vida, este mes se expanden tu mente y tus horizontes (el mes pasado también). Hay felices oportunidades de formación; hay viajes y oportunidades de viaje, y más interés en otros países y culturas. Si perteneces a una religión deberías tener nuevas percepciones y revelaciones. En mi familia todos tenían fuerte la novena casa; la teología era tema de conversación durante las comidas; la visita de un profesor, teólogo o gurú era más importante que un concierto de rock; una buena conversación filosófica, jugosa, era más intesante que salir de juerga. Es posible que experimentes esto este mes.

La filosofía (aunque son pocas las personas que se ocupan de ella) es más importante incluso en los asuntos externos que la psicología; porque es nuestra filosofía, la filosofía personal, la que configura y modela nuestras reacciones psíquicas. Los descubrimientos y adelantos en ella cambian toda la vida. Por lo tanto, es un interés importante todo el mes.

La salud es buena, pero necesita más atención después del 20. No temas, sólo debes tener más cuidado con la energía; descansa y relájate más. El 20 hay un eclipse solar que es muy fuerte en ti, sobre todo si naciste en la primera parte del signo (22 a 25 de agosto). Reduce tus actividades en ese periodo, unos días antes y otros después. Este eclipse ocurre justo en el Medio cielo de tu horóscopo, lo que lo hace más potente en ti (el Medio cielo es el punto más fuerte de la carta). Por lo tanto, hay cambios en la profesión, cambios drásticos; hay trastornos y reestructuración en la empresa o la industria en que trabajas; tal vez cambios en la jerarquía; hay dramas en la vida de tus superiores: jefes, mayores, figuras de autoridad, padres y figuras parentales. Es posible que haya una desintoxicación del cuerpo. En los próximos seis meses habrá cambios importantes en tu vida espiritual, cambio de profesor o maestro, cambios en la enseñanza, en la práctica y en el programa en general. Hay dramas en la vida de tías y tíos también (o de las personas que hacen ese papel en tu vida).

Este eclipse anuncia el comienzo de una cima profesional anual. Es probable que los cambios que ocurran sean buenos para tu profesión; deberían abrírsete puertas. También podrías tener una revelación acerca de tu misión espiritual (no sólo de tu profesión externa).

A partir del 20 tienes a tu planeta de la espiritualidad dando energía a tu décima casa, la de la profesión, así que participar en causas benéficas y altruistas será beneficioso para tu profesión y tu imagen pública.

Junio

Mejores días en general: 5, 6, 15, 16, 24, 25
Días menos favorables en general: 3, 4, 10, 11, 17, 18
Mejores días para el amor: 1, 8, 9, 10, 11, 17, 18, 19, 27, 28, 29
Mejores días para el dinero: 5, 6, 8, 9, 17, 18, 26, 27, 28
Mejores días para la profesión: 1, 10, 17, 18, 20, 21

El eclipse solar del mes pasado fue fuerte en ti, y ahora tienes otro, también fuerte, el 4: éste es lunar. La salud está más problemática en todo caso, pero en especial alrededor del periodo del eclipse. Si eres sensible (muchos lectores lo son) sientes estos eclipses mucho antes de que ocurran, hasta dos semanas antes. Cuando los familiares o amigos se pongan temperamentales o cuando ocurra algún fenómeno extraño en la casa, sabe que estás en el periodo del eclipse y comienza a tener más cuidado; evita las actividades arriesgadas; si tienes programada una intervención quirúrgica optativa o alguna actividad difícil o estresante, será mejor que la reprogrames. A veces, por no entenderlo, algunas personas programan fiestas el día de un eclipse, poniendo así en peligro, sin querer, a sus invitados, obligándolos a viajar durante un eclipse. Este tipo de actividades deberán reprogramarse para otra ocasión. Este eclipse trae cambios importantes en la situación familiar (algunos son buenos, pero causan trastornos). Se airean los trapos sucios de la relación familiar; sentimientos reprimidos durante mucho tiempo salen a la luz para que se limpien, y aunque esto no es agradable, es esencialmente bueno. Un eclipse en la cuarta casa saca a la luz defectos o problemas ocultos de la casa; a veces se encuentran todo tipo de «bichos» en ella: termitas, ratones e incluso murciélagos. (Seguro que estos defectos o problemas llevan un buen tiempo, pero ahora los descubres y tienes que ocuparte de solucionarlos). También se ponen a prueba las amistades y el equipo de alta tecnología; muchas veces hasta es necesario reemplazarlo.

Además, Júpiter, tu planeta de la familia, hace un importante traslado el 11, sale de tu novena casa y entra en la décima. A la larga este es un tránsito muy positivo, señal de éxito y elevación profesional, tanto para ti como para la familia en su conjunto. Pero también indica crisis familiar, de corta duración (Júpiter reestimula el punto del eclipse solar del 20 de mayo en ese periodo, del 9 al 17, y esto refuerza lo que hemos dicho). Este mes estás en una cima profesional, pero la familia va a exigir tu atención, y esto te distrae de tus objetivos externos.

Del 9 al 17, cuando Júpiter cruza el punto del eclipse solar del 20 de mayo, es mejor evitar los viajes al extranjero si es posible. Claro que si tienes que viajar, pues hazlo. En ese caso, reza y haz lo que puedas; pero si el viaje es optativo, reprográmalo (lee los diarios en ese periodo y comprenderás por qué). Procura asegurar lo más posible la casa. ¿Hay clavos que sobresalen de las paredes o de las alfombras? ¿Funciona bien tu detector de humos? ¿Hay objetos peligrosos en lugares que no deberían estar? ¿Hay maderos sueltos en la escalera? Estas son las cosas que debes comprobar.

La salud y la vitalidad mejoran enormemente después del 21.

Tu planeta del dinero, Venus, inició movimiento retrógrado el 15 del mes pasado, y continúa retrógrado la mayor parte de este mes, hasta el 27. Así pues, es mejor retrasar las decisiones financieras así como las compras e inversiones importantes. Estás en un periodo de revisión de tus finanzas, y tu objetivo deberá ser conseguir «claridad mental». Esto no se produce de la noche a la mañana, pero el 27 ya debería haber ocurrido.

Julio

Mejores días en general: 3, 4, 12, 13, 22, 23, 30, 31
Días menos favorables en general: 1, 2, 7, 8, 15, 16, 28, 29
Mejores días para el amor: 5, 6, 7, 8, 15, 16, 17, 24, 25, 26
Mejores días para el dinero: 5, 6, 15, 16, 24, 25
Mejores días para la profesión: 1, 2, 9, 10, 11, 15, 16, 19, 20, 21, 28, 29

Urano ha estado en cuadratura con Plutón (el señor de tu tercera casa) casi todo lo que va de año, pero el mes pasado y este el aspecto es muy exacto. Este es un aspecto muy dinámico. Hay posibilidades de que se necesite reemplazar coches y equipo de comunicación; hay que tener más cuidado y prudencia al conducir; pon más cuidado cuando te comuniques con tus compañeros de trabajo también; los malos entendidos parecen ser la causa de problemas en el trabajo. Del 15 al 20 de este mes Marte activa este aspecto, lo que refuerza muchísimo estos consejos.

La mitad superior de tu carta continúa más fuerte que la inferior; tu décima casa, la de la profesión, está mucho más fuerte que la cuarta, la del hogar y la familia. Por lo tanto, la profesión es importante y se ve muy exitosa; los dos planetas benéficos del horóscopo, Júpiter y Venus, están en tu décima casa; tienes mucha ayuda y respaldo. Me parece que la familia apoya tus objetivos profesionales también, así que no hay mucho conflicto entre el hogar y la profesión. Tu planeta del dinero, Venus, está en tu décima casa (desde abril), así que cuentas con el favor financiero de los superiores de tu vida: jefes, figuras de autoridad, padres, figuras parentales y mayores. Este es un aspecto para aumento de sueldo (esto podría haber ocurrido ya, pero si no, puede ocurrir ahora). Marte entra en tu casa del dinero el 4 y se queda ahí el resto del mes; dado que Marte forma aspectos hermosos a tu planeta del dinero, esto es otra señal de prosperidad. Las finanzas han estado ajustadas durante dos años, pero este mes las cosas se ven mucho más fáciles. El cónyuge, pareja o ser amado actual te apoya económicamente. Tienes un inmenso poder para conseguir préstamos en este periodo, mayor acceso a dinero ajeno. Esto es algo maravilloso, pero cuida de no abusar.

Ahora está dominante tu sector oriental, el del yo, del interés propio y poder personal. Tienes el poder para hacer las cosas a tu manera; si las condiciones o circunstancias no te gustan tienes más facilidad para crearte nuevas. Cuentas con el respaldo del Cosmos. Tu felicidad es importante para los demás y para el Cosmos, por lo tanto no tienes ninguna necesidad de adaptarte o «conformarte». Crea tu felicidad, toma la iniciativa ya. La única complicación es el movimiento retrógrado de Mercurio (lo inicia el 15), que te afecta personalmente y afecta a tu profesión y a tus padres o figuras parentales. Tienes el poder para crear pero necesitas más claridad mental para saber lo que realmente deseas; y esa claridad mental es a la que debes aspirar ahora; cuando Mercurio retome el movimiento directo el mes que viene, el 8, estarás en buena posición para crear, y tus creaciones serán mejores. Las oportunidades profesionales (y tienes algunas interesantes) necesitan más estudio y reflexión; resuelve todas las dudas; esfuérzate por conseguir claridad mental. Las decisiones tomadas por jefes, padres o figuras parentales no son inamovibles en este periodo; pueden cambiar de opinión.

La salud es buena este mes. Puedes fortalecerla más de las formas explicadas en las previsiones para el año. Del 15 al 21 podrían recomendarte una intervención quirúrgica, pero no te precipites; busca otras opiniones.

Tu casa once, la de las amistades, se hizo poderosa el mes pasado y continúa fuerte hasta el 22.

Agosto

Mejores días en general: 8, 9, 10, 18, 19, 27, 28
Días menos favorables en general: 4, 5, 11, 12, 24, 25, 31
Mejores días para el amor: 2, 3, 4, 5, 13, 14, 22, 23, 31
Mejores días para el dinero: 1, 2, 3, 11, 12, 13, 14, 20, 21, 22, 23, 29, 30, 31
Mejores días para la profesión: 6, 7, 11, 12, 16, 17, 24, 25

Tu planeta del amor está retrógrado desde junio; esto no impide que se presente el amor; si estás soltero o soltera continúas teniendo citas, pero las cosas se enlentecen un poco. No conviene tomar decisiones importantes en el amor en este periodo; deja que el amor se desarrolle a su ritmo. Lo importante ahora es la claridad mental, en especial del 22 al 25; espera a que esta te llegue para tomar decisiones importantes, sea en un sentido o en otro. Del 7 al 9 Venus forma aspectos hermosos a tu planeta del amor y esto significa que hay encuentros e invitaciones sociales afortunadas. Es posible que se te presenten oportunidades para formar una sociedad de negocios o empresa conjunta, pero esto necesita más estudio.

Júpiter reactiva el punto del eclipse lunar del 4 de junio (el efecto de este eclipse sigue en vigor todavía) y a causa de eso podría haber más crisis familiares y dramas con los padres o figuras parentales; esto ocurre hacia fines del mes.

Tu casa doce, la de la espiritualidad, se hizo poderosa el mes pasado y continúa fuerte todo el este mes; en un plano mundano, este es un mes para participar más en causas benéficas o altruistas. Sientes la necesidad de retirarte, de aislarte (esto es normal con este tránsito pero es necesario entenderlo; no te pasa nada malo). Sientes la necesidad y el deseo de elevarte por encima de tus circunstancias actuales, de trascenderlas, de verlas desde una perspectiva más elevada. Algunas personas lo consiguen mediante la relación sexual, las drogas o el alcohol, pero esta no es la manera correcta. En realidad, esto es la llamada del espíritu, la invitación a conectar, a estar en mejor alineación con él. Si estás en el camino espiritual, esto trae crecimiento interior y revelaciones espirituales, percepciones profundas de la vida. Cuando ocurre esto es muy placentero, mejor que las drogas o el alcohol.

No es casualidad que la espiritual casa doce se haga poderosa justo antes de tu cumpleaños, tu Retorno Solar, tu año nuevo personal. Estás cerca de cerrar un ciclo (el año pasado) y te preparas para el comienzo de tu año nuevo (tu cumpleaños). Así pues, es necesario digerir el año pasado; revisar tus consecuciones (o no consecuciones), corregir errores (hacer expiación) y fijar tus objetivos para el año que va a comenzar.

Tu periodo espiritual se extiende hasta bien entrado el próximo mes. Tu planeta de la espiritualidad, el Sol, entra en tu signo el 23. Aparte de espiritualidad esto aporta atractivo y belleza «no terrenal» a la imagen; un aura de misterio. Aprendes técnicas espirituales para mejorar la imagen (mejores que los cosméticos). Esto también inicia una cima de placer personal anual. Te enteras de que el espíritu no es «abstracto» sino tangible, experiencial; también está muy interesado en los detalles de tu vida aparentemente no importantes. La intuición y la orientación interior te guiarán en los asuntos concernientes al cuerpo y la imagen.

Septiembre

Mejores días en general: 5, 6, 14, 15, 23, 24
Días menos favorables en general: 1, 7, 8, 21, 22, 27, 28
Mejores días para el amor: 1, 9, 12, 18, 21, 22, 27, 28, 29, 30
Mejores días para el dinero: 1, 7, 8, 12, 16, 17, 21, 22, 25, 26, 29, 30
Mejores días para la profesión: 4, 5, 7, 8, 15, 16, 17, 25, 26

Este es un mes esencialmente feliz, pero con unos pocos baches en el camino para mantener interesantes las cosas, para mantenrte despabilado.

Sigues en una cima de placer personal anual y se gratifican los deseos de la carne. El 23 entras en una cima financiera anual. Es decir, hay prosperidad también.

Están bien la energía y la salud; tienes muchísima seguridad en ti mismo y más poder y magnetismo personales que de costumbre. Tienes la energía para conseguir cualquier objetivo que te propongas (los objetivos grandes llevan más tiempo, los pequeños se consiguen más rápido).

Aunque la profesión es importante y tienes éxito en ella, esta faceta se va sosegando. Este mes los planetas se trasladan de la mitad superior de tu carta a la mitad inferior. Llega, pues, el periodo para tomarte un respiro en la profesión (al menos externamente) y centrar la atención en el hogar, la familia y la vida emocional. Al caer la noche en tu año, trabajas en la profesión con métodos interiores, nocturnos, no externos, ni diurnos. Este es el periodo para preparar y formular las «condiciones interiores» para el éxito futuro. En este periodo haces acopio de fuerza para el siguiente empuje profesional.

Tu planeta de la espiritualidad entra en tu casa del dinero el 23, y tu planeta del dinero entra en tu espiritual casa doce el 7. A partir del 23 el sol y Venus están en «recepción mutua», cada uno es huésped en la casa del otro. Esto se considera un aspecto positivo: indica la colaboración mutua entre estos dos planetas; otra señal de prosperidad. La intuición financiera es maravillosa en este periodo y debes fiarte de ella. Tienes mucha orientación interior, espiritual, en las finanzas. Podría llegarte directamente, en sueños y corazonadas o a través de otros: videntes, astrólogos, lectores de cartas, gurús o pastores religiosos. Es posible que la cosa más simple active la intuición financiera; esas cosas son mensajes interiores. Coges el diario y un párrafo te salta a la vista, te parece que tiene más significado; presta atención. Esto sólo es un ejemplo, pero cada persona recibe el mensaje a su manera, de la manera que puede entenderla.

Mercurio, el señor de tu horóscopo, también entra en tu casa del dinero este mes, el 17; otra señal de prosperidad. El señor del horóscopo siempre es un amigo que ayuda; se considera afortunado.

Tu poder personal continúa muy fuerte; los planetas están en su posición oriental máxima (desde el mes pasado), así que no te adaptes, no te conformes. Créate condiciones o circunstancias según tus gustos, de las maneras que te agradan. Si cometes errores, los descubrirás por el camino y podrás corregirlos. Aprender a crear bien es como aprender cualquier otra cosa; se aprende de los propios errores.

Octubre

Mejores días en general: 2, 3, 12, 13, 20, 21, 29, 30, 31
Días menos favorables en general: 4, 5, 6, 18, 19, 24, 25, 26
Mejores días para el amor: 1, 7, 12, 16, 21, 24, 25, 26
Mejores días para el dinero: 1, 4, 5, 6, 12, 14, 15, 21, 22, 23
Mejores días para la profesión: 4, 5, 6, 7, 16, 17, 25, 26

Júpiter continúa más o menos acampado en el punto del eclipse lunar del 4 de junio (en oposición). Continúan las turbulencias y las crisis en la situación doméstica y familiar. Un progenitor o figura parental debe tener más cuidado y evitar las actividades arriesgadas en este periodo; hay muchos dramas en su vida personal.

Las finanzas continúan muy buenas. Sigues en una cima financiera del año hasta el 23; pero este mes hay dramas en las finanzas: trastornos, perturbaciones, tal vez gastos inesperados; hay necesidad de hacer cambios importantes. Estas cosas ocurren del 1 al 5 (Venus reactiva el punto del eclipse solar del 20 de mayo) y del 14 al 18 (Venus reactiva el punto del eclipse lunar del 4 de junio). Estas cosas no van a impedir tu prosperidad, no temas por eso, pero sí te obligan a hacer cambios.

Venus entra en tu signo el 3, otra señal de prosperidad. Las oportunidades financieras te buscan, no es mucho lo que debes hacer aparte de estar presente. Te llega ropa cara, joyas y artículos personales. Sea lo que sea lo que tienes en el banco, aparentas riqueza y vives como un rico (tal vez por encima de tu nivel de ingresos); gastas en ti. Tu apariencia y tu forma de presentarte en general son un factor importante en los ingresos.

Vemos mejoría en las finanzas de otros modos también. Saturno sale por fin de tu casa del dinero el 5. Esto será un inmenso alivio. Se acabará la sensación de «estrechez», de «restricción». Además, después de haberlo tenido casi tres años en tu casa del dinero, sin duda tus finanzas están más sanas de lo que lo estaban antes del comienzo del tránsito de Saturno; Saturno es un genio para estas cosas.

Tu planeta del amor continúa retrógrado, así que el amor está más o menos en suspenso, a la espera. Si estás soltero o soltera, sin duda tienes citas y te diviertes, pero el amor serio aún está a la espera por un tiempo. Después del 23 el amor mejora, y tal vez incluso unos cuantos días antes del 23. Entre el 4 y el 7 hay una feliz experiencia amorosa, o un encuentro feliz, pero es dudoso que esto perdure.

La salud es buena todo el mes. Puedes mejorarla más aún de las maneras explicadas en las previsiones para el año. Venus en tu signo favoreces tu apariencia. Sea cual sea el estado de tu salud, te ves bien, atractivo, más de lo habitual. Si eres hombre atraes a mujeres jóvenes y bellas a tu vida (aunque es dudoso que la cosa dure); si eres mujer (sea cual sea tu edad) te ves más joven y hermosa.

Noviembre

Mejores días en general: 8, 9, 16, 17, 26, 27
Días menos favorables en general: 1, 2, 14, 15, 21, 22, 28, 29
Mejores días para el amor: 1, 3, 11, 12, 20, 21, 22
Mejores días para el dinero: 1, 2, 8, 11, 12, 13, 16, 19, 26, 28, 29
Mejores días para la profesión: 1, 2, 6, 7, 14, 15, 23, 24, 28, 29

Tu tercera casa, la de la comunicación y los intereses intelectuales, se hizo poderosa el mes pasado (después del 23) y continúa fuerte hasta el 22. Saturno ya está en esta casa para quedarse bastante tiempo.

Este es un mes para ampliar los conocimientos, para hacer cursos acerca de los temas que te interesan, para asistir a charlas, seminarios y talleres. También es bueno para las ventas, las actividades comerciales, relaciones públicas, publicidad y el uso de los medios de comunicación. El único problema de usarlos, al igual que el correo comercial es el movimiento retrógrado de Mercurio, del 6 al 26; será mejor programar estas cosas para antes del 6 o después del 26. Este es un mes para ponerte al día en tus lecturas, informes, hojas informativas y revistas que recibes. También para ponerte al día en la correspondencia y *e-mails* que debes.

La tercera casa también rige los ingresos por dividendos e intereses (procedentes de tu capital); este mes vemos que estos aumentan, pero a la larga es posible que disminuyan (tal vez necesitas otra manera de complementar tus ingresos).

El aprendizaje, el verdadero aprendizaje, es una dicha cuando ocurre. Este mes tienes la oportunidad de gozar aprendiendo. Pero a la larga (sobre todo si eres estudiante) necesitas trabajar más para aprender; tienes que aprender a estudiar aun cuando no te apetezca, hacerlo una disciplina, estudiar con un método.

Las dos primeras semanas del mes Júpiter continúa acampado en el punto del eclipse lunar del 4 de junio. Lo bueno es que estás más atento al hogar y la familia, por lo que estás en posición de ayudar ahí.

Este mes hay dos eclipses, uno solar el 13 y uno lunar el 28; estos son casi una repetición de los de mayo y junio. El eclipse solar ocurre en tu tercera casa y es esencialmente benigno contigo. Si eres estudiante indica cambios en el centro y en los planes de estudios. Podría ser necesario reemplazar el coche y el equipo de comunicación; hay dramas en la vida de hermanos y figuras fraternas (y esto es sólo el principio; tienen dos años por delante. El eclipse más o menos los prepara para ello). Como siempre, hay cambios en la vida espiritual, y trastornos o reorganización en la organización espiritual o benéfica a la que perteneces; hay drama en la vida de las personas espirituales de tu vida.

El eclipse lunar del 28 es más fuerte en ti. Reduce tus actividades en ese periodo; evita las actividades arriesgadas o estresantes; pasa más tiempo tranquilo en casa. Este eclipse indica cambios en la profesión, cambios en la empresa o la industria en que trabajas, cambios y reorganización. Un progenitor o figura parental tiene trastornos financieros. Se ponen a prueba las amistades y el equipo de alta tecnología.

Diciembre

Mejores días en general: 5, 6, 7, 14, 15, 23, 24
Días menos favorables en general: 12, 13, 18, 19, 25, 26, 27

Mejores días para el amor: 1, 10, 11, 18, 19, 20, 28, 31
Mejores días para el dinero: 1, 8, 9, 10, 11, 16, 20, 25, 31
Mejores días para la profesión: 2, 11, 21, 25, 26, 27, 31

Tu planeta del amor retomó el movimiento directo el 11 del mes pasado, después de muchos meses de estar retrógrado. Comienza a esclarecerse la situación amorosa. Tienes más claro lo que debes hacer, y también lo tiene claro el cónyuge, pareja o ser amado actual. Mientras tengas claros tus motivos y deseos, las decisiones que tomes en el amor serán buenas; incluso los errores resultarán bien, sólo serán experiencias de aprendizaje.

El mes pasado el poder planetario se trasladó al sector occidental o social de tu carta; otra buena señal para el amor, porque te vuelves más consciente de la «otra» persona. La buena relación con los demás, la aceptación social, es más importante de lo habitual y por lo tanto estás dispuesto a superar todas las dificultades que surjan. Ahora estás en un periodo en que te encuentras «menos al mando» y son muchas las lecciones que se pueden aprender con esto. El poder personal (que has tenido los seis meses anteriores más o menos) es maravilloso, pero produce karma si se usa mal. No estar al mando no produce karma. Además, se aprende a entregar el mando a un poder superior (y es muy probable que este poder superior actúe a través de los demás en este periodo). Ponte en un segundo plano y centra la atención en los demás.

El 22 del mes pasado tu planeta del dinero entró en tu tercera casa y estará en ella hasta el 16 de este mes. Así pues, las ventas, las actividades comerciales, publicidad, correo comercial, uso de los medios de comunicación son muy importantes en las finanzas. Necesitas dar a conocer tu producto o servicio, hacer que se comente, se corra la voz. La compraventa, la venta al detalle y las operaciones bursátiles son caminos hacia beneficios. El 16 tu planeta del dinero entra en Sagitario, tu cuarta casa. Por lo tanto, gastas más en la familia, pero también puedes ganar a través de conexiones familiares y personas que son como familiares para ti. La familia te apoya más económicamente en este periodo, en especial un progenitor o figura parental. Si eres inversor encontrarás oportunidades de beneficios en los sectores inmobiliario, restaurantes, empresas alimentarias y hostelería, y también en industrias de artículos para el hogar. Las inversiones en el extranjero o en empresas extranjeras también se ven bien.

La cuarta casa, donde está el poder la mayor parte del mes, es de algo más que del hogar y la familia; estos son componentes impor-

tantes, pero la cuarta casa rige la vida emocional, tus estados anímicos y sentimientos de cada día, las facetas de la vida que estudia la
psicología moderna. Así pues, cuando está poderosa la cuarta casa
llegan percepciones psíquicas profundas, revelaciones, y ves cómo
nacieron y se desarrollaron ciertas pautas emocionales, y este conocimiento te permite cambiarlas si es necesario. Estas percepciones te
son útiles para tratar con tus familiares. Aunque la cuarta casa no está
relacionada con la riqueza, muchas personas que tienen este tipo de
percepción o conocimiento llegan a obtener una gran riqueza; esto se
debe a que tienen la percepción psíquica para tratar con las personas,
con los empleados especialmente; sus empresas tienen un ambiente
familiar.

En el subconsciente (regido por la cuarta casa) está el «cuerpo
mnemónico», el registro de todo lo que has experimentado en el pasado (de esta vida o de vidas anteriores). Por lo tanto, en este periodo
están más vivos los recuerdos y hay mayor interés en el pasado. La
historia, tanto personal como colectiva, es más interesante este mes.

El 21 el Sol entra en tu quinta casa y tú entras en una de tus cimas
de placer personal anual. Pásalo bien.

Libra

♎

La Balanza
Nacidos entre el 23 de septiembre y el 22 de octubre

Rasgos generales

LIBRA DE UN VISTAZO
Elemento: Aire

Planeta regente: Venus
  Planeta de la profesión: la Luna
  Planeta de la salud: Neptuno
  Planeta del amor: Marte
  Planeta del dinero: Plutón
  Planeta del hogar y la vida familiar: Saturno
  Planeta de la suerte: Mercurio

Colores: Azul, verde jade
  Colores que favorecen el amor, el romance y la armonía social: Carmín, rojo, escarlata
  Colores que favorecen la capacidad de ganar dinero: Borgoña, rojo violáceo, violeta

Piedras: Cornalina, crisolita, coral, esmeralda, jade, ópalo, cuarzo, mármol blanco

Metal: Cobre

Aromas: Almendra, rosa, vainilla, violeta

Modo: Cardinal (= actividad)

Cualidades más necesarias para el equilibrio: Sentido del yo, confianza en uno mismo, independencia

Virtudes más fuertes: Buena disposición social, encanto, tacto, diplomacia

Necesidades más profundas: Amor, romance, armonía social

Lo que hay que evitar: Hacer cosas incorrectas para ser aceptado socialmente

Signos globalmente más compatibles: Géminis, Acuario

Signos globalmente más incompatibles: Aries, Cáncer, Capricornio

Signo que ofrece más apoyo laboral: Cáncer

Signo que ofrece más apoyo emocional: Capricornio

Signo que ofrece más apoyo económico: Escorpio

Mejor signo para el matrimonio y/o las asociaciones: Aries

Signo que más apoya en proyectos creativos: Acuario

Mejor signo para pasárselo bien: Acuario

Signos que más apoyan espiritualmente: Géminis, Virgo

Mejor día de la semana: Viernes

La personalidad Libra

En el signo de Libra, la mente universal (el alma) expresa el don de la relación, es decir, el poder para armonizar diversos elementos de modo unificado y orgánico. Libra es el poder del alma para expresar la belleza en todas sus formas. Y ¿dónde está la belleza si no es dentro de las relaciones? La belleza no existe aislada; surge de la comparación, de la correcta relación de partes diferentes. Sin una relación justa y armoniosa no hay belleza, ya se trate de arte, modales, ideas o asuntos sociales o políticos.

Los seres humanos tenemos dos facultades que nos elevan por encima del reino animal. La primera es la facultad racional, como se expresa en los signos de Géminis y Acuario. La segunda es la facultad estética, representada por Libra. Sin sentido estético seríamos poco más que bárbaros inteligentes. Libra es el instinto o impulso civilizador del alma.

La belleza es la esencia de lo que son los nativos de Libra. Están aquí para embellecer el mundo. Podríamos hablar de la buena disposición social de este signo, de su sentido del equilibrio y del juego limpio, de su capacidad de ver y amar el punto de vista de los demás, pero eso sería desviarnos de su bien principal: su deseo de belleza.

Nadie existe aisladamente, no importa lo solo o sola que parezca estar. El Universo es una vasta colaboración de seres. Los nativos de Libra, más que la mayoría, lo comprenden y comprenden las leyes espirituales que hacen soportables y placenteras las relaciones.

Un nativo de Libra es un civilizador, armonizador y artista inconsciente, y en algunos casos consciente. Este es el deseo más profundo de los Libra y su mayor don. Por instinto les gusta unir a las personas, y están especialmente cualificados para hacerlo. Tienen el don de ver lo que puede unir a la gente, las cosas que hacen que las personas se atraigan en lugar de separarse.

Situación económica

En materia económica, muchas personas consideran a los nativos de Libra frívolos e ilógicos, porque parecen estar más interesados en ganar dinero para otros que para ellos mismos. Pero esta actitud tiene una lógica. Los Libra saben que todas las cosas y personas están relacionadas, y que es imposible ayudar a alguien a prosperar sin prosperar también uno mismo. Dado que colaborar para aumentar los ingresos y mejorar la posición de sus socios o su pareja va a fortalecer su relación, Libra decide hacerlo. ¿Qué puede ser más agradable que estrechar una relación? Rara vez nos encontraremos con un Libra que se enriquezca a expensas de otra persona.

Escorpio es el signo que ocupa la segunda casa solar de Libra, la del dinero, lo cual da a este signo una perspicacia no habitual en asuntos económicos y el poder de centrarse en ellos de un modo aparentemente indiferente. De hecho, muchos otros signos acuden a Libra para pedirle consejo y orientación en esta materia.

Dadas sus dotes sociales, los nativos de Libra suelen gastar grandes sumas de dinero invitando a los demás y organizando acontecimientos sociales. También les gusta pedir ayuda a otros cuando la necesitan. Harán lo imposible por ayudar a un amigo en desgracia, aunque tengan que pedir un préstamo para ello. Sin embargo, también tienen mucho cuidado en pagar todas sus deudas y procuran que jamás haya necesidad de recordárselo.

Profesión e imagen pública

En público a los Libra les gusta parecer paternales. Sus amigos y conocidos son su familia, y ejercen el poder político de manera paternal. También les gustan los jefes que son así.

Cáncer está en la cúspide de su casa diez, la de la profesión, por lo tanto, la Luna es su planeta de la profesión. La Luna es con mucho el planeta más rápido y variable del horóscopo; es el único entre todos los planetas que recorre entero el zodiaco, los 12 signos, cada mes. Nos da una clave importante de la manera como los Libra enfocan su profesión y también de algunas de las cosas que necesitan hacer para sacar el máximo rendimiento de su potencial profesional. La Luna es el planeta de los estados de ánimo y los sentimientos, y los Libra necesitan una profesión en la cual tengan libertad para expresar sus emociones. Por eso muchos se dedican a las artes creativas. Su ambición crece y mengua como la Luna. Tienden a ejercer el poder según su estado de ánimo.

La Luna «rige» las masas, y por eso el mayor objetivo de los Libra es obtener una especie de aplauso masivo y popularidad. Los que alcanzan la fama cultivan el amor del público como otras personas cultivan el cariño de un amante o amigo. En su profesión y sus ambiciones, los Libra suelen ser muy flexibles, y muchas veces volubles. Por otro lado, son capaces de conseguir sus objetivos de muchas y diversas maneras. No se quedan estancados en una sola actitud ni en una sola manera de hacer las cosas.

Amor y relaciones

Los nativos de Libra expresan su verdadero genio en el amor. No podríamos encontrar una pareja más romántica, seductora y justa que una persona Libra. Si hay algo que con seguridad puede destruir una relación, impedir el flujo de la energía amorosa, es la injusticia o el desequilibrio entre amante y amado. Si uno de los dos miembros de la pareja da o recibe demasiado, seguro que en uno u otro momento surgirá el resentimiento. Los Libra tienen mucho cuidado con esto. Si acaso, podrían pecar por el lado de dar más, jamás por el de dar menos.

Si estás enamorado o enamorada de una persona Libra, procura mantener vivo el romance. Preocúpate de las pequeñas atenciones y los detalles: cenas iluminadas con velas, viajes a lugares exóticos, flores y obsequios. Regálale cosas hermosas, aunque no necesariamente tienen que ser caras; envíale tarjetas; llámala por teléfono con regularidad aunque no tengas nada especial que decirle. Los detalles son muy importantes. Vuestra relación es una obra de arte: hazla hermosa y tu amor Libra lo apreciará. Si además muestras tu creatividad, lo apreciará aún más, porque así es como tu Libra se va a comportar contigo.

A los nativos de Libra les gusta que su pareja sea dinámica e incluso voluntariosa. Saben que esas son cualidades de las que a veces ellos carecen y por eso les gusta que su pareja las tenga. Sin embargo, en sus relaciones sí que pueden ser muy dinámicos, aunque siempre de manera sutil y encantadora. La «encantadora ofensiva» y apertura de Gorbachov a fines de la década de 1980, que revolucionó a la entonces Unión Soviética, es típica de un Libra.

Los nativos de este signo están resueltos a hechizar al objeto de su deseo, y esta determinación puede ser muy agradable si uno está en el puesto del receptor.

Hogar y vida familiar

Dado que los Libra son muy sociales, no les gustan particularmente las tareas domésticas cotidianas. Les encanta que su casa esté bien organizada, limpia y ordenada, que no falte nada de lo necesario, pero los quehaceres domésticos les resultan una carga, una de las cosas desagradables de la vida, que han de hacerse cuanto más rápido mejor. Si tienen dinero suficiente, y a veces aunque no lo tengan, prefieren pagar a alguien para que les haga las tareas domésticas. Pero sí les gusta ocuparse del jardín y tener flores y plantas en casa.

Su casa será moderna y estará amueblada con excelente gusto. Habrá en ella muchas pinturas y esculturas. Dado que les gusta estar con amigos y familiares, disfrutan recibiéndolos en su hogar y son muy buenos anfitriones.

Capricornio está en la cúspide de su cuarta casa solar, la del hogar y la familia. Sus asuntos domésticos los rige pues Saturno, el planeta de la ley, el orden, los límites y la disciplina. Si los Libra desean tener una vida hogareña feliz, deberán desarrollar algunas de las cualidades de Saturno: orden, organización y disciplina. Al ser tan creativos y necesitar tan intensamente la armonía, pueden tender a ser demasiado indisciplinados en su casa y demasiado permisivos con sus hijos. Un exceso de permisividad no es bueno: los niños necesitan libertad, pero también límites.

Horóscopo para el año 2012*

Principales tendencias

2011 fue un año difícil, incluso peligroso, Libra. Tres planetas lentos, y a veces cuatro, estaban en alineación desfavorable contigo. Hubo ocasiones en que entraron también planetas rápidos en la refriega y te pareció que todo el universo estaba en tu contra (sentimiento válido). Sólo acabar el año con la salud y la cordura intactas has de considerarlo un triunfo, una victoria. Para ti éxito era algo distinto, medido por un criterio diferente; no se puede medir por los criterios normales mundanos, como, por ejemplo, cuánto dinero ganaste o cuántos buenos negocios hiciste. Estas mediciones están bien para las personas que se encuentran en ambientes astrológicos tranquilos, confortantes. Tú estabas en medio de una tormenta de nieve y hielo; si la aguantaste, el cielo te sonríe.

La furia de la tormenta es algo menor que el año pasado, pero la tormenta continúa. Ya has desarrollado los músculos mentales y espirituales para resistirla. Estás mejor situado para sobrevivir que el año pasado. Ten presente que por intensos que sean los desafíos, el Cosmos nunca nos da más de lo que podemos manejar; puede que nos empuje hasta el borde, pero no más allá de él.

Tres poderosos planetas lentos siguen en alineación difícil contigo: Saturno, Urano y Plutón. El 5 de octubre Saturno sale de tu signo y entonces las cosas deberían ponerse mucho más fáciles; el huracán de grado 5 mengua hasta una simple tormenta tropical. Después de lo que has pasado, esto será «un paseo por el parque».

Gracias a los golpes y reveses de la vida nos enteramos de qué estamos hechos, y este ha sido el principal punto positivo del año pasado. Ahora eres una persona más fuerte y más sabia.

Las facetas de mayor interés para ti este año son: el cuerpo y la imagen (hasta el 5 de octubre); las finanzas (a partir del 5 de octubre); el hogar y la familia; los hijos, la creatividad y el placer personal (sólo hasta el 3 de febrero); la salud y el trabajo (a partir del 3 de

* Las previsiones de este libro se basan en el Horóscopo Solar y todos los signos que derivan de él; tu Signo Solar se convierte en el Ascendente, y las casas se numeran a partir de él. Tu horóscopo personal, el trazado concretamente para ti (según la fecha, hora y lugar exactos de tu nacimiento) podrían modificar lo que decimos aquí. Joseph Polansky

febrero); el amor, el romance y las actividades sociales; la sexualidad, la transformación y la reinvención personales, los estudios ocultos (hasta el 11 de junio); la religión, la teología, la filosofía, los viajes al extranjero y la formación superior (a partir del 11 de junio); la espiritualidad (hasta el 3 de julio).

Los caminos hacia la mayor satisfacción son: la sexualidad, la transformación y la reinvención personales, los estudios ocultos (hasta el 11 de junio); la religión, la teología, la filosofía, los viajes al extranjero y la formación superior (a partir del 11 de junio); la comunicación y los intereses intelectuales (hasta el 31 de agosto); las finanzas (a partir del 31 de agosto).

Salud

(Ten en cuenta que esta es una perspectiva astrológica de la salud, no una médica. Antaño no había ninguna diferencia, ambas eran idénticas, pero en esta época podrían diferir muchísimo. Para una perspectiva médica, por favor, consulta a tu médico o a otro profesional de la salud.)

Como hemos dicho, la salud continúa muy delicada y necesita muchísima atención. El año pasado fue especialmente difícil, pero de todos modos debes tener cuidado este año. Ya te hemos explicado que la fuerza del huracán ha bajado de grado hasta quedar reducido sólo a una tormenta tropical, pero las tormentas tropicales también hacen daño si no se tiene cuidado.

Además de los aspectos difíciles del año pasado, estaba vacía tu sexta casa, la de la salud, y por lo tanto el principal peligro era que hicieras caso omiso de estas cosas. A este respecto, este año es mejor. Tu sexta casa se hace poderosa el 3 de febrero. Por lo tanto, hay más probabilidades de que prestes atención a tu salud y hagas lo que sea necesario.

Hay otra buena noticia. Es mucho lo que puedes hacer para fortalecer la salud e incluso para prevenir posibles problemas. E incluso en el caso de que no los prevengas del todo, se pueden «suavizar» en gran parte.

Da más atención a los siguientes órganos: el corazón (evita la preocupación y la ansiedad, las principales causas de problemas cardiacos; si hay algo constructivo que puedas hacer en una situación, hazlo, faltaría más, pero la preocupación y la ansiedad no hacen nada bueno y sólo te agotan la energía y dañan el organismo); los riñones y las caderas (debes dar masajes periódicos a las caderas); los pies (masajes periódicos; mantenerlos abrigados en invierno; usar zapatos cómodos, que calcen bien, que no te hagan perder el equilibrio).

Neptuno es tu planeta de la salud. Como saben nuestros lectores, es el más espiritual de todos los planetas. Y no sólo eso, además este año entra en su propio signo y su propia casa, donde será aún más «neptuniano» que de costumbre. Por lo tanto, te beneficias inmensamente (más que de costumbre) de las terapias espirituales: oración, meditación, reiki, imposición de manos, la manipulación de las energías sutiles. Por otro lado, aunque es posible que ya sepas muchísimo acerca de la curación espiritual, en los próximos años vas a profundizar mucho más en este conocimiento. Volveremos sobre este tema.

Tu planeta de la salud estará en un signo de agua todo el año (y muchos por venir). Así pues, te beneficiarán muchísimo las hidroterapias. Tal vez te convenga beber más agua que de costumbre. Es sano estar cerca del agua (sitios naturales); navegar en barca, nadar, practicar esquí acuático; las actividades que te acercan al agua son ejercicios sanos. También te irá bien sumergirte en agua de manantial, en la bañera o en el jacuzzi con agua termal. Un largo baño comienza a relajar los músculos y limpia el cuerpo emocional. Estas cosas serán especialmente buenas si te sientes mal o indispuesto.

Tal vez más importante que todo lo anterior es mantener elevada la energía. No te avergüences de echar una siesta o cabezada durante el día o cuando te sientas cansado (tengas la edad que tengas). Procura trabajar con ritmo, alternando las actividades y organizándolas mejor. Delega tareas cuanto te sea posible.

La energía se desperdicia de muchas maneras frívolas; si prestas atención a tu uso de la energía lo verás. Pensar en exceso (sobre todo cosas negativas) es un enorme desperdicio de energía. También lo son las emociones negativas. Hay muchos movimientos físicos que no son necesarios y que sólo agotan las baterías. Los humanos somos muy despilfarradores; cuando los aspectos son amables podemos salir impunes de este despifarro de energía, pero cuando los aspectos son difíciles, no; se convierte en un problema de salud.

Hogar y vida familiar

Plutón entró en tu cuarta casa en 2008 y transitará por ella durante muchos años; por lo tanto, la cuarta casa es casa de poder este año y los venideros. Hay muchísima atención al hogar y la familia.

Las tendencias de que escribimos son de larga duración; han estado en vigor desde hace unos años. Se está produciendo una desintoxicación cósmica en la familia; esto ocurre en muchos planos; en la casa física, en las relaciones familiares y en tu vida emocional y doméstica.

La desintoxicación va de salud y purificación. Aflora material de desecho, material agotado que no tiene lugar ahí, para que se limpie y corrija. Esto es un proceso intencionado. Va a ocurrir, colabores tú o no, pero es mejor colaborar para que el proceso vaya más sobre ruedas. El objetivo cósmico no es castigar (aun cuando lo parezca), sino dar salud, salud emocional y familiar. Estás en el proceso de dar a luz tu hogar y situación familiar ideales. Todo lo que sea inferior a lo ideal se purga.

En un plano puramente mundano esto se manifiesta en obras de renovación en la casa; no cosas superficiales, sino renovaciones a fondo. Tal vez cambiar todas las tuberías y la instalación eléctrica; podría haber un cambio completo en el diseño de la casa: derribar paredes, eliminar habitaciones, crear otras, etcétera. Dado que Plutón es tu planeta del dinero, gastas dinero en la casa y la familia; inviertes en la casa. Tal vez creas una oficina en la casa.

Tu planeta de la familia, Saturno, ha estado en tu signo los dos años anteriores y continuará en él la mayor parte de este año. Esto refuerza la atención al hogar y la familia. Te has echado encima cargas y responsabilidades extras en la casa y con los familiares. Tal vez mantienes a un progenitor o figura parental, o te responsabilizas más de esta persona. Hay gastos extras en la familia en este periodo y esto parece difícil para ti.

Los familiares se ven afectuosos contigo, en especial uno de los progenitores o figuras parentales, pero tal vez son demasiado controladores. A veces te sientes como si les pertenecieras a ellos, no a ti. (La familia te apoya mucho en este periodo, y también en el aspecto económico, pero claro, está la sensación de que esa generosidad tiene su precio: tu libertad está muy limitada.)

Plutón es el planeta de la muerte, de las operaciones quirúrgicas y de las experiencias de muerte temporal o cuasi muerte; por lo tanto, ocurren estas cosas en la familia. Todo esto forma parte del proceso de desintoxicación. Se va a transformar toda la relación familiar. No vas a perder a tu familia, pero se romperán los viejos lazos «instintivos» y te relacionarás con ellos de una manera diferente y mejor. Las restricciones que sientes ahora te llevarán a una mayor libertad en el futuro.

La mujer Libra embarazada debe tener más cuidado durante el embarazo; con este aspecto hay mayor tendencia a los abortos espontáneos; el embarazo se presenta más complicado este año; hay más dramas involucrados; no es un proceso sin problemas.

Profesión y situación económica

Este es un año financiero tormentoso; abróchate el cinturón de seguridad. Urano pasa el año en cuadratura con tu planeta del dinero (aspecto difícil). Saturno también está en aspecto desfavorable con tu planeta del dinero, pero esto no es tan fuerte como el año pasado. Conseguir los objetivos financieros hará necesario más esfuerzo que de costumbre. Hay muchas, muchas dificultades que vencer.

La cuadratura de Urano con Plutón indica que este año está lleno de cambios drásticos en las finanzas, cambios importantes, y estos ocurren de repente, inesperadamente. No son cosas para las que uno está «preparado». Cuando acabe el año estarás en una situación financiera totalmente distinta. Los cambios no son solamente materiales: cómo ganas el dinero, cómo lo gastas, cómo lo inviertes, cuál es tu banco, quiénes son tus planificadores financieros, etcétera. También hay cambios de actitud; cambios en la manera de pensar y planificar las finanzas. Cambios de estrategia. Los viejos libros de reglas no sirven este año y buscas nuevas «reglas».

Debajo de todo el drama, la verdad es que el Cosmos está en proceso de liberarte económicamente. Está rompiendo ataduras y cadenas, los viejos lazos que te refrenan. Es difícil ver esto mientras ocurre el proceso, pero después lo verás en retrospectiva.

Cuando las finanzas están tormentosas hay una tendencia a especular temerariamente; la persona hace pases financieros «mágicos», encomendándose a la suerte; pero esto no es aconsejable este año. Resiste la tentación; sólo aumentará el problema. La especulación en general no es aconsejable este año.

Como hemos dicho, los gastos en la casa, la familia y los hijos parecen ser la principal dificultad. Tal vez gastas en exceso en estas cosas; o te lo parece. Pero este mismo drenaje puede ser fuente de provisiones; los familiares pueden apoyarte y tener buenas ideas financieras; también los hijos.

Es fabuloso disfrutar de la propia riqueza; pero este año no gastes en exceso en actividades de ocio; atente a tu presupuesto.

El 5 de octubre Saturno entra en tu casa del dinero; por lo tanto vas a reorganizar y reestructurar tu vida financiera. Buena cosa. Por lo general no es agradable pero a la larga es bueno. Este es un periodo para la buena administración financiera, para tomar el mando de tu dinero y no dejarte controlar por él. Es un periodo para poner los cimientos de una riqueza a largo plazo perdurable. Descubrirás que si «haces algunos cambios», reorganizas tus bienes, gastos e inversiones tendrás todos los recursos que necesitas. Los recursos ya están, sólo tienes que mover las cosas un poco de aquí para allá. La familia cooperará más en lo económico en este periodo también.

Amor y vida social

El año pasado Urano entró en tu séptima casa para quedarse; estará ahí los próximos seis años más o menos. Esto indica puesta a prueba para el matrimonio y las relaciones. El amor y las amistades son muy inestables en este periodo. Las relaciones buenas sobrevivirán (pero incluso estas necesitan más trabajo y esfuerzo); las defectuosas se disolverán. Pasados los próximos seis años tus condiciones y circunstancias sociales serán totalmente diferentes a las que tienes ahora. Tendrás un nuevo círculo de amistades también. (Las sociedades de negocios son inestables y pasan por pruebas también.)

Nuevamente es importante comprender que el Cosmos no pretende castigarte. Lo que hace es liberarte en el plano social; liberarte para que entres en la vida social y el matrimonio de tus sueños. Para hacer esto a veces recurre a métodos drásticos, espectaculares, pero detrás de todo está su amor inefable.

En este periodo es mejor dar la mayor libertad posible al cónyuge, pareja o ser amado actual, siempre que esto no sea destructivo. No es aconsejable un exceso de control (y en este periodo tienes la tendencia a controlar).

Ningún otro signo del zodiaco es más afectuoso y amable que Libra; pero desde que entró Saturno en tu signo a fines de 2009 podría ser que no se hayan manifestado en tí este afecto y simpatía naturales; te has vuelto «frío, reservado, distante», tal vez inconscientemente, sin intención. Tendrás que proyectar, conscientemente, más afecto y simpatía hacia los demás; este será el trabajo este año, pero vale la pena.

Si estás soltero o soltera, este es un periodo emocionante en el amor. El amor puede presentarse en cualquier momento o situación. Hay muchas citas amorosas. En tu vida entran personas nuevas y fascinantes. Pero también hay inestabilidad. El amor llega de repente y se marcha de repente. Más o menos tienes que estar «suelto», libre para el amor; no hay probabilidades de matrimonio, ni es aconsejable en este periodo. Urano en la séptima casa es un aspecto para «romances en serie», no para matrimonio. Con este aspecto las personas solteras (e incluso las casadas) hacen experimentos en el amor. Vas a aprender acerca del amor por experimentación, probando y equivocándote, no a través de libros de reglas. No hay reglas para ti; estrictamente es lo que te va bien, lo que te da resultado, lo que determina el asunto.

Cuando tienen a Urano en la séptima casa, las personas suelen expresar su rebelión en el terreno del amor. Todos tenemos maneras de expresar nuestra rebelión, que es diferente en cada persona, pero para ti ahora es en el terreno del amor. Por lo tanto te atraen personas y relaciones de tipo no convencional; cuanto menos convencional sea (y más inaceptable socialmente), más te gusta. El problema es que elegir ateniéndose a esta especie de discriminación ideológica no es la base para una relación duradera, y si ese es el motivo, dudo que la relación dure mucho tiempo.

Si estás con miras a un segundo matrimonio tienes excelentes oportunidades después del 11 de junio. Si estás pensando en un tercer matrimonio, el año se presenta sin novedades ni cambios; las cosas tienden a continuar como están.

Progreso personal

Como hemos dicho, estás en un periodo (de al menos catorce años o algo así) en que vas a profundizar en las dimensiones espirituales de la curación. Este es un tema inmensamente amplio y deberás estudiar todo lo que puedas acerca de él. Las obras de Emmet Fox y de Ernest Holmes son buenas para comenzar; hay muchos otros libros fabulosos sobre este tema; pero estos son los «clásicos» y te llevarán a otros.

Una buena comprensión de esto, y tu constante aplicación, transformarán totalmente la situación de tu salud; no sólo desaparecerán los síntomas sino también sus causas espirituales.

Las premisas de la curación espiritual son las siguientes: hay Uno y Único sanador: lo Divino. Todo lo que interviene en una curación, terapias, médicos, pastillas y hierbas, sólo son efectos secundarios, los instrumentos, que utiliza el Único sanador. No son las causas de la curación sino los efectos secundarios. Por lo general, el Único sanador actúa mediante instrumentos, pero no necesariamente. Si quiere puede hacerlo directamente en el cuerpo sin ninguna intervención humana. Como lo haga no es asunto nuestro; pero actuará si recurrimos a él; esto es lo principal.

Es probable que este año los problemas de salud vengan de «desconexión espiritual», así que es importante que reces y te mantengas en estado de gracia. Esto siempre es bueno, por supuesto, pero en este periodo es un verdadero asunto de salud.

También es importante estar receptivo a la intuición. La orientación interior llevará ineludiblemente a la curación si se sigue. Cuando tenemos una intuición, nos parece (a la mente humana) que es irracional o ilógica; esto se debe a que la intuición ve hacia el futuro. Después, en retrospectiva, siempre se ve perfectamente lógica y racional. La intuición es el atajo para la buena salud en este periodo.

Saturno en tu signo te hace sentir tus límites físicos. La autoestima y la seguridad en ti mismo no están a la altura acostumbrada. Tu ego está haciendo un «control de realidad»; podría decirse una «terapia de realidad». Esto tampoco es un castigo, sino simplemente ajustes o regulaciones cósmicas. Si la autoestima está irracionalmente alta, Saturno la modera; si está irracionalmente baja (que es lo más probable en este periodo), Saturno la eleva. Cuando Saturno termine de hacer su trabajo, tendrás una visión más realista acerca de ti mismo y de tus capacidades. Tomarás mejores decisiones.

La entrada de Saturno en tu casa del dinero el 5 de octubre iniciará un «control de realidad» en el dominio financiero. Si tus ideas o planes financieros no son realistas, Saturno hará ajustes. Si tus valores y expectativas se han disparado, Saturno te hará volver a la realidad; si están demasiado bajos, Saturno los elevará. La presión económica que te va a imponer hará surgir muchos talentos y percepciones ocultos que ni sabías que tenías. Descubrirás posibilidades financieras que no veías cuando los tiempos eran buenos. Este es el programa.

Previsiones mes a mes

Enero

Mejores días en general: 5, 6, 7, 14, 15, 23, 24
Días menos favorables en general: 1, 2, 8, 9, 21, 22, 28, 29
Mejores días para el amor: 1, 2, 3, 4, 6, 7, 12, 13, 18, 19, 21, 22, 27, 28, 29, 30, 31
Mejores días para el dinero: 3, 4, 12, 17, 18, 21, 30
Mejores días para la profesión: 3, 4, 8, 9, 12, 13, 23, 24

El año comienza con la mayoría de los planetas bajo el horizonte de tu carta (el hemisferio inferior de tu horóscopo); no sólo eso, además están en su posición inferior máxima. Tu cuarta casa está muy poderosa, mientras que tu décima casa, la de la profesión, está prácticamente vacía (sólo la visita la Luna los días 8 y 9). El mensaje es muy claro: puedes poner en segundo plano a la profesión (y probablemente la pondrás) y centrar la atención en el hogar, la familia y los asuntos emocionales. Este es un periodo para crecimiento interior, psíquico, más que para crecimiento externo. Estás en el periodo noche de tu año, y por la noche la persona se fortalece para el día siguiente. Mientras la persona duerme ocurren muchos procesos poderosos pero invisibles. El cuerpo está inactivo por fuera, pero por dentro ocurren muchas cosas. Eso es lo que te pasa ahora.

El 21 del mes pasado los planetas hicieron un traslado importante, pasaron del sector oriental o independiente de tu carta al sector occidental o social. Siempre eres sociable, pero ahora lo eres más. Para ti (aunque no para todo el mundo) este es un cambio feliz. Tienes que ejercer más tu natural genio social y por lo tanto tiendes a tener más éxito. Disminuyen tu poder e independencia y dependes más de los demás (y de su buena voluntad) para conseguir estar bien. Pero esto es algo que te gusta y para lo que eres bueno. Este es un periodo en que comprendes quién eres mediante la interacción con los demás. Aun cuando la atención está centrada en los demás, se produce mucho conocimiento de uno mismo.

La salud está difícil, sobre todo hasta el 20. Ten presente lo que hablamos acerca de esto en las previsiones para el año. Estás en uno de los periodos del año (y tal vez de tu vida) más difíciles para la salud. Haz todo lo que puedas hacer y luego descansa. Evita exigirte más de lo que puedes. He descubierto que al dividir el día, trabajar dos horas y luego descansar, volver a trabajar, y luego descansar, se aprovecha al máximo la energía sin agotarla. Se puede producir sin cansarse en exceso.

Después del 20 mejora la salud, pero de todos modos necesita atención; los planetas rápidos te forman aspectos más armoniosos, y los lentos siguen difíciles contigo.

Del 12 al 15 Venus viaja con Neptuno, y el 14 entra en tu sexta casa, la de la salud. Esto indica que hay que prestar una gran atención a la salud (buena cosa) y también al poder de las modalidades de curación espiritual en tu salud.

Si buscas trabajo tienes oportunidades maravillosas en ese periodo.

Febrero

Mejores días en general: 2, 3, 11, 12, 19, 20, 29
Días menos favorables en general: 4, 5, 17, 18, 24, 25
Mejores días para el amor: 1, 5, 6, 9, 10, 15, 17, 18, 24, 25, 27, 28
Mejores días para el dinero: 1, 9, 13, 14, 17, 18, 27, 28
Mejores días para la profesión: 2, 3, 4, 5, 11, 12, 21, 22

Este mes siguen vigentes muchas de las tendencias del mes pasado. El poder planetario continúa en la mitad inferior de tu carta y principalmente en tu sector occidental. Ten presente lo que dijimos el mes pasado. El señor de tu horóscopo, Venus, entra el 8 en tu séptima casa, reforzando la naturaleza social del mes.

Tu quinta casa se hizo poderosa el 20 del mes pasado y continúa poderosa hasta el 19 de este. Estás en una cima de placer personal anual. La felicidad, el disfrute de la vida, es un potente antídoto contra la enfermedad. Libra siempre es creativo, pero este mes lo eres más.

El amor es difícil este mes; tu planeta del amor inició movimiento retrógrado el 24 del mes pasado y continúa retrógrado todo este mes; y no sólo eso, también recibe aspectos difíciles. Será tu atención al ser amado, poner a esta persona en primer lugar, lo que salvará la relación. Podría ser que las dificultades en el amor no tuvieran su origen en la relación propiamente dicha; tu cónyuge o pareja podría tener problemas personales que hacen difícil tratar con ella o él. Esta persona está falta de dirección en este periodo y podría decir o hacer cosas debido a la incertidumbre.

Si estás soltero o soltera y sin compromiso tienes felices oportunidades románticas a partir del 8, en especial del 8 al 10; pero dudo de la estabilidad de estos encuentros y experiencias. Podrían ser aventuras de una noche; me parece que les falta «aguante». De todas formas, son felices «aventuras pasajeras». Debes evitar tomar decisiones importantes en el amor, sea en uno u otro sentido; este es un periodo para hacer revisión de tu vida amorosa y social, y el objetivo es conseguir claridad mental y emocional. Cuando la consigas (y llevará un tiempo), tomar la decisión será algo instantáneo. Estando tu planeta del amor en tu espiritual casa doce desde comienzos del año hay muchas cosas ocultas que saldrán a la luz. En el amor, lo que ves no es lo que obtienes; ten paciencia y modera el ritmo.

Desde el comienzo del año las oportunidades amorosas se presentan en ambientes espirituales; en seminarios de meditación, charlas espirituales, la sala de yoga, tai chi o chikung, o también cuando estás participando en actividades benéficas o altruistas.

Este mes adquiere mucho poder tu sexta casa, la de la salud, lo que es muy bueno; la salud necesita atención y le vas a dar prioridad. Esta situación es muy buena si buscas trabajo, y deberías tener éxito este mes. Si eres empleador vas a contratar a más personal.

Del 8 al 10 Venus viaja con Urano, y esos días te inclinas a hacer experimentos con tu cuerpo, estás más propenso a poner a prueba sus límites. Esto es esencialmente bueno, pero debes hacerlo teniendo en cuenta los riesgos, con mucha prudencia y cuidado; el descuido o desatención puede ser causa de accidente o lesión.

Las finanzas estuvieron mejor el mes pasado que este (y se están tramando muchos cambios drásticos); pero después del 20 deberías ver mejoría en este frente.

Marzo

Mejores días en general: 1, 9, 10, 18, 19, 27, 28, 29
Días menos favorables en general: 3, 4, 15, 16, 22, 23, 24, 30, 31
Mejores días para el amor: 7, 8, 15, 16, 22, 23, 24, 25, 26
Mejores días para el dinero: 7, 11, 12, 15, 16, 25, 26
Mejores días para la profesión: 3, 4, 11, 12, 22, 23, 30, 31

Este mes los planetas entran en su posición occidental máxima; a partir del 20 tu séptima casa, la del amor, es la más poderosa del horóscopo; estás en una cima social del año. Sin embargo, aunque hay más citas y encuentros románticos si estás soltero o soltera (el periodo del 11 al 17 es muy fuerte en esto), tu planeta del amor continúa retrógrado todo el mes. Diviértete, sí, disfruta del torbellino social, pero evita tomar decisiones importantes en el amor, sea en uno u otro sentido. Como dijimos el mes pasado, hay muchas cosas ocultas que salen a la luz y debes saberlas antes de tomar decisiones.

Hasta el 20 el foco de atención está en la salud, como debe ser; pero la salud necesita atención después del 20 también (incluso más que antes); es un periodo difícil para la salud. Ten presente lo que ya hemos dicho acerca de esto. Cuando la energía está baja el aura se debilita, y el aura es nuestro sistema inmunitario espiritual. Cuando ocurre esto, la persona se vuelve más vulnerable a invasores oportunistas (microbios, virus, bacterias destructivas, hongos, parásitos, etcétera); pero también ocurren otras cosas: las facultades sensoriales pierden su agudeza habitual y por lo tanto pueden producirse accidentes, otro peligro para la salud. Así pues, tómate las cosas con calma después del 20; lo bueno es que el Cosmos nunca nos da más de lo que podemos manejar; puede que nos empuje hasta el borde, pero no más allá de él.

Este es un mes más activo sexualmente también; Venus y Júpiter están en tu octava casa. Si bien esto es fundamentalmente bueno, el peligro es excederse en algo bueno; necesitas toda tu energía en este periodo.

Las finanzas están más difíciles que el mes pasado; esto no impide la llegada de ingresos, pero hay más complicaciones. Tendrás que trabajar más que de costumbre para conseguir tus objetivos financieros. Lo bueno es que el cónyuge, pareja o ser amado actual prospera mucho (puede que esta persona esté desorientada en su vida personal, pero en sus finanzas las cosas van bien); esta persona será generosa contigo. Tienes buen acceso a dinero ajeno, por préstamos bancarios o de inversores; esto repondrá lo que falte en tus ingresos personales. Del 11 al 14 Venus está en conjunción con Júpiter; este es un buen periodo financiero; sean cuales sean tus ingresos, vives «como si» fueran elevados; es posible que te compres un coche y un equipo de comunicación nuevos en ese periodo; si eres vendedor, haces buenas ventas; si eres escritor, vendes tu obra.

Si los aspectos fueran más fáciles, estas cosas producirían más riqueza, pero de todos modos aligeran parte de la dificultad.

Abril

Mejores días en general: 6, 14, 15, 24, 25
Días menos favorables en general: 12, 13, 19, 20, 26, 27
Mejores días para el amor: 3, 4, 5, 12, 14, 15, 19, 20, 21, 24, 25
Mejores días para el dinero: 4, 8, 12, 13, 21, 22
Mejores días para la profesión: 1, 2, 10, 11, 20, 21, 26, 27

El mes pasado los planetas hicieron un importante traslado: el poder pasó de la mitad inferior de tu carta a la mitad superior. Despunta el alba en tu año; es la hora de levantarte y dedicarte a tus asuntos en el mundo; la finalidad de la noche es dar nacimiento al día. Así pues, ahora vas a manifestar los sueños de la noche en la realidad tangible. Comienzas a trabajar en tus objetivos profesionales de modo externo, objetivo, más físico. Ya has encontrado (es de esperar) tu punto de armonía emocional y puedes centrar tu atencion en la vida externa, en las ambiciones, en la finalidad de tu encarnación.

Continúas en una cima social anual y este mes las cosas se ven más felices y más claras. Tu planeta del amor retoma el movimiento directo el 14; sabes lo que tienes que hacer, en uno u otro sentido; después de esta fecha no hay riesgo en tomar decisiones en el amor.

Tu octava casa estuvo poderosa el mes pasado y después del 20 de este está más poderosa aún. Además del efecto en la sexualidad (aumento de la libido y más actividad sexual), la octava casa rige los asuntos de transformación y reinvención personales; va de dar a luz al yo que deseas ser, a tu yo «ideal». Pero para que esto ocurra, antes tiene que morir el viejo yo, la vieja personalidad, la vieja mentalidad; por lo tanto, la octava casa está relacionada con la muerte. Por lo general, esta muerte sólo ocurre en el plano psíquico; con este aspecto las personas avanzadas en el camino espiritual experimentan la «muerte del filósofo», la muerte del ego o de ciertas características del ego; las personas menos avanzadas experimentan la muerte de ciertas pautas mentales o emocionales, tal vez la muerte de algún viejo hábito. Si una persona pasa por un tránsito por la octava casa y no muere nada en ella, bueno, no ha tenido éxito; pues del mismo modo que para que empiece un nuevo día debe morir el viejo, así el yo nuevo no puede nacer mientras no haya muerto el yo viejo (el que ha generado todos los problemas y dramas). Generalmente esto es un proceso, no ocurre de una vez; pero en este periodo progresas en este sentido.

A veces el poder de la octava casa produce verdaderos enfrentamientos con la muerte, crisis de vida o muerte, experiencias de muerte temporal o cuasi muerte, la necesidad de hacer frente a la muerte de una persona cercana. La finalidad de esto es una mayor comprensión de la muerte; nunca es un castigo.

Con este tránsito a veces la persona sueña con la muerte; esa es otra manera de enfrentarla en el plano psíquico. Como hemos dicho, mueren viejos aspectos del yo y por lo tanto es muy natural tener sueños con la muerte.

Mejoran tus finanzas, hay incremento este mes (tanto Júpiter como el Sol forman aspectos hermosos a tu planeta del dinero) pero siguen complicadas. Tu planeta del dinero inicia movimiento retrógrado el 10 (y estará retrógrado muchos meses); así pues, ve lento en tus finanzas; evita los atajos; sé perfecto en todo lo que haces, y, lógicamente, estudia y reflexiona más antes de hacer compras o inversiones importantes. Tu vida financiera está en revisión y lo estará durante muchos meses más. Tu objetivo es la claridad; una vez conseguida, tu toma de decisiones financieras será coser y cantar. Tu cónyuge, pareja o ser amado actual continúa en una cima financiera anual y se ve generoso contigo.

La salud sigue necesitando atención y cuidado. Hasta el 20 sigues en uno de los periodos más difíciles del año para la salud, así que ten presente lo que hemos dicho antes.

Mayo

Mejores días en general: 3, 4, 11, 12, 23, 24, 25, 30, 31
Días menos favorables en general: 9, 10, 16, 17, 23, 24, 25
Mejores días para el amor: 1, 2, 3, 4, 9, 10, 11, 12, 16, 17, 19, 20, 21, 22, 28, 29, 30, 31
Mejores días para el dinero: 1, 2, 5, 6, 9, 10, 19, 20, 28, 29
Mejores días para la profesión: 1, 2, 9, 10, 20, 21, 23, 24, 25, 30

El 3 del mes pasado tu planeta regente, Venus, entró en tu novena casa, en la que continuará durante una insólita cantidad de tiempo, hasta el 8 de agosto. Los asuntos de esta casa son, pues, un importante interés durante algo más de cuatro meses. Pero hay más aún: este mes tu novena casa se hace más prominente todavía; el Sol entra en ella el 20, y Mercurio el 24. Después del 20 es la casa más fuerte de tu carta, cuantitativa y cualitativamente. Además, el 20 hay un eclipse solar que ocurre en esta casa, haciendo que destaque más; este es el principal titular del mes.

El poder en la novena casa se interpreta en muchos planos. En el plano prosaico indica viaje al extranjero, un tipo de vida *jet-set* (de acuerdo con el nivel económico de la persona, como es lógico), mayor interés en los asuntos y culturas extranjeros. Indica un periodo optimista, «feliz y despreocupado». Cuando la novena casa está fuerte, incluso personas con medios modestos se las arreglan para hacer viajes caros; podrían ganar un sueldo mínimo en un MacDonald u otro tipo de establecimiento similar, pero se las arreglan. El Cosmos les organiza las finanzas.

La novena casa se considera afortunada, «de la suerte»; todos los astrólogos la consideran así, y para los hindúes es «la más afortunada». Esto se debe a que en la novena casa se ensanchan los horizontes físicos, emocionales y mentales, y cuando ocurre esto la euforia es inmensa. De repente descubres «sí, puedo tener eso que deseo, seguir esa profesión, tener esa casa, ese estilo de vida con que he soñado»; tal vez antes del tránsito pensabas que era un imposible, y de pronto es una posibilidad real.

Los viajes expanden los horizontes físicos; la formación superior (también regida por la novena casa) expande la mente y los conocimientos; la religión, la filosofía y la teología expanden la mente y el espíritu. Así pues, todos estos son intereses importantes en este periodo. Hay mucho más que decir acerca de esto, pero el espacio no me lo permite.

El eclipse solar del 20 ocurre justo en la cúspide de tu novena casa (0° de Géminis). Esto significa que se ponen a prueba tus creencias religiosas y filosóficas, tu religión personal. Por lo general esto ocurre experimentando una «crisis de fe»; ocurren cosas que contradicen tus creencias y entonces debes revaluarlas, examinarlas, afinarlas: descartar aquellas creencias que sólo son «superstición» disfrazada de religión o filosofía y mantener las que son verdaderas. Este es un saludable ejercicio que de todos modos debe hacerse periódicamente; ahora el eclipse te obliga a ello.

Si eres estudiante universitario o de posgrado haces cambios importantes en tu plan de estudios, tal vez cambias de centro o de asignatura principal. Si estás a punto de entrar en la universidad podrías encontrarte con algunas sorpresas; tal vez ya no hay plazas en la facultad que deseas entrar y acabas en otra (que normalmente es mejor); o tenías pensado estudiar una cosa y de pronto cambias de decisión y estudias otra. Aunque hay trastornos, tienes éxito en los estudios este año y en especial en los próximos meses.

También pasan por pruebas las amistades y los equipos de alta tecnología; podrías tener que reemplazar tu equipo. Este eclipse es benigno en ti, pero no te hará ningún daño reducir las actividades de todos modos.

Junio

Mejores días en general: 8, 9, 17, 18, 27, 28
Días menos favorables en general: 5, 6, 12, 13, 20, 21
Mejores días para el amor: 5, 6, 7, 8, 9, 12, 13, 15, 16, 17, 18, 25, 26, 27, 28
Mejores días para el dinero: 1, 2, 5, 6, 17, 26, 27, 29, 30
Mejores días para la profesión: 8, 9, 18, 19, 20, 21, 29, 30

Este mes el poder de tu novena casa es más fuerte aún que el mes pasado. El 11 Júpiter hace una importante entrada en esta casa y continúa ahí el resto del año. Ten presente lo que he dicho el mes anterior.

Este mes tenemos un eclipse lunar, que ocurre el 4 en tu tercera casa; es esencialmente benigno contigo, pero podría no serlo tanto con las personas que te rodean, así que reduce tus actividades de todas maneras. Este eclipse trae cambios en la profesión; a mí me parece que establece las condiciones para un mayor progreso y éxito: el 21 entras en una cima profesional del año. La buena suerte suele venir disfrazada de trastorno y reestructuración; sólo después, en restrospectiva, comprendemos que lo que ocurrió fue realmente afortunado. Esto ocurre con este eclipse. Hay trastornos y reestructuración en la empresa y la industria en que trabajas, y tal vez en el gobierno de tu región; hay dramas en la vida de los padres, figuras parentales, jefes y figuras de autoridad. El mes pasado fueron puestos a prueba tus artilugios de alta tecnología (ordenador, programas informáticos, sitio web); este mes se ponen a prueba el coche o el equipo de comunicación. Hay acontecimientos importantes en la vida de los hermanos o figuras fraternas de tu vida; es posible que haya una boda, algo bueno, positivo, pero trastornador.

El 15 del mes pasado, Venus, tu planeta regente, inició uno de sus espaciados movimientos retrógrados (mientras los demás planetas hacen movimiento retrógrado de varios meses cada año, Venus sólo lo hace cada dos años, y Marte también). Estás, pues, en un periodo para aminorar el ritmo y hacer evaluación de tu vida y tus objetivos personales; te conviene pensar en el sentido de tu vida y su finalidad última (Venus está retrógrada en tu novena casa); tal vez tus recientes cambios en tu sistema de creencias contribuyen a esta revisión. Es posible que tu seguridad en ti mismo y autoestima no estén a la altura habitual, pero eso es natural; no te pasa nada malo, así es como se sienten la mayoría de las personas cuando el señor de su horóscopo está retrógrado. También están en revisión tu apariencia, imagen y concepto de ti mismo. Ve qué cosas se pueden mejorar y haz los cambios después que Venus retome el movimiento directo (el 27). Lo bueno es que este mes tenemos la actividad retrógrada máxima del año (hasta el 25 están retrógrados el 40 por ciento de los planetas) y por lo tanto el ritmo de la vida es más lento y tienes más tiempo para hacerlo.

Después del 21 la salud vuelve a necesitar atención especial; está atento a tu grado de energía y fortalece la salud como ya te lo hemos explicado en las previsiones para el año

En lo que va de año se han estado preparando cambios importantes en las finanzas, cambios drásticos, y este mes la cuadratura de

Urano con Plutón se ha hecho más exacta. Los cambios son drásticos, pero te llevan a una mayor libertad e independencia económica.

Julio

Mejores días en general: 5, 6, 15, 16, 24, 25
Días menos favorables en general: 3, 4, 9, 10, 11, 17, 18, 30, 31
Mejores días para el amor: 4, 5, 6, 9, 10, 11, 15, 16, 24, 25
Mejores días para el dinero: 3, 5, 6, 12, 15, 16, 22, 24, 25, 26, 27
Mejores días para la profesión: 7, 8, 17, 18, 19, 28

Tu novena casa continúa muy fuerte, y habiendo dos planetas benéficos transitando por ella, los asuntos de esta casa son muy afortunados. Si eres estudiante tienes éxito en el colegio y los estudios; te va bien en los exámenes (o recibes informes de buenos resultados en estas cosas). Hay felices oportunidades de viaje y de formación; hay mucho adelanto filosófico y progreso en la comprensión. En general, hay optimismo acerca de la vida; estando difícil la salud todavía, este optimismo es muy útil. He observado que las crisis de salud tienden a «abrir puertas espirituales»; nunca son lo que parecen; en realidad, la crisis es una puerta, una «puerta estelar», de entrada a una conciencia superior; y esto es lo que te ocurre en este periodo. Te llegan las percepciones y el conocimiento para tratar tu problema de salud. Si pones en práctica estas cosas (no te limitas sólo a hablar de ellas) mejorará tu salud, y más aún, mejorará toda tu vida.

Continúas en una cima profesional anual. Hay mucho progreso y muchas responsabilidades y exigencias (y esto forma parte del problema de salud); tienes amistades en lugares elevados que te abren puertas; los amigos en general apoyan tus objetivos profesionales. Tu pericia tecnológica se ve muy importante; mantente al día de los últimos adelantos. Tus superiores toman nota de tu espíritu innovador, tu capacidad para idear cosas nuevas, originales, y esto te es útil en la profesión. Participar en actividades en grupo y organizaciones favorece la profesión.

Aunque eres una persona afectuosa, y más que de costumbre en este periodo, la relación amorosa es tormentosa; ten paciencia; del 15 al 21 hay una crisis, los ánimos están exaltados, los genios encendidos, la relación está suspendida de un hilo. Procura no empeorar las cosas. El conflicto parece tener que ver con las finanzas, los hijos, con desacuerdos acerca de las actividades de ocio y, tal vez, con infidelidades, reales o imaginarias. Luz, no calor, es lo que se necesita.

Tu planeta del amor, Marte, entra en tu signo el 4. Por lo general esto es bueno para el amor; el cónyuge, pareja o ser amado actual tiende a ser cariñoso, estar de tu parte y a anteponer tus intereses; las oportunidades amorosas te buscan (a la inversa de la situación a comienzos del año) y no necesitas hacer nada especial para atraer el amor. Pero Marte está formando aspectos dinámicos con Urano y Plutón (potencias a las que no hay que tomar a la ligera) y esto es la causa del follón. En general, es necesario que tanto tú como tu cónyuge o pareja evitéis los enfrentamientos; del 15 al 21 la tendencia es a reaccionar con exageración y esto puede tener consecuencias negativas. Los dos debéis tener más prudencia al conducir y estar muy conscientes del plano físico.

Después del 23 mejora la salud general, pero sigue necesitando atención.

Agosto

Mejores días en general: 1, 2, 11, 12, 20, 21, 29, 30
Días menos favorables en general: 6, 7, 13, 14, 15, 27, 28
Mejores días para el amor: 1, 2, 3, 6, 7, 11, 12, 13, 14, 20, 21, 22, 23, 31
Mejores días para el dinero: 1, 2, 8, 11, 12, 18, 20, 21, 22, 23, 27, 29, 30
Mejores días para la profesión: 6, 7, 13, 14, 15, 17, 18, 27

El 21 de junio los planetas comenzaron a trasladarse desde tu sector occidental o social al sector oriental; el 4 del mes pasado Marte entró en tu signo; el 8 de este mes Venus, el señor de tu horóscopo, pasa de tu sector occidental al oriental. Ahora estás, pues, en un ciclo de poder e independencia personales. Puedes tener las cosas a tu manera (y probablemente las tienes); y esto es parte del problema en el amor; tal vez te muestras demasiado enérgico al hacer valer tu voluntad, o demasiado exigente, y hay que aguantarte (o tal vez no lo eres pero se te percibe así). Tienes menos necesidad de los demás en este periodo y si ellos no están de acuerdo con tus planes puedes lanzarte solo.

El 8 tu regente Venus cruza tu Medio cielo y entra en tu décima casa, la de la profesión. Aunque técnicamente tu cima profesional anual terminó el 23 del mes pasado, ahora se reactiva. Hay mucho éxito. Se te eleva, se te reconoce, tal vez recibes honores; estás por encima de todas las personas de tu mundo en este periodo. Esta situación no va a durar para siempre, así que no pisotees a nadie; usa tu poder y autoridad con juicio y moderación; después pagarás el precio del abuso o mal uso.

Estar en la cima es agradable, pero parece que esto también es parte del problema en el amor; no todo el mundo lleva bien lo de ser el «inferior» en una relación. Además, como verás, estar arriba te convierte automáticamente en el blanco de la ira de otras personas, que tienden a arremeter en contra de quien destaca.

Urano y Plutón llevan unos meses en una cuadratura bastante exacta (son planetas de movimiento muy lento). Hay cambios y trastornos en las finanzas; algunos de estos cambios son bastante drásticos. Los giros y vueltas de la suerte son muy extremos en este periodo, pero lo son aun más este mes: Venus comienza a entrar en este cuadro planetario del 14 al 17; evita las especulaciones y otros riesgos financieros; en realidad debes evitar todo tipo de riesgo durante esos días; ten más prudencia y cautela al conducir o hacer ejercicio; convienen ejercicios suaves, livianos, relajados: no es un periodo para intentar batir récords. Si sientes punzadas o dolor, para y descansa; haz a un lado al ego y escucha al cuerpo. Aunque ahora estás en el poder, evita los enfrentamientos; ejerce el poder «suavemente».

Lo positivo en las finanzas es que cuentas con el apoyo incondicional de tu cónyuge, pareja o ser amado actual y de tus amistades; todos son muy activos a tu favor, en especial después del 24. Después de esta fecha mejora la vida amorosa en general; o bien la relación se armoniza, o bien encuentras a otra persona que armoniza contigo.

Hasta el 23 está poderosa tu casa once; estás, pues, en un periodo social, no necesariamente romántico; va más de amistad, de relacionarte con grupos y participar en actividades de grupo.

El 23 entras en un periodo muy espiritual.

Septiembre

Mejores días en general: 7, 8, 16, 17, 25, 26
Días menos favorables en general: 2, 3, 10, 11, 23, 24, 29, 30
Mejores días para el amor: 1, 2, 3, 10, 11, 12, 18, 19, 21, 22, 27, 28, 29, 30
Mejores días para el dinero: 5, 7, 8, 14, 16, 17, 18, 19, 23, 25, 26
Mejores días para la profesión: 5, 6, 10, 11, 14, 15, 25

Este mes las finanzas mejoran, se estabilizan. Tu planeta del dinero recibe buenos aspectos del Sol y Mercurio en la primera parte del mes, y el 18 retoma el movimiento directo (ha estado retrógrado desde el 10 de abril). Si has hecho la revisión de tus finanzas buscando claridad, esta comienza a llegar ahora. Con claridad mental la toma de decisiones financieras siempre será buena; esto es una buena señal de prosperidad. El cónyuge, pareja o ser amado actual y amistades en general continúan apoyándote; hay oportunidades para formar una sociedad de negocios o empresa conjunta. A fin de mes, del 28 al 30, hay ciertos baches en el camino, ya que el Sol forma aspectos difíciles a tu planeta del dinero; podría haber un conflicto financiero con un amigo o con una organización, pero esto es de corta duración. Procura no empeorar las cosas; este problema acabará pronto (a no ser que tú lo alargues).

El 7 Venus sale de tu casa diez, la de la profesión, y entra en tu casa once, la de las amistades. Así pues, la casa once, que estuvo poderosa el mes pasado, continúa estándolo. Este es un periodo para relacionarse más con grupos y organizaciones, para actividades de grupo. También es un buen periodo para ampliar tus conocimientos sobre ciencia, tecnología, astrología y astronomía. Haces experimentos con tu vestimenta, te vistes de modo único y original. Ser poderoso fue fascinante, pero ahora disfrutas más con los placeres sociales. En un grupo todos son iguales, ninguna persona domina, y a ti eso te gusta bastante.

El mes pasado se hizo poderosa tu casa doce y este mes está más poderosa aún: Mercurio se reúne con el Sol en esa casa el 1. Sin duda estás más intuitivo en este periodo, recibes mensajes espirituales, tienes una vida onírica más activa; pero del 1 al 3 tu planeta de la espiritualidad (Mercurio) está en oposición con Neptuno (el planeta genérico de la espiritualidad), por lo tanto necesitas verificar más tus intuiciones y tus sueños; podrían no significar lo que crees. Estos mensajes interiores siempre tienen significados «multidimensionales»; piénsalos más, reza pidiendo encontrar la interpretación correcta.

Dado que te estás preparando para tu año nuevo personal (tu Retorno Solar, tu cumpleaños) este es un periodo excelente para hacer revisión del año pasado, evaluar racionalmente tu situación y fijar objetivos para lo que deseas el año que viene. ¿Qué has logrado el año pasado? ¿Qué quedó sin hacer? ¿Cómo se podrían haber mejorado las cosas? ¿Qué errores cometiste? Este es el periodo para corregirlos y prepararte para el nuevo ciclo.

La salud ha estado delicada en lo que va de año, pero estás en uno de los mejores periodos para encontrarte mejor de este año. No tienes problemas de salud en estos momentos; es posible que sí sigan presentes, pero son mucho menos graves.

Como hemos dicho, del 28 al 30 el Sol forma aspectos difíciles a Urano y Plutón; se ponen a prueba las amistades; es posible que haya acontecimientos importantes en la vida de amigos; los hijos o figuras filiales tienen dramas amorosos y sociales; los amigos y los hijos deben evitar las actividades arriesgadas; se pone a prueba tu equipo de comunicación; es molesto pero al final te obligará a modernizarlo y mejorarlo.

Octubre

Mejores días en general: 4, 5, 6, 14, 15, 22, 23
Días menos favorables en general: 1, 7, 8, 20, 21, 27, 28
Mejores días para el amor: 1, 9, 12, 18, 21, 27, 28
Mejores días para el dinero: 2, 4, 5, 6, 12, 14, 15, 16, 17, 20, 22, 23, 29
Mejores días para la profesión: 4, 5, 7, 8, 14, 15, 24

El 23 del mes pasado entraste en una de tus cimas de placer personal del año, que continúa hasta el 23. Este mes hay aún más placer personal, más gratificación de los sentidos y de la carne que el mes pasado. Saturno, después de casi tres años en tu signo, sale de él y entra en Escorpio; durante estos años has sido más estoico y espartano contigo mismo; los placeres personales estaban tremendamente limitados, pero ahora se sueltan los frenos y puedes volver a consentirte; es posible que en estos años hayas bajado de peso, tal vez demasiado. Ahora puedes comenzar a recuperar unos kilos; la autoestima y la seguridad en ti mismo no han estado como debieran; ahora verás mejoría. Los problemas de salud del pasado han desaparecido o no se sienten, pero de todos modos debes continuar atento a tu salud.

Desde el 23 del mes pasado los planetas están en su posición oriental máxima, así que estás en un periodo de máximo poder e independencia. Aprovéchate de esto creándote condiciones y circunstancias de acuerdo a tus gustos. Podría sorprenderte saber que el Cosmos está muy interesado en tu felicidad personal y te proporciona los medios en este periodo.

El 23, cuando el Sol entra en tu casa del dinero, tú entras en una cima financiera anual. Los ingresos serán fuertes, pero teniendo a Saturno en tu casa del dinero necesitas administrar mejor lo que tienes. Aunque sean fuertes los ingresos, debes ser conservador, moderado, y no despilfarrar tu dinero. El dinero representa «energía» y es necesario tenerle el debido respeto; no rendimos culto al dinero, pero sí le otorgamos el respeto que se merece. Lo bueno es que ahora Saturno y Plutón están en recepción mutua y lo estarán varios años; esto significa que cada uno es huésped en la casa del otro, e indica que hay buena colaboración entre las energías planetarias: los dos planetas se ayudan mutuamente; una buena señal de prosperidad. Cuentas con ayuda, en especial de la familia, padres y figuras parentales y de aquellas personas que son como familiares para ti. Las finanzas han estado variables este año, pues ha habido muchos cambios drásticos; ahora es el periodo para crear más «estabilidad» en este frente, y esta viene de reorganizar y reestructurar las finanzas. Tal vez este año pasado te ha atraído el dinero de manera «fácil» o «rápida» y esto podría haber llevado a muchos problemas. Ahora vas a comenzar a crear dinero «estable», riqueza duradera, a largo plazo.

Júpiter es tu planeta de la comunicación; el 4 inicia movimiento retrógrado, así que necesitas tener más cuidado en tu forma de comunicarte. Aunque Mercurio está en movimiento directo este mes, tendrás muchas experiencias de tipo «Mercurio retrógrado»: cartas que no llegan a su destino, llamadas perdidas o interrumpidas, *e-mails* que llegan devueltos, y cosas de esa naturaleza. La mala comunicacion y los malos entendidos pueden salirte caros en dinero y tiempo. Por lo tanto, poner más cuidado en todo reducirá al mínimo los problemas. Si estás pensando en comprar un coche, infórmate y analiza más las cosas; si es posible evita firmar contratos, cerrar la venta o compra de una casa y entrar en compromisos financieros a largo plazo. Todas estas cosas necesitan más estudio y reflexión.

Noviembre

Mejores días en general: 1, 2, 10, 11, 18, 19, 23, 24
Días menos favorables en general: 3, 4, 5, 16, 17, 23, 24
Mejores días para el amor: 1, 6, 7, 11, 15, 20, 23, 24, 26
Mejores días para el dinero: 1, 2, 8, 11, 12, 13, 16, 19, 26, 28, 29
Mejores días para la profesión: 3, 4, 5, 13, 23

La mitad inferior de tu carta ha estado dominante desde septiembre y este dominio ha ido aumentando; el 28 del mes pasado, Venus pasó de la mitad superior a la inferior, y este mes el 70 por ciento de los planetas, y a veces el 80 por ciento, están bajo el horizonte de tu carta. Este año te ha ido bien en la profesión (y el próximo será mejor aún) y ahora estás en el periodo de ocuparte de tus necesidades emocionales, interiores. Tus emociones y estados anímicos son la infraestructura sobre la que se apoya tu éxito profesional, son los cimientos; y cualquier edificio necesita buenos cimientos. No importa que dejes en un segundo plano la profesión y te centres en el hogar, la familia y la vida emocional.

Libra tiene un sentido natural de la elegancia; siempre sabes qué ponerte, cómo presentarte de forma hermosa; este mes esto está mejor aún. Si deseas comprar ropa, joyas o complementos, este es el periodo para hacerlo.

La salud ya está mucho mejor, pero puedes fortalecerla más tal como te lo hemos explicado en las previsiones para el año.

Este mes hay dos eclipses, que garantizan cambios y alboroto. Estos eclipses son suaves para ti, pero lee los diarios, no son tan suaves para el mundo en general.

El eclipse solar del 13 ocurre en tu casa del dinero. Las finanzas han sido inestables todo el año; ha habido cambios financieros drásticos todo el año; el eclipse indica que no se han acabado los cambios para ti; este eclipse pondrá a prueba las amistades y tu equipo de alta tecnología; podría ser necesario reemplazar ambas cosas. Hay drama en la vida de tus amistades. Hay crisis en el matrimonio o relación amorosa de hijos o figuras filiales de tu vida (de aquellos que están en la edad apropiada).

El eclipse lunar del 28 ocurre en tu novena casa; es casi una repetición del eclipse solar del 20 de mayo. Hay crisis de fe; se pone a prueba el credo o sistema de creencias (y ya debes de tener uno nuevo); si es bueno, sobrevive, pero si no, se afinará y perfeccionará más. Si eres estudiante haces cambios importantes en tu plan de estudios (tal vez reacciones tarde). Hay trastorno o reorganización en tu lugar de culto y drama en la vida de las personas religiosas de tu vida. También hay cambios en la profesión, trastornos y reorganización en la jerarquía de la empresa o industria en que trabajas. Hay drama en la vida de los padres, figuras parentales, jefes y figuras de autoridad. (En ocasiones como esta se comprende que simplemente estar en un puesto elevado no garantiza la estabilidad; los superiores de tu vida están sujetos a las mismas dificultades y tribulaciones que experimentan todos los demás.)

Diciembre

Mejores días en general: 8, 9, 16, 17, 25, 26
Días menos favorables en general: 1, 2, 14, 15, 20, 21, 22, 28, 29
Mejores días para el amor: 1, 6, 10, 11, 15, 20, 21, 22, 24, 31
Mejores días para el dinero: 6, 8, 10, 11, 14, 16, 23, 25
Mejores días para la profesión: 1, 2, 3, 13, 22, 28, 29

El 23 del mes pasado acabó técnicamente tu cima financiera del año, pero el 22 entró Venus en tu casa del dinero, así que esta cima se alarga. Las finanzas están turbulentas y en proceso de reorganización, pero los ingresos son buenos en este periodo. Tu atención está muy centrada en ellos y eso es el 90 por ciento del éxito; estás atento, prestas atención. Me parece que la apariencia personal (que es buena) es un factor en los ingresos. La familia y un progenitor continúan apoyándote. La intuición es buena, en especial hasta el 11. A fin de mes, del 29 al 31, el Sol viaja con tu planeta del dinero, pero sentirás antes el efecto beneficioso de esto. Las amistades son amables, colaboran en tus objetivos financieros; es probable que gastes en alta tecnología, pero también puedes ganar en ese campo. Tomado todo en cuenta, es un mes próspero; tienes buen juicio financiero y no estás propenso a gastar en exceso; obtendrás valor por tu dinero.

Tu tercera casa, la de la comunicación y los intereses intelectuales, está poderosa todo el mes, así que este es el periodo para ponerte al día con la correspondencia, *e-mails* y todos los trabajos de texto que necesites hacer. Dado que Júpiter continúa retrógrado, pon más esmero en la calidad de tu comunicación; evita el descuido. Exprésate con la mayor claridad posible; explica las cosas con detalle. Si dudas respecto a lo que escribe o dice alguien, haz las preguntas necesarias para entenderlo todo claramente. Esto te ahorrará un montón de molestias después. El movimiento retrógrado de tu planeta de la comunicación es bueno para ciertas cosas; es bueno para hacer cursos, asistir a charlas y para escribir. No es bueno para comprar un coche o un equipo de comunicación, ni para firmar contratos o hacer compromisos a largo plazo.

Por lo general, cuando hay mala comunicación simplemente experimentamos fallos técnicos y contratiempos, pero a veces el fallo técnico puede ser peligroso para la vida, por ejemplo, si la persona encargada de atender el teléfono de emergencia entiende mal la dirección y envía a la policía a otro sitio, o la enfermera lee mal la receta y le da al paciente un medicamento erróneo, o el piloto se equivoca al leer lo que dice un indicador o pierde contacto con la torre de control. Por lo tanto, te conviene evitar las actividades en que la buena comunicación es indispensable. Tal vez sea mejor evitar las intervenciones quirúrgicas y los viajes innecesarios.

Marte, tu planeta del amor, está en tu cuarta casa desde el 17 del mes pasado. En general, hay más relación con los familiares y reuniones en casa. En cuanto al amor, una agradable velada romántica en casa es preferible a una salida de juerga. La comunicación mutua de los sentimientos y el apoyo emocional son importantes en el amor (y parece que eso lo tienes); así es como te sientes amado y así es como demuestras el amor. Si estás soltero o soltera necesitas ir lento en el amor, en especial hasta el 26; deja que el amor se desarrolle a su ritmo.

El 26 Marte entra en tu quinta casa; el amor se ve más feliz, más feliz y despreocupado; lo pasas bien con tu cónyuge, pareja o ser amado actual. Si estás soltero o soltera te atrae «pasarlo bien», no sólo el apoyo emocional; prefieres a la persona que sabe hacerte pasar un buen rato.

Después del 21 la salud necesita más atención, pero ya has pasado lo peor; los problemas de salud no son tan graves como a comienzos del año (o el año pasado).

Escorpio

♏

El Escorpión
Nacidos entre el 23 de octubre y el 22 de noviembre

Rasgos generales

ESCORPIO DE UN VISTAZO
Elemento: Agua

Planeta regente: Plutón
   Planeta corregente: Marte
   Planeta de la profesión: el Sol
   Planeta de la salud: Marte
   Planeta del amor: Venus
   Planeta del dinero: Júpiter
   Planeta del hogar y la vida familiar: Urano

Color: Rojo violáceo
   Color que favorece el amor, el romance y la armonía social: Verde
   Color que favorece la capacidad de ganar dinero: Azul

Piedras: Sanguinaria, malaquita, topacio

Metales: Hierro, radio, acero

Aromas: Flor del cerezo, coco, sándalo, sandía

Modo: Fijo (= estabilidad)

Cualidad más necesaria para el equilibrio: Visión más amplia de las cosas

232 AÑO 2012: TU HORÓSCOPO PERSONAL

Virtudes más fuertes: Lealtad, concentración, determinación, valor, profundidad

Necesidades más profundas: Penetración y transformación

Lo que hay que evitar: Celos, deseo de venganza, fanatismo

Signos globalmente más compatibles: Cáncer, Piscis

Signos globalmente más incompatibles: Tauro, Leo, Acuario

Signo que ofrece más apoyo laboral: Leo

Signo que ofrece más apoyo emocional: Acuario

Signo que ofrece más apoyo económico: Sagitario

Mejor signo para el matrimonio y/o las asociaciones: Tauro

Signo que más apoya en proyectos creativos: Piscis

Mejor signo para pasárselo bien: Piscis

Signos que más apoyan espiritualmente: Cáncer, Libra

Mejor día de la semana: Martes

La personalidad Escorpio

Un símbolo del signo de Escorpio es el ave fénix. Si meditamos sobre la leyenda del fénix podemos comenzar a comprender el carácter de Escorpio, sus poderes, capacidades, intereses y anhelos más profundos.

El fénix de la mitología era un ave capaz de recrearse y reproducirse a sí misma. Lo hacía de la manera más curiosa: buscaba un fuego, generalmente en un templo religioso, se introducía en él y se consumía en las llamas, y después renacía como un nuevo pájaro. Si eso no es la transformación más profunda y definitiva, ¿qué es entonces?

Transformación, eso es lo que los Escorpio son en todo, en su mente, su cuerpo, sus asuntos y sus relaciones (son también transformadores de la sociedad). Cambiar algo de forma natural, no artificial, supone una transformación interior. Este tipo de cambio es radical, en cuanto no es un simple cambio cosmético. Algunas personas creen que transformar sólo significa cambiar la apariencia, pero no es ese el tipo de cambio que interesa a los Escorpio. Ellos buscan el cambio profundo, fundamental. Dado que el verdadero cambio siempre procede del interior, les interesa mucho el aspecto interior, íntimo y filosófico de la vida, y suelen estar acostumbrados a él.

Los Escorpio suelen ser personas profundas e intelectuales. Si quieres ganar su interés habrás de presentarles algo más que una imagen superficial. Tú y tus intereses, proyectos o negocios habréis de tener verdadera sustancia para estimular a un Escorpio. Si no hay verdadera sustancia, lo descubrirá y ahí terminará la historia.

Si observamos la vida, los procesos de crecimiento y decadencia, vemos funcionar todo el tiempo los poderes transformadores de Escorpio. La oruga se convierte en mariposa, el bebé se convierte en niño y después en adulto. Para los Escorpio esta transformación clara y perpetua no es algo que se haya de temer. La consideran una parte normal de la vida. Esa aceptación de la transformación les da la clave para entender el verdadero sentido de la vida.

Su comprensión de la vida (incluidas las flaquezas) hace de los nativos de Escorpio poderosos guerreros, en todos los sentidos de la palabra. A esto añadamos su profundidad y penetración, su paciencia y aguante, y tendremos una poderosa personalidad. Los Escorpio tienen buena memoria y a veces pueden ser muy vengativos; son capaces de esperar años para conseguir su venganza. Sin embargo, como amigos, no los hay más leales y fieles. Poca gente está dispuesta a hacer los sacrificios que hará una persona Escorpio por un verdadero amigo.

Los resultados de una transformación son bastante evidentes, aunque el proceso es invisible y secreto. Por eso a los Escorpio se los considera personas de naturaleza reservada. Una semilla no se va a desarrollar bien si a cada momento se la saca de la tierra y se la expone a la luz del día. Debe permanecer enterrada, invisible, hasta que comience a crecer. Del mismo modo, los Escorpio temen revelar demasiado de sí mismos o de sus esperanzas a otras personas. En cambio, se van a sentir más que felices de mostrar el producto acabado, pero sólo cuando esté acabado. Por otro lado, les encanta conocer los secretos de los demás, tanto como les disgusta que alguien conozca los suyos.

Situación económica

El amor, el nacimiento, la vida y la muerte son las transformaciones más potentes de la Naturaleza, y a los Escorpio les interesan. En nuestra sociedad el dinero es también un poder transformador y por ese motivo los Escorpio se interesan por él. Para ellos el dinero es poder, produce cambios y gobierna. Es el poder del dinero lo que los fascina. Pero si no tienen cuidado, pueden ser demasiado materialistas y dejarse impresionar excesivamente por el poder del dinero, hasta el punto de llegar a creer que el dinero gobierna el mundo.

Incluso el término plutocracia viene de Plutón, que es el regente de Escorpio. De una u otra manera los nativos de este signo consiguen la posición económica por la que luchan. Cuando la alcanzan, son cautelosos para manejar su dinero. Parte de esta cautela es en realidad una especie de honradez, porque normalmente los Escorpio trabajan con el dinero de otras personas, en calidad de contables, abogados, agentes de Bolsa, asesores bursátiles o directivos de empresa, y cuando se maneja el dinero de otras personas hay que ser más prudente que al manejar el propio.

Para lograr sus objetivos económicos, los nativos de Escorpio han de aprender importantes lecciones. Es necesario que desarrollen cualidades que no tienen naturalmente, como la amplitud de visión, el optimismo, la fe, la confianza y, sobre todo, la generosidad. Necesitan ver la riqueza que hay en la Naturaleza y en la vida, además de las formas más obvias del dinero y el poder. Cuando desarrollan esta generosidad, su potencial financiero alcanza la cima, porque Júpiter, señor de la opulencia y de la buena suerte, es el planeta del dinero en su carta solar.

Profesión e imagen pública

La mayor aspiración de los nativos de Escorpio es ser considerados fuente de luz y vida por la sociedad. Desean ser dirigentes, estrellas. Pero siguen un camino diferente al de los nativos de Leo, las otras estrellas del zodiaco. Un Escorpio llega a su objetivo discretamente, sin alardes, sin ostentación; un Leo lo hace abierta y públicamente. Los Escorpio buscan el encanto y la diversión de los ricos y famosos de modo discreto, secreto, encubierto.

Por naturaleza, los Escorpio son introvertidos y tienden a evitar la luz de las candilejas. Pero si quieren conseguir sus más elevados objetivos profesionales, es necesario que se abran un poco y se expresen más. Deben dejar de esconder su luz bajo un perol y permitirle que ilumine. Por encima de todo, han de abandonar cualquier deseo de venganza y mezquindad. Todos sus dones y capacidades de percibir en profundidad las cosas se les concedieron por un importante motivo: servir a la vida y aumentar la alegría de vivir de los demás.

Amor y relaciones

Escorpio es otro signo del zodiaco al que le gustan las relaciones comprometidas, claramente definidas y estructuradas. Se lo piensan mucho antes de casarse, pero cuando se comprometen en una relación tienden

a ser fieles, y ¡Dios ampare a la pareja sorprendida o incluso sospecho-
sa de infidelidad! Los celos de los Escorpio son legendarios. Incluso
pueden llegar al extremo de detectar la idea o intención de infidelidad,
y esto puede provocar una tormenta tan grande como si de hecho su pareja hubiera sido infiel.

Los Escorpio tienden a casarse con personas más ricas que ellos.
Suelen tener suficiente intensidad para los dos, de modo que buscan a
personas agradables, muy trabajadoras, simpáticas, estables y transi-
gentes. Desean a alguien en quien apoyarse, una persona leal que los
respalde en sus batallas de la vida. Ya se trate de su pareja o de un
amigo, para un Escorpio será un verdadero compañero o socio, no un
adversario. Más que nada, lo que busca es un aliado, no un contrin-
cante.

Si estás enamorado o enamorada de una persona Escorpio, vas a necesitar mucha paciencia. Lleva mucho tiempo conocer a los Escorpio,
porque no se revelan fácilmente. Pero si perseveras y tus intenciones
son sinceras, poco a poco se te permitirá la entrada en las cámaras interiores de su mente y su corazón.

Hogar y vida familiar

Urano rige la cuarta casa solar de Escorpio, la del hogar y los asuntos
domésticos. Urano es el planeta de la ciencia, la tecnología, los cambios y la democracia. Esto nos dice mucho acerca del comportamiento
de los Escorpio en su hogar y de lo que necesitan para llevar una vida
familiar feliz y armoniosa.

Los nativos de Escorpio pueden a veces introducir pasión, intensidad y voluntariedad en su casa y su vida familiar, que no siempre son el
lugar adecuado para estas cualidades. Estas virtudes son buenas para el
guerrero y el transformador, pero no para la persona que cría y educa.
Debido a esto (y también a su necesidad de cambio y transformación),
los Escorpio pueden ser propensos a súbitos cambios de residencia. Si
no se refrena, el a veces inflexible Escorpio puede producir alboroto y
repentinos cataclismos en la familia.

Los Escorpio necesitan desarrollar algunas de las cualidades de
Acuario para llevar mejor sus asuntos domésticos. Es necesario que fo-
menten un espíritu de equipo en casa, que traten las actividades familiares como verdaderas relaciones en grupo, porque todos han de tener
voz y voto en lo que se hace y no se hace, y a veces los Escorpio son
muy tiranos. Cuando se vuelven dictatoriales, son mucho peores que
Leo o Capricornio (los otros dos signos de poder del zodiaco), porque

Escorpio aplica la dictadura con más celo, pasión, intensidad y concentración que estos otros dos signos. Lógicamente, eso puede ser insoportable para sus familiares, sobre todo si son personas sensibles.

Para que un Escorpio consiga todos los beneficios del apoyo emocional que puede ofrecerle su familia, ha de liberarse de su conservadurismo y ser algo más experimental, explorar nuevas técnicas de crianza y educación de los hijos, ser más democrático con los miembros de la familia y tratar de arreglar más cosas por consenso que por edictos autocráticos.

Horóscopo para el año 2012*

Principales tendencias

Neptuno lleva muchos años en Acuario, tu cuarta casa, la del hogar y la familia, y este año hace un importante traslado, pasa a Piscis, tu quinta casa, y estará en ella muchos años por venir. Ahora se van a perfeccionar, afinar, tus preferencias de ocio y tu creatividad personal. Vas a inclinarte por diversiones de tipo más «espiritual». El círculo de tambores y cánticos va a reemplazar al club o al bar. La música clásica reemplazará a la pop. Comenzarás a tener ideas creativas inspiradas también. Los hijos o figuras filiales de tu vida serán más espirituales en este periodo.

El año pasado fue fabuloso en el amor, Escorpio, y es posible que te hayas casado o entrado en una relación amorosa seria, y tal vez formado una sociedad de negocios también. Esta tendencia continúa este año, en especial hasta el 11 de junio. Este año se ve más activo sexualmente. Volveremos sobre este punto.

Plutón, el señor de tu horóscopo, ha estado en tu tercera casa desde 2008 y continuará ahí este y muchos años venideros. Por lo tanto, la comunicación y las actividades intelectuales, la expansión de la mente, la adquisición de conocimientos son intereses de larga

* Las previsiones de este libro se basan en el Horóscopo Solar y todos los signos que derivan de él; tu Signo Solar se convierte en el Ascendente, y las casas se numeran a partir de él. Tu horóscopo personal, el trazado concretamente para ti (según la fecha, hora y lugar exactos de tu nacimiento) podrían modificar lo que decimos aquí. Joseph Polansky

duración. Plutón estará todo el año en cuadratura con el volátil Urano, así que este año ten más prudencia al conducir; es necesario también evitar las actividades arriesgadas y temerarias. Hablaremos más sobre esto.

Saturno ha estado los dos años pasados en tu casa doce, la de la espiritualidad, y continúa ahí la mayor parte de este año; el 5 de octubre entra en tu signo. Por lo general, este es un tránsito difícil, pero no lo bastante para causar mala salud. La energía no estará a la altura acostumbrada, pero la salud estará bien. De todos modos, este es un periodo para ponerte en un segundo plano, para brillar «discretamente». Te caen encima nuevas cargas y responsabilidades, y esto no lo puedes evitar. Este tránsito inicia un ciclo de dos años de «formación de carácter».

Tus principales intereses (y son muchos) este año son: la comunicación y las actividades intelectuales (esto será más fuerte aún después del 5 de octubre); el hogar y la familia (hasta el 3 de febrero); los hijos, la creatividad y el placer personal (a partir del 3 de febrero); la salud y el trabajo; el amor y el romance (hasta el 11 de junio); la sexualidad, la transformación y la reinvención personales, los estudios ocultos (a partir del 11 de junio); las amistades, los grupos, las actividades de grupo, la ciencia y la astrología (hasta el 3 de julio); la espiritualidad (hasta el 5 de octubre).

Tus caminos hacia la mayor satisfacción son: el amor, el romance y las actividades sociales (hasta el 11 de junio); la sexualidad, la transformación y reinvención personales, los estudios ocultos (a partir del 11 de junio); las finanzas (hasta el 31 de agosto); el cuerpo, la imagen y el placer personal (después del 5 de octubre).

Salud

(Ten en cuenta que esta es una perspectiva astrológica de la salud, no una médica. Antaño no había ninguna diferencia, ambas eran idénticas, pero en esta época podrían diferir muchísimo. Para una perspectiva médica, por favor, consulta a tu médico o a otro profesional de la salud.)

Si bien la salud es esencialmente buena, y la mayor parte del año se ve mejor que el año pasado, está muy fuerte tu sexta casa, la de la salud. Tu atención se centra en ella; pero tu carta indica que esta atención no se debe a problemas de salud (como suele ocurrir), sino más al el deseo de mantenerla en condiciones y prevenir problemas en el futuro.

Neptuno ha estado muchos años en aspecto desfavorable contigo, y este año, el 3 de febrero, comienza a formarte un aspecto armonioso. Júpiter está en aspecto difícil para ti hasta el 11 de junio, día en que sale de él. La única dificultad de larga duración comenzará cuando Saturno entre en tu signo el 5 de octubre.

Urano, como hemos dicho, estará en tu sexta casa durante muchos años. Por lo tanto, vas a volverte más experimentador en los asuntos de salud. Tenderás a inclinarte por terapias alternativas, no por las ortodoxas. En realidad, en este periodo te atraerán las últimas tendencias en terapias.

Pero el punto principal de la intervención de Urano en tu salud es que te dedicas a un trabajo que todo el mundo debería hacer: a aprender cómo funcionas. Vas a aprender las reglas de la salud que se aplican a ti y solamente a ti. Todos estamos programados de diferente manera, y cosas que van bien a otras personas podrían no irte bien a ti; y las terapias que te van bien a ti podrían no irles bien a otras personas. Así pues, este es un proceso de aprendizaje, de probar y cometer errores.

Pero por buena que esté tu salud, siempre puedes mejorarla. Presta más atención a los siguientes órganos: el corazón (después del 5 de octubre; la preocupación y la ansiedad son las principales causas de los problemas cardiacos, así que evita a estos demonios gemelos como a la peste); el colon, la vegija y los órganos sexuales (el sexo seguro y la moderación sexual son muy importantes); la cabeza, la cara y el cuero cabelludo (los masajes periódicos en el cuero cabelludo y la cara serán muy potentes); la musculatura (el ejercicio físico vigoroso es maravilloso; es necesario tonificar bien los músculos); las suprarrenales (el miedo y la rabia tienden a agotar las suprarrenales, así que evita estas emociones negativas; te vendrán, pero no te quedes con ellas, sal de ese estado lo más pronto posible); los tobillos y las pantorrillas (deberás darles masajes periódicos; da más apoyo y sujeción a los tobillos cuando hagas ejercicio).

Ocurre que Urano es tu planeta de la familia; también rige la vida emocional. El mensaje es muy claro: buena salud para ti significa salud emocional, buenas relaciones familiares, armonía en el hogar y en la naturaleza sensible. Si surgieran problemas (no lo permita Dios) tendrás que explorar esa faceta y devolverle la armonía cuanto antes.

Como hemos dicho, Urano está en cuadratura con Plutón todo el año. Este es un aspecto muy dinámico; podrías hacer experimentos con el cuerpo de formas arriesgadas; poner a prueba sus límites temerariamente, y esto puede llevar a accidentes o lesiones. Este no es un año para proezas peligrosas. Conduce con más prudencia y sé más consciente de los riesgos en el plano físico.

Hogar y vida familiar

Tu cuarta casa, la del hogar y la familia, ha estado poderosa desde hace muchos años; este año lo estará menos. El 3 de febrero Neptuno sale de esta casa y entra en la quinta para quedarse muchos años. El año pasado Urano hizo un importante traslado, entrando en Aries, tu sexta casa. Así pues, la situación familiar va a experimentar muchos cambios; cambian las actitudes; la dinámica familiar será muy diferente.

La familia en su conjunto se ve más interesada en la salud. Y tú pareces más concentrado en la salud de los familiares que en la tuya (en especial la salud de un progenitor o figura parental).

Durante años has estado transformando la casa en un lugar de recreo, un centro de diversión y entretenimiento. Ahora se va a parecer más a un balneario de salud. Es posible que instales aparatos para mejorar la salud, equipamiento para hacer ejercicio, sauna, jacuzzi, cosas de esa naturaleza. También eliminas los riesgos para la salud en la casa y la propiedad. En tu propiedad podría haber acumulación de toxinas en el subsuelo, o la pintura contiene sustancias nocivas, o el techo o el tejado. Este es el periodo en que corriges esas cosas.

Es posible que te hayas mudado de casa en los últimos años; de 2010-2011 había probabilidades. Este año te inclinas más a continuar donde estás. De todos modos, en junio y julio de este año hay oportunidades de mudanza, de comprar o vender una casa. Que aproveches la oportunidad o no es asunto tuyo, de tu libre voluntad.

La principal tendencia este año es la cuadratura Urano-Plutón, que está en vigor todo el año. Esto indica conflictos con la familia. Hay desacuerdo entre tú y los familiares (en especial con un progenitor o figura parental). El peligro es la discordia emocional, que puede generar problemas de salud. Está bien estar en desacuerdo, pero cuando intervienen los sentimientos o emociones fuertes cambia la historia.

Mantener la armonía con la familia va a ser tu principal reto este año.

Podría haber una muerte o experiencia de muerte temporal en la familia, tal vez un progenitor o figura parental. A veces este aspecto indica una operación quirúrgica; a veces la unidad familiar sufre una experiencia de cuasi muerte, el peligro de disolución o ruptura. Estas cosas no tienen por qué ocurrir en la realidad, pero sí que te enfrentas a este tipo de cosas. Existe la amenaza, la posibilidad. Con más trabajo y esfuerzo se pueden evitar.

Un progenitor o figura parental podría haberse mudado el año pasado y si no, esto podría ocurrir este año. Se ve una mudanza feliz. En la vida doméstica de los hermanos o figuras fraternas hay mucha inestabilidad; podrían mudarse muchas veces, o tal vez vivir en diferentes lugares durante largos periodos; no paran de hacer mejoras en la casa: es un proceso de nunca acabar. Se ven probabilidades de mudanza para los hijos o figuras filiales después del 11 de junio; también se ven felices.

Profesión y situación económica

Tu casa del dinero no está poderosa este año. Por lo tanto la tendencia es dejar las cosas como están en cuanto a los ingresos. No tienes necesidad de hacer cambios importantes en tu vida financiera; el Cosmos no te impulsa ni en un sentido ni en otro. El 4 de junio un eclipse lunar producirá ciertos cambios de corta duración en las finanzas, pero en general está en vigor la tónica de dejar las cosas como están.

El 4 de junio del año pasado tu planeta del dinero, Júpiter, entró en tu séptima casa y estará ahí hasta el 11 de junio de este año. Esto produce diversos tipos de fenómenos. Si estás soltero o soltera indica matrimonio con una persona rica; si estás casado o casada indica ingresos procedentes del matrimonio, apoyo del cónyuge. A veces este aspecto indica una sociedad de negocios o empresa conjunta, algo muy lucrativo. En general, las relaciones sociales tienen un importante papel en los ingresos; las amistades apoyan y ofrecen oportunidades financieras.

Desde que Júpiter entró en tu séptima casa has trabajado en integrar la vida social y la financiera; casi son como una misma cosa. Haces negocios con personas con que te relacionas socialmente; y haces vida social con las personas involucradas en tu negocio o empresa. Este año gran parte de la actividad social está relacionada con las finanzas.

Este año se ve mucha inestabilidad en el trabajo. Es posible que haya cambio de trabajo, tal vez muchas veces. Quizá la persona no cambia de lugar de trabajo, sino que pasa a ocupar a otro puesto dentro de la misma empresa. También hay cambios constantes en las condiciones laborales. Si eres empleador tendrás mucho cambio de personal este año; e incluso con los empleados que continúen contigo te será difícil saber quién está disponible en un momento dado. Si buscas trabajo tienes oportunidades a través de la familia, conexiones familiares y personas que son como familiares para ti.

Tu décima casa, la de la profesión, está prácticamente vacía este año; sólo pasarán por ella los planetas rápidos, en tránsitos temporales. Esto sugiere un año sin novedad ni cambio en la profesión. Los dos eclipses solares (como cada año) te ayudarán en perfeccionar la profesión; te revelarán defectos y problemas para que puedas hacer las correcciones y cambios.

El 11 de junio Júpiter entra en tu octava casa. Este es un tránsito muy hermoso para las finanzas del cónyuge, pareja o ser amado actual (las finanzas de esta persona ya están bien antes de junio, pero con esto mejoran más aún). Tu cónyuge o pareja es más generoso contigo. Este aspecto indica herencia, aunque no es necesario que muera nadie; podrían nombrarte en un testamento o para un puesto en la propiedad de alguien. Si tienes reclamaciones de seguros, este aspecto indica buena suerte. También hay suerte si buscas inversores. Está fuerte tu capacidad para conseguir préstamos (independientemente de las condiciones económicas). Muchas personas ganan dinero mediante tipos de financiación creativa; consiguen un préstamo con un determinado interés e invierten el dinero en algún negocio o empresa que les da un interés más elevado; consiguen el préstamo y luego lo refinancian con un interés más bajo, más favorable. Este tipo de oportunidades están abiertas para ti en este periodo. Es probable que pagues más impuestos este año, pero eso también significa que ganas más.

Debes tener cuidado de no abusar de las deudas en este periodo; no te excedas.

El tránsito de tu planeta del dinero por Géminis (a partir del 11 de junio) tiene otros mensajes también. Las ventas, la mercadotecnia, las relaciones públicas, la publicidad y el buen uso de los medios de comunicación son importantes en las finanzas. Y estos son los principales intereses en tu vida, por cierto. Las dotes de comunicación son importantes en las finanzas.

Amor y vida social

Como hemos dicho, el año pasado fue muy fuerte en el amor, y la tendencia continúa este año, en especial hasta el 11 de junio.

Júpiter en la séptima casa indica matrimonio o una relación parecida al matrimonio, un tipo de relación seria. Si esto no ha ocurrido todavía, podría ocurrir este año.

También indica más actividad social, más fiestas y reuniones sociales, más citas que de costumbre. Entran nuevas e importantes amistades en tu círculo social también.

Como hemos dicho, haces vida social con las personas con que haces negocios; se integran la vida social y la financiera.

Este tránsito también indica que alternas con personas ricas; las amistades y el cónyuge, pareja o ser amado tienden a ser personas ricas, y te apoyan.

Tu planeta del amor es Venus, y es el mejor planeta del amor que se puede tener, pues el amor es su dominio natural. Pero Venus es un planeta de movimiento rápido. A lo largo del año transita por todos los signos y casas del horóscopo. Por lo tanto, hay muchas tendencias de corta duración en el amor, que es mejor tratar en las previsiones mes a mes. Mucho depende de dónde está Venus en un momento determinado y qué tipo de aspectos recibe.

Este año Venus pasa una cantidad de tiempo insólita en Géminis, tu octava casa. Normalmente tarda alrededor de un mes en transitar por un signo, y ahora estará cuatro meses en Géminis, un tercio del año. Esto también indica que el cónyuge, pareja o ser amado actual está muy involucrado en las finanzas, es una persona adinerada. Indica que durante ese periodo (3 abril a 7 de agosto) hay dos cosas importantes en el amor: la química sexual (siempre importante para ti, Escorpio) y la compatibilidad mental. Lo uno sin lo otro no funcionará bien mucho tiempo. A veces este aspecto indica dramas en la vida amorosa: algo amenaza la relación, que podría disolverse; pero con frecuencia se puede regenerar y renovar.

Progreso personal

Saturno lleva unos años en tu casa doce y este año continúa ahí hasta el 5 de octubre. Has estado en un periodo para adoptar disciplinas y programas espirituales; para adoptar un enfoque muy práctico de tu vida espiritual. Dado que los fenómenos (y la realidad) espirituales están por encima de la mente humana, muchas personas tienen la idea de que todo es vago y nebuloso, poco sistemático, al azar. Descubrirás (y tal vez ya has descubierto) que no es así. No es «irracional», sino un orden de racionalidad superior, tan científico en su forma como la física o la química. Este es un buen periodo para entender la ciencia que lo respalda. La vida espiritual, tus ideas espirituales, tus ideales y actitud, han pasado por un «control de realidad» en este periodo. Es posible que tengas mucho conocimiento y de esto te enterarás al pasar por la prueba. Tienes capacidades que no sabías que tenías. Muchas personas van por ahí simulando tener conocimiento, y esto también lo revelará la prueba. Cuando Saturno salga de tu casa doce tendrás una comprensión más realista del lugar en el que estás en el camino y hacia dónde necesitas ir. Esto es valiosísimo para hacer más progreso.

Saturno es el señor de tu tercera casa, la de la comunicación y las actividades intelectuales. Su posición en la casa doce (desde hace dos años) indica que la mente inferior, el intelecto, se está perfeccionando y espiritualizando. El intelecto no es el enemigo, como aseguran muchos caminos espirituales; el enemigo son las impurezas que hay en él, las ideas falsas. Elimina las impurezas y el intelecto se convierte en tu amigo y aliado en el camino. Estás en un periodo en que va mejor este tipo de trabajo. El intelecto tiene su utilidad práctica en la vida cotidiana; mediante el intelecto podemos planificar y organizar nuestras funciones diarias. Por lo tanto, no es aconsejable anularlo; es simple cuestión de dejar que el intelecto haga el trabajo para el que está diseñado y no más.

Previsiones mes a mes

Enero

Mejores días en general: 8, 9, 17, 18, 25, 26
Días menos favorables en general: 3, 4, 10, 11, 23, 24, 30, 31
Mejores días para el amor: 3, 4, 6, 7, 18, 19, 27, 28, 30, 31
Mejores días para el dinero: 3, 4, 12, 19, 20, 21, 30
Mejores días para la profesión: 3, 4, 10, 11, 12, 13, 23, 24

El año comienza con el poder planetario en traslado desde el sector oriental o independiente de tu carta al sector occidental o social. El poder y la independencia personales se debilitan, las condiciones o circunstancias desagradables se pueden cambiar, pero con mucho más trabajo que antes; ahora es mejor que te adaptes a las situaciones lo mejor que puedas. En los últimos seis meses te has creado las circunstancias, y este es el periodo en que les haces la «prueba en carretera»: tienes que vivir con ellas un tiempo, hasta que llegue el próximo ciclo de independencia (dentro de seis meses más o menos). Ahora estás en el comienzo de un periodo más social, que se hará más fuerte en los próximos meses. Es el periodo para afinar las dotes sociales, cultivar el factor simpatía y tomarte unas vacaciones de tu yo e intereses propios; es el periodo para anteponer a los demás.

Comienzas el año en la «medianoche»; la mayoría de los planetas están bajo el horizonte de tu carta, y tu cuarta casa, la del hogar y la familia, está muy poderosa. A la hora de la medianoche ocurren muchos procesos interiores maravillosos: el cuerpo exterior duerme, aparentemente inactivo, pero se está recargando y rejuveneciendo, reponiendo las fuerzas para el día siguiente. Esto es lo que te ocurre; la profesión y las actividades externas están en un descanso temporal, y es mejor trabajar en ellas con las modalidades de la noche: fijar los objetivos profesionales, visualizarlos, vivirlos como si ya fueran realidad; los sueños diurnos conscientes, creativos, son potentes. A su debido tiempo, cuando rompa el día en tu año, se manifestarán naturalmente. Claro que harás los movimientos o gestiones para conseguir tus objetivos profesionales, pero estos actos físicos serán naturales y potentes, los efectos secundarios de tu trabajo interior.

Para sacar el mejor partido del sueño es necesaria la armonía emocional; la falta de armonía afecta al sueño y los procesos que deben ocurrir no ocurren correctamente. Así pues, estás en un periodo en que debes cultivarla; necesitas primero encontrarla para luego funcionar desde tu punto personal de armonía emocional. En realidad, esta consecución y la familia son tu verdadera misión espiritual a partir del 20.

Es posible que hagas tu trabajo en casa, que consigas tus objetivos profesionales desde casa, y esto está en conformidad con el horóscopo. Las conexiones familiares y la propia familia son útiles en la profesión; las soluciones a los problemas en la profesión están cerca, a mano.

Hasta el 20 está poderosa tu tercera casa, la de la comunicación y los intereses intelectuales. Estando el ciento por ciento de los planetas en movimiento directo hasta el 24 (muy insólito), este es buen periodo para enviar correos comerciales, lanzar proyectos y campañas de comercialización. También es bueno para ampliar los conocimientos, para hacer cursos en temas que te interesan; es un buen periodo para cuidar de tu «cuerpo mental»; nútrelo bien y ejercítalo.

Estás en un año muy potente para el amor y el romance. Si estás soltero o soltera, hay probabilidades de que te cases este año. Hasta el 14 tu planeta del amor está en tu cuarta casa, por lo tanto, los

familiares hacen de cupido; una velada romántica en casa es preferible, más agradable, que salir de juerga. Esto cambia después del
14; entonces prefieres la salida de diversión a la velada en casa. Del
12 al 14 tu planeta del amor viaja con Neptuno; esto trae un encuentro romántico, pero no te precipites, las cosas no son lo que parecen.

Febrero

Mejores días en general: 4, 5, 13, 14, 22, 23
Días menos favorables en general: 1, 7, 8, 19, 20, 27, 28
Mejores días para el amor: 1, 5, 6, 15, 24, 25, 27, 28
Mejores días para el dinero: 1, 9, 15, 16, 17, 27, 28
Mejores días para la profesión: 2, 3, 7, 8, 11, 12, 21, 22

Aunque la salud ha estado esencialmente bien y este mes está mejor
aún, has hecho cambios importantes en tu programa; has hecho experimentos en este frente (lo cual es bueno). Pero ahora, estando retrógrado Marte, tu planeta de la salud, durante unos meses (desde el 24
del mes pasado), ten más cautela con tus experimentos y cambios.

Hasta el 19 la salud necesita más atencion; no hay nada grave,
pero la energía general no está a la altura habitual; así pues, descansa
y relájate más. Después del 19 hay mucho poder en Piscis, tu quinta
casa, y la salud mejora espectacularmente. Además, entras en una
cima anual de placer personal.

El mundo considera «frívolos», tal vez irresponsables, el ocio y
la diversión. Pero ahora, teniendo a Neptuno en tu quinta casa para
largo, vas a aprender el valor espiritual de la diversión, de la alegría, de la felicidad. Esto tiene mucha más enjundia de lo que parece; en realidad, aprender a gozar de la vida, a tomarte el placer con
naturalidad, forma parte de tu misión espiritual este mes, a partir
del 19. Los hijos y las figuras filiales de tu vida también son parte
de tu misión.

El amor fue feliz el mes pasado y también lo es este mes. El 14 del
mes pasado tu planeta del amor entró en tu quinta casa, la de la diversión, y continúa en ella hasta el 8. Si estás casado o casada, hay mucha diversión en el matrimonio; si estás soltero o soltera, hay muchas
oportunidades de «aventura amorosa». Disfrutas más de la amistad,
participas en actividades de ocio y diversión con tus amistades, cónyuge, pareja o ser amado actual. La diversión, la ternura, la sensibilidad, son importantes atractivos en una relación. Mientras tu planeta

del amor está en Piscis, experimentas «matices» en el amor que experimentan pocas personas. Hasta el 8 las oportunidades amorosas se encuentran en los lugares habituales: fiestas, balnearios, el teatro, y lugares de diversión. Después las oportunidades románticas se presentan en el trabajo, con compañeros de trabajo o con personas relacionadas con tu salud.

Venus en Aries, a partir del 8, tiende a la precipitación en el amor; hay una tendencia al «amor a primera vista» («Ah, esta es la persona»); pero la permanencia de ese ardor es dudosa. Los sentimientos son tan intensos que la persona podría considerar la posibilidad de fugarse con el ser amado.

Del 8 al 10 Venus viaja con Urano; este aspecto trae encuentros amorosos repentinos, inesperados. Pero estas cosas se ven inestables. Hay mucha volubilidad emocional en este periodo, cambios de humor rápidos, repentinos. Debes tener más paciencia con el cónyuge o ser amado esos días.

Aunque las finanzas no son una prioridad importante, los ingresos son buenos este mes. Tu planeta del dinero forma aspectos hermosos con Plutón, el señor de tu horóscopo. Hay suerte en las especulaciones también; coges las buenas rachas. Los contactos sociales tienen un papel importantísimo en los ingresos. El cónyuge, pareja o ser amado actual te apoya y es muy generoso contigo.

Marzo

Mejores días en general: 3, 4, 11, 12, 20, 21, 30, 31
Días menos favorables en general: 5, 6, 18, 19, 25, 26
Mejores días para el amor: 7, 15, 16, 25, 26
Mejores días para el dinero: 7, 13, 14, 15, 16, 25, 26
Mejores días para la profesión: 3, 4, 5, 6, 11, 12, 22, 23

Saturno es tu planeta de la comunicación. Asume el papel de Mercurio en tu carta; inició movimiento retrógrado el 7 del mes pasado. Mercurio (el señor genérico de la comunicación) inicia movimiento retrógrado el 12 de este mes. Tienes retrógrados a los dos planetas de la comunicación, así que debes tener más cuidado en tu forma de comunicarte. Haz las cosas más lentamente de forma que resulten bien. Este no es periodo para el correo comercial ni para lanzar una campaña de publicidad; evita firmar contratos, cerrar la venta o compra de una casa o entrar en compromisos a largo plazo; es mejor dejar para después las compras importantes; la información que lees en los periódicos, ves por la televisión o recibes acerca de productos podría no ser lo que crees; las rebajas u ofertas especiales podrían no ser gangas mirado en retrospectiva. Una aparente decisión, de una empresa u organismo gubernamental, no es inamovible; podría cambiar, ya sea hacia el lado positivo o hacia el negativo.

Muchas de las cosas que ocurren no se pueden prevenir; pero podemos reducir al mínimo los efectos negativos con una buena planificación. Evita los viajes innecesarios; si debes viajar, asegura tu billete y programa más tiempo para llegar a tu destino; hay que leer atentamente la letra pequeña de todos los contratos, sobre todo si entrañan deudas (préstamos, hipotecas, tarjetas de crédito); si debes hacer una compra importante (y esto ocurre) antes, comprueba que la tienda acepta devoluciones. Lo principal es verificar que lo que dices o escribes es lo que realmente quieres decir y que lo que oyes es realmente lo que se te dice. No des por sentado que la otra persona o la empresa va a entender lo que quieres decir; debes eliminar la ambigüedad; si no estás seguro de haber entendido el mensaje que recibes, haz preguntas, resuelve tus dudas. La mala comunicación y los malos entendidos son las principales dificultades este mes.

La salud es buena este mes y parece que estás muy atento a ella también. Puedes mejorarla más de las formas explicadas en las previsiones para el año.

Hasta el 20 continúas en un periodo anual de fiestas. Después se acaba la fiesta y te encuentras en un periodo más orientado al trabajo. Se hace poderosa tu sexta casa, la de la salud y el trabajo. Esta es una posicion fabulosa, si buscas trabajo; de todos modos, estando Marte retrógrado todo el mes, las ofertas y los cambios de trabajo necesitan más estudio; resuelve todas tus dudas antes de decidir. Lo mismo vale en el caso de que contrates empleados. También requiere más estudio y reflexión cualquier cambio en tu programa de salud.

El amor es súper este mes. Venus entra en tu séptima casa el 5 y se queda ahí el resto del mes. Del 11 al 14 viaja con Júpiter, tránsito muy poderoso en el amor y las finanzas. Hay encuentros románticos felices; si estás soltero o soltera te encuentras con pretendientes ricos. Hay oportunidades felices para formar una sociedad de negocios o empresa conjunta; con este tránsito también podría venderse o fusionarse una empresa que posees.

Abril

Mejores días en general: 8, 16, 17, 26, 27
Días menos favorables en general: 1, 2, 14, 15, 21, 22, 29, 30
Mejores días para el amor: 5, 10, 14, 15, 21, 22, 24, 25
Mejores días para el dinero: 4, 8, 9, 12, 13, 21, 22
Mejores días para la profesión: 1, 2, 10, 11, 20, 21, 29, 30

Después del 4, cuando Mercurio retoma el movimiento directo, comienzan a disminuir los problemas de comunicación que vimos el mes pasado: llamadas telefónicas perdidas, mensajes o cartas que no llegan a destino, los fastidiosos contratiempos con el equipo de comunicación, pero Saturno continúa retrógrado, así que tienes que seguir contendiendo con estas cosas, pero menos. Te conviene seguir teniendo cuidado en tu forma de comunicarte.

El 20 el poder planetario entra en su posición occidental máxima y tú entras en una cima amorosa y social anual. Ahora hay muchas probabilidades de matrimonio (del tipo normal) y de fusión de empresas o formación de sociedades de negocios (y si esto no ocurre hay mucho progreso o avance hacia estas cosas). Estás en ánimo de romance, y este ocurre. Este es el periodo para ejercer el «poder blando», no el «poder duro», para conseguir lo que deseas mediante consenso y colaboración, no por la fuerza. Llegará el periodo para el «poder duro», pero aún no estás en él. Mientras ocurre esto, el 10 inicia movimiento retrógrado el señor de tu horóscopo, Plutón. Ya no están tan fuertes el poder personal, la seguridad en ti mismo ni la voluntariedad. Este mes eso es bueno; tu vulnerabilidad resulta atractiva al sexo opuesto. Cuando tú estás débil están fuertes tu cónyuge, pareja o ser amado actual y tus amigos, y esto compensa la deficiencia. Probablemente tu manera no es la mejor para este periodo; deja que los demás se impongan mientras eso no sea destructivo ni esté en contra de tus principios morales. Después del 20 tu misión son los demás; estar por ellos.

Después del 20 la salud necesita más atención; lo bueno es que tu sexta casa está fuerte y por lo tanto estás atento, señal positiva para la salud. Con atención puedes prevenir problemas. Fortalece la salud de las formas explicadas en las previsiones para el año, pero este mes centra también tu atención en los pulmones, brazos, hombros y corazón.

Tu planeta del amor entra en tu octava casa el 3. Esto significa un mes más activo sexualmente; el magnetismo sexual parece ser lo más importante; pero también son importantes la riqueza y la posición. Este mes es para alternar con los encumbrados y poderosos, con personas de posición superior a la tuya. Podría haber romance con este tipo de personas también; el poder es muy atractivo en este periodo.

Este mes hay otra novedad importante: el 20 el poder planetario pasa de la mitad inferior de tu carta a la superior, por primera vez en lo que va de año. Ya has conseguido cierta armonía emocional y estás preparado para centrar la atención en la profesión y los objetivos externos. Las amistades, cónyuge o pareja te apoyan en esto. Este es un mes para adelantar en la profesión por medios sociales: asistiendo a y ofreciendo fiestas adecuadas y cultivando el tipo conveniente de contactos. Hasta el 20 lo importante es tu ética laboral, pero después no será tu trabajo, sino las personas que conoces.

Mayo

Mejores días en general: 5, 6, 13, 14, 15, 23, 24, 25
Días menos favorables en general: 11, 12, 18, 19, 20, 26, 27
Mejores días para el amor: 3, 4, 11, 12, 18, 19, 20, 21, 22, 30, 31
Mejores días para el dinero: 2, 7, 8, 10, 19, 20, 29
Mejores días para la profesión: 1, 2, 9, 10, 20, 21, 26, 27, 30

Es bueno que tu poder y voluntariedad no estén a la altura habitual, Escorpio; ahora toca revisión de tus objetivos y deseos personales, en especial de los relacionados con el cuerpo, imagen y apariencia personal. La claridad mental es la principal necesidad, y llegará con el tiempo. En este periodo evita los cambios importantes en tu vestimenta, los cambios de imagen y la cirugía plástica; tus motivos tienen que ser los correctos para estas cosas.

El 20 hay un eclipse solar que me parece fuerte en ti; reduce las actividades y evita las arriesgadas. Este eclipse ocurre en tu octava casa, y podría causar una experiencia de muerte temporal o cuasi muerte o una intervención quirúrgica; encuentro con la muerte, de modo físico o psíquico. Todos los eclipses solares producen cambios en la profesión, trastornos y reestructuración en la empresa y la industria en que trabajas, dramas en la vida de los jefes, padres, figuras parentales o figuras de autoridad; este no es diferente. Si tienes pendientes asuntos de patrimonio o seguros estos dan un giro radical, en uno u otro sentido. Muchas veces se toman decisiones importantes bajo los efectos del eclipse. Este eclipse afecta a los hijos y figuras filiales de tu vida; deberían reducir las actividades y evitar correr riesgos; si no han tenido cuidado con la dieta, podría haber desintoxicación del cuerpo; a lo largo de seis meses cambian de imagen, de personalidad y de concepto de sí mismos; este proceso comienza ahora, pero se acaba en los próximos meses.

El cónyuge, pareja o ser amado actual hace importantes cambios financieros en este periodo (sus finanzas van bien, así que los cambios serán buenos).

El amor ha sido súper los últimos meses y este mes continúa feliz. Sigues en una cima amorosa anual. Pero el 15 Venus inicia movimiento retrógrado así que tal vez es el momento de «distanciarte» un poco del torbellino social y hacer revisión. Es posible que estés considerando la posibilidad de matrimonio; está muy bien considerarlo, pero no tan bien actuar y casarte. Es mejor retrasar las decisiones importantes en el amor; este es un periodo para adquirir claridad mental y emocional respecto a tu relación o relaciones en general. Una vez que llegue la claridad las decisiones resultantes serán buenas. Si estás soltero o soltera y sin compromiso sigues conociendo a personas, pero en cuanto al amor, deja que se desarrolle a su ritmo.

El movimiento retrógrado de Venus no paraliza tu vida amorosa pero si tiende a enlentecer un poco las cosas.

La salud mejora después del 20.

Las finanzas y la profesión también se ven bien. Del 11 al 14 el Sol viaja con Júpiter; esto te trae beneficios inesperados, oportunidades financieras o artículos caros. También hay felices oportunidades profesionales. Un aumento de sueldo o ascenso no sería una sorpresa.

Junio

Mejores días en general: 1, 2, 10, 11, 20, 21, 29, 30
Días menos favorables en general: 8, 9, 15, 16, 22, 23
Mejores días para el amor: 8, 9, 15, 16, 17, 18, 27, 28
Mejores días para el dinero: 3, 4, 5, 6, 17, 26, 27
Mejores días para la profesión: 8, 9, 18, 19, 22, 23, 29, 30

Este mes ocurren cambios importantes en las finanzas, Escorpio. El 4 hay un eclipse lunar que ocurre en tu casa del dinero; Júpiter, tu planeta del dinero, va a reactivar (reestimular) el punto del eclipse solar del mes pasado. Hace tiempo que era necesario hacer estos cambios, pero ahora te ves obligado a hacerlos; al final estas cosas son buenas. Tu forma de pensar y tu estrategia financieras pasan por una revisión y un replanteo general.

Vemos otros cambios también. Júpiter entra en tu octava casa el 11; esto indica que el cónyuge, pareja o ser amado actual está en un excelente periodo financiero y sin duda será mas generoso contigo. Esta persona entró en una cima financiera anual el 20 del mes pasado, y esta continúa hasta el 21 de este mes.

Si eres estudiante, el eclipse lunar trae cambios en este campo, tal vez cambio de colegio, cambio de asignatura principal, cambio de planes y de estrategia. Este eclipse produce crisis de fe; se ponen a prueba las creencias, la filosofía personal y la religión. Las supersticiones se revelan en lo que son y son arrojadas por la borda. Al final (este es un proceso de seis meses) tendrás una nueva visión del mundo y de la vida, una visión más sana, y esto lo cambiará todo en el mundo de tus asuntos externos. Hay dramas (dramas personales) en la vida de las personas académicas y religiosas de tu vida.

Tu octava casa estuvo poderosa el mes pasado y lo está este mes también, en especial hasta el 21. Este es el cielo de Escorpio. El Cosmos te impulsa hacia las cosas que más te gusta hacer; es un periodo de más actividad sexual (sea cual sea tu edad o fase en la vida, hay más actividad sexual de la normal); tienes más acceso a dinero ajeno (por préstamos o de inversores); prosperas haciendo prosperar a otras personas; te llega dinero de una herencia, de seguros o de derechos de autor o patentes; haces más de administrador en este periodo: administras los bienes de otros. Es posible que asistas a más funerales en este periodo; siempre te fascina la muerte, tienes un interés profundo y permanente en este tema, y ahora más aún. Es probable que haya más encuentros con la muerte (normalmente estos ocurren en el plano psíquico).

Urano ha estado en cuadratura con Plutón todo lo que va de año, pero este mes el aspecto es muy exacto. Así pues, ten más en cuenta el plano físico; evita las proezas temerarias; si debes probar los límites de tu cuerpo, hazlo sin correr riesgos y muy consciente. Ten prudencia al conducir y evita los enfrentamientos. Estos son los principales peligros para la salud en este periodo. Pero la salud general y la energía son buenas.

Es muy probable que hagas experimentos con tu imagen, mejorándola constantemente, pero dado que Plutón está retrógrado, no logras sentirte satisfecho; este proceso continuará durante algunos meses.

Julio

Mejores días en general: 7, 8, 17, 18, 26, 27
Días menos favorables en general: 5, 6, 12, 13, 19, 20, 21
Mejores días para el amor: 5, 6, 12, 13, 15, 24, 25
Mejores días para el dinero: 1, 2, 5, 6, 15, 16, 24, 25, 28, 29
Mejores días para la profesión: 7, 8, 18, 19, 20, 21, 28

La actividad retrógrada está rozando su máximo del año; el mes pasado llegó al punto máximo, con el 40 por ciento de los planetas retrógrados hasta el 25; después bajó al 30 por ciento y así continúa hasta el 15 de este mes; y después volvemos al 40 por ciento. Este año no superaremos ese porcentaje. A ti no te afecta mucho esta actividad retrógrada, pero a otros, al mundo en general, sí. Se enlentece el ritmo de la vida; el progreso es lento y hay que aprender a tener paciencia. Si eres director o progenitor, este es un periodo para inculcar el «método lento» a los empleados o a los niños; que eviten los atajos, y recálcales la importancia de ser perfectos en lo que hacen. Es mejor retrasarse un poco con un trabajo, haciéndolo perfecto, que terminarlo pronto con defectos. El aparente ahorro de tiempo es ilusión, ya que hay que rehacer el trabajo.

Urano, tu planeta de la familia, inicia movimiento retrógrado el 13. Para ti esto lo encuentro positivo: el 22 entras en una cima profesional anual y por lo tanto centras la atención en el mundo externo, tus objetivos externos. Es muy bella la cadencia. No es mucho lo que puedes hacer acerca de ciertos asuntos familiares, sólo el tiempo los resolverá, así que estás libre pra concentrarte en la profesión.

La salud es buena hasta el 22; después procura descansar y relajarte más. Sí, estarás muy ocupado en ese periodo, cargado con las obligaciones profesionales, pero con creatividad puedes ser productivo de manera más «descansada». Puedes delegar tareas siempre que sea posible; intercalar pausas a lo largo del día, hacer cortas siestas o darte masajes, y luego volver al trabajo; puedes atender a las prioridades y dejar estar las cosas menos importantes. Mediante la meditación es posible «cargar el cuerpo» con energía infinita, pero esto hay que practicarlo: pensarlo, comentarlo y debatirlo no sirve de nada. El 4 tu planeta de la salud entra en tu casa doce, la de la espiritualidad, así que la curación espiritual será muy potente este mes; obtendrás buenos resultados con ella.

Hasta el 22 te preparas para avanzar en tu profesión; será muy bueno hacer cursos o seminarios que tengan relación con ella. Hay viajes relacionados con la profesión también. Este es el periodo para ser mentor de las personas que están por debajo de ti y discípulo de aquellas que están por encima. Esta actitud y práctica te ayuda en la profesión y la notan tus superiores.

Del 15 al 21 Marte forma aspectos muy desfavorables con Urano y Plutón; esto os afecta a ti y a tus familiares. Debéis evitar correr riesgos, como también los enfrentamientos. Con estos aspectos las personas tienden a reaccionar exageradamente y cosas triviales podrían llegar a producir conductas violentas. Conduce con más prudencia y encárgate de que en la casa haya la mayor seguridad posible.

Agosto

Mejores días en general: 4, 5, 13, 14, 15, 22, 23, 31
Días menos favorables en general: 1, 2, 8, 9, 10, 16, 17, 29, 31
Mejores días para el amor: 2, 3, 8, 9, 10, 13, 14, 22, 23, 31
Mejores días para el dinero: 1, 2, 11, 12, 20, 21, 24, 25, 29, 30
Mejores días para la profesión: 6, 7, 16, 17, 18, 27

La actividad retrógrada continúa en su punto máximo del año hasta el 8. Ten presente, pues, lo que hablamos de esto el mes pasado. Después del 8, cuando Mercurio retoma el movimiento directo, el porcentaje baja al 30 por ciento. De todos modos es un porcentaje elevado.

Continúas en una cima profesional anual y haces mucho progreso. Los superiores de tu vida (jefe, figuras de autoridad, padres, figuras parentales, mayores) apoyan tus objetivos profesionales.

Hasta el 23 debes continuar atento a la salud. Repasa lo que hablamos el mes pasado. Después del 23 la salud y la energía mejoran como por arte de magia; tal vez se le atribuya el mérito a una nueva pastilla, hierba o terapia, pero la verdad es que el poder planetario pasó a una alineación más armoniosa contigo. Marte, tu planeta de la salud, entra en tu signo el 24, y esto también tiende a estimular y aumentar la energía. El ejercicio vigoroso siempre es bueno para ti, pero después del 24 lo es más aún. Entonces estás muy, muy por la «buena forma física».

Marte en tu signo tiene sus puntos positivos y sus puntos negativos. Por el lado positivo, tienes más energía, más entusiasmo, más valor; tienes una personalidad mucho más dinámica; consigues que se hagan las cosas en una fracción del tiempo normal (aunque habiendo muchos planetas retrógrados tienes que aprender a tener más paciencia). Destacarás en los deportes y programas de ejercicios (darás lo mejor de ti). Del lado negativo de este tránsito hay que estar en guardia; te vuelves más impaciente, apresurado (lo cual no es nada sensato con tantos planetas retrógrados). Las prisas pueden ser causa de accidente o lesión. Tal vez estás más discutidor y combativo y esto provoca ese tipo de reacción en los demás.

De todos modos, este tránsito indica que estás más atento a tu salud. Teniendo a Marte en tu signo la buena salud es un cosmético, más potente que todo un montón de otros cosméticos. Cuando estás sano te ves bien. Cuando estás indispuesto sufre tu apariencia. Así pues, este efecto estético es otra motivación para mantenerte sano.

Tu planeta del amor hace un importante traslado el 8: sale de tu octava casa y entra en la novena; ha estado en tu octava casa desde el 3 de abril, por eso es un traslado importante. Cambia la actitud en el amor. En los meses anteriores la química sexual ha sido lo más importante en el amor; ahora sigue siendo importante pero comprendes que no basta. Deseas intimidad emocional además de intimidad física. Es importante la comunicación de los sentimientos; son importantes los valores familiares; es importante la compatibilidad filosófica. Si estás soltero o soltera encuentras oportunidades amorosas en otros países o con personas extranjeras, en ambientes de tipo educativo o religioso. El amor tiende a ser feliz este mes: la novena casa siempre es afortunada.

Septiembre

Mejores días en general: 1, 10, 11, 19, 27, 28
Días menos favorables en general: 5, 6, 12, 13, 25, 26
Mejores días para el amor: 1, 5, 6, 12, 21, 22, 29, 30
Mejores días para el dinero: 7, 8, 16, 17, 21, 22, 25, 26
Mejores días para la profesión: 5, 6, 12, 13, 14, 15, 25

En julio el poder planetario se trasladó de tu sector occidental al oriental. Y este mes el traslado se completa con la entrada de Venus en el sector oriental. El sector oriental de tu carta estará dominante el resto del año. Después de unos meses de tener que adaptarte ya tienes claro el cuadro de lo que es necesario cambiar en tu vida y este es el periodo para hacerlo. Estarán muy fuertes el poder y la iniciativa personales y la voluntad (y con Marte en tu signo, ultra fuertes). Tienes el poder para cambiar las cosas, para crear las condiciones y circunstancias como te gustan, y ahora es el periodo para ejercer ese poder. El poder planetario está «cerca» de ti, avanzando hacia ti; o sea, la energía cósmica está avanzando hacia ti. Los demás siempre son importantes, pero no desatiendas tus necesidades ni tus intereses; es el periodo para pensar en ti, para el «yo primero». Hay quienes llamarían egoísmo a esto, pero es un «interés propio informado»; en realidad, si no estás en armonía no puedes ayudar ni servir a los demás. Si los demás no están de acuerdo con tus planes, dependes menos de ellos: puedes lanzarte solo si es necesario.

El 7 tu planeta del amor cruza tu Medio cielo y entra en tu décima casa. El Medio cielo es la posición más prominente y poderosa del horóscopo, así que esto nos da muchos mensajes. Aunque estás más independiente en este periodo, el amor y la vida social continúan arriba en tu lista de prioridades; este mes alternas con personas de elevada posición, personas de categoría y poder, personas de posición superior a la tuya. Si estás soltero o soltera tienes oportunidades de «romance de oficina», oportunidades románticas con superiores. Este es un periodo para adelantar en la profesión por medios sociales, entablando amistad con personas que te pueden ayudar en la profesión. El cónyuge, pareja o ser amado actual goza de éxito profesional este mes. Tu buen talante social, tu don para llevarte bien con los demás, es tal vez más importante en la profesión que tus capacidades.

Vemos la conexión de lo social con la profesión de otras maneras también. El 23 tu planeta de la profesión entra en Libra, y por lo tanto Venus y el Sol (tus planetas del amor y de la profesión) están en recepción mutua, cada uno en el signo y casa del otro; hay una gran colaboración entre los dos planetas. Las amistades, el cónyuge o pareja y el círculo social en general te ayudan en la profesión. Si estás soltero o soltera encuentras oportunidades amorosas cuando estás trabajando en tus objetivos profesionales, y con personas relacionadas con tu profesión.

Este mes no sólo es fuerte en lo romántico sino también en lo social. Tu casa once, la de las amistades, está poderosa hasta el 23.

Las finanzas son algo tormentosas hasta el 23. Necesitas trabajar más para conseguir tus objetivos; es posible que haya desacuerdos financieros con los superiores de tu vida (jefes, figuras de autoridad, padres, figuras parentales y mayores) y tal vez incluso con organismos gubernamentales. Pero estos se acaban. El 23, cuando el Sol entra en Libra, hay más colaboración financiera con esas personas. Aumentarán los ingresos. Ten paciencia hasta el 23.

Octubre

Mejores días en general: 7, 8, 16, 17, 24, 25, 26
Días menos favorables en general: 2, 3, 9, 10, 11, 22, 23, 29, 30, 31
Mejores días para el amor: 1, 2, 3, 12, 21, 29, 30, 31
Mejores días para el dinero: 4, 5, 6, 14, 15, 18, 19, 22, 23
Mejores días para la profesión: 4, 5, 9, 10, 11, 14, 15, 24

Lo has hecho bien en las finanzas en lo que va de año; ahora llega el momento de tomarte un descanso, hacer la pausa que renueva. Júpiter, tu planeta del dinero, inicia movimiento retrógrado el 4 y continuará así el resto del año. Este movimiento retrógrado no impedirá que lleguen ingresos, sólo enlentecerá un poco las cosas. Ahora es el periodo para hacer revisión de la vida financiera. La forma de pensar, el juicio financiero no están a la altura habitual; es probable que haya tendencias de las que no sabes nada todavía, novedades entre bastidores, por lo tanto la lógica normal (que razona basándose en lo conocido y lo visible) no es muy fiable; ahora lo que hace falta es claridad mental. Evita hacer compras importantes (lógicamente compra los alimentos y provisiones), las inversiones y decisiones financieras importantes hasta que hayas obtenido la claridad. Este no es un periodo para tomar atajos financieros ni para emprender programas rápidos para hacerse rico; en realidad el atajo es el camino largo en este periodo.

Hacer frente al movimiento retrógrado del planeta del dinero es un reto en las sociedades occidentales; la fe está en el crecimiento, crecimiento, crecimiento; no se valoran las pausas en el crecimiento, tan importantes para el desarrollo. Pero esto es una violación de la ley cósmica; la expansión y la contracción son dos lados de una misma moneda; como inspirar y espirar. Durante las contracciones o ralentizaciones se acumulan las fuerzas para la siguiente expansión, y así la siguiente expansión es más sana. Las grandes fortunas se hacen durante las contracciones no durante las expansiones. Se dice que Nathan Rothschild dijo: «El momento para comprar es cuando hay sangre en las calles» (contracciones). Así pues, es importante que uses bien la «reducción de la marcha», de acuerdo a la intención cósmica: prepararte para la siguiente expansión.

El amor es más delicado este mes también. Venus estará en Virgo del 3 al 28, la mayor parte del mes. Tal vez tú y tu cónyuge o pareja estáis más críticos y perfeccionistas en el amor; tal vez tendéis a analizar o intelectualizar demasiado y eso mata cualquier «ganas» de romance; evita eso todo lo posible. Si hay alguna imperfección corrígela lo más rápido posible con un mínimo de negatividad; evita la crítica destructiva, nunca sirve de nada. Te mereces perfección en el amor; sólo necesitas abordar correctamente las cosas.

La entrada de Venus en Virgo el 3 indica otro cambio de actitud en el amor. El mes pasado los excitantes eran el poder y la posición; ahora el excitante es la amistad; deseas ser amigo o amiga del ser amado, además de amante. Si estás soltero o soltera y sin compromiso encuentras oportunidades amorosas en grupos, actividades de grupo y organizaciones. Las amistades hacen de cupido en este periodo.

El 23 el Sol entra en tu primera casa, iniciando otra cima de placer personal anual. La independencia es más fuerte que el mes pasado, así que ten presente lo que hablamos acerca de esto. No sólo lo pasas bien, sino que además te llegan oportunidades profesionales buenas.

Noviembre

Mejores días en general: 3, 4, 5, 12, 13, 21, 22
Días menos favorables en general: 6, 7, 18, 19, 26, 27
Mejores días para el amor: 1, 11, 20, 26, 27
Mejores días para el dinero: 1, 2, 11, 14, 15, 19, 28, 29
Mejores días para la profesión: 3, 4, 6, 7, 13, 23

El mes pasado fue significativo e importante; Saturno entró en tu signo el 5 y continuará en él los próximos dos años y medio más o menos. En este periodo asumes más responsabilidades, tu visión de la vida se vuelve más seria; sea cual sea tu edad o fase en la vida, te sientes mayor de la edad que tienes; tal vez eres muy joven y ya piensas y haces planes para la vejez; es posible que esté ausente tu simpatía normal con los demás. Vas a tener que esforzarte en proyectar más simpatía y afecto hacia los demás. A veces este tránsito produce la sensación de soledad, aun cuando la persona esté casada o en una relación amorosa; exteriormente la persona está en la relación pero por dentro, en el corazón, se siente sola. La relación aporta ciertos placeres pero no apacigua los asuntos más profundos del alma; esos los resuelve la persona sola; es la ley.

Además, el mes pasado el poder planetario se trasladó de la mitad superior (profesión) de tu carta a la mitad inferior. Has conseguido objetivos profesionales por un tiempo; se te considera exitoso en este periodo. Ahora es el periodo para establecer las condiciones para el éxito profesional futuro; la profesión es importante, pero ahora (y el resto del año) la ejerces de una manera diferente; la ejerces con los métodos de la noche: soñando, visualizando, imaginando y fijando objetivos. Si logras llegar a la sensación de «estar donde deseas estar» puedes considerarte exitoso, porque aunque aún no ha ocurrido externamente, ocurrirá en el futuro, por la ley cósmica.

Este mes hay dos eclipses. El primero, el eclipse solar del 13, es fuerte en ti; ocurre en tu signo. Procede reducir las actividades en ese periodo, aun cuando la salud está esencialmente bien; debes evitar las actividades arriesgadas. Este eclipse significa que vas a redefinir tu imagen, tu personalidad y el concepto de ti mismo (y estando Saturno en tu signo esto es algo saludable); haces frente a tus «limitaciones físicas» y, por lo tanto, arrojas por la ventana las expectativas no realistas basadas en la capacidad física. Todos los eclipses solares traen cambios en la profesión y dramas con los superiores de tu vida (jefe, figuras de autoridad, padres, figuras parentales y mayores) y este no es diferente. Hay crisis y reorganización en la empresa o industria en que trabajas y en el gobierno de tu región. Estas cosas te obligan a hacer cambios en tu estrategia y forma de pensar.

El eclipse lunar del 28 ocurre en tu octava casa; nuevamente evita las actividades arriesgadas. Este eclipse trae encuentros con la muerte (normalmente en el plano psíquico), intervenciones quirúrgicas o experiencias de cuasi muerte. El cónyuge, pareja o ser amado actual se ve obligado a hacer cambios drásticos en sus finanzas; normalmente esto se debe a una crisis. Los asuntos relativos a patrimonio, impuestos y seguros toman un giro radical (normalmente de avance). Si eres estudiante haces cambios importantes en tus planes educativos, tal vez cambias de colegio o de estrategia. Es mejor evitar los viajes al extranjero en este periodo. Nuevamente se ponen a prueba tus creencias religiosas y filosóficas. Si en mayo hiciste los cambios apropiados, esto lo pasarás sin el menor esfuerzo. Es un examen de repaso para comprobar tu progreso.

Diciembre

Mejores días en general: 1, 2, 10, 11, 18, 19, 30, 31
Días menos favorables en general: 3, 4, 16, 17, 23, 24, 30, 31
Mejores días para el amor: 1, 10, 11, 20, 23, 24, 31
Mejores días para el dinero: 8, 12, 13, 16, 25
Mejores días para la profesión: 3, 4, 13, 22, 30, 31

El poder planetario se encuentra en abrumadora mayoría en la mitad inferior de tu carta; el 70 por ciento de los planetas, y a veces el 80 por ciento, están bajo el horizonte de tu carta. Urano, tu planeta de la familia, retoma el movimiento directo el 13, así que los asuntos familiares ya están más claros. Centra tu atención en el hogar y la familia y pon la profesión en un segundo plano. Habiendo tantos planetas bajo el horizonte de tu carta y estando tu décima casa prácticamente vacía, el éxito profesional se mide de otras maneras, por las modalidades de la noche, no las del día. Si logras alcanzar la sensación de éxito, retener la imagen del puesto o lugar donde deseas estar, tienes éxito, ocurra lo que ocurra en la llamada «realidad objetiva»; has creado tu futuro y el resto serán «efectos secundarios automáticos» de tu visualización. No tienes por qué preocuparte de los «modos y medios», pues estos se desplegarán cuando amanezca en tu año (en 2013).

Descubrirás que la visualización y el trabajo interior van mejor cuando hay armonía emocional; por lo tanto, esa es tu necesidad en este periodo; sentirte bien es más importante que hacerlo bien. Si te sientes bien también lo harás bien.

El 22 del mes pasado el Sol entró en tu casa del dinero, donde estará hasta el 21 de este mes. Estás, pues, en una cima financiera del año. Deberían aumentar los ingresos; aunque ten presente que tu planeta del dinero continúa retrógrado, por lo que siguen siendo necesarias la cautela y la revisión (repasa lo que hablamos sobre esto en las previsiones para octubre). La confianza financiera personal podría no estar muy fuerte, pero este mes cuentas con el apoyo y el favor de los superiores de tu vida, de tu cónyuge, pareja o ser amado actual y de tus amistades. Es decir, tienes mucha ayuda externa. Además, la Luna nueva del 13 ocurre en tu casa del dinero y produce una claridad temporal en el frente financiero.

El amor ha sido mucho más feliz este último tiempo. El 22 del mes pasado Venus cruzó tu Ascendente y entró en tu primera casa. El amor te ha buscado y muy posiblemente te ha encontrado; impones tu voluntad en el amor. Tu apariencia personal resplandece, hay más atractivo y belleza en tu imagen, y el sexo opuesto lo nota. El cónyuge, pareja o ser amado actual se ve muy dedicado a ti, te pone en primer lugar. Aunque sigue siendo necesario que proyectes más simpatía hacia los demás (tendencia a largo plazo), este mes te resulta más fácil. Si estás soltero o soltera y sin compromiso sólo tienes que dedicarte a tus asuntos diarios, tu rutina normal, y el amor te encontrará. El 16 Venus entra en tu casa del dinero; esto indica que el cónyuge, pareja o ser amado actual, y las amistades apoyan tus objetivos económicos y son activos (de modo positivo) en tu vida financiera. Hay oportunidades felices para formar una sociedad de negocios o empresa conjunta, pero requieren más estudio y reflexión; no te precipites en estas cosas. Vas a ver la forma de compaginar tu vida financiera con tu vida social, de modo que se apoyen mutuamente (con este aspecto normalmente la persona hace negocios con las personas con que se relaciona en su vida social, con lo que mata dos pájaros de un tiro).

Sagitario

El Arquero
Nacidos entre el 23 de noviembre y el 20 de diciembre

Rasgos generales

SAGITARIO DE UN VISTAZO
Elemento: Fuego

Planeta regente: Júpiter
  Planeta de la profesión: Mercurio
  Planeta del amor: Mercurio
  Planeta de la riqueza y la buena suerte: Júpiter

Colores: Azul, azul oscuro
  Colores que favorecen el amor, el romance y la armonía social:
    Amarillo, amarillo anaranjado
  Colores que favorecen la capacidad de ganar dinero: Negro, azul
    índigo

Piedras: Rubí, turquesa

Metal: Estaño

Aromas: Clavel, jazmín, mirra

Modo: Mutable (= flexibilidad)

Cualidades más necesarias para el equilibrio: Atención a los detalles,
  administración y organización

Virtudes más fuertes: Generosidad, sinceridad, amplitud de criterio, una enorme clarividencia

Necesidad más profunda: Expansión mental

Lo que hay que evitar: Exceso de optimismo, exageración, ser demasiado generoso con el dinero ajeno

Signos globalmente más compatibles: Aries, Leo

Signos globalmente más incompatibles: Géminis, Virgo, Piscis

Signo que ofrece más apoyo laboral: Virgo

Signo que ofrece más apoyo emocional: Piscis

Signo que ofrece más apoyo económico: Capricornio

Mejor signo para el matrimonio y/o las asociaciones: Géminis

Signo que más apoya en proyectos creativos: Aries

Mejor signo para pasárselo bien: Aries

Signos que más apoyan espiritualmente: Leo, Escorpio

Mejor día de la semana: Jueves

La personalidad Sagitario

Si miramos el símbolo del Arquero, conseguiremos una buena e intuitiva comprensión de las personas nacidas bajo este signo astrológico. El desarrollo de la arquería fue el primer refinamiento que hizo la Humanidad del poder de cazar y hacer la guerra. La habilidad de disparar una flecha más allá del alcance normal de una lanza amplió los horizontes, la riqueza, la voluntad personal y el poder de la Humanidad.

Actualmente, en lugar de usar el arco y las flechas proyectamos nuestro poder con combustibles y poderosos motores, pero el motivo esencial de usar estos nuevos poderes sigue siendo el mismo. Estos poderes representan la capacidad que tenemos de ampliar nuestra esfera de influencia personal, y eso es lo que hace Sagitario en todo. Los nativos de este signo siempre andan en busca de expandir sus horizontes, cubrir más territorio y aumentar su alcance y su campo de acción. Esto se aplica a todos los aspectos de su vida: económico, social e intelectual.

Los Sagitario destacan por el desarrollo de su mente, del intelecto superior, que comprende conceptos filosóficos, metafísicos y espirituales. Esta mente representa la parte superior de la naturaleza psíquica y está motivada no por consideraciones egoístas, sino por la luz y la gracia de un poder superior. Así pues, a los Sagitario les gusta la formación superior. Tal vez se aburran con los estudios formales, pero les encanta estudiar solos y a su manera. El gusto por los viajes al extranjero y el interés por lugares lejanos son también características dignas de mención.

Si pensamos en todos estos atributos de Sagitario, veremos que nacen de su deseo interior de desarrollarse y crecer. Viajar más es conocer más, conocer más es ser más, cultivar la mente superior es crecer y llegar más lejos. Todos estos rasgos tienden a ampliar sus horizontes intelectuales y, de forma indirecta, los económicos y materiales.

La generosidad de los Sagitario es legendaria. Hay muchas razones que la explican. Una es que al parecer tienen una conciencia innata de la riqueza. Se sienten ricos, afortunados, piensan que pueden lograr cualquier objetivo económico, y entonces creen que pueden permitirse ser generosos. Los Sagitario no llevan la carga de la carencia y la limitación, que impide a muchas personas ser generosas. Otro motivo de su generosidad es su idealismo religioso y filosófico, nacido de la mente superior, que es generosa por naturaleza, ya que las circunstancias materiales no la afectan. Otro motivo más es que el acto de dar parece ser enriquecedor, y esa recompensa es suficiente para ellos.

Situación económica

Generalmente los Sagitario atraen la riqueza. O la atraen o la generan. Tienen ideas, energía y talento para hacer realidad su visión del Paraíso en la Tierra. Sin embargo, la riqueza sola no es suficiente. Desean el lujo; una vida simplemente cómoda les parece algo pequeño e insignificante.

Para convertir en realidad su verdadero potencial de ganar dinero, deben desarrollar mejores técnicas administrativas y de organización. Deben aprender a fijar límites, a llegar a sus metas mediante una serie de objetivos factibles. Es muy raro que una persona pase de los andrajos a la riqueza de la noche a la mañana. Pero a los Sagitario les resultan difíciles los procesos largos e interminables. A semejanza de los nativos de Leo, quieren alcanzar la riqueza y el éxito de manera rápida e impresionante. Deben tener presente, no obstante, que este exceso de optimismo puede conducir a proyectos económicos no realistas y a decepcionantes pérdidas. Evidentemente, ningún signo del zodiaco es capaz de reponerse tan pronto como Sagitario, pero esta actitud sólo va a causar una innecesaria angustia. Los Sagitario tienden a continuar con sus sueños, jamás los van a abandonar, pero deben trabajar también en su dirección de maneras prácticas y eficientes.

Profesión e imagen pública

Los Sagitario son grandes pensadores. Lo quieren todo: dinero, fama, prestigio, aplauso público y un sitio en la historia. Con frecuencia suelen ir tras estos objetivos. Algunos los consiguen, otros no; en gran parte esto depende del horóscopo de cada persona. Pero si Sagitario desea alcanzar una buena posición pública y profesional, debe comprender que estas cosas no se conceden para enaltecer al ego, sino a modo de recompensa por la cantidad de servicios prestados a toda la Humanidad. Cuando descubren maneras de ser más útiles, los Sagitario pueden elevarse a la cima.

Su ego es gigantesco, y tal vez con razón. Tienen mucho de qué enorgullecerse. No obstante, si desean el aplauso público, tendrán que aprender a moderarlo un poco, a ser más humildes y modestos, sin caer en la trampa de la negación y degradación de sí mismos. También deben aprender a dominar los detalles de la vida, que a veces se les escapan.

En el aspecto laboral, son muy trabajadores y les gusta complacer a sus jefes y compañeros. Son cumplidores y dignos de confianza, y disfrutan con las tareas y situaciones difíciles. Son compañeros de trabajo amistosos y serviciales. Normalmente aportan ideas nuevas e inteligentes o métodos que mejoran el ambiente laboral para todos. Siempre buscan puestos y profesiones que representen un reto y desarrollen su intelecto, aunque tengan que trabajar arduamente para triunfar. También trabajan bien bajo la supervisión de otras personas, aunque por naturaleza prefieren ser ellos los supervisores y aumentar su esfera de influencia. Los Sagitario destacan en profesiones que les permitan comunicarse con muchas personas diferentes y viajar a lugares desconocidos y emocionantes.

Amor y relaciones

A los nativos de Sagitario les gusta tener libertad y de buena gana se la dan a su pareja. Les gustan las relaciones flexibles, informales y siempre cambiantes. Tienden a ser inconstantes en el amor y a cambiar con bastante frecuencia de opinión respecto a su pareja. Se sienten amenazados por una relación claramente definida y bien estructurada, ya que esta tiende a coartar su libertad. Suelen casarse más de una vez en su vida.

Cuando están enamorados son apasionados, generosos, francos, bondadosos y muy activos. Demuestran francamente su afecto. Sin embargo, al igual que los Aries, tienden a ser egocéntricos en su manera de relacionarse con su pareja. Deberían cultivar la capacidad de ver el punto de vista de la otra persona y no sólo el propio. Es necesario que desarrollen cierta objetividad y una tranquila claridad intelectual en sus relaciones, para que puedan mantener una mejor comunicación con su pareja y en el amor en general. Una actitud tranquila y racional les ayudará a percibir la realidad con mayor claridad y a evitarse desilusiones.

Hogar y vida familiar

Los Sagitario tienden a dar mucha libertad a su familia. Les gusta tener una casa grande y muchos hijos. Sagitario es uno de los signos más fértiles del zodiaco. Cuando se trata de sus hijos, peca por el lado de darles demasiada libertad. A veces estos se forman la idea de que no existe ningún límite. Sin embargo, dar libertad en casa es algo básicamente positivo, siempre que se mantenga una cierta medida de equilibrio, porque la libertad permite a todos los miembros de la familia desarrollarse debidamente.

Horóscopo para el año 2012*

Principales tendencias

La primera década del milenio estuvo plagada de cambios repentinos y drásticos, Sagitario. Constantemente tenías que hacer frente a lo «inesperado». La principal lección ha sido llegar a sentirte cómodo con el cambio y la inestabilidad; estar en paz con ellos. Ahora ya has aprendido esa lección. En los dos últimos años las cosas se han sosegado; hay más estabilidad en tu vida. Y esta tendencia continúa este año.

* Las previsiones de este libro se basan en el Horóscopo Solar y todos los signos que derivan de él; tu Signo Solar se convierte en el Ascendente, y las casas se numeran a partir de él. Tu horóscopo personal, el trazado concretamente para ti (según la fecha, hora y lugar exactos de tu nacimiento) podrían modificar lo que decimos aquí. Joseph Polansky

Has tenido dificultad para contender con los hijos y las figuras filiales de tu vida. Están muy rebeldes y esta tendencia continúa este año. Tu tarea es canalizar su rebeldía (que en realidad es un deseo de innovación mal expresado) hacia direcciones positivas.

Júpiter ha estado en tu sexta casa desde junio del año pasado, y continuará ahí hasta el 11 de junio de este año. Esto es muy buena señal para la salud. Si ha habido algún problema de salud también ha habido buenas noticias al respecto. Este es un tránsito muy bueno también en el caso de que busques trabajo. Es posible que el año pasado encontraras el trabajo de tus «sueños», y si no, podrías encontrarlo este año. Volveremos sobre este tema.

El 11 de junio Júpiter entra en tu séptima casa. Venus, el planeta genérico del amor, pasa cuatro meses en esta casa. Así pues, este año es muy fuerte en el amor y en lo social. En el caso de que andes buscando a esa persona especial, es muy posible que la encuentres este año. Hablaremos más sobre esto.

Marte pasa una cantidad de tiempo insólita (más de seis meses) en tu décima casa, la de la profesión. Estás, pues, en un periodo profesional muy activo. Trabajas excepcionalmente arduo defendiéndote de rivales y competidores. Pero me parece que lo disfrutas muchísimo. Volveremos sobre esto.

Este año los planetas están dispersos por toda tu carta, en especial los lentos. Esto vale para todos, pero para ti tiene una importancia especial: indica muchos intereses en tu vida. Pero tu tendencia será hacia dispersar tu energía y atención (una de tus tendencias naturales). Te costará mantener la atención concentrada en tus principales objetivos. Hará falta cierta disciplina.

Las facetas de mayor interés este año son: las finanzas; la comunicación y las actividades intelectuales (hasta el 3 de febrero); el hogar y la familia (a partir del 3 de febrero); los hijos, la creatividad y el placer personal; la salud y el trabajo (hasta el 11 de junio); el amor, el romance y las actividades sociales (a partir del 11 de junio); la profesión (hasta el 3 de julio); las amistades, los grupos y las actividades de grupo (hasta el 5 de octubre); la espiritualidad (a partir del 5 de octubre).

Los caminos hacia tu mayor satisfacción este año son: la salud y el trabajo (hasta el 11 de junio); el amor, el romance y las actividades sociales (a partir del 11 de junio); el cuerpo y la imagen (hasta el 31 de agosto); la espiritualidad (a partir del 31 de agosto).

Salud

(Ten en cuenta que esta es una perspectiva astrológica de la salud, no una médica. Antaño no había ninguna diferencia, ambas eran idénticas, pero en esta época podrían diferir muchísimo. Para una perspectiva médica, por favor, consulta a tu médico o a otro profesional de la salud.)

Dos planetas te forman aspectos desfavorables en la primera parte del año: Neptuno (desde el 3 de febrero) y Marte (hasta el 3 de julio), pero los demás planetas lentos o bien están en aspecto armonioso o te dejan en paz. La salud está bastante bien, pasable; afortunadamente tu sexta casa está muy fuerte, pues Júpiter, tu planeta regente, está ahí, hasta el 11 de junio. Por lo tanto, estás atento a la salud, alerta, y esto es positivo.

El periodo de dificultad máxima para la salud será del 11 de junio al 3 de julio; entonces necesitas descansar y relajarte más. El 3 de julio Marte sale de su aspecto desfavorable y comienza a formarte aspectos armoniosos, así que la salud y la energía comienzan a mejorar y continúan bien el resto del año.

Son muchas las cosas que puedes hacer para mejorar la salud y prevenir problemas. Presta más atención a los siguientes órganos: el corazón (evita la preocupación y la ansiedad); los riñones y las caderas (deberás dar masajes periódicos a las caderas); el cuello y la garganta (el masaje en el cuello es potente; la tensión suele acumularse en la nuca y es necesario aflojarla); el hígado y los muslos (hasta el 11 de junio; hay que dar masajes periódicos a los muslos); los pulmones, los brazos, los hombros y el sistema respiratorio (del 3 de abril al 7 de agosto; da masajes a los brazos y los hombros con más frecuencia, pues la tensión tiende a acumularse en los hombros y es necesario aflojarla).

Dado que tu planeta de la salud, Venus, avanza muy rápido (a lo largo del año transita por todos los signos y casas del horóscopo), hay muchas tendencias de corta duración en la salud que es mejor tratar en las previsiones mes a mes.

Venus es el planeta genérico del amor; su papel como tu planeta de la salud significa que las discordias en el matrimonio, en la relación amorosa actual o con las amistades puede ser causa de problemas de salud. Así pues, si surgiera algún problema (Dios no lo permita) tendrás que explorar estas relaciones y restablecer la armonía. Los problemas amorosos son especialmente importantes desde el 3 de abril al 7 de agosto, periodo en que tu planeta de la salud estará en tu séptima casa.

Júpiter es el señor de tu horóscopo; su posición en tu sexta casa (hasta el 11 de junio) indica que para ti buena salud es mucho más que sólo ausencia de síntomas; significa «buena apariencia»; hay un componente de vanidad en la buena salud. Tu estado de salud influye muchísimo en tu apariencia física (y esto no le ocurre a todo el mundo). Mantenerte sano hará mucho más por tu apariencia física que montones de cosméticos y lociones. Este factor también es útil en la curación; si te sientes abatido o indispuesto, haz algo para mejorar tu apariencia: ve a la peluquería a arreglarte el pelo, cómprate una prenda de vestir nueva, o joyas o complementos. Deberías comenzar a sentirte mejor físicamente.

La buena salud es una forma de belleza, y siendo Venus tu planeta de la salud, esto lo entiendes mejor que la mayoría. La belleza es el estado natural de una persona sana. Porque el Cosmos es belleza y está creado por la belleza. La fealdad viene del desajuste de la energía, es algo antinatural y de creación humana. La belleza es en sí misma una potente fuerza curativa, y tú respondes a ella más que la mayoría. Por lo tanto, si te sientes indispuesto o abatido, escucha música hermosa, asiste a un concierto, visita una galería de arte o pasa un tiempo en parques u otros lugares de belleza natural. Inmediatamente comenzarás a sentirte mejor.

Hogar y vida familiar

Urano pasó muchos años en tu cuarta casa, desde 2003 a marzo de 2011. Y este fue un periodo de mucha inestabilidad en el hogar, entre los familiares y en tu vida emocional. Es posible que haya habido muchas mudanzas; podría haber habido una ruptura en la familia. Imperaban los cambios de humor extremos, tanto personales como en los familiares, y hubo muchos dramas con los padres o figuras parentales. El año pasado Urano salió definitivamente de tu cuarta casa y ahora las cosas están más sosegadas en la casa y en la familia. Tu vida emocional también parece más estable. El 3 de febrero Neptuno entra en tu cuarta casa, en la que pasará alrededor de catorce años. Este es un cambio cósmico importante.

Hay más idealismo acerca de la familia. Los familiares están bajo influencias espirituales muy intensas; tal vez inician un camino espiritual, o reciben enseñanzas espirituales. Es posible que te encuentres con tu verdadera familia espiritual, y esta podría no ser la biológica. (Todos tenemos una familia espiritual, una que nos ama y nos apoya incondicionalmente; esta familia a veces está encarnada, a veces no;

la situación depende de cada caso; pero este es el periodo para descubrir a esta familia.)

La casa se va a convertir en un lugar más espiritual, un santuario o lugar sagrado además de hogar. Es posible que instales un altar privado en ella, o tal vez ofreces reuniones de tipo espiritual en la casa. El hogar se espiritualiza y purifica.

Neptuno es el planeta de la revelación. Estando en la cuarta casa ofrece revelaciones espirituales sobre los asuntos de esta casa. Su luz impersonal revela lo que hay: lo bueno, lo malo, lo feo. Así pues, en muchos casos hay escándalos o revelaciones desagradables acerca de familiares. Pero también hay revelaciones de cosas buenas secretas. Los familiares han de tener más cuidado con el abuso de drogas o alcohol en este periodo; hay una tendencia más fuerte hacia estas cosas.

Si quieres comprar o vender una casa deberás estudiarlo y analizarlo más estudio y análisis que de costumbre; tu juicio podría no ser realista. Hay actividades secretas entre bastidores que necesitas conocer. Además, la casa no está de la manera que crees; es necesario revisarla para comprobar que no haya cosas ocultas. Así pues, tómate tu tiempo para tener clara la realidad.

Los hijos y las figuras filiales están más rebeldes en este periodo, como hemos dicho. No debes aplicar una «autoridad ciega» con ellos. Necesitan comprender los «porqués» de lo que se espera de ellos. La comunicación con ellos mejora después del 11 de junio.

Profesión y situación económica

Plutón está en tu casa del dinero desde fines de 2008 y continuará ahí muchos años venideros. Hay una desintoxicación cósmica en la vida financiera; ahora, y por muchos años, es necesario expandir «recortando»; esto parece una contradicción, pero no lo es. Es muy similar a una desintoxicación del cuerpo; el cuerpo se purga de la materia que obstaculiza su funcionamiento y así vuelve su salud natural. La vida financiera se purga del derroche y de lo innecesario y así vuelve la salud financiera natural. ¿Tienes exceso de posesiones, cosas que no usas? Este es el periodo para librarte de ellas. ¿Tienes muchas cuentas bancarias o bursátiles? Este es el periodo para consolidarlas. ¿Gastas con derroche? Este es el periodo para poner fin al derroche.

A veces la desintoxicación es bastante drástica. Y esto es lo que te ocurre a ti. Es posible que afrontes una experiencia de casi muerte financiera; te parece que estás ante la «ruina», pero esto forma parte de la desintoxicación y en realidad no es probable que ocurra lo que te imaginas. Es el miedo lo que enfrentas. Este miedo obstaculizaba tu vida financiera y la toma de decisiones. Vas a dar a luz a la vida financiera de tus sueños y estos son los dolores del parto.

Plutón en la casa del dinero tiene otros significados también. Suele indicar herencia; suele indicar ingresos procedentes de reclamaciones de seguros o derechos de patentes o de autor. Es necesario manejar bien las deudas; la deuda constructiva, el préstamo para cosas o inversiones que aumentarán de valor, te hará rico. La deuda destructiva, el préstamo para cosas que perderán su valor, puede causarte estragos. Este es un periodo para discernir, para conseguir claridad acerca de estas cosas.

Tal vez el principal mensaje de Plutón en la casa del dinero es que profundices en las dimensiones espirituales de la riqueza, una tendencia a largo plazo. Plutón es tu planeta de la espiritualidad; hay leyes espirituales de la riqueza y este es el periodo para explorarlas. Tal vez ya sabes mucho de estas cosas, o tal vez eres un principiante. Hay muchos buenos libros sobre este tema, y las obras de Emmet Fox y de Ernest Holmes son muy buenas para comenzar.

Cuando tu planeta del dinero entre en tu casa doce el 5 de octubre, este tema, la espiritualidad de la riqueza, se hará aún más prominente para ti.

La intuición es muy importante y es necesario que te fíes de ella; es el verdadero atajo hacia la riqueza.

Saturno pasa la mayor parte del año en Libra, tu casa once. Esto significa que las conexiones sociales son muy importantes en las finanzas. Tienes amigos ricos y parece que te apoyan. También es importante que te mantengas al día en los últimos avances en tecnología. Tu pericia tecnológica es importante en tus ingresos, un bien comercializable. Es probable que gastes más en tecnología, y puedes ganar en este campo también. Esta posición favorece los negocios *online*. (Aun en el caso de que no tengas un negocio *online*, las actividades por la red se ven importantes en la vida financiera.)

También es importante para tus finanzas que participes más en organizaciones comerciales o profesionales.

Amor y vida social

Si estás soltero o soltera y con miras a un primer matrimonio, este año te trae a una persona especial (lo más probable es que seas tú quien le va detrás). Y si estás casado o casada, este año será feliz y fuerte en lo social. Sales más, asistes a más fiestas, reuniones, bodas, etcétera. Haces nuevas e importantes amistades y descubres que tu círculo social se amplía muchísimo.

Hay romance en el ambiente, sin duda, romance serio, comprometido. Venus, el planeta del amor, estará cuatro meses en tu séptima casa, un tránsito insólitamente largo para ella; su tránsito normal es de un mes. Por lo tanto, esto es como tomar «píldoras de amor»; estás en ánimo más romántico y atraes a personas románticas. Este año atraes a personas «bellas». Júpiter, el señor de tu horóscopo, entra en tu séptima casa el 11 de junio y se queda ahí el resto del año. Tu séptima casa, la del amor, está activa y poderosa, y esto tiende a llevar al éxito en esta faceta.

Júpiter en tu séptima casa te hace popular socialmente. El motivo es muy simple: te desvives por los demás, antepones sus intereses a los tuyos. Esto lo perciben las personas con que te encuentras; saben que estás de su parte, que las respaldas y apoyas. Si más personas fueran así, sanarían muchos matrimonios con problemas. He visto matrimonios que duran muchísimos años, aun cuando el horóscopo indicaba incompatibilidad total. Al preguntarles el motivo, me decían algo así como «mi pareja me ha convertido en la prioridad de su vida». Es decir, uno de los componentes de la pareja dejaba de lado sus intereses para concentrarse en el otro. (Por cierto, en estas situaciones estas personas reconocían que habían pasado tiempos difíciles y habían pensado en el divorcio, o sea, que daban la razón al horóscopo, pero por fuerza de voluntad y disciplina espiritual dejaron de lado el egoísmo y salvaron el matrimonio.) Los sanadores espirituales afirman que la principal causa de fracaso en el matrimonio no es la incompatibilidad ni los choques de personalidad, sino el egoísmo.

Júpiter en tu séptima casa también indica que estás más osado, más dinámico, en el amor y en los asuntos sociales. No esperas sentado esperando que suene el teléfono sino que tomas la iniciativa, creas tu vida social, organizando reuniones, ofreciendo fiestas, cultivando la amistad de las personas que deseas tener por amigas. Si te cae bien una persona, esta se entera con mucha claridad. Vas en pos de lo que deseas, y este año es probable que lo consigas.

Este año sigues esencialmente tu pauta natal. La compatibilidad intelectual es muy importante para ti; te gustan las personas inteligentes, intelectuales: escritores, profesores, periodistas, personas de los medios de comunicación. Necesitas enamorarte del proceso de pensamiento de la persona además de su cuerpo. Deseas una persona con la que puedas conversar, intercambiar ideas e información. La comunicación mental es tan importante como las manifestaciones de amor; la buena comunicación es una forma de juego preliminar sexual, y tal vez más importante que otros juegos preliminares; te excita la voz en la conversación amorosa.

Encuentras el amor y oportunidades sociales en ambientes educativos, en charlas y seminarios, tal vez en la librería o en la biblioteca. También en el lugar de trabajo, con compañeros, en el balneario de salud, en la consulta del médico o con personas relacionadas con tu salud.

Si estás pensando en un segundo matrimonio, tienes una vida social activa, pero no se ven probabilidades de una relación seria; las cosas tienden a continuar como están, los solteros, solteros, los casados, casados. Si estás en un tercer matrimonio, la relación ha sido puesta a prueba durante dos años; es posible que no haya sobrevivido. Esta tendencia continúa este año. Si estás con miras a un tercer matrimonio, será mejor que no te cases este año.

Progreso personal

Como hemos dicho, este año Neptuno entra en tu cuarta casa. La cuarta casa no sólo está relacionada con el hogar y la familia, sino también con tu vida emocional. Se espiritualiza más la naturaleza sensible. Este año sólo sentirás los comienzos; se irá haciendo más fuerte a medida que pasen los años (Neptuno estará ahí alrededor de catorce años). Por lo general, la persona Sagitario no es sensible emocionalmente (no es nada comparada con, digamos, Piscis o Cáncer), pero ahora comenzará a serlo más. Otros signos (Cáncer, Escorpio y Piscis) han tenido experiencia en esto, pero para ti será nuevo. Tendrás que adaptarte; hay muchos puntos buenos en esta sensibilidad. Conectarás más con los sentimientos tuyos y con los de los demás; tal vez aumente tu popularidad debido a esto. Serás más afectuoso, más sustentador, con los demás; aumentará tu percepción psíquica, de ti y de los demás. Te volverás más intuitivo y creativo. Aumentarán las capacidades musicales y poéticas. Comenzarás a experimentar matices de sentimientos que no habías experimentado nunca.

El lado negativo de este tipo de sensibilidad es que te sientes herido con más facilidad; eres más sensible a pequeños «desaires» (con la voz, el tono, el lenguaje corporal, los gestos) que tal vez antes no te importaban. Esto puede ser muy doloroso si estás con personas que te hagan esto. Normalmente eres una persona muy animada, activa, siempre lista para la acción. Ahora estás de humor más variable, más propenso a la tristeza y la depresión (si no tienes cuidado). Estos cambios son tan drásticos como los de la pubertad; es como si te naciera una nueva facultad.

La mejor manera de llevar esto es convertirte en observador de tus sentimientos, no en tus sentimientos. Considera el cuerpo emocional como una especie de «metro», o mecanismo para medir, que registra las diferentes vibraciones. Ah, de todos modos sentirás y tendrás emociones, pero estarás por encima de ellas y podrás dirigirlas de modo positivo. El sentimiento de dolor te avisará cuando estés en un estado de ánimo negativo y necesites salir de él; esta es la parte buena de esto. Antes podías estar en un estado negativo sin darte cuenta.

Pienso que esta nueva sensibilidad emocional va a producir cambios espirituales muy profundos, y esto lo vemos de otras maneras también. Urano está en cuadratura con Plutón, tu planeta de la espiritualidad, todo el año (en diferentes grados de exactitud). Vas a cambiar tu práctica espiritual, de maestro o profesor y toda tu actitud.

Dicen que no podemos «pensar» en nuestro camino al Reino de los Cielos, que trasciende el pensamiento, trasciende la lógica; sólo podemos «sentirlo», y ahora se te da la facultad para sentirlo.

Previsiones mes a mes

Enero

Mejores días en general: 8, 9, 17, 18, 25, 26
Días menos favorables en general: 5, 6, 7, 12, 13, 25, 26
Mejores días para el amor: 1, 2, 5, 6, 7, 12, 18, 19, 22, 27, 28
Mejores días para el dinero: 3, 4, 6, 7, 12, 15, 16, 21, 22, 24, 30
Mejores días para la profesión: 1, 2, 12, 13, 22

El año comienza con la mayoría de los planetas bajo el horizonte de tu carta; en tu año personal este es el periodo noche, muy cerca de la medianoche. Ahora son favorables las actividades de la noche; la noche es para descansar, soñar y recuperar fuerzas para el día siguiente; la noche es para el hogar, la familia, el amor y la armonía emocional. Has hecho tu trabajo en la oficina y ahora necesitas entrar en tu punto de armonía emocional. La profesión lleva un ritmo frenético; haz lo que sea que hay que hacer, pero da más atención al hogar y la familia. Si las actividades de la noche no ocurren correctamente, el día siguiente no estará bien tampoco.

La mayoría de los planetas continúan en el sector oriental de tu carta (esto va a cambiar pronto), así que sigues en un periodo de independencia y poder personal. Crear nuevas condiciones o circunstancias es más fácil ahora que después. Así pues, si hay algo que sea necesario cambiar, este es el periodo para hacerlo; después será más difícil.

Comienzas el año en medio de una cima financiera, un periodo de ingresos máximos e interés máximo en las finanzas; por lo tanto, tienes éxito. Tienes muchísima ayuda financiera este mes: de amistades, del círculo social y del cónyuge, pareja o ser amado actual; también de los padres, figuras parentales, jefes y del gobierno. Cuentas con el favor de los superiores de tu vida en las finanzas. Al parecer, puedes integrar la vida social y la vida financiera en este periodo, matar dos pájaros de un tiro. Normalmente esto indica que haces negocios con personas amigas, con personas con las que te relacionas en tu vida social. Después del 8 hay oportunidades para formar una sociedad de negocios o empresa conjunta; si tienes asuntos pendientes con organismos gubernamentales, este es un buen mes para resolverlos (en especial después del 8). Si buscas trabajo tienes buenos aspectos todo el mes, pero especialmente hasta el 20.

La salud es buena este mes. Puedes fortalecerla dando más atención a los tobillos y pantorrillas, hasta el 24, y después a los pies; deberías dar masajes periódicos a todas estas partes. Este año estás muy atento a la salud, es uno de tus intereses fuertes. Esto no se debe a que estés enfermo, sino que viene de un interés estético: la buena salud mejora la apariencia.

Los hijos y la figuras filiales están más difíciles de tratar. Este mes se pone a prueba una aventura amorosa (no matrimonio) si la tienes.

Este va a ser un año súper en el amor y ahora estás más o menos preparándote para él. Hasta el 8 las oportunidades amorosas te encuentran; no es mucho lo que necesitas hacer; el cónyuge, pareja o ser amado actual está muy consagrado a ti. Después del 8 las oportunidades se presentan cuando estás dedicado a tus objetivos financieros y con personas involucradas en tus finanzas. El amor es muy práctico después del 8; te excitan la riqueza y los regalos materiales.

Febrero

Mejores días en general: 7, 8, 15, 16, 24, 25
Días menos favorables en general: 2, 3, 9, 10, 22, 23, 29
Mejores días para el amor: 2, 3, 5, 6, 11, 12, 15, 22, 23, 24, 25, 29
Mejores días para el dinero: 1, 3, 9, 12, 17, 18, 21, 27, 28
Mejores días para la profesión: 2, 3, 9, 10, 11, 12, 22, 23

El mes pasado el poder planetario estaba en el independiente sector oriental; este mes pasa al sector occidental o social; esto ocurre a partir del 19. Entonces ya es más difícil cambiar las condiciones o circunstancias; es un periodo en que debes adaptarte a las cosas lo mejor que puedas. Se debilitan la independencia y el poder personales, no como medida punitiva, sino para que se desarrollen otras partes del carácter: el talante social y la capacidad de llevarte bien con los demás. El Cosmos genera situaciones de «dependencia» para obligarte a llevarte bien con los demás y a cultivar su buena voluntad. Tus necesidades son importantes, pero las necesidades de los demás lo son aún más en este periodo. Tu manera podría no ser la mejor que puedes emplear ahora.

El mes pasado estuvo fuerte tu tercera casa, la de la comunicación y los intereses intelectuales, y continúa poderosa hasta el 19. Los planetas que rigen la comunicación en tu horóscopo, Mercurio y Urano, están en movimiento directo (el 80 por ciento de los planetas están en movimiento directo este mes); por lo tanto, es un mes fabuloso para la correspondencia comercial, campañas de publicidad y proyectos de comunicación (buenas ventas y comercialización, buenas relaciones públicas; también son importantes en las finanzas, más que de costumbre). Como saben nuestros lectores, este es un buen periodo para hacer cursos en temas que te interesan y, en general, para ampliar tus conocimientos; el aprendizaje es más fácil. Si eres estudiante (en especial si todavía no eres universitario) tienes más éxito en los estudios.

Tu cuarta casa, la del hogar y la familia, es la más fuerte del horóscopo este mes; el 50 por ciento de los planetas o están en ella o transitan por ella este mes. Esto indica una gran actividad y una gran atención. Estás en la medianoche de tu año, en el punto de actividad más subjetiva, más profundamente interior. La vida interior, la vida del estado anímico y los sentimientos, es más importante que la vida externa. Sentirte bien es más importante que hacerlo bien. Sentirte bien, la paz y armonía emocional, te llevará inevitablemente a hacerlo bien. Ocuparte demasiado en actividades externas equivale a privarte de una buena noche de sueño. Lógicamente, haz lo que es necesario hacer en el mundo externo y en tu profesión, pero da más atención al hogar, la familia y a tu vida emocional.

Tu planeta del dinero inicia movimiento retrógrado el 7, y estará retrógrado varios meses. Estás, pues, en un periodo para hacer revisión de tus finanzas. Tu objetivo es conseguir claridad mental acerca de tus objetivos financieros y del cuadro financiero general de tu entorno; por lo tanto, las decisiones, compras, inversiones y transacciones importantes necesitan más estudio y reflexión y es mejor dejarlas para después. El movimiento retrógrado de Saturno no impide que entren ingresos pero sí enlentece un poco las cosas. Este es un periodo para cobrar fuerzas para la próxima expansión financiera.

La salud es más delicada a partir del 19; como siempre, esto significa más descanso y relajación. Haz todo lo posible por mantener elevada la energía. Hasta el 8 puedes fortalecer la salud dando más atención a los pies (el masaje en los pies es muy potente y da energía a todo el cuerpo); también son potentes los métodos de curación espiritual. Después del 8 es potente el masaje en la cabeza, la cara y el cuello cabelludo; es bueno el ejercicio vigoroso, tiene que estar bien el tono muscular.

Marzo

Mejores días en general: 5, 6, 13, 14, 22, 23, 24
Días menos favorables en general: 1, 7, 8, 20, 21, 27, 28, 29
Mejores días para el amor: 1, 2, 5, 7, 13, 15, 16, 25, 26, 27, 28, 29, 31
Mejores días para el dinero: 2, 7, 10, 15, 16, 19, 25, 26, 29
Mejores días para la profesión: 2, 5, 7, 8, 13, 31

El amor estuvo algo turbulento hasta el 14 del mes pasado; después mejoraron las cosas. El 14 tu planeta del amor entró en Piscis y este mes está ahí también (entrando y saliendo). En este periodo el amor es más idealista, más espiritual. Los asuntos prácticos ya no son lo importante, lo que importa es el sentimiento de amor. En enero te excitaban la riqueza y los regalos materiales; ahora es la proximidad emocional, la comunicación mutua de los sentimientos, el apoyo emocional que ansías. Así es como te sientes amado y así es como demuestras el amor. El mes pasado hubo más vida social en casa, con familiares y con aquellas personas que son como familiares para ti, y esta tendencia continúa este mes (con interrupciones). Si estás soltero o soltera podrías tener un encuentro con un amor del pasado, para resolver viejos problemas; a veces esto no ocurre exactamente así; conoces a una persona que tiene características similares a las de un viejo amor; esta es otra de las maneras como el Cosmos resuelve viejos problemas. Tu planeta del amor inicia movimiento retrógrado el 12; esto no frena el amor ni las actividades sociales pero sí enlentece un poco las cosas. Procede un descanso; la relación actual y tus planes sociales en general necesitan una revisión. Mercurio pasa un tiempo en Aries (del 3 al 23) y este tránsito suele producir «precipitación» en el amor, el tipo de experiencias de amor a primera vista; pero estando retrógrado Mercurio no es aconsejable la precipitación en el amor. Del 11 al 14 Venus viaja con el señor de tu horóscopo: esto trae un feliz encuentro amoroso o una feliz experiencia social.

La salud sigue necesitando atención hasta el 20; después mejora espectacularmente. Las dolencias que te molesten hasta entonces (posiblemente de poca importancia) desaparecen como por arte de magia; también desaparecen el cansancio y el letargo. Estás a rebosar de energía y puedes conseguir cualquier objetivo que te propongas; sientes con fuerza la fiebre de la primavera.

Hasta el 20 sigue poderosa tu cuarta casa, la del hogar y la familia, así que repasa lo que dijimos acerca de esto el mes pasado. El 20 se hace fuerte tu quinta casa y tú entras en una de tus cimas anuales de placer personal; es el periodo para disfrutar de la vida. Sin duda trabajas muchísimo (el señor de tu horóscopo está en tu sexta casa), pero también te diviertes. La vida no va solamente de diversión y juegos, es un asunto serio, pero estamos para disfrutar de ella, incluso de los deberes y responsabilidades; este es el mensaje espiritual de la quinta casa. Las especulaciones son favorables este mes (pero, como siempre, no te lances a ciegas, guíate por tu intuición). Tu creatividad se ve más comercializable también.

Será mejor evitar los viajes al extranjero opcionales del 1 al 5, del 23 al 26 y del 29 al 31; en estos días podría haber drama en la vida de figuras religiosas de tu vida, y tal vez con personas de tu lugar de culto. Además, es mejor no intentar resolver asuntos jurídicos o legales durante estos días.

Abril

Mejores días en general: 1, 2, 10, 19, 20, 29, 30
Días menos favorables en general: 4, 16, 17, 24, 25
Mejores días para el amor: 5, 8, 9, 14, 15, 17, 18, 24, 25, 29, 30
Mejores días para el dinero: 4, 6, 7, 12, 13, 15, 21, 22, 25
Mejores días para la profesión: 3, 4, 8, 9, 17, 18, 29, 30

Los hijos y las figuras filiales de tu vida han sido muy ambiciosos (y exitosos) en lo que va de año; pero desde el 24 de enero, cuando Marte inició movimiento retrógrado, están desorientados, faltos de dirección, dudosos de sus próximas gestiones. El 11 ya les ha vuelto la claridad mental y proceden con seguridad y confianza. El 20 del mes pasado los hijos (como tú) entraron en una cima anual de placer personal.

Tu planeta del amor retoma el movimiento directo el 4, por lo tanto la actividad social acelera el ritmo. Ahora ya debes de tener más claridad mental acerca de tu relación y vida social, por lo que estás en mejor posición para tomar decisiones importantes. Hasta el 17 tu planeta del amor está en Piscis; esto indica «nostalgia» en el amor, un deseo de volver al pasado, a viejos amores, viejas experiencias, a «aquellos buenos tiempos» (muchas veces es necesario resolver el pasado, volver atrás para luego poder avanzar, y esto es lo que ocurre ahora). El apoyo y la disponibilidad emocional, la expresión mutua de los sentimientos, siguen siendo necesarios en el amor. Los asuntos prácticos no interesan; es el sentimiento de amor lo que importa. Podrías ser feliz en una choza mientras esté presente el sentimiento de amor. El 17 tu planeta del amor vuelve a entrar en Aries, tu quinta casa; esto significa un cambio importante de actitud en el amor. Como el mes pasado, tienes experiencias de tipo «amor a primera vista», pero este mes no hay riesgo en consentirte; el amor va de diversión: la relación ha de disfrutarse. Este mes te diviertes más, hay más actividades de ocio, con el cónyuge, pareja o ser amado actual, y con amistades. El amor es como una luna de miel, pero no tan bueno en los demás aspectos; cuando llegan los tiempos difíciles deseas romper la relación. Del 22 al 24 Mercurio viaja con Urano, y esto trae amor «inesperado», romance inesperado, invitaciones sociales inesperadas. Pero es dudosa la estabilidad de estas cosas; es probable que esos días se presenten oportunidades profesionales repentinas e inesperadas también. Y podría haber cambios profesionales y dramas en la vida de los padres, figuras parentales o jefes.

Venus, el planeta genérico del amor, entra en tu séptima casa el 3 y estará allí todo el mes; esta es una buena señal romántica; indica oportunidad romántica en el lugar de trabajo, con compañeros de trabajo y con personas relacionadas con tu salud. Los profesionales de la salud son especialmente atractivos en este periodo.

La salud es buena este mes. De todos modos estás muy atento a tu salud; esta atención no se debe a una enfermedad sino a un interés estético; deseas verte bien. Además, estando Venus en tu casa del amor, esto tiene un componente romántico; la atención a la salud favorece el romance.

Puedes fortalecer tu salud ya buena prestando más atención a los pulmones, brazos, hombros y sistema respiratorio a partir del 3, y al corazón a partir del 20.

Mayo

Mejores días en general: 7, 8, 16, 17, 26, 27
Días menos favorables en general: 1, 2, 13, 14, 15, 21, 22, 28, 29
Mejores días para el amor: 3, 4, 8, 11, 12, 18, 19, 20, 21, 22, 28, 29, 30, 31
Mejores días para el dinero: 2, 4, 9, 10, 12, 19, 20, 22, 29, 31
Mejores días para la profesión: 1, 2, 8, 18, 19, 20, 28, 29

Hay muchas novedades y cambios en la vida este mes. El 20 hay un eclipse solar justo en la cúspide de tu séptima casa, la del amor. El poder planetario se traslada desde la mitad inferior de tu carta a la mitad superior, y el 15 Venus inicia movimiento retrógrado (que no hace cada año).

El eclipse solar del 20 es muy fuerte en ti, sobre todo si naciste en la primera parte del signo (21 a 25 de noviembre). Reduce tus actividades en ese periodo. Este eclipse anuncia cambios importantes en el amor; son muchas las posibilidades. A veces la relación amorosa no va bien y el eclipse la hace estallar; a veces, el eclipse hace aflorar el problema en la relación y este se resuelve: el matrimonio o la relación renace; a veces, la persona decide cambiar de estado; si está soltera decide casarse y si está casada desea volver a la soltería. Estás a punto de entrar en un ciclo de amor muy feliz y para que esto ocurra es necesario eliminar bloqueos y obstrucciones. Y esto es lo que ocurre este mes. Si tienes programado un viaje al extranjero será mejor que lo reprogrames (vas a viajar este mes, pero procura programarlo para antes o después del periodo del eclipse). Los asuntos legales o jurídicos dan un giro impresionante, comienzan a avanzar, en uno u otro sentido. Si eres estudiante, haces cambios importantes en tu plan de estudios. Este eclipse toca directamente a Neptuno, tu planeta de la familia; por lo tanto, hay crisis y dramas familiares. Si hay defectos en la casa (plagas u otras imperfecciones) salen a la luz para que puedas corregirlos. Ten más paciencia con los familiares, pues estarán más temperamentales.

El 20, el día del eclipse, entras en una cima social del año. El próximo mes será mejor aún, pero ahora comienza. Hay amor en el ambiente, se huele, pero es necesario resolver viejos problemas.

El movimiento retrógrado de Venus recomienda que evites hacer cambios drásticos en la dieta o en el programa de salud; estudia más detenidamente estas cosas. Si buscas trabajo debes informarte más acerca de las posibles ofertas. Si ya trabajas debes evitar hacer cambios laborales en este periodo; la forma de pensar y los planes podrían no ser realistas.

Aparte de los trastornos causados por el eclipse, necesitas prestar más atención a la salud a partir del 20. Continúa fortaleciéndola centrándote en los pulmones, el sistema respiratorio, los brazos y los hombros, y también de las maneras explicadas en las previsiones para el año. También son buenos los ejercicios de respiración; la pureza del aire es más importante para la salud que de costumbre.

Junio

Mejores días en general: 3, 4, 12, 13, 22, 23
Días menos favorables en general: 10, 11, 17, 18, 24, 25
Mejores días para el amor: 1, 8, 9, 10, 17, 18, 20, 21, 27, 28
Mejores días para el dinero: 5, 6, 9, 17, 18, 26, 27, 28
Mejores días para la profesión: 1, 10, 20, 21, 24, 25

Este mes es un poco difícil, agobiante, pero si estás atento a tu energía ocurrirán muchas cosas buenas, especialmente en la faceta del amor.

El 20 del mes pasado hubo un fuerte eclipse solar en tu séptima casa; continuarás sintiendo los efectos de este eclipse el resto de este mes. ¿Por qué? Júpiter, el señor de tu horóscopo, reestimula, reactiva el punto de este eclipse todo el mes: transita por este punto. Así pues, debes evitar las actividades arriesgadas y tomarte las cosas con calma. El 4 hay un eclipse lunar en tu signo, también fuerte; vale el mismo consejo. A esto sumamos los aspectos difíciles que forman los planetas rápidos (el Sol, Mercurio y Venus, y la Luna unas cuantas veces) y se refuerza todo lo dicho.

El eclipse lunar del 4 trae una redefinición de la imagen y el concepto de ti mismo. La reactivación del punto del eclipse solar por Júpiter produce lo mismo. Una relación amorosa importante podría ser la causa que se oculta detrás de todo esto; no hay nada como el amor para hacer redefinirse a las personas. Este eclipse también podría traer encuentros con la muerte (normalmente en el plano psíquico), experiencias de cuasi muerte e intervenciones quirúrgicas. Soñar con la muerte es normal con un eclipse como este; pero no hay que tomarla muy en serio estos sueños; en un sueño, una muerte suele indicar un cambio drástico en la vida. El cónyuge, pareja o ser amado actual hace cambios importantes en sus finanzas. Pasa por pruebas el matrimonio o la relación amorosa de las amistades.

Es necesario vigilar la salud todo el mes, pero en especial hasta el 21. Fortalécela de las maneras explicadas en las previsiones para el año y el mes pasado. Tu planeta de la salud, Venus, continúa retrógrado hasta el 27, así que hasta entonces evita hacer cambios importantes en la dieta o en el programa de salud; este es un periodo para investigar y analizar; una vez hecho ese trabajo y adquirido más claridad puedes hacer los cambios.

Como hemos dicho, el 11 Júpiter entra en tu séptima casa, la del amor, y continúa en ella el resto del año; esto es un clásico indicador de amor y matrimonio; Venus en tu séptima casa es otro indicador importante. Eres más popular en este periodo también, y continuarás siéndolo el resto del año. Al parecer sigues el consejo de anteponer a los demás y ellos reaccionan a esto. Eres más activo en el amor, más osado, tomas la iniciativa y te creas la vida social de tus sueños.

Se ven buenos los cambios que hace el cónyuge, pareja o ser amado actual en sus finanzas. El 21 esta persona entra en una cima financiera anual y es probable que sea más generosa contigo.

Hay que evitar los viajes opcionales durante todo el mes, pero en especial en el periodo del eclipse y del 28 al 30. Estos días ten más prudencia al conducir también.

El amor es feliz este mes pero del 10 al 13 podría ser tempestuoso (hay ciertos baches en el camino). Durante estos días el cónyuge, pareja o ser amado actual debe evitar las actividades arriesgadas, evitar los enfrentamientos y discusiones y tener más prudencia al conducir.

Julio

Mejores días en general: 1, 2, 9, 10, 11, 19, 20, 21, 28, 29
Días menos favorables en general: 7, 8, 15, 16, 22, 23
Mejores días para el amor: 1, 2, 5, 6, 9, 10, 11, 15, 16, 19, 20, 21, 24, 25, 28, 29
Mejores días para el dinero: 3, 4, 5, 6, 15, 16, 24, 25, 30, 31
Mejores días para la profesión: 1, 2, 9, 10, 11, 19, 20, 21, 22, 23, 28, 29

El mes pasado la actividad retrógrada llegó a su punto máximo del año; el 40 por ciento de los planetas estaban retrógrados hasta el 25; este mes vuelve a llegar a su máximo a partir del 15. Estos movimientos retrógrados son fuertes en ti, influyen en el amor, la comunicación, la profesión, y el hogar y la familia. Todas estas facetas deben pasar por revisión en este periodo. La vida continúa, pero se enlentece su ritmo. Habiendo tantos planetas retrógrados, los atajos no son verdaderos atajos; no hay atajos en este periodo. Tómate tu tiempo y hazlo todo con la mayor perfección posible. En definitiva esto será el atajo, porque no tendrás que rehacer un trabajo chapucero o descuidado.

Es necesario tener especial cuidado en la comunicación. El 13 inicia movimiento retrógrado tu planeta de la comunicación, Urano (y estará retrógrado hasta diciembre). El 15 inicia movimiento retrógrado Mercurio, por lo tanto a partir del 15 están retrógrados los dos planetas que rigen la comunicación en tu carta. Este no es un periodo para la correspondencia comercial ni para campañas de publicidad (conviene planificar estas cosas pero no ponerlas por obra); también es mejor evitar firmar contratos, cerrar la compra o venta de una casa y hacer compras importantes. Todo el mundo tiene para contar historias de Mercurio retrógrado: cartas que no llegan a su destino, retención de correspondencia en la oficina de correo porque faltan unos céntimos en los sellos (y no por falta de sellos sino por error), la empresa de la tarjeta de crédito cobra dos pagos cuando sólo se ha autorizado uno; llamadas telefónicas fallidas, extraños comportamientos del equipo de comunicación, etcétera. Normalmente las cosas que ocurren son simples «inconvenientes», molestas por el tiempo que consumen, pero en ciertos casos podrían poner en peligro la vida: el médico se equivoca al recetar un medicamento; la enfermera lee mal las instrucciones del médico y da un medicamento que no corresponde; el piloto interpreta mal una señal indicadora o entiende mal una orden de la torre de control, o pierde contacto con esta. Así pues, es mejor evitar las intervenciones quirúrgicas que no sean estrictamete necesarias y también los viajes. Las cosas que debes hacer las haces, nos referimos a las opcionales.

Muchos de los problemas que afrontas en el amor, la profesión y la familia se deben a una mala comunicación y malos entendidos en este periodo. Un poco más de cuidado al comienzo te evitará muchas molestias o sufrimientos más adelante. Procura verificar que dices lo que quieres decir y que la otra persona lo entiende bien. No des por descontada la comunicación; verifica también que has entendido lo que quiere decir la otra persona. No temas hacer preguntas hasta tenerlo todo claro.

El amor es feliz este mes, aunque está en revisión. Evita tomar decisiones importantes en el amor, en uno u otro sentido. Pese a que está retrógrado tu planeta del amor, hay amor en el ambiente.

La salud es buena también. Fortalécela más de las maneras explicadas en los meses anteriores.

Agosto

Mejores días en general: 6, 7, 16, 17, 24, 25
Días menos favorables en general: 4, 5, 11, 12, 18, 19, 31
Mejores días para el amor: 2, 3, 6, 7, 11, 12, 13, 14, 16, 17, 22, 23, 24, 25, 31
Mejores días para el dinero: 1, 2, 11, 12, 20, 21, 27, 28, 29, 30
Mejores días para la profesión: 6, 7, 16, 17, 18, 19, 24, 25

Hasta el 8 la actividad retrógrada continúa en su punto máximo del año, así que ten presente lo que dijimos sobre esto el mes pasado. En general eres una persona de «vía rápida», te gusta el ritmo rápido de la vida, así que ahora tu reto es tener paciencia, paciencia, paciencia.

El 22 del mes pasado el Sol entró en tu novena casa y estará en ella hasta el 23. Esto es el nirvana para Sagitario; el Cosmos te impulsa a hacer lo que más te gusta: viajar, complacerte con la formación superior, religión, filosofía y teología. Seguro que vas a viajar, así que, habiendo tantos planetas retrógrados, programa más tiempo para llegar a tu destino; procura que los vuelos de conexión no coincidan en el tiempo y asegura tus billetes; protégete todo lo posible. Este es buen consejo para todo el mes, pero en especial para antes del 8. Del 22 al 25 trata de evitar viajar.

Este es un mes para el progreso religioso y filosófico, percepciones profundas y adelanto en tu comprensión; este progreso influirá de modo positivo en todas las facetas de tu vida.

El poder planetario está principalmente sobre el horizonte de tu carta. El 23 el Sol cruza tu Medio cielo y entra en tu décima casa, la de la profesión, con lo que tú entras en una cima profesional anual. Afortunadamente, tu planeta de la profesión, Mercurio, ya estará en movimiento directo y tendrás claridad mental para tomar buenas decisiones. Hay un enorme progreso profesional a partir del 23, y también oportunidades de viaje relacionado con la profesión.

La salud es fundamentalmente buena, pero descansa y relájate más después del 23. Tu planeta de la salud ha pasado varios meses en Géminis, tu séptima casa, y el 8 entra en Cáncer, tu octava casa; por lo tanto, hay cambios en tu programa y necesidades de salud; ahora debes dar más atención al estómago y a los pechos (si eres mujer). La dieta es más importante en este periodo; el estómago está más sensible. Los regímenes de desintoxicación son más potentes en ti. Se vuelven importantes la moderación sexual y el sexo seguro. Cáncer rige los estados de ánimo y las emociones, así que procura que estos sean constructivos y positivos. Entregarse a estados depresivos o de autocompasión (estados «¡ay de mí!») puede ser causa de patologías físicas en este periodo, así que evítalos todo lo posible. Si te encuentras en un estado así (y puede ocurrir) sal de él lo más rápido que puedas; no te revuelques en él. Si surgiera algún problema de salud (no lo permita Dios), examina estas cosas; examina también las relaciones familiares y lleva armonía a ellas con la mayor rapidez posible.

Cuando el planeta de la salud está en la octava casa hay tendencia a las intervenciones quirúrgicas; la cirugía se considera el «remedio rápido» para los problemas; a veces esto está justificado, pero no te precipites, busca una segunda opinión.

Septiembre

Mejores días en general: 2, 3, 12, 13, 21, 22, 29, 30
Días menos favorables en general: 1, 7, 8, 14, 15, 27, 28
Mejores días para el amor: 1, 4, 5, 7, 8, 12, 15, 16, 17, 21, 22, 25, 26, 29, 30
Mejores días para el dinero: 7, 8, 9, 16, 17, 18, 23, 24, 25, 26
Mejores días para la profesión: 4, 5, 14, 15, 16, 17, 25, 26

Este mes disminuye la actividad retrógrada; hasta el 18 están retrógrados el 30 por ciento de los planetas, después solamente el 20 por ciento. Por lo tanto, se acelera el ritmo de la vida; hay avance más rápido hacia tus objetivos. También debería ser más rápido el progreso profesional (y estás en medio de una cima profesional anual).

El eclipse lunar del 4 de junio continúa muy en vigor en tu horóscopo. Júpiter, tu planeta regente (muy importante en tu carta) estuvo acampado en el punto de este eclipse todo el mes pasado, y este mes la situación es bastante similar; es como si tuvieras una «reactivación» del eclipse. Evita las actividades arriesgadas; haz todo lo que es necesario hacer, pero es mejor que evites las cosas opcionales, estresantes, difíciles o arriesgadas. La redefinición de tu personalidad e imagen es muy intensa en este periodo. Es posible que otras personas intenten definirte, «encasillarte», como si dijéramos, y la única manera de salir de eso es definirte tú. Por el lado positivo esta redefinición podría venir de tu éxito profesional; nada cambia más la imagen que una dosis de éxito. El éxito, que ocurre ahora (de acuerdo a tu nivel y fase en la vida), tiende a convertir a la persona en «blanco» de aquellos menos afortunados, y parece que este podría ser el problema en este periodo.

También está muy en vigor el eclipse solar del 20 de mayo, aun cuando ya hace meses que ocurrió. Neptuno, tu planeta de la familia, ha estado acampado en el punto de este eclipse, y este mes forma un aspecto muy exacto. Así pues, hay dramas en la familia, en la casa o con los padres o figuras parentales. Hay necesidad de hacer cambios en la casa, pero ten más cautela con ellos, pues Neptuno está retrógrado. También podría haber confusión en la vida emocional: no sabes lo que sientes ni por qué te sientes como te sientes. A pesar de todas estas cosas mantén la atención centrada en la profesión todo lo posible.

Trata de evitar viajar del 28 al 30; si debes viajar, protégete lo mejor posible.

La salud mejora después del 23, pero hasta entonces necesita más atención. Hasta el 7 tu planeta de la salud está en Cáncer, así que ten presente lo que dijimos acerca de esto el mes pasado. El 7 tu planeta de la salud entra en Leo, tu novena casa. Esto cambia nuevamente las necesidades en la salud. Ahora comienza a dar más atención al corazón; evita la preocupación y la ansiedad, las principales causas de los problemas cardiacos. Si puedes hacer algo constructivo en una situación, hazlo, por supuesto, pero evita la preocupación, pues con ella no conseguirás nada.

A comienzos del mes salen a la luz maquinaciones secretas en la vida amorosa y en la profesión; esto podría no ser agradable pero al final es bueno. Evita tomar decisiones importantes en el amor y en la profesión en ese periodo.

Octubre

Mejores días en general: 1, 9, 10, 11, 18, 19, 27, 28
Días menos favorables en general: 4, 5, 6, 12, 13, 24, 25, 26
Mejores días para el amor: 1, 4, 5, 6, 7, 12, 16, 17, 21, 25, 26
Mejores días para el dinero: 4, 5, 6, 7, 14, 15, 16, 20, 21, 22, 23, 24
Mejores días para la profesión: 5, 7, 12, 13, 16, 17, 25, 26

Desde que Júpiter entró en Géminis el 11 de junio las finanzas han estado bien; sin duda ha habido altibajos, pero la tendencia básica ha sido positiva. El 5 de este mes tu planeta del dinero hace un traslado importante, sale de Libra, donde ha estado casi tres años, y entra en Escorpio, pasa de tu casa once a tu casa doce. Esto lo aleja por un tiempo de su aspecto positivo con Júpiter, por lo que las finanzas estarán algo más difíciles. Esto no significa pobreza ni privaciones sino sólo más trabajo para conseguir tus objetivos financieros. (El próximo año, cuando Júpiter entre en Cáncer, volverás a tener aspectos muy buenos para las finanzas; esto es una especie de pausa, no un desastre.)

Del 24 al 27 el Sol viaja con Saturno, tu planeta del dinero, produciendo beneficios imprevistos, oportunidades e incremento económico. Del 2 al 14 Saturno forma aspectos hermosos a Neptuno, lo que trae buen apoyo familiar, gastos en la familia y tal vez inversiones en la casa.

Tu planeta de la espiritualidad, Plutón, lleva unos años en tu casa del dinero; Saturno estará en tu casa doce, la de la espiritualidad, los próximos dos años y medio. Estos dos planetas estarán en «recepción mutua» esos dos años y medio, cada uno huésped en la casa del otro, y esto se considera muy positivo; hay buena colaboración entre ellos. Esto destaca la necesidad de profundizar en las dimensiones espirituales de la riqueza, de aprender las leyes espirituales relacionadas con esta y aplicarlas. Harás un enorme progreso en esta faceta. Es probable que ya tengas una comprensión natural de esto (Sagitario lo comprende más que la mayoría), pero ahora es el periodo para ahondar aún más. Cuando comprendas, en profundidad, que hay Una y Sólo Una fuente de aprovisionamiento, y sin nada más a su lado, llegarás a conocer realmente la verdadera libertad e independencia económica. Este es el programa cósmico para ti en este periodo.

Es posible que aceptes un trabajo en una organización benéfica o no lucrativa. Hay una necesidad de ganar dinero de manera «espiritualmente correcta»; sólo hacerte rico no te basta, tiene que ser algo espiritual, idealista, valioso, de manera que beneficie a los demás y a la vida.

Tu casa doce, la de la espiritualidad, se hace poderosa el 23, así que harás mucho progreso en esta comprensión.

El mes pasado el poder planetario se trasladó de tu sector occidental al oriental. Aunque los demás siguen siendo muy importantes para ti (y los pones en primer lugar) ahora te conviene pensar en ti y en tus necesidades. Tienes más poder personal e independencia, y esto se irá reforzando hasta fin de año. Es más fácil entonces hacer cambios en las condiciones y circunstancias. Lo único que debes tener presente es que Júpiter está retrógrado a partir del 4; tienes el poder para cambiar las condiciones, pero necesitas más claridad mental para hacerlo.

Noviembre

Mejores días en general: 6, 7, 14, 15, 23, 24
Días menos favorables en general: 1, 2, 8, 9, 21, 22, 28, 29
Mejores días para el amor: 1, 2, 6, 7, 11, 14, 15, 20, 23, 24, 28, 29
Mejores días para el dinero: 1, 2, 3, 11, 12, 16, 17, 19, 21, 28, 29
Mejores días para la profesión: 6, 7, 8, 9, 14, 15, 23, 24

La mayoría de los planetas están en el sector oriental de tu carta y Marte entró en tu signo el 7 del mes pasado. El poder personal y la independencia están súper fuertes; tienes abundantes energía y ambición; puedes conquistar el mundo. Después de hacer un buen estudio y reflexión, crea las condiciones de tu vida de acuerdo a tus especificaciones. Aunque eres leal a los demás, no dependes de ellos; puedes y debes tener las cosas a tu manera; tu manera es la mejor en este periodo. Tienes la energía y el poder, sólo necesitas más claridad mental; es como si estuvieras al volante de un súper coche deportivo capaz de hacer 240 km/h, pero te falta el mapa de carreteras. Tienes el poder, pero te falta la dirección. Una vez que tengas la dirección correcta, ¡cuidado!

El único problema del tránsito de Marte por tu signo es que podrías tener demasiadas prisas; habiendo aumentado la actividad retrógrada este mes, temporalmente, apresúrate lentamente. La impaciencia puede llevar a accidentes o lesiones. También debes controlar el mal genio; lo que te aqueja no es rabia sino tal vez frustración: deseas que se hagan las cosas y cuando se retrasan explotas. Modera eso.

Este mes hay dos eclipses; sólo uno de ellos es fuerte en ti, el eclipse lunar del 28. El eclipse solar del 13 es principalmente benigno contigo; este eclipse ocurre en Escorpio, tu casa doce, la de la espiritualidad, y anuncia cambios importantes a largo plazo en tu práctica, ideas e ideales espirituales. Normalmente estos cambios vienen de nuevas revelaciones interiores. Si perteneces a alguna organización benéfica o no lucrativa, hay trastorno y reestructuración en esta organización; hay dramas en la vida de gurús, mentores espirituales y personas espirituales de tu vida. Como ocurrió con el eclipse solar del 20 de mayo, hay crisis de fe, se ponen a prueba las creencias y la filosofía personal, y finalmente se perfeccionan. Si eres estudiante haces cambios importantes en tus planes de estudios.

El eclipse lunar del 28 ocurre en tu séptima casa, el segundo en esta casa este año. Este pone a prueba el matrimonio, la relación amorosa y las sociedades de negocios; las buenas relaciones sobreviven y mejoran, las defectuosas tienden a disolverse. También como el eclipse del 20 de mayo, este trae cambio en el estado civil; con un eclipse como este las personas solteras deciden casarse. Dado que el planeta eclipsado, la Luna, es regente de tu octava casa, este eclipse puede causar encuentros con la muerte, experiencias de muerte temporal o cuasi muerte, intervenciones quirúrgicas y cosas de esa naturaleza. Hay necesidad de comprender la muerte con más profundidad y superar el miedo. Reduce tus actividades en el periodo del eclipse y evita correr riesgos.

Los periodos de eclipses tienden a ser inestables; suma a esto que Marte forma cuadratura con Urano (del 23 al 25) y conjunción con Plutón (del 27 al 30) y tendrás más inestabilidad aún. Ten más prudencia al conducir; evita los riesgos y los enfrentamientos (con este tránsito las personas tienden a reaccionar exageradamente) y evita las especulaciones. Los hijos y las figuras filiales también deben tener más prudencia.

Diciembre

Mejores días en general: 3, 4, 12, 13, 20, 21, 22, 30, 31
Días menos favorables en general: 5, 6, 7, 18, 19, 25, 26, 27
Mejores días para el amor: 1, 2, 10, 11, 20, 21, 25, 26, 27, 31
Mejores días para el dinero: 1, 8, 10, 14, 15, 16, 18, 25, 28
Mejores días para la profesión: 2, 5, 6, 7, 11, 21, 31

Pese a los recientes eclipses, la salud y la vitalidad se ven muy bien; si ha habido intervención quirúrgica o una lesión (no lo permita Dios) la capacidad de recuperación es muy fuerte. El 22 del mes pasado entraste en otra de tus cimas de placer personal del año. El Sol cruzó tu Ascendente y entró en tu primera casa, en la que estará hasta el 21 de este mes. Es interesante que tu cima de placer personal coincida con la temporada de vacaciones. Las vacaciones son más festivas que de costumbre; estás en la cumbre de poder e independencia personales. No tienes necesidad de depender ni de adaptarte a los demás, al menos en lo que a tu felicidad se refiere. Tienes el poder para diseñar tus circunstancias como quieras y debes ejercer ese poder.

El Sol está en tu primera casa desde el mes pasado. Viajas (¿qué otra cosa es novedad?) y disfrutas de la buena vida. Si estás en edad de concebir, eres más fértil en este periodo. La apariencia personal resplandece; irradias belleza y «atractivo estelar», y el sexo opuesto lo nota. Tu planeta del amor entra en tu signo el 11 y estará ahí el resto del mes, una señal muy feliz para el amor. Te llegan las oportunidades amorosas; el amor te busca. Más o menos te impones en el amor. Lo más hermoso en esto es que Júpiter (tu planeta personal) y Mercurio (tu planeta del amor) están en «recepción mutua» a partir del 11; cada uno es huésped en la casa del otro; esto significa que hay una maravillosa colaboración entre los dos planetas. Sí, tú y tu ser amado sois personas muy diferentes y tenéis opiniones opuestas acerca de las cosas, y pese a esto tú estás por el ser amado y el ser amado está por ti. Cada uno antepone al otro. Puede que no estéis de acuerdo en las cosas, pero os amáis y colaboráis mutuamente.

Las finanzas también son fuertes este mes, en especial después del 21, cuando el Sol entra en tu casa del dinero y tú entras en una cima financiera anual. Tienes mucho placer personal y dispones de los medios para complacerte. También te llegan oportunidades profesionales y laborales. Este mes tienes la imagen de la persona de éxito, sobre todo después del 11; los demás te ven así.

Como hemos dicho, la salud es buena. Pero puedes fortalecerla más hasta el 16 por medios espirituales (meditación, métodos de curación espiritual, imposición de manos, reiki y la manipulación de las energías sutiles); también es potente la desintoxicación. Después del 16 puedes fortalecerla dando más atención al hígado y a los muslos. Aunque la salud es buena, este mes le prestas más atención que de costumbre (en especial después del 16). Me parece que esto se debe al valor estético de la salud, y no a una necesidad de tratar una patología. Cuando estás sano te ves bien; y deseas verte bien.

Capricornio

♑

La Cabra
Nacidos entre el 21 de diciembre y el 19 de enero

Rasgos generales

CAPRICORNIO DE UN VISTAZO
Elemento: Tierra

Planeta regente: Saturno
   Planeta de la profesión: Venus
   Planeta del amor: la Luna
   Planeta del dinero: Urano
   Planeta de la salud y el trabajo: Mercurio
   Planeta del hogar y la vida familiar: Marte
   Planeta espiritual: Júpiter

Colores: Negro, índigo
   Colores que favorecen el amor, el romance y la armonía social:
     Castaño rojizo, plateado
   Color que favorece la capacidad de ganar dinero: Azul marino

Piedra: Ónice negro

Metal: Plomo

Aromas: Magnolia, pino, guisante de olor, aceite de gualteria

Modo: Cardinal (= actividad)

Cualidades más necesarias para el equilibrio: Simpatía, espontaneidad, sentido del humor y diversión

Virtudes más fuertes: Sentido del deber, organización, perseverancia, paciencia, capacidad de expectativas a largo plazo

Necesidad más profunda: Dirigir, responsabilizarse, administrar

Lo que hay que evitar: Pesimismo, depresión, materialismo y conservadurismo excesivos

Signos globalmente más compatibles: Tauro, Virgo

Signos globalmente más incompatibles: Aries, Cáncer, Libra

Signo que ofrece más apoyo laboral: Libra

Signo que ofrece más apoyo emocional: Aries

Signo que ofrece más apoyo económico: Acuario

Mejor signo para el matrimonio y/o asociaciones: Cáncer

Signo que más apoya en proyectos creativos: Tauro

Mejor signo para pasárselo bien: Tauro

Signos que más apoyan espiritualmente: Virgo, Sagitario

Mejor día de la semana: Sábado

La personalidad Capricornio

Debido a las cualidades de los nativos de Capricornio, siempre habrá personas a su favor y en su contra. Mucha gente los admira, y otros los detestan. ¿Por qué? Al parecer esto se debe a sus ansias de poder. Un Capricornio bien desarrollado tiene sus ojos puestos en las cimas del poder, el prestigio y la autoridad. En este signo la ambición no es un defecto fatal, sino su mayor virtud.

A los Capricornio no les asusta el resentimiento que a veces puede despertar su autoridad. En su mente fría, calculadora y organizada, todos los peligros son factores que ellos ya tienen en cuenta en la ecuación: la impopularidad, la animosidad, los malentendidos e incluso la vil calumnia; y siempre tienen un plan para afrontar estas cosas de la manera más eficaz. Situaciones que aterrarían a cualquier mente corriente, para Capricornio son meros problemas que hay que afrontar y solventar, baches en el camino hacia un poder, una eficacia y un prestigio siempre crecientes.

Algunas personas piensan que los Capricornio son pesimistas, pero esto es algo engañoso. Es verdad que les gusta tener en cuenta el lado negativo de las cosas; también es cierto que les gusta imaginar lo peor, los peores resultados posibles en todo lo que emprenden. A otras personas les pueden parecer deprimentes estos análisis, pero Capricornio sólo lo hace para poder formular una manera de salir de la situación, un camino de escape o un «paracaídas».

Los Capricornio discutirán el éxito, demostrarán que las cosas no se están haciendo tan bien como se piensa; esto lo hacen con ellos mismos y con los demás. No es su intención desanimar, sino más bien eliminar cualquier impedimento para un éxito mayor. Un jefe o director Capricornio piensa que por muy bueno que sea el rendimiento siempre se puede mejorar. Esto explica por qué es tan difícil tratar con los directores de este signo y por qué a veces son incluso irritantes. No obstante, sus actos suelen ser efectivos con bastante frecuencia: logran que sus subordinados mejoren y hagan mejor su trabajo.

Capricornio es un gerente y administrador nato. Leo es mejor para ser rey o reina, pero Capricornio es mejor para ser primer ministro, la persona que administra la monarquía, el gobierno o la empresa, la persona que realmente ejerce el poder.

A los Capricornio les interesan las virtudes que duran, las cosas que superan las pruebas del tiempo y circunstancias adversas. Las modas y novedades pasajeras significan muy poco para ellos; sólo las ven como cosas que se pueden utilizar para conseguir beneficios o poder. Aplican esta actitud a los negocios, al amor, a su manera de pensar e incluso a su filosofía y su religión.

Situación económica

Los nativos de Capricornio suelen conseguir riqueza y generalmente se la ganan. Están dispuestos a trabajar arduamente y durante mucho tiempo para alcanzar lo que desean. Son muy dados a renunciar a ganancias a corto plazo en favor de un beneficio a largo plazo. En materia económica entran en posesión de sus bienes tarde en la vida.

Sin embargo, si desean conseguir sus objetivos económicos, deben despojarse de parte de su conservadurismo. Este es tal vez el rasgo menos deseable de los Capricornio. Son capaces de oponerse a cualquier cosa simplemente porque es algo nuevo y no ha sido puesto a prueba. Temen la experimentación. Es necesario que estén dispuestos a correr unos cuantos riesgos. Debería entusiasmarlos más lanzar productos nuevos al mercado o explorar técnicas de dirección diferentes. De otro modo el progreso los dejará atrás. Si es necesario, deben estar dispuestos a cambiar con los tiempos, a descartar métodos anticuados que ya no funcionan en las condiciones modernas.

Con mucha frecuencia, la experimentación va a significar que tengan que romper con la autoridad existente. Podrían incluso pensar en cambiar de trabajo o comenzar proyectos propios. Si lo hacen deberán disponerse a aceptar todos los riesgos y a continuar adelante. Solamente entonces estarán en camino de obtener sus mayores ganancias económicas.

Profesión e imagen pública

La ambición y la búsqueda del poder son evidentes en Capricornio. Es tal vez el signo más ambicioso del zodiaco, y generalmente el más triunfador en sentido mundano. Sin embargo, necesita aprender ciertas lecciones para hacer realidad sus más elevadas aspiraciones.

La inteligencia, el trabajo arduo, la fría eficiencia y la organización los llevarán hasta un cierto punto, pero no hasta la misma cima. Los nativos de Capricornio han de cultivar la buena disposición social, desarrollar un estilo social junto con el encanto y la capacidad de llevarse bien con la gente. Además de la eficiencia, necesitan poner belleza en su vida y cultivar los contactos sociales adecuados. Deben aprender a ejercer el poder y a ser queridos por ello, lo cual es un arte muy delicado. También necesitan aprender a unir a las personas para llevar a cabo ciertos objetivos. En resumen, les hacen falta las dotes sociales de Libra para llegar a la cima.

Una vez aprendidas estas cosas, los nativos de Capricornio tendrán éxito en su profesión. Son ambiciosos y muy trabajadores; no tienen miedo de dedicar al trabajo todo el tiempo y los esfuerzos necesarios. Se toman su tiempo para hacer su trabajo, con el fin de hacerlo bien, y les gusta subir por los escalafones de la empresa, de un modo lento pero seguro. Al estar impulsados por el éxito, los Capricornio suelen caer bien a sus jefes, que los respetan y se fían de ellos.

Amor y relaciones

Tal como ocurre con Escorpio y Piscis, es difícil llegar a conocer a un Capricornio. Son personas profundas, introvertidas y reservadas. No les gusta revelar sus pensamientos más íntimos. Si estás enamorado o enamorada de una persona Capricornio, ten paciencia y tómate tu tiempo. Poco a poco llegarás a comprenderla.

Los Capricornio tienen una naturaleza profundamente romántica, pero no la demuestran a primera vista. Son fríos, flemáticos y no particularmente emotivos. Suelen expresar su amor de una manera práctica.

Hombre o mujer, a Capricornio le lleva tiempo enamorarse. No es del tipo de personas que se enamoran a primera vista. En una relación con una persona Capricornio, los tipos de Fuego, como Leo o Aries, se van a sentir absolutamente desconcertados; les va a parecer fría, insensible, poco afectuosa y nada espontánea. Evidentemente eso no es cierto; lo único que pasa es que a los Capricornio les gusta tomarse las cosas con tiempo, estar seguros del terreno que pisan antes de hacer demostraciones de amor o de comprometerse.

Incluso en los asuntos amorosos los Capricornio son pausados. Necesitan más tiempo que los otros signos para tomar decisiones, pero después son igualmente apasionados. Les gusta que una relación esté bien estructurada, regulada y definida, y que sea comprometida, previsible e incluso rutinaria. Prefieren tener una pareja que los cuide, ya que ellos a su vez la van a cuidar. Esa es su filosofía básica. Que una relación como esta les convenga es otro asunto. Su vida ya es bastante rutinaria, por lo que tal vez les iría mejor una relación un poco más estimulante, variable y fluctuante.

Hogar y vida familiar

La casa de una persona Capricornio, como la de una Virgo, va a estar muy limpia, ordenada y bien organizada. Los nativos de este signo tienden a dirigir a su familia tal como dirigen sus negocios. Suelen estar tan entregados a su profesión que les queda poco tiempo para la familia y el hogar. Deberían interesarse y participar más en la vida familiar y doméstica. Sin embargo, sí se toman muy en serio a sus hijos y son padres y madres muy orgullosos, en especial si sus hijos llegan a convertirse en miembros destacados de la sociedad.

Horóscopo para el año 2012*

Principales tendencias

Saturno, tu planeta regente, lleva unos años en tu décima casa, Ca-

* Las previsiones de este libro se basan en el Horóscopo Solar y todos los signos

pricornio, así que has sido muy ambicioso y tenido mucho éxito. Pareces estar por encima de todas las personas de tu vida, dando las órdenes. Esta tendencia continúa la mayor parte de este año. El 5 de octubre Saturno sale de tu décima casa y entra en la once, y esto significa un cambio de enfoque: has conseguido los objetivos profesionales y ahora deseas los «frutos» del éxito: buenas amistades.

Aunque has trabajado arduo, sin la menor duda, muy entregado a tu profesión, al tener a Júpiter en tu quinta casa desde mediados del año pasado (y hasta el 11 de junio de este) te las arreglas para divertirte también. Disfruta mientras puedes. El 11 de junio Júpiter entrará en tu sexta casa y el trabajo volverá a ser importante. Se ven cambios laborales este año, pero a mí me parece que son buenos. Volveremos sobre este punto.

El año pasado Urano entró en tu cuarta casa, la del hogar y la familia (para estar varios años); esto indica mudanza, tal vez unas cuantas, y trastorno o alboroto en la familia. Más adelante trataremos esto.

Plutón está en tu primera casa desde 2008, y continuará ahí muchos años más. Por lo tanto, hay desintoxicación del cuerpo, en diversos planos; este es un buen periodo para adelgazar, si lo necesitas. También indica algún tipo de cirugía estética.

El 3 de febrero Neptuno entra en tu tercera casa, en la que continuará alrededor de catorce años. Esto es una tendencia de larga duración. Tu mente, tu forma de pensar, tu gusto por la lectura se elevan y espiritualizan. Para muchas personas el intelecto es un obstáculo para el progreso espiritual, y ahora el Cosmos se encarga de eso. Ahora la mente es más intuitiva.

Las facetas de mayor interés para ti este año son: el cuerpo y la imagen; las finanzas (hasta el 3 de febrero); la comunicación y las actividades intelectuales (después del 3 de febrero); el hogar y la familia; los hijos, la creatividad, las actividades de ocio y el placer personal (hasta el 11 de junio); la salud y el trabajo (a partir del 3 de abril); la religión, la filosofía, la teología, los viajes al extranjero y la formación superior (hasta el 3 de julio); la profesión (hasta el 5 de octubre);

que derivan de él; tu Signo Solar se convierte en el Ascendente, y las casas se numeran a partir de él. Tu horóscopo personal, el trazado concretamente para ti (según la fecha, hora y lugar exactos de tu nacimiento) podrían modificar lo que decimos aquí. Joseph Polansky las amistades, los grupos, las actividades en grupo y las organizaciones (a partir del 5 de octubre).

Tus caminos hacia la mayor satisfacción este año son: los hijos, la creatividad, el placer personal (hasta el 11 de junio); la salud y el trabajo (después del 11 de junio); la espiritualidad (hasta el 31 de agosto); las amistades, los grupos, las actividades en grupo y las organizaciones (a partir del 31 de agosto).

Salud

(Ten en cuenta que esta es una perspectiva astrológica de la salud, no una médica. Antaño no había ninguna diferencia, ambas eran idénticas, pero en esta época podrían diferir muchísimo. Para una perspectiva médica, por favor, consulta a tu médico o a otro profesional de la salud.)

Tienes a tres planetas lentos en aspecto difícil contigo, Capricornio, así que debes vigilar la salud. Lo bueno es que está mejor que el año pasado, en que eran cuatro los planetas en aspecto desfavorable. Además, ya avanzado el año, se aliviará la dificultad: Saturno sale de su aspecto difícil el 5 de octubre.

Mientras tanto, es necesario que estés más atento a la salud. Tu sexta casa está fuerte a partir del 3 de abril, así que le prestarás atención. Pero debes estar atento ya antes de esta fecha, desde el comienzo del año. Así pues, los cuatro primeros meses del año son cruciales: oblígate a prestar atención a tu salud aunque no te apetezca. El peligro es que no hagas caso de las cosas hasta cuando ya sea demasiado tarde, hasta que ocurra algo importante.

Este año tienes muchas facetas de interés (como todos los signos), pero al no estar tu energía a la altura acostumbrada, deberás reducir esos intereses. Atente a los verdaderamente importantes; el peligro es que disperses la energía en demasiadas direcciones.

Si saliste bien del año pasado, pasarás este también; de todos modos son muchas las cosas que puedes hacer para mejorar y fortalecer la salud y la energía. Presta más atención a los siguientes órganos: el corazón (evita la preocupación y la ansiedad; si hay algo positivo que puedas hacer en una determinada situación, hazlo, lógicamente, pero elimina la preocupación; esta no te sirve y estresa el corazón); la columna, las rodillas, la dentadura, los huesos, la piel y la alineación esquelética general (masajes periódicos en la espalda, visitas a un osteópata o quiropráctico, te irán muy bien; da más protección y apoyo a las rodillas cuando hagas ejercicio; también deberás darles masajes periódicos); los pulmones, el intestino delgado, los brazos, los hombros y el sistema respiratorio (te irán bien masajes periódicos en los brazos y hombros); el hígado y los muslos (a partir del 11 de junio; deberás dar masajes periódicos a los muslos).

Con unas pocas medidas preventivas evitarás problemas. Y si no los puedes prevenir, se pueden suavizar bastante. Algo que podría ser terrible se vuelve un simple golpecito amoroso, una molestia de poca importancia.

Como sabes, esto lo he escrito muchas veces, lo más importante es mantener elevada la energía. Descansa cuando estés cansado; no te avergüences de echar una siesta o cabezada cuando lo necesites; trabaja con ritmo; alterna diferentes actividades; delega tareas siempre que sea posible.

Teniendo a Plutón en tu signo, son buenos los regímenes de desintoxicación y respondes bien a ellos. Es posible que en este periodo te precipites a pasar por una operación quirúrgica, que podría ser o no necesaria; busca segundas y terceras opiniones.

Hay muchas tendencias a corto plazo en la salud y es mejor tratarlas en las previsiones mes a mes.

Hogar y vida familiar

Como hemos dicho, tu cuarta casa está poderosa y continuará estándolo los seis próximos años más o menos. Es una faceta de la vida muy importante y tumultuosa. Todo un reto.

Urano en la cuarta casa tiene muchos, muchos mensajes. Todos son válidos los seis próximos años. En primer lugar, indica mudanza, tal vez muchas; a veces la persona no se muda sino que vive en diferentes lugares durante largos periodos y es «como si» se mudara; a veces compra una segunda o tercera casa y vive yendo y viniendo entre ellas. Hay necesidad de cambios en la casa, cambios constantes; no bien has encontrado la casa o morada de tus sueños cuando descubres una nueva y mejor y te mudas; y cuando te mudas a la nueva encuentras otra nueva y mejor y deseas mudarte otra vez. Y así sucesivamente.

A veces el deseo de mudarse, el deseo de cambiar, se manifiesta en una constante mejora de la casa, mejora de nunca acabar. La persona redecora, está satisfecha un tiempo y luego ve una manera mejor de decorar y repite el proceso. La casa se va mejorando del mismo modo que se moderniza el ordenador.

También instalas nuevos artilugios de alta tecnología en la casa; la casa debe tener todo lo último y lo mejor. Me parece que gastas muchísimo dinero en estas cosas durante este periodo.

Haces más experimentos en la casa y en la manera de llevar tu vida doméstica. Arrojas lejos todos los libros de reglas sobre los «cómos» y aprendes lo que te va bien a ti y a tu familia probando y equivocándote (tal vez estás harto de los «cómos»).

Urano en la cuarta casa suele causar rupturas en la unidad familiar; esto no tiene por qué ocurrir necesariamente, sólo es una tendencia, pero va a ser bastante difícil mantener unida a la familia, mantener la armonía.

La familia es un mecanismo de supervivencia de la naturaleza. Es muy importante. Pero a veces las ataduras de la familia son excesivas e irracionales. En esos casos (y esto siempre hay que enjuiciarlo caso por caso) una ruptura de la unidad familiar es una forma de liberación. El alma queda libre para seguir la verdadera finalidad de la vida.

En lo emocional este tránsito es muy difícil. Indica que los estados de ánimo son variables, extremos e imprevisibles (tanto en ti como en los familiares). Si te inclinas a medicarte, te beneficiará tomar medicación. Esto no cura el problema, pero calma los síntomas y en ese sentido es bueno. Pero las terapias espirituales, como la oración y la meditación, curan realmente, aunque lleva más tiempo y exige más esfuerzo y compromiso.

Es como si no supieras en qué situación estás con los familiares (en especial con un progenitor o figura parental) de un momento a otro.

Un progenitor o figura parental tiene muchos dramas personales este año (si eres mujer sería el padre, si eres hombre sería la madre). Esta persona desea explorar su libertad, parece estar harta de obligaciones y responsabilidades, desea cambios, está muy inquieta, y es probable que este año se vuelva más nómada. Podría pasar por alguna intervención quirúrgica también.

Profesión y situación económica

Este se ve un año financiero tormentoso pero emocionante; tu planeta del dinero pasa el año en cuadratura con Plutón. Así pues, hay muchos, muchos cambios. Se produce una desintoxicación cósmica en la vida financiera. Afloran las impurezas (pensamientos de pobreza, de carencia, mala planificación, malas estrategias) para que puedas corregirlas. No es mucho lo que puedes hacer cuando están ocultas. Así pues, la salida a la luz de estas cosas no son retos (aunque lo parezca), sino el comienzo de la curación. Este es el tipo de año en que te enfrentas experiencias de «casi muerte» financiera, encuentros con la «ruina» (o lo que tú crees ruina). Esto no tiene por qué ocurrir realmente, pero vas a enfrentarte al miedo y a la posibilidad de estas cosas. Eso también forma parte de la desintoxicación

Me parece que tienes un conflicto financiero con personas amigas; estas amistades no te apoyan como antes; estas amistades te quieren, y esto es lo curioso, pero no te apoyan en lo financiero. Tal vez te ves llamado a ayudarlos, y esto te supone una carga. Debes tener cuidado de no endeudarte mucho, y también de no contraer el tipo de deuda erróneo.

Gastas en la casa, como hemos dicho, gastas en la familia. También puedes aprender de los familiares. Tienes los aspectos de una persona que gana su dinero en el negocio o la empresa familiar o a través de conexiones familiares. Tal vez trabajas más desde casa, instalas tu oficina en casa. También se ven muy atractivas las inversiones en inmobiliaria.

El tránsito del planeta del dinero por la cuarta casa indica ingresos y oportunidades de ingresos del sector alimentario, restaurantes, hoteles, industrias de mejora de casas y de servicio de abastecimiento para el hogar.

Urano como tu planeta del dinero apunta a la industria de la alta tecnología: ordenadores, informática, nuevos inventos y empresas involucradas en estas cosas. Las empresas nuevas se ven muy interesantes este año, y es posible que tú inicies tu propia empresa ahora.

Los ingresos son más variables que de costumbre este año: las alturas son muy altas y las bajuras muy bajas. Nivelarlos será un reto importante.

El año pasado no te sentías muy cómodo con tu forma de ganar dinero; tal vez no disfrutabas del trabajo que hacías, tal vez lo sentías indigno de ti. Pero este año eso ya ha pasado; te veo mucho más cómodo con tu forma de ganar el dinero.

Normalmente Capricornio no es dado a correr riesgos en las finanzas; es conservador. Pero desde que tu planeta del dinero entró en Aries (el año pasado) te inclinas a la especulación. Los riesgos son inevitables en la vida, incluso las inversiones más seguras entrañan alguna forma de riesgo (como vimos todos en 2008). De lo que se trata es del «grado»; en este periodo te arriesgas en un grado más elevado. El programa secreto es aprender a superar el miedo financiero, a desarrollar más valor.

Aunque las finanzas son variables, tu profesión, tu posición profesional y en tu empresa, va muy bien. Si trabajas para otros, debería
haber habido ascenso en los dos años pasados y este año hay probabilidades de más. Si tienes tu propia empresa, el negocio se eleva de
estatura; aún no ha ocurrido, pero es probable que ocurra este año.

Amor y vida social

Tu séptima casa, la del amor y el matrimonio, no está poderosa este
año. Por lo tanto, el año se presenta sin novedades en este frente. Si
estás casado o casada, tenderás a continuar en el matrimonio; si estás
soltero o soltera tenderás a continuar soltero. Tu séptima casa vacía
(sólo la Luna transita por ella unos pocos días cada mes, y los planetas rápidos hacen un tránsito temporal) te da mucha libertad en esta
faceta. Si de verdad deseas casarte, tendrás más libertad para hacerlo,
pero, como ocurre normalmente, el deseo de cambio o de matrimonio
es mucho menor.

La Luna es tu planeta del amor, y es el más rápido de todos los planetas. Mientras Mercurio o Venus transitan por todo el zodiaco en un
año, la Luna lo hace cada mes. Así pues, hay muchas tendencias de
corta duración en el amor, y estas es mejor tratarlas en las previsiones
mes a mes. Pero, en general, tu entusiasmo por las actividades sociales, y tu magnetismo personal, estarán más fuertes cuando la Luna
esté en fase creciente, no en menguante. Sabiéndolo, puedes programarte en conformidad.

Si bien no se ve probable el matrimonio, de todos modos hay
muchas salidas, citas y romances, si estás soltero o soltera. Júpiter
está en tu quinta casa desde junio del año pasado y continuará ahí
hasta el 11 de junio de este. Por lo tanto, hay amor en tu vida, pero
tal vez no amor serio. Romance más del tipo diversión; tal vez lo
prefieras así.

Si estás en el segundo o el tercer matrimonio, la relación conyugal
pasa por pruebas este año. El segundo matrimonio se ve tormentoso, pero puede sobrevivir. El tercer matrimonio necesitará un milagro
para sobrevivir (los milagros ocurren). Si estás en el cuarto matrimonio y sobrevivió al año pasado, es probable que sobreviva a este; pero
la relación no irá sobre ruedas.

El matrimonio de los padres y las figuras parentales pasa por pruebas también. Deben darse mucha libertad mutua. El matrimonio de
los hermanos y las figuras fraternas sufre tormentas, pero parece que
sobrevive. Si la relación supera el 3 de julio, puede sobrevivir más.

Los hijos en edad casadera es mejor que no se casen este año; si ya están casados el matrimonio es muy tormentoso y la supervivencia es dudosa. Los nietos en edad casadera tienen amor en su vida, pero han de reflexionar y analizar más antes de casarse; hay muchos secretos en la relación que deben salir a la luz.

Progreso personal

La discordia en el cuerpo sensible es el principal motivo de que no se atiendan nuestras oraciones o se retrase la respuesta. Esto según los sabios. Si tu práctica espiritual no da resultado, necesitas explorar esta faceta. El problema no es lo Divino, que siempre está dispuesto a ayudarnos, sino la discordia en la vida emocional, que obstaculiza las respuestas y la ayuda

La vida emocional, como hemos dicho, está muy inestable. Tu tarea es controlarla, no con represión, sino con una dirección positiva. Tu objetivo deberá ser «paz y armonía» en la naturaleza sensible. En mi libro *A Technique for Meditation* ofrecemos muchos métodos para conseguir esto. Es un tema amplísimo, inmenso, pero este año lo necesitas más que nunca.

Tu planeta de la espiritualidad pasa la primera parte del año en tu quinta casa, y en ese periodo recibes muchas ideas creativas, ideas artísticas o musicales, ideas inspiradas. Tu creatividad personal está extraordinariamente fuerte y debes darle expresión. Entrar en la corriente creativa es una buena cura para la depresión, pero también es una de las experiencias más placenteras y eufóricas que puede tener una persona.

Neptuno, como hemos dicho, estará en tu tercera casa durante muchos años más. Tu intelecto se purifica y espiritualiza. Serás más capaz de comunicar tus ideas e ideales espirituales. En lugar de ser un impedimento, tu intelecto será parte de tu viaje espiritual; un aliado y un amigo.

Júpiter, tu planeta de la espiritualidad, entrará en tu sexta casa el 11 de junio. Este es pues un periodo para profundizar las dimensiones espirituales de la curación. Este también es un tema inmenso, pero muy interesante para ti. Lee todo lo que puedas sobre el tema; para comenzar, me gustan las obras de Emmet Fox y Ernest Holmes. Después del 11 de junio comenzarás a tener buenos resultados prácticos de las técnicas espirituales de curación. Respondes muy bien a estas cosas.

Cuando Saturno, tu planeta regente, entre en tu casa once el 5 de octubre, comenzarás a tener mayor aprecio y comprensión de la astrología, la ciencia, la astronomía y la tecnología. Comenzará a expandirse tu conocimiento en estos campos.

Previsiones mes a mes

Enero

Mejores días en general: 3, 4, 12, 13, 21, 22, 30, 31
Días menos favorables en general: 1, 2, 8, 9, 14, 15, 28, 29
Mejores días para el amor: 3, 4, 6, 7, 8, 9, 12, 13, 18, 19, 23, 24, 27, 28
Mejores días para el dinero: 1, 3, 4, 10, 12, 19, 21, 23, 24, 28, 30
Mejores días para la profesión: 6, 7, 14, 15, 18, 19, 27, 28

El mes pasado el poder planetario se trasladó a la mitad inferior de tu horóscopo; ahora está bajo el horizonte de tu carta; estás en el periodo noche de tu año. Esta situación continúa hasta fines de junio. Aunque en nuestra cultura no se valoran mucho las actividades de la noche, que tienden a ocurrir en los planos interiores, invisibles, son importantes. Por la noche nos fortalecemos para el día siguiente; el cuerpo y la mente descansan, se reparan y se recrean. Las actividades del día nacen en la noche. Hay éxito profesional, pero ocurre en los planos invisibles, te estás preparando para el siguiente ciclo de éxito externo. Ahora es importante establecer las condiciones para tu profesión, poner en orden la vida familiar, doméstica y emocional. Cuando esto esté en orden, tendrás unos cimientos sólidos para el futuro crecimiento profesional.

La mayoría de los planetas están en el sector oriental de tu carta, el sector del yo. De hecho, este mes están en su posición oriental máxima. Esto significa que los planetas rápidos están «más cerca» de ti; la energía cósmica fluye hacia ti, no se aleja, y tienes el máximo de poder e independencia personales. El poder y la energía dan la independencia. Eres una rueda que gira sola en este periodo; un ser de «causa», no de «efecto»; haces ocurrir las cosas, en lugar de reaccionar a ellas. Dado que tu poder es fuerte, te es más fácil crear las condiciones o circunstancias como te gustan. El mundo se adapta a ti, no a la inversa. No tienes ninguna necesidad de llegar a acuerdos ni transigir; construye tu vida como la deseas; estás en un periodo de «hacer karma».

Desde el 21 del mes pasado estás en una cima de placer personal anual; en un periodo para gozar de todos los deleites carnales; también es bueno para poner en buena forma el cuerpo y la imagen.

El 20 el Sol entra en tu casa del dinero y tú entras en una cima financiera del año. Tienes los recursos para el placer personal y para lograr armonía emocional. El 8 Mercurio cruza tu Ascendente y entra en tu primera casa. Este es un aspecto muy bueno si buscas trabajo; las oportunidades laborales te llegan, no necesitas mirar los anuncios ni patear las aceras; el trabajo te encontrará. También te llegan oportuindades de viaje.

La salud es buena este mes, y puedes fortalecerla más de las maneras explicadas en las previsiones para el año. Estás más atento a la salud este mes, en especial del 8 al 27, pero me parece que es desde una perspectica estética; la buena salud mejora tu apariencia, por lo tanto un régimen de salud y una buena dieta la consideras otro cosmético. Lo bueno es que ese es tu interés y no se debe a una patología.

No hay novedades en el amor este mes. Tiendes a tener más energía y entusiasmo por los asuntos sociales cuando la Luna está en fase creciente, que este mes es del 1 al 9 y a partir del 23. El magnetismo social es más fuerte entonces; puedes programarte de acuerdo a esto.

Febrero

Mejores días en general: 1, 9, 10; 17, 18, 27, 28
Días menos favorables en general: 4, 5, 11, 12, 24, 25
Mejores días para el amor: 2, 3, 4, 5, 6, 11, 12, 15, 21, 22, 24, 25
Mejores días para el dinero: 1, 7, 9, 15, 17, 19, 20, 24, 27, 28
Mejores días para la profesión: 5, 6, 11, 12, 15, 24, 25

El hogar, la familia y los asuntos emocionales son un centro de atención importante este mes. El único problema es que tu planeta de la familia está retrógrado (inició el movimiento retrógrado el 24 del mes pasado). Hay falta de claridad y dirección; muchos asuntos necesitan tiempo para resolverse. Presta atención a la familia, por supuesto, pero evita tomar decisiones importantes en este periodo, a no ser que hayas hecho un buen análisis y reflexión.

Hasta el 19 sigues en una cima financiera anual. El dinero se gana mediante trabajo, comunicación, ventas, comercialización, relacio-

nes públicas y también con tipos de financiación creativa. Ahora es
fácil conseguir préstamos; hay fácil acceso al dinero ajeno. El cónyuge, pareja o ser amado actual te apoya económicamente. Este es un
buen mes para expandir recortando, reduciendo el derroche y eliminando lo que está de sobras en la vida financiera; ahora procede una
buena desintoxicación de la vida financiera. Cuando eliminas el derroche descubres que tienes los recursos para todas las necesidades.
Del 8 al 10 tu planeta de la profesión viaja con tu planeta del dinero;
esto trae suerte en las especulaciones, dinero feliz, dinero que se gana
de maneras felices, placenteras; también trae el favor financiero de
jefes, padres o figuras parentales; también podría haber aumento de
sueldo.

Tu tercera casa se hace muy poderosa este mes. El 3 entra en ella
Neptuno, para quedarse muchos años. El 50 por ciento de los planetas o están instalados en esta casa o transitan por ella este mes. Así
pues, este es un periodo para lanzar esa campaña de publicidad, correspondencia comercial y otras actividades de mercadotecnia. Si
eres estudiante tienes más éxito en tus estudios; el aprendizaje se da
más fácil y es más agradable. Este es un buen mes para hacer cursos
en los temas que te interesan y para expandir tus conocimientos. Si
eres comerciante estás más activo. Aunque los hermanos o figuras
fraternas de tu vida tienen problemas en su matrimonio o relación
amorosa (que tardarán un tiempo en resolverse) tienen un buen mes;
de salud están bien; tienen seguridad en sí mismos y autoestima, y me
parece que disfrutan de su vida. Sus finanzas van bien, pero necesitan revisión.

La salud continúa buena. Puedes fortalecerla prestando más atención a los tobillos y las pantorrillas (dales masajes periódicos) hasta
el 14 y después a los pies (dales masajes también); los métodos de curación espiritual son especialmente potentes después del 14.

Del 13 al 15 Mercurio viaja con Neptuno, y del 18 al 21 el Sol viaja con Neptuno. Evita las intervenciones quirúrgicas que no sean im-
prescindibles esos días.

Saturno, el señor de tu horóscopo, inicia movimiento retrógrado
el 7; los objetivos personales, los asuntos relativos al cuerpo, la
imagen y la apariencia personal están en revisión los próximos meses. Podrías estar considerando la posibilidad de hacerte algún tipo
de cirugía estética; busca información y analiza las cosas en este
periodo.

Marzo

Mejores días en general: 7, 8, 15, 16, 25, 26
Días menos favorables en general: 3, 4, 9, 10, 22, 23, 24, 30, 31
Mejores días para el amor: 3, 4, 7, 11, 12, 15, 16, 22, 23, 25, 26, 30, 31
Mejores días para el dinero: 5, 7, 13, 15, 16, 18, 19, 22, 25, 26
Mejores días para la profesión: 7, 9, 10, 15, 16, 25, 26

Este mes los planetas hacen un importante traslado: pasan del sector oriental o independiente de tu carta al sector occidental o social. Esto ocurre el 20, pero es probable que lo sientas antes. Disminuyen el poder personal y la independencia; es más difícil crear las condiciones (aunque se puede); más vale que te adaptes a ellas lo mejor posible. Ahora comienza el periodo en que vives con tus creaciones de los seis meses anteriores. Si creaste bien, la vida es buena; si no, «pagas el karma» de la creación; esto llevará a mejores creaciones más adelante, cuando vuelva a estar poderoso el sector oriental. Estando retrógrado Saturno, la seguridad en ti mismo está algo débil. Tal vez esto es bueno; deja que se impongan los demás, mientras esto no sea destructivo o vaya en contra de tus principios morales.

La profesión ha sido exitosa desde hace unos años, pero ahora estás en una pausa, la pausa que renueva; este mes el centro de atención está en tu cuarta casa, la del hogar y la familia. Esto ha sido así desde comienzos del año, pero ahora lo es más. Este es un mes para el progreso psíquico, los descubrimientos y las percepciones psíquicas. Estas percepciones te capacitan para redefinir tu pasado, más o menos para reescribir tu historia personal (desde un plano superior). Este mes hay más interés en el pasado, tanto en el pasado colectivo como en el pasado personal. Es un periodo en que disfrutas leyendo historia o viendo películas o programas históricos.

Aunque la profesión está en una pausa, hay oportunidades felices del 11 al 14. También dispones de orientación espiritual para la profesión esos días, o bien mediante sueños o por videntes, guías religiosos, gurús o canalizadores espirituales.

Si estás en el camino espiritual tienes revelaciones de tus encarnaciones anteriores. A veces esto ocurre por sueños espontáneos (que en realidad son representaciones de recuerdos del pasado) o tras someterte a una regresión (terapia muy popular actualmente). Dado que

Marte continúa retrógrado, estas revelaciones necesitan más verificación; no te precipites a sacar conclusiones.

La salud necesita más atención después del 20. Fortalécela manteniendo elevada la energía y con masajes en la cabeza y el cuero cabelludo, del 2 al 24, y después con masajes en los pies. Después del 20 muchos planetas están en alineación difícil contigo, así que está vigilante; presta atención a los mensajes que te envía el cuerpo; si estás haciendo ejercicio y sientes un dolor, para y descansa; si te sientes muy cansado, lo mismo, para y descansa. Podría tentarte hacer cambios importantes en tu programa de salud este mes, pero estando retrógrado tu planeta de la salud a partir del 12, es mejor que evites esto; analiza y reflexiona más.

Abril

Mejores días en general: 4, 12, 13, 21, 22
Días menos favorables en general: 6, 19, 20, 26, 27
Mejores días para el amor: 1, 2, 5, 10, 11, 14, 15, 20, 21, 24, 25, 26, 27
Mejores días para el dinero: 1, 4, 9, 10, 12, 13, 14, 15, 18, 19, 21, 22, 29
Mejores días para la profesión: 5, 6, 14, 15, 24, 25

Las finanzas fueron bien el mes pasado, sobre todo hacia el final; este mes van bastante bien también. Ha habido buena colaboración financiera con el cónyuge, pareja o ser amado actual, y este mes continúa buena. Del 22 al 24 Mercurio viaja con tu planeta del dinero y esto te trae buenas ideas y buena información financieras. Si buscas trabajo tienes oportunidades. Hay oportunidades financieras en otros países, con empresas extranjeras y con extranjeros en general. Después del 20 hay suerte en las especulaciones, y el cónyuge, pareja o ser amado actual se ve próspero y generoso.

Continúa atento a la salud hasta el 20; repasa lo que hablamos sobre esto el mes pasado. Lo principal es mantener la energía lo más elevada posible. Estando retrógrado tu planeta de la salud hasta el 4 (lo inició el 12 del mes pasado), las evaluaciones médicas de tu estado podrían no ser correctas o necesitar verificación; no son inamovibles; estos diagnósticos o evaluaciones están sujetos a cambio cuando Mercurio retome el movimiento directo el 4. Evita la precipitación. Las técnicas de curación espiritual (y el masaje a los pies) son potentes hasta el 17; después son potentes los masajes en la cabeza, la cara y el cuero cabelludo. El ejercicio físico y el buen tono muscular son importantes hasta el 17 también. Los estados de miedo e ira han de evitarse todo lo posible porque agotan a las suprarrenales, que están más vulnerables después del 17. La buena salud emocional, los estados anímicos y sentimientos constructivos también son importantes después del 17. Y es importante la armonía familiar.

Después del 20 la salud mejora espectacularmente. Lo bueno de todo este drama con la salud es que da más claridad a la vida familiar y emocional. La situación familiar sigue muy inestable, pero por lo menos ya hay más claridad. Después del 11, cuando Marte retoma el movimiento directo, puedes comenzar a poner por obra los planes para la casa y la familia; es probable que las decisiones sean mejores.

El 20, cuando el Sol entra en tu quinta casa, tú entras en otra cima de placer personal del año. La alegría es en sí una fabulosa fuerza curativa, y afortunadamente está a disposición de todos; sólo hay que abrirse a ella. En este periodo estás más abierto a la alegría. Capricornio está muy orientado hacia «el deber»; la vida es un asunto serio. Pero hay temporadas para todo, y esta es una temporada para ser «menos serio» y para divertirse y pasarlo bien. Serio, serio, serio, deber, deber, deber todo el tiempo no es bueno, aun cuando estas actitudes son esencialmente buenas. Tómate unas vacaciones de esto ahora y no te preocupes, más adelante volverás a tus responsabilidades.

No hay novedades en el amor este mes, pero el magnetismo social será más fuerte del 1 al 6 y del 21 al 30, cuando la Luna está en fase creciente.

Mayo

Mejores días en general: 1, 2, 9, 10, 18, 19, 20, 28, 29
Días menos favorables en general: 3, 4, 16, 17, 23, 24, 25, 30, 31
Mejores días para el amor: 1, 2, 3, 4, 9, 10, 11, 12, 20, 21, 22, 23, 24, 25, 30, 31
Mejores días para el dinero: 2, 7, 10, 11, 12, 16, 19, 20, 26, 29
Mejores días para la profesión: 3, 4, 11, 12, 21, 22, 30, 31

Aunque necesitas vigilar la salud todo el año, este es uno de tus mejores meses; la salud y la vitalidad general son buenas; tu capacidad para gozar de la vida y disfrutar de más actividades de ocio hace bien a tu salud también. Puedes fortalecerla prestando más atención a la cabeza, la cara, el cuero cabelludo y las suprarrenales hasta el 9, y después al cuello y la garganta; en esa zona tiende a acumularse la tensión y hay que aflojarla con masajes. El ejercicio físico sigue siendo bueno hasta el 9, y después será terapéutica una afición creativa. Los riñones y las caderas también son importantes hasta agosto; procura dar masajes periódicos a las caderas (busca los puntos dolorosos y dales masaje).

Este mes estás muy atento a la salud, en especial después del 20; eso es bueno. La atención extra te ayudará a pasar el próximo mes, en que nuevamente la salud se vuelve más difícil.

Si buscas trabajo me parece que tienes éxito este mes. Lo mismo vale si eres empleador y buscas personal. Hasta el 9 las oportunidades de trabajo vienen a través de la familia y conexiones familiares; del 9 al 24 las oportunidades llegan cuando te estás divirtiendo, en actividades de ocio (y también puedes encontrar trabajo en este tipo de lugares). A partir del 24 te conviene seguir la ruta normal: poner anuncios y leer los anuncios de oferta de empleo.

El 20 hay un eclipse solar que es fuerte en ti, así que reduce las actividades. El planeta eclipsado, el Sol, es el señor de tu octava casa, y por eso los eclipses solares tienden a ser dramáticos en tu carta; podría haber encuentros con la muerte (normalmente en el plano psíquico), experiencias de casi muerte, intervenciones quirúrgicas y cosas de esa naturaleza. Las experiencias de casi muerte no siempre tienen que ser dramáticas. Recuerdo una vez en que estaba en un aparcamiento y un motorista (que venía a bastante velocidad) no me atropelló por un pelo. Sentí el aire cuando pasó; no lo vi, y al parecer él no me vio. Una pulgada me separó de la muerte o lesión grave; la intención cósmica no era matarme, como tampoco es matarte a ti, sino darte un mensaje. La vida aquí en la Tierra es corta; puede acabar en cualquier momento. Es el momento de comprender el asunto serio de la vida, la finalidad para la cual naciste. Este eclipse ocurre justo en la cúspide de tu sexta casa, por lo tanto anuncia cambios laborales; las condiciones del lugar de trabajo van a cambiar drásticamente; si eres empleador, verás cambio de personal. Podría haber sustos en la salud y también cambios importantes en tu programa de salud. El cónyuge, pareja o ser amado actual hará cambios drásticos en sus finanzas (ahora y durante los seis próximos meses); los hijos y figuras filiales de tu vida también. Neptuno, tu planeta de la comunicación, se ve muy afectado por este eclipse, así que tu equipo de comunicación pasará por pruebas y es posible que sea necesario reemplazarlo.

Si tienes pendientes asuntos de patrimonio, de seguros o de impuestos, hay buena suerte del 11 al 14. En este periodo hay más actividad sexual (según la edad y la etapa en la que estés, lógicamente).

Las especulaciones han sido favorables para ti en lo que va de año, pero evítalas a partir del 15, pues ese día Venus inicia uno de sus espaciados movimientos retrógrados. Además, las oportunidades profesionales van a necesitar mucho más estudio; pueden ser buenas, pero infórmate más acerca de los detalles; no te precipites a aceptarlas.

Junio

Mejores días en general: 5, 6, 15, 16, 24, 25
Días menos favorables en general: 12, 13, 20, 21, 27, 28
Mejores días para el amor: 8, 9, 17, 18, 19, 20, 21, 27, 28, 29, 30
Mejores días para el dinero: 3, 5, 6, 8, 9, 12, 17, 22, 26, 27
Mejores días para la profesión: 8, 9, 17, 18, 27, 28

El 4 hay un eclipse lunar que ocurre en tu casa doce, la de la espiritualidad; es esencialmente benigno contigo, pero sentirás sus efectos durante meses. Hay cambios importantes (y tal vez drásticos) en tu programa y práctica espirituales. Si no estás en un camino espiritual podrías embarcarte en uno; si ya estás en el camino podrías cambiar de dirección, de profesor y de enseñanza. Con un eclipse como este a veces la persona se convierte a otra religión. Hay trastornos y reestructuración en una organización benéfica o espiritual a la que perteneces. A veces este tipo de eclipse trae escándalos o revelaciones desagradables; más importante aún, pone a prueba el amor, el matrimonio o la relación amorosa y las sociedades de negocios. Se ponen a prueba las amistades del corazón; muchas veces el problema no es la relación en sí, sino dramas que ocurren en la vida de las personas amigas, el cónyuge, pareja o ser amado actual. Las buenas relaciones sobreviven a estas cosas, e incluso mejoran; las débiles, aquellas intrínsecamente defectuosas, son las que no sobreviven.

Los cambios en tu vida espiritual se ven de otra manera también; Júpiter, tu planeta de la espiritualidad, estará todo el mes reactivando el eclipse del mes pasado.

El eclipse del mes pasado anunciaba cambios laborales, y ahora la entrada de Júpiter en tu sexta casa indica el motivo: sólo lo mejor te irá bien; y si tu situación laboral no es de la calidad requerida, se disuelve. Ahora llegan nuevas y mejores oportunidades laborales, el trabajo soñado, las oportunidades soñadas. Perder un empleo se considera «malo», pero si ocurre ahora es una suerte disfrazada.

La entrada de Júpiter en tu sexta casa también indica cambios en el programa de salud. En primer lugar, desde ahora hasta fin de año (y hasta bien entrado 2013) el hígado y los muslos necesitan más atención; masajes periódicos en los muslos serán potentes para ti. También indica que respondes muy bien a las técnicas de curación espiritual: oración, meditación, medicina energética, manipulación de las energías sutiles, imposición de manos, etcétera. Vas a ahondar en las dimensiones espirituales de la salud y la curación, tanto para ti como para los demás.

Los hijos y las figuras filiales de tu vida serán muy prósperos en este periodo (deben tener cuidado de no abusar endeudándose). Los padres o figuras parentales se compran un coche y equipo de comunicación nuevos en los seis próximos meses.

A partir del 21 la salud se vuelve más delicada. Pero ahora tienes los instrumentos, los instrumentos espirituales, para tratar estas cosas. De todos modos descansa y relájate más y reza.

El 21 entras en una cima amorosa y social anual. Si estás soltero o soltera tienes más probabilidades de encontrar a una persona especial; sales más, tienes más citas. Si estás casado o casada asistes a más funciones sociales. El cónyuge, pareja o ser amado actual entra en una cima financiera anual; le llegan beneficios imprevistos.

Julio

Mejores días en general: 3, 4, 12, 13, 22, 23, 30, 31
Días menos favorables en general: 9, 10, 11, 17, 18, 24, 25
Mejores días para el amor: 5, 6, 7, 8, 15, 17, 18, 19, 24, 25, 28
Mejores días para el dinero: 1, 5, 6, 9, 15, 16, 19, 20, 24, 25, 28
Mejores días para la profesión: 5, 6, 15, 24, 25, 26

Hasta el 22 sigue siendo necesario vigilar la salud; continúa fortaleciéndola de las maneras explicadas el mes pasado. Tu interés en la curación espiritual te da nuevos instrumentos para tratar problemas de salud. Tal vez el más importante es la capacidad de cargar de

AÑO 2012: TU HORÓSCOPO PERSONAL

energía y vitalidad el cuerpo; esto es algo que necesitas ya. Si vas a hacer cambios importantes en tu programa de salud o dieta, o a comprar un equipo de salud caro, procura hacerlo antes del 15, cuando Mercurio está en movimiento directo. Después, es mejor retrasar este tipo de cosas; cuando Mercurio está retrógrado (lo estará a partir del 15) la información sobre la salud e incluso los diagnósticos no son muy fiables; no te los tomes al pie de la letra; están sujetos a cambios.

Los planetas están comenzando a trasladarse desde la mitad inferior de tu carta a la mitad superior; amanece en tu año. Comienza el periodo para estar por encima y centrar la atención en tus objetivos externos, profesionales. El traslado no está completo todavía; esto ocurrirá en los próximos meses, pero lo sientes ahora. El 4 Marte cruza tu Medio cielo y entra en tu décima casa, y pasa el resto del mes en esta casa, la de la profesión. La profesión es activa y frenética, necesita tu atención. Hay competidores que desean tu puesto y debes defenderte. En tu industria hay competidores a los que debes hacer frente también. Además, Marte es tu planeta de la familia, así que la familia también es importante. Vas a tratar de fusionar una profesión exitosa con una vida hogareña feliz y armoniosa. Los familiares, en especial un progenitor o figura parental, están ambiciosos en este periodo y tienen éxito en sus profesiones; también apoyan tus objetivos profesionales.

Hasta el 22 continúas en una cima amorosa y social anual; has tenido cimas más fuertes en años pasados, y la del próximo año será más fuerte que esta, pero esta es la cima del año. Este mes hay dificultades en el matrimonio de los padres o figuras parentales de tu vida; pasa por pruebas. Uno de ellos se esfuerza mucho en mantener las cosas unidas, pero esto podría no ser suficiente.

Las finanzas son bastante buenas este mes. Tu planeta del dinero recibe muy buenos aspectos después del 22, y aumentan los ingresos. Las especulaciones se hacen favorables; pero antes que esto ocurra hay baches en el camino. Del 15 al 21 Marte forma aspectos dinámicos con Urano y Plutón; esto puede producir gastos o golpes financieros inesperados, tal vez debido a la familia o a asuntos relacionados con amistades; tal vez podría ocurrir debido a una avería del ordenador o a algún fallo de alta tecnología. Evita la especulación estos días. Los familiares han de ser más prudentes para conducir y evitar las actividades arriesgadas. También es necesario asegurar más la casa en este periodo.

Agosto

Mejores días en general: 8, 9, 10, 18, 19, 27, 28
Días menos favorables en general: 6, 7, 13, 14, 15, 20, 21
Mejores días para el amor: 2, 3, 6, 7, 13, 14, 15, 17, 18, 22, 23, 27, 31
Mejores días para el dinero: 1, 2, 6, 11, 12, 16, 20, 21, 24, 29, 30
Mejores días para la profesión: 2, 3, 13, 14, 20, 21, 22, 23, 31

El 8, cuando Venus pasa a la mitad superior de tu carta, esta mitad queda más fuerte que la inferior (tanto en cantidad como en calidad). Aunque no es probable que restes importancia a los asuntos familiares, la atención deberá estar más en la profesión. Estando Marte todavía en tu décima casa, la vida familiar y la profesión tienden a colaborar mutuamente. No es una situación de «esto o aquello»; puedes manejar ambas cosas.

Aunque el mes pasado acabó tu cima amorosa y social, el 8 Venus entra en tu séptima casa, la del amor, por lo que este mes sigue siendo bueno para el romance. Estás en ánimo romántico y eso lo decide todo. El amor que ocurre este mes parece más de la variedad «diversión y juegos», no es amor serio, comprometido. De todos modos, el amor se ve placentero, feliz. Disfrutas de tus relaciones este mes, programando actividades de diversión con amistades, con el cónyuge, pareja o ser amado actual.

Las especulaciones se ven esencialmente favorables este mes, pero evítalas del 14 al 17. El cónyuge, pareja o ser amado actual ha tenido varios meses seguidos de prosperidad, y sigue en una cima financiera anual hasta el 23; del 21 al 24 hay cierta reorganización financiera, cambios importantes, ya que su planeta del dinero reactiva un punto de eclipse; ahora se hacen cambios que deberían haberse hecho antes. Los hijos y figuras filiales de tu vida están en un periodo de gran prosperidad; del 14 al 17 hay conflictos o bien con un organismo gubernamental o con jefes; si tienen asuntos pendientes con el gobierno es mejor que eviten resolverlos en esos días, que lo reprogramen para días mejores.

Del 21 al 24 sé más prudente al conducir; los coches y el equipo de comunicación pueden estar temperamentales esos días. Los hermanos y figuras fraternas deben evitar las actividades arriesgadas en ese periodo.

La salud está mucho mejor este mes; tu planeta de la salud retoma el movimiento directo el 8, así que hay más claridad en estos asuntos. Fortalece la salud de las maneras explicadas en las previsiones para el año; el corazón y la circulación necesitan atención especial en este periodo; los regímenes de desintoxicación también son potentes, y en muchos casos pueden reemplazar a la intervención quirúrgica.

Si buscas trabajo, tienes aspectos fabulosos. Las organizaciones benéficas o no lucrativas son lugares interesantes para trabajar, y muchas veces conducen a otro tipo de trabajo.

Septiembre

Mejores días en general: 5, 6, 14, 15, 23, 24
Días menos favorables en general: 2, 3, 10, 11, 16, 17, 29, 30
Mejores días para el amor: 1, 5, 6, 10, 11, 12, 14, 15, 21, 22, 25, 29, 30
Mejores días para el dinero: 2, 7, 8, 12, 16, 17, 20, 21, 25, 26, 29
Mejores días para la profesión: 1, 12, 16, 17, 21, 22, 29, 30

Tu planeta del dinero inició movimiento retrógrado el 13 de julio, y continuará retrógrado hasta diciembre. Esto no detiene los ingresos, pero enlentece un poco las cosas; es la pausa que renueva; tus finanzas están en revisión ahora. Hay cosas que se pueden mejorar y este es el periodo para descubrirlas y hacer planes para mejorarlas. Normalmente tu juicio financiero es sagaz, nadie mejor que Capricornio en esto (tal vez Tauro podría hacerte sudar), pero ahora no está a la altura habitual. Este es el periodo para «reunir fuerzas», prepararte para la próxima expansión financiera que comenzará en diciembre. No hay nada mal en ti; sólo experimentas los «ritmos» naturales de la vida, lo natural de las inspiraciones y espiraciones de la vida. Cuando se aprovecha bien la ralentización, la expansión es más sana.

Desde que tu planeta del dinero entró en Aries el año pasado (para quedarse varios años) te has mostrado algo precipitado y arriesgado en las finanzas. Pero este no es periodo para eso.

En julio y agosto tuvimos el máximo de actividad retrógrada del año. Esto también contribuía a parte del enlentecimiento; este mes la actividad retrógrada disminuye, temporalmente, pero las finanzas continúan en revisión.

El cónyuge, pareja o ser amado actual afronta ciertas dificultades financieras entre el 28 y el 30, y debe evitar las gestiones arriesgadas.

Tú y el ser amado no estáis de acuerdo en las finanzas en este periodo. El ordenador y los equipos de alta tecnología están más temperamentales esos días también; podría ser necesario reemplazarlos. Los amigos deben evitar las actividades arriesgadas, tomarse las cosas con calma, practicar actividades tranquilas y relajadas.

Tu novena casa se hizo fuerte el 23 del mes pasado y continúa poderosa hasta el 23 de este mes. Así pues, viajas (o tienes oportunidades maravillosas). Si eres estudiante te va bien en los estudios. Hay progreso religioso, filosófico y teológico también. Este es un periodo en que se ensanchan los «horizontes mentales», y cuando esto ocurre mejoran todas las demás facetas de la vida.

El 23 el Sol cruza tu Medio cielo y entra en tu décima casa, y tú comienzas una cima profesional anual. Aunque podría haber retrasos en los asuntos financieros, la profesión avanza a toda pastilla. Sigue adelante osadamente; tienes mucho respaldo.

Octubre

Mejores días en general: 2, 3, 12, 13, 20, 21, 29, 30, 31
Días menos favorables en general: 1, 7, 8, 14, 15, 27, 28
Mejores días para el amor: 1, 4, 5, 7, 8, 12, 14, 15, 21, 24
Mejores días para el dinero: 4, 5, 6, 9, 14, 15, 18, 22, 23, 27
Mejores días para la profesión: 1, 12, 14, 15, 21

La salud necesita atención este mes (desde el 23 del mes pasado). De todos modos, ya has pasado lo peor. A partir del 23 la salud tendría que comenzar a mejorar (de forma duradera). Mientras tanto, ten presente lo que hemos hablado en los meses anteriores. Hasta el 5 puedes fortalecerla dando más atención a los riñones y las caderas, del 5 al 29 al colon, vejiga y órganos sexuales, y después al hígado y los muslos. Hasta el 5 procura mantener la armonía en el amor y la profesión. Después del 5 es potente la desintoxicación; también se hace más importante la moderación sexual y el sexo seguro. Pasado el 29 se vuelve más necesaria aún la curación espiritual (que ha sido fundamental desde junio).

Saturno, el señor de tu horóscopo, tal vez el planeta más importante de tu carta, hace un importante traslado: sale de Libra, tu casa diez, y entra en Escorpio, tu casa once. Esto indica un notable cambio en el centro de atención, para largo plazo. Continúas en una cima profesional (de un año profesional cumbre). Es probable que ya hayas conseguido tus objetivos profesionales (o al menos avanzado hacia ellos); ahora llega el periodo para participar más en actividades sociales, con grupos, organizaciones y red de contactos. Los frutos del éxito profesional son sociales, el tipo de amistades y contactos que haces en la cima. El éxito profesional lleva a la consecución de «los deseos y esperanzas más acariciados», y eso es lo que te va a ocurrir durante los próximos años. Estás muy bien en el plano social. Plutón, el regente de tu casa once, la de las amistades, ha estado en tu signo desde hace unos años. Y ahora tienes a Saturno en tu casa once. Estos dos planetas (y por lo tanto estas dos facetas de la vida) están ahora en «recepción mutua»; hay una maravillosa colaboración en ellas y, por lo tanto, éxito. Podrían nombrarte director o directora, u ocupar un puesto de poder, en un grupo u organización. Pareces perfecto para eso.

Este mes, y por muchos años venideros, se expande tu pericia tecnológica. Eres más innovador, ingenioso, inventivo; esto es un cambio inmenso para ti. Normalmente eres persona conservadora, tradicionalista; dejas de serlo.

Esta nueva adhesión al cambio y la innovación va a tener muy buenos efectos en tu salud también. Parte de los problemas de salud han venido de la «resistencia» al cambio. Ahora fluyes con él. En este periodo sigues sintiendo los efectos de los dos últimos eclipses. Júpiter reestimula o reactiva el eclipse lunar del 4 de junio durante todo el mes, por lo tanto siguen ocurriendo cambios en tu vida espiritual. Del 6 al 10 Marte reestimula el punto del eclipse solar del 20 de mayo; hay crisis familiar; los familiares deben evitar las actividades arriesgadas; hay dramas con los padres y figuras parentales; comprueba que no haya peligros para la salud en la casa. Del 28 al 31 Mercurio reestimula el punto de este eclipse; ten más prudencia al conducir; evita los viajes al extranjero si es posible. Hay cambios laborales o inestabilidad en tu personal.

Noviembre

Mejores días en general: 8, 9, 16, 17, 26, 27
Días menos favorables en general: 3, 4, 5, 10, 11, 23, 24
Mejores días para el amor: 1, 3, 4, 5, 11, 13, 20, 23
Mejores días para el dinero: 1, 2, 6, 11, 14, 18, 19, 23, 28, 29
Mejores días para la profesión: 1, 10, 11, 20

Aunque la salud y la vitalidad están mucho mejor, este mes se ve inestable, turbulento, lleno de baches. Dos eclipses prácticamente te lo garantizan. Pero Marte (potencia que no hay que tomarse a la ligera) también forma aspectos dinámicos hacia el final del mes.

En septiembre el poder planetario se trasladó desde tu sector occidental o social al sector oriental. El 28 del mes pasado Venus también pasó del sector occidental al oriental, y ahora este sector está muy dominante. Nuevamente estás en un periodo de mayor poder e independencia personales. Los seis últimos meses no estabas en situación para «hacer karma» ya que tenías que adaptarte a las condiciones existentes, pero ahora el poder planetario avanza en tu dirección y tienes el poder para crearlo. Esto no debe inspirarte miedo, sino sólo darte que pensar. Tienes el poder para crear, pero eres el responsable de la naturaleza y calidad de tu creación. Así pues, crea juiciosa y felizmente y bien. Mientras los seis meses pasados tu bien te llegaba por la buena voluntad de los demás, ahora puedes creártelo tú. Ahora importan la iniciativa y la capacidad personales.

El eclipse solar del 13 ocurre en tu casa once (que ha estado poderosa y prominente, por cierto); así pues, hay drama en la vida de tus amistades; hay trastornos y reestructuración en la organización comercial o profesional a la que perteneces; tu equipo de alta tecnología (ordenador, programas informáticos y artilugios) están más temperamentales y pasan por pruebas; es posible que haya que reemplazar alguno (es probable que tu equipo esté temperamental entre dos semanas y diez días antes del eclipse, y cuando empiece a ocurrir esto sabe que estás en el periodo del eclipse y comienza a aminorar la marcha). Como hemos dicho, los eclipses solares tienden a ser dramáticos en tu carta; el Sol rige tu octava casa; viene de visita el Ángel de la Muerte; no viene a por ti, sino que te hace conocer su presencia, como una fuerza que hay que tener en cuenta; es el momento de tomarse más en serio la vida y ocuparse de las cosas verdaderamente importantes. El cónyuge, pareja o ser amado actual se ve obligado a hacer cambios importantes en sus finanzas, tal vez debido a una crisis.

El eclipse lunar del 28 ocurre en tu sexta casa, la de la salud y el trabajo. Así pues, se preparan cambios laborales; cambian las condiciones de trabajo; si eres empleador, ves inestabilidad en tu personal; en los próximos meses habrá cambios drásticos en el programa de salud. Este eclipse hace impacto en Júpiter, tu planeta de la espiritualidad, y anuncia aun más cambios espirituales; esta faceta ha estado muy activa desde hace unos meses; muchos cambios ya están hechos, pero hay más a la espera. Si ya has hecho los cambios apropiados, este eclipse tendrá poco efecto, simplemente pondrá a prueba estos cambios. Todos los eclipses lunares ponen a prueba la vida amorosa y las amistades, y este no es diferente; pasas por esto dos veces al año, así que no significa necesariamente el fin de tu relación, pero sí introduce una «crisis» para que se puedan corregir los defectos.

Del 23 al 25 Marte está en cuadratura con Urano y del 27 al 30 está en conjunción con Plutón. Hay una crisis familiar que afrontar; más dramas en la vida de amistades. Haz todo lo posible por tener más seguridad en la casa; los familiares y amistades deben evitar las actividades arriesgadas. Si lees los diarios de estos días verás lo dinámico que es este tránsito.

Diciembre

Mejores días en general: 5, 6, 7, 14, 15, 23, 24
Días menos favorables en general: 1, 2, 8, 9, 20, 21, 22, 28, 29
Mejores días para el amor: 1, 2, 3, 10, 11, 13, 20, 22, 28, 29, 31
Mejores días para el dinero: 3, 8, 12, 16, 17, 20, 25, 30
Mejores días para la profesión: 1, 8, 9, 10, 11, 20, 31

La mayoría de los planetas están en tu sector oriental y Marte entró en tu signo el 17 del mes pasado, donde estará hasta el 26. Este es un periodo de máximo poder e independencia personales, así que repasa lo que dijimos sobre esto el mes pasado. Haces progreso rápido hacia tus objetivos; consigues mucho y muy rápido. Estás más dinámico y carismático; destacas en el deporte y ejercicio (das lo mejor de ti). El único problema en esto es el «exceso de algo bueno»; podrías darte demasiada prisa y esto puede llevar a accidentes o lesiones; sin darte cuenta podrías estar en ánimo combativo y esto puede llevar a conflictos y discusiones; podrían considerarte un matón si no tienes cuidado. De todos modos, este es un periodo en que haces tu voluntad en la vida.

Tu casa doce está muy poderosa este mes (y lo estuvo también el mes pasado); por lo tanto, este es un mes de tipo espiritual, un mes en que ocurre mucho crecimiento interior. Si estás en el camino espiritual, hay progreso y comprensión; si no estás en él, ocurren «extrañas coincidencias» que no se pueden explicar racionalmente, y la vida onírica es súper activa. Es un periodo para «rascarse la cabeza», para preguntarse «¿de qué va todo esto?» A veces estos acontecimientos no se comprenden del todo hasta pasados varios años. Pero guárdalos en tu archivo mental.

Si estás en el camino espiritual, este es un periodo para más meditación y práctica espiritual. Si no lo estás, es un periodo para participar más en obras benéficas, trabajo no lucrativo y causas altruistas. Hay mucha satisfacción en estas cosas en este periodo.

Estés o no en un camino espiritual, este mes harás progreso en la curación espiritual, sobre todo después del 11. Mercurio, tu planeta de la salud, está en «recepción mutua» con Júpiter, tu planeta de la espiritualidad; cada uno es huésped en la casa del otro, por lo tanto, cada uno colabora con el otro. La curación espiritual ha sido importante desde junio, y ahora lo es más aún. Si has aplicado estos conocimientos, tu salud está mucho mejor.

Capricornio es único entre los signos en el sentido de que su año nuevo personal (el Retorno Solar) coincide más o menos con el año nuevo colectivo. Así pues, este mes te preparas para los dos años nuevos. Buen periodo para hacer revisión del año pasado, evaluar tu actuación y logros, corregir errores y fijar los objetivos e intenciones para el año que viene. Esto exige cierto «retiro», un tiempo tranquilo contigo mismo; y hasta el 21 el Cosmos te lo proporciona.

El 21 el Sol entra en tu signo y tú comienzas una cima de placer personal anual; un periodo para gozar de los placeres del cuerpo: la buena comida, el buen vino y otros deleites sensuales. También es un buen periodo para bajar de peso (si lo necesitas).

Nunca conviene beber y conducir, o tomar medicamentos o drogas y conducir, pero esto es especialmente importante en esta temporada festiva. A partir del 25 el Sol forma aspectos dinámicos con Urano y Plutón; sí, hay más festividades en ese periodo, pero si has bebido demasiado, coge un taxi o pide a otra persona que te lleve en su coche.

Acuario

El Aguador
Nacidos entre el 20 de enero y el 18 de febrero

Rasgos generales

ACUARIO DE UN VISTAZO
Elemento: Aire

Planeta regente: Urano
Planeta de la profesión: Plutón
Planeta de la salud: la Luna
Planeta del amor: el Sol
Planeta del dinero: Neptuno
Planeta del hogar y la vida familiar: Venus

Colores: Azul eléctrico, gris, azul marino
Colores que favorecen el amor, el romance y la armonía social: Dorado, naranja
Color que favorece la capacidad de ganar dinero: Verde mar

Piedras: Perla negra, obsidiana, ópalo, zafiro

Metal: Plomo

Aromas: Azalea, gardenia

Modo: Fijo (= estabilidad)

Cualidades más necesarias para el equilibrio: Calidez, sentimiento y emoción

Virtudes más fuertes: Gran poder intelectual, capacidad de comunicación y de formar y comprender conceptos abstractos, amor por lo nuevo y vanguardista

Necesidad más profunda: Conocer e introducir lo nuevo

Lo que hay que evitar: Frialdad, rebelión porque sí, ideas fijas

Signos globalmente más compatibles: Géminis, Libra

Signos globalmente más incompatibles: Tauro, Leo, Escorpio

Signo que ofrece más apoyo laboral: Escorpio

Signo que ofrece más apoyo emocional: Tauro

Signo que ofrece más apoyo económico: Piscis

Mejor signo para el matrimonio y/o las asociaciones: Leo

Signo que más apoya en proyectos creativos: Géminis

Mejor signo para pasárselo bien: Géminis

Signos que más apoyan espiritualmente: Libra, Capricornio

Mejor día de la semana: Sábado

La personalidad Acuario

En los nativos de Acuario las facultades intelectuales están tal vez más desarrolladas que en cualquier otro signo del zodiaco. Los Acuario son pensadores claros y científicos; tienen capacidad para la abstracción y para formular leyes, teorías y conceptos claros a partir de multitud de hechos observados. Géminis es bueno para reunir información, pero Acuario lleva esto un paso más adelante, destacando en la interpretación de la información reunida.

Las personas prácticas, hombres y mujeres de mundo, erróneamente consideran poco práctico el pensamiento abstracto. Es cierto que el dominio del pensamiento abstracto nos saca del mundo físico, pero los descubrimientos que se hacen en ese dominio normalmente acaban teniendo enormes consecuencias prácticas. Todos los verdaderos inventos y descubrimientos científicos proceden de este dominio abstracto.

Los Acuario, más abstractos que la mayoría, son idóneos para explorar estas dimensiones. Los que lo han hecho saben que allí hay poco sentimiento o emoción. De hecho, las emociones son un estorbo para funcionar en esas dimensiones; por eso los Acuario a veces parecen fríos e insensibles. No es que no tengan sentimientos ni profundas emociones, sino que un exceso de sentimiento les nublaría la capacidad de pensar e inventar. Los demás signos no pueden tolerar y ni siquiera comprender el concepto de «un exceso de sentimientos». Sin embargo, esta objetividad acuariana es ideal para la ciencia, la comunicación y la amistad.

Los nativos de Acuario son personas amistosas, pero no alardean de ello. Hacen lo que conviene a sus amigos aunque a veces lo hagan sin pasión ni emoción.

Sienten una profunda pasión por la claridad de pensamiento. En segundo lugar, pero relacionada con ella, está su pasión por romper con el sistema establecido y la autoridad tradicional. A los Acuario les encanta esto, porque para ellos la rebelión es como un juego o un desafío fabuloso. Muy a menudo se rebelan simplemente por el placer de hacerlo, independientemente de que la autoridad a la que desafían tenga razón o esté equivocada. Lo correcto y lo equivocado tienen muy poco que ver con sus actos de rebeldía, porque para un verdadero Acuario la autoridad y el poder han de desafiarse por principio.

Allí donde un Capricornio o un Tauro van a pecar por el lado de la tradición y el conservadurismo, un Acuario va a pecar por el lado de lo nuevo. Sin esta virtud es muy dudoso que pudiera hacerse algún progreso en el mundo. Los de mentalidad conservadora lo obstruirían. La originalidad y la invención suponen la capacidad de romper barreras; cada nuevo descubrimiento representa el derribo de un obstáculo o impedimento para el pensamiento. A los Acuario les interesa mucho romper barreras y derribar murallas, científica, social y políticamente. Otros signos del zodiaco, como Capricornio por ejemplo, también tienen talento científico, pero los nativos de Acuario destacan particularmente en las ciencias sociales y humanidades.

Situación económica

En materia económica, los nativos de Acuario tienden a ser idealistas y humanitarios, hasta el extremo del sacrificio. Normalmente son generosos contribuyentes de causas sociales y políticas. Su modo de contribuir difiere del de un Capricornio o un Tauro. Estos esperarán algún favor o algo a cambio; un Acuario contribuye desinteresadamente.

Los Acuario tienden a ser tan fríos y racionales con el dinero como lo son respecto a la mayoría de las cosas de la vida. El dinero es algo que necesitan y se disponen científicamente a adquirirlo. Nada de alborotos; lo hacen con los métodos más racionales y científicos disponibles.

Para ellos el dinero es particularmente agradable por lo que puede hacer, no por la posición que pueda implicar (como en el caso de otros signos). Los Acuario no son ni grandes gastadores ni tacaños; usan su dinero de manera práctica, por ejemplo para facilitar su propio progreso, el de sus familiares e incluso el de desconocidos.

No obstante, si desean realizar al máximo su potencial financiero, tendrán que explorar su naturaleza intuitiva. Si sólo siguen sus teorías económicas, o lo que creen teóricamente correcto, pueden sufrir algunas pérdidas y decepciones. Deberían más bien recurrir a su intuición, sin pensar demasiado. Para ellos, la intuición es el atajo hacia el éxito económico.

Profesión e imagen pública

A los Acuario les gusta que se los considere no sólo derribadores de barreras sino también los transformadores de la sociedad y del mundo. Anhelan ser contemplados bajo esa luz y tener ese papel. También admiran y respetan a las personas que están en esa posición e incluso esperan que sus superiores actúen de esa manera.

Prefieren trabajos que supongan un cierto idealismo, profesiones con base filosófica. Necesitan ser creativos en el trabajo, tener acceso a nuevas técnicas y métodos. Les gusta mantenerse ocupados y disfrutan emprendiendo inmediatamente una tarea, sin pérdida de tiempo. Suelen ser los trabajadores más rápidos y generalmente aportan sugerencias en beneficio de su empresa. También son muy colaboradores con sus compañeros de trabajo y asumen con gusto responsabilidades, prefiriendo esto a recibir órdenes de otros.

Si los nativos de Acuario desean alcanzar sus más elevados objetivos profesionales, han de desarrollar más sensibilidad emocional, sentimientos más profundos y pasión. Han de aprender a reducir el enfoque para fijarlo en lo esencial y a concentrarse más en su tarea. Necesitan «fuego en las venas», una pasión y un deseo arrolladores, para elevarse a la cima. Cuando sientan esta pasión, triunfarán fácilmente en lo que sea que emprendan.

Amor y relaciones

Los Acuario son buenos amigos, pero algo flojos cuando se trata de amor. Evidentemente se enamoran, pero la persona amada tiene la impresión de que es más la mejor amiga que la amante.

Como los Capricornio, los nativos de Acuario son fríos. No son propensos a hacer exhibiciones de pasión ni demostraciones externas de su afecto. De hecho, se sienten incómodos al recibir abrazos o demasiadas caricias de su pareja. Esto no significa que no la amen. La aman, pero lo demuestran de otras maneras. Curiosamente, en sus relaciones suelen atraer justamente lo que les produce incomodidad. Atraen a personas ardientes, apasionadas, románticas y que demuestran sus sentimientos. Tal vez instintivamente saben que esas personas tienen cualidades de las que ellos carecen, y las buscan. En todo caso, al parecer estas relaciones funcionan; la frialdad de Acuario calma a su apasionada pareja, mientras que el fuego de la pasión de esta calienta la sangre fría de Acuario.

Las cualidades que los Acuario necesitan desarrollar en su vida amorosa son la ternura, la generosidad, la pasión y la diversión. Les gustan las relaciones mentales. En eso son excelentes. Si falta el factor intelectual en la relación, se aburrirán o se sentirán insatisfechos muy pronto.

Hogar y vida familiar

En los asuntos familiares y domésticos los Acuario pueden tener la tendencia a ser demasiado inconformistas, inconstantes e inestables. Están tan dispuestos a derribar las barreras de las restricciones familiares como las de otros aspectos de la vida.

Incluso así, son personas muy sociables. Les gusta tener un hogar agradable donde poder recibir y atender a familiares y amigos. Su casa suele estar decorada con muebles modernos y llena de las últimas novedades en aparatos y artilugios, ambiente absolutamente necesario para ellos.

Si su vida de hogar es sana y satisfactoria, los Acuario necesitan inyectarle una dosis de estabilidad, incluso un cierto conservadurismo. Necesitan que por lo menos un sector de su vida sea sólido y estable; este sector suele ser el del hogar y la vida familiar.

Venus, el planeta del amor, rige la cuarta casa solar de Acuario, la del hogar y la familia, lo cual significa que cuando se trata de la familia y de criar a los hijos, no siempre son suficientes las teorías, el pensamiento frío ni el intelecto. Los Acuario necesitan introducir el amor en la ecuación para tener una fabulosa vida doméstica.

Horóscopo para el año 2012*

Principales tendencias

Al igual que el año pasado, los planetas lentos son amables contigo este año, Acuario. Sólo Júpiter está en aspecto difícil hasta el 11 de junio. Desde esta fecha hasta el 5 de octubre todos los planetas lentos o bien están en aspecto armonioso contigo o te dejan en paz. El 5 de octubre, ya avanzado el año, Saturno entrará en un aspecto desfavorable. Por lo tanto, la salud y la energía deberían ser buenas este año, siempre que no la derroches, y esto significa éxito en conseguir tus objetivos. Volveremos sobre este punto.

La entrada de Urano en Aries el año pasado fue importante para ti, puesto que Urano rige tu horóscopo. Mientras Urano estaba en Piscis estabas por el atractivo personal y la belleza de otro mundo, sobrenaturales; ahora estás más por la buena forma física: el ejercicio y la actividad física. Vas a cultivar la belleza de este mundo. En años anteriores te atraían los ejercicios de tipo espiritual: yoga, tai chi, chikung; ahora es el gimnasio, la pista, el campo de deporte.

Siempre eres un comunicador innovador. Apostaría a que Internet, el procesamiento de textos, la red de comunicación social y todas las maneras modernas de comunicación fueron inventados por personas Acuario (o personas fuertes en el signo). Pero ahora, estando Urano en tu tercera casa, vas a llevar esto a nuevas alturas. Podría ser que algunas maneras en las que te vas a comunicar aun no se hayan inventado en el momento en que escribo esto. Esta es una tendencia a largo plazo.

Neptuno tu planeta del dinero, hace un traslado importante este año; sale de tu signo (donde ha estado catorce años) y entra en Piscis, tu segunda casa. Este tránsito sólo refuerza las tendencias que hemos estado viendo desde hace un buen número de años: la importancia de la intuición y la espiritualidad en la vida financiera. Hablaremos más de esto.

Como les ocurre a todos los signos, tus intereses son muchos y di-

---

* Las previsiones de este libro se basan en el Horóscopo Solar y todos los signos que derivan de él; tu Signo Solar se convierte en el Ascendente, y las casas se numeran a partir de él. Tu horóscopo personal, el trazado concretamente para ti (según la fecha, hora y lugar exactos de tu nacimiento) podrían modificar lo que decimos aquí. Joseph Polansky

versos. Será un reto mantener tu atención en las cosas verdaderamente importantes. Es posible que todo lo consideres igualmente importante.

Las facetas de mayor interés para ti este año son: el cuerpo y la imagen (hasta el 19 de febrero); las finanzas (a partir del 3 de febrero); la comunicación y las actividades intelectuales; el hogar y la familia (hasta el 11 de junio); los hijos, la creatividad y el placer personal (a partir del 3 de abril); la sexualidad, la transformación y la reinvención personales y los estudios ocultos (hasta el 3 de julio); la religión, la metafísica, la teología, los viajes al extranjero y la formación superior (hasta el 5 de octubre); la profesión (a partir del 5 de octubre).

Tus caminos hacia la mayor satisfacción este año son: el hogar y la familia (hasta el 11 de junio); los hijos, la creatividad y el placer personal (a partir del 11 de junio); las amistades, grupos, actividades en grupo (hasta el 31 de agosto); la profesión (a partir del 31 de agosto).

Salud

(Ten en cuenta que esta es una perspectiva astrológica de la salud, no una médica. Antaño no había ninguna diferencia, ambas eran idénticas, pero en esta época podrían diferir muchísimo. Para una perspectiva médica, por favor, consulta a tu médico o a otro profesional de la salud.)

Como hemos dicho, la salud y la energía se ven bien este año; los planetas lentos son fundamentalmente amables contigo. Además, tu sexta casa, la de la salud, no está fuerte; no prestas mucha atención a la salud porque no hace falta. Más o menos das por descontado que la tienes.

Si ha habido algún problema en el pasado, deberías tener buenas noticias al respecto.

Pero por buena que sea la salud, siempre puedes mejorarla. Presta más atención a los siguienes órganos: los tobillos y las pantorrillas (deberás darles masajes periódicos, y proteger y dar más apoyo a los tobillos cuando hagas ejercicio); el estómago y los pechos si eres mujer (la dieta siempre es importante para ti; has de hacer las comidas de manera relajada, tranquila y, si es posible, escuchando música agradable; deberías bendecir los alimentos y hacer acción de gracias; esto hará mucho para mejorar la digestión).

Siendo la Luna tu planeta de la salud, hay una fuerte necesidad de armonía emocional, doméstica y familiar. Esto es importante para todos, pero para ti es un asunto de salud. Si surgen problemas, deberás explorar esas facetas y devolverles la armonía cuanto antes.

Es necesario mantener positivo y constructivo el estado anímico. Un estado de ánimo negativo, como la depresión, deberá considerarse el primer síntoma de enfermedad: hay que arrancar el brote antes de que se agrave.

Siendo la Luna tu planeta de la salud, el cuerpo mnemónico (regido por la Luna) tiene un importantísimo papel en la salud. Si surge un problema, es posible que se haya activado un viejo recuerdo (no resuelto) y es necesario limpiarlo. En algunos casos podría ser adecuada también una regresión a vidas pasadas.

Nuestros lectores saben que la Luna es el más rápido de todos los planetas. Mientras a los otros planetas rápidos les lleva un año pasar por todos los signos y casas, la Luna lo hace cada mes. Así pues, hay muchas tendencias de corta duración en la salud, y estas es mejor tratarlas en las previsiones mes a mes.

Por muy bien que esté tu salud, habrá periodos en que lo estará menos. Estos son problemas temporales causados por los tránsitos de los planetas rápidos, no tendencias para el año. Este año estos periodos son: del 20 de abril al 20 de mayo; del 22 de julio al 22 de agosto, y del 23 de octubre al 23 de noviembre (este último periodo será el más severo). Estos son los periodos en que necesitas descansar y relajarte más y evitar el derroche de energía.

Tu principal reto para la salud este año viene de un fuerte aspecto en cuadratura entre Urano y Plutón, que estará en vigor todo el año. Estuvo en vigor el año pasado también, pero este año es más exacta la cuadratura. Esto indica la necesidad de ser mas prudente, más alerta y consciente del plano físico, al conducir, al manejar cuchillos u objetos afilados y al hacer cosas arriesgadas. La ensoñación es una virtud al hacer meditación y cuando se busca orientación interior, pero no durante una actividad física.

Hogar y vida familiar

Júpiter entró en tu cuarta casa, la del hogar y la familia, en junio del año pasado y estará en ella hasta el 11 de junio de este. Por lo tanto, el hogar y la familia son más importantes que de costumbre, un foco mayor de atención. Este es esencialmente un tránsito feliz; trae mudanzas, mudanzas felices, obras de renovación en la casa (felices), ampliación de la casa y de la unidad familiar.

En este tránsito muchas veces las personas no se mudan realmente; a veces compran otra casa; a veces amplían y hacen renovaciones en la casa de forma que «es como si» se hubieran mudado. Casi siempre compran objetos caros para la casa. El hogar se hace más feliz y agradable.

Júpiter en tu cuarta casa indica que se agranda el círculo familiar, por nacimientos o boda. También ocurre esto al conocer a personas que son como familiares, por lo que «es como si» hubiera aumentado la familia.

Los nativos de Acuario en edad de concebir* son mucho más fertiles que de costumbre en este periodo, e incluso después del 11 de junio. Los familiares también son más fértiles.

La familia en su conjunto prospera más y parece que es generosa contigo. Esto se refiere en especial a un progenitor o figura parental. Es bueno el apoyo familiar.

Júpiter es el señor de tu casa once, y su posición en tu cuarta casa nos da otros mensajes también. En primer lugar, vas a instalar aparatos caros de alta tecnología en la casa. Tus amistades y familiares se llevan bien; las amistades apoyan a la familia y los objetivos domésticos. Deseas crear «espíritu de equipo» en la familia y parece que tienes éxito. Este año haces realidad los «deseos y esperanzas más acariciados» para la familia y la casa.

Los hijos y las figuras filiales tienen un periodo muy espiritual. Su crecimiento es más interior, invisible. No lo ves, pero lo sientes, lo percibes. Si están en la edad apropiada, hay amor y romance después del 11 de junio; una boda no sería sorpresa. Hay renovaciones en sus casas también.

Los hermanos y figuras fraternas tienen un año sin novedades ni cambios en el hogar y la familia; es posible que estén más nómadas que de costumbre, viviendo en diferentes lugares durante largos periodos. Además, hay mucho drama en sus vidas personales. Aunque quieres a tus hermanos, procuras hacer todo lo posible por llevarte bien con ellos; hay un cierto distanciamiento la mayor parte del año. Esto cambiará en octubre, en que se restablecerá la armonía.

Un progenitor o figura parental prospera, como hemos dicho. Esta persona necesita vigilar su peso este año. El otro necesita estar aten-

---

* En esta época ya no es necesario estar en edad «de concebir»; con todos los nuevos fármacos y técnicas modernas, dan a luz mujeres mayores.

330 AÑO 2012: TU HORÓSCOPO PERSONAL

to a su energía general después del 5 de octubre. Al parecer asumen más responsabilidades.

Profesión y situación económica

Este año siguen en vigor muchas de las tendencias que hemos visto desde hace unos años. Llevas años explorando las dimensiones espirituales de la riqueza, el uso de la intuición, la orientación interior, el papel del espíritu en tus finanzas, y esto continúa. En realidad, debería hacerse más fuerte. Neptuno, que es tu planeta de las finanzas y el más espiritual de todos los planetas, estará en su signo y casa, en la que será aun más «neptuniano» que antes. Sus energías serán más pronunciadas. Los financieros que están en esta situación suelen hacer mucho alarde de estudiar las cuentas de pérdidas y ganancias, los informes financieros, los análisis de mercado, en fin, todas la modalidades modernas de la toma de decisiones, pero al final basan su decisión en un sueño, en la lectura de un vidente, en las cartas del tarot o en el I Ching.

Tu intuición financiera es buena desde hace muchos años, pero ahora será mejor aún. Como saben nuestros lectores, la intuición es el atajo hacia la riqueza; un instante, un milisegundo de verdadera intuición vale muchos años de trabajo arduo.

Tu reto ha sido acceder a las fuentes sobrenaturales del aprovisionamiento, no a las naturales. Esto está respaldado por claras leyes espirituales. Ya sabes mucho, pero vas a profundizar más aún.

Estando Neptuno involucrado en tus finanzas nada es lo que parece. Hay muchos secretos entre bastidores, actividades que ocurren en tus transacciones de negocios y financieras, y, por lo tanto, debes reflexionar y analizar más antes de tomar decisiones o hacer inversiones importantes (tal vez por eso te es tan necesaria la intuición; para la intuición no hay secretos).

En los próximos años habrá escándalos, revelaciones desagradables respecto a personas relacionadas con tus finanzas. Y es posible que haya revelaciones de secretos buenos también. Hay probabilidades de ambos tipos de revelaciones. Lo que está oculto saldrá a la luz.

En un plano más prosaico, Neptuno rige el petróleo, el gas natural, las compañías navieras, el transporte marítimo, la construcción de barcos, los servicios de agua y las industrias relacionadas con el agua. También rige ciertos productos farmacéuticos, antidepresivos, ansiolíticos, narcóticos y analgésicos. Todas estas industrias son interesantes como trabajo, negocio o inversión.

Vemos también un cambio importante. Durante años has gastado en ti, invertido en ti, en tu imagen y apariencia, para cultivar la imagen de riqueza. Parece que esto ya ha pasado; tal vez has logrado esta imagen y ya no necesitas prestarle mucha atención. En este periodo cultivas la imagen de «intelectual», no la de persona rica.

Este año Marte pasa una cantidad de tiempo insólita (más de seis meses) en Virgo, tu octava casa. Esto sugiere un prolongado conflicto en cuestiones de patrimonio, impuestos o deudas. El cónyuge o pareja tiene un conflicto financiero largo; esta persona debe reducir la marcha antes de tomar decisiones importantes en sus finanzas; parece que se precipita mucho y esto la lleva a cometer errores.

La espiritualidad ha sido importante en la profesión desde hace muchos años. Tu planeta de la profesión está en tu casa doce, la de la espiritualidad, desde 2008 y continuará ahí muchos años más. Pero este año Saturno, el señor de tu casa doce, cruza tu Medio cielo el 5 de octubre y entra en tu décima casa, la de la profesión. Esto aumenta aún más la importancia de la espiritualidad en tu profesión. Hablaremos más sobre esto.

Amor y vida social

Tu séptima casa, la del amor y el matrimonio, no está poderosa este año (y no lo ha estado desde hace unos años), por lo tanto es probable que las cosas continúen como están; los Acuario solteros tenderán a continuar solteros, y los casados, casados. El Cosmos no impulsa ni en un sentido ni otro. Tienes poca necesidad o inclinación a hacer cambios en este frente.

Si estás soltero o soltera, este se ve un año para aventuras amorosas, no para relaciones comprometidas. Esto es así en particular a partir del 3 de abril. Este día Venus entra en tu quinta casa, la de las aventuras amorosas, y se queda en ella un tiempo insólitamente largo (más de cuatro meses), y Júpiter entra en ella el 11 de junio. Así pues, hay muchas salidas, citas y diversión, pero estas cosas no son muy serias.

Tu planeta del amor es el Sol. A lo largo del año transita por todos los signos y casas del horóscopo, por lo tanto hay muchas tendencias a corto plazo que es mejor tratar en las previsiones mes a mes.

En el caso de que tengas interés en un primer matrimonio, tienes oportunidades muy buenas del 20 al 31 de marzo, del 22 de julio al 1 de agosto y del 6 al 14 de septiembre. Estas son muestras de oportunidades de corta duración. Por lo general, lo que ocurre son encuentros importantes, a veces con personas desconocidas, a veces con viejos amores.

Si estás en un segundo matrimonio, la relación ha pasado por pruebas estos últimos años; si sobrevivió al año pasado (muy difícil) sobrevivirá a este. Si estás con miras a un segundo matrimonio, es mejor que no te cases este año. Evita precipitarte en casarte o en entablar una relación comprometida en este periodo. Deja que el amor se desarrolle a su ritmo.

Si estás con vistas a un tercer matrimonio, tienes buenas oportunidades del 11 de junio al 9 de agosto.

El matrimonio de hermanos o figuras fraternas' ha pasado por pruebas estos dos últimos años, y la tendencia continúa este año. Deben reencender la chispa del romance; las cosas se han vuelto frías y mecánicas.

Los hijos o figuras filiales en edad apropiada tienen muchas probabilidades de casarse o entrar en una relación seria «parecida» al matrimonio.

Los nietos en edad casadera harán bien en no casarse durante unos años; su vida amorosa y sus actitudes son muy inestables. Llevan vidas amorosas fascinanttes, pero deberán evitar comprometerse durante un tiempo.

Progreso personal

Tu planeta de la espiritualidad, Saturno, cruza tu Medio cielo y entra en tu décima casa el 5 de octubre. Esto hace que la vida espiritual sea más importante de lo habitual. La espiritualidad está muy arriba en tus prioridades, y esto tiende a llevar al éxito. Te enteras de que la vida espiritual no es algo «vago o abstracto», sino muy tangible en los tipos de cosas fundamentales.

Este tránsito te inspira idealismo en tu profesión. Mucho dependerá de la fase o en el lugar del camino en que estés. Si estás avanzado, es posible que optes por una profesión «espiritual», en el servicio pastoral religioso, actividades benéficas o de curación. Otra opción sería trabajar en una profesión de tipo mundano pero participar también en causas altruistas y benéficas. En realidad, incluso desde la perspectiva mundana, esto es buena práctica: te hará adelantar en la profesión mundana. Es posible también que te atraiga una profesión para trabajar en organizaciones no lucrativas.

Normalmente, los valores del mundo y los valores del espíritu están reñidos. Y este es tu principal reto este año (y los próximos).

¿Cómo triunfar y al mismo tiempo mantener la integridad espiritual? ¿Cómo tener éxito haciendo algo que tiene verdadero sentido? Cada persona resuelve esto a su manera, y tú también lo harás. No hay ninguna regla para esto.

Lo que hemos dicho acerca de las finanzas, de profundizar en sus dimensiones espirituales, vale también para la profesión. Vas a aprender las dimensiones espirituales de la profesión en este año y los siguientes. Tu intuición, no tu lógica, adquiere importancia en las decisiones para la profesión. La intuición ve hasta en el futuro; la lógica sólo mira el pasado y a partir de ahí proyecta.

En astrología, la décima casa es nuestra profesión, nuestro trabajo vital en el mundo. En un plano más profundo, muestra el «dharma», la finalidad de la encarnación, nuestra misión espiritual en la vida. Y por lo tanto, vas a profundizar en estas cosas. Has venido a esta Tierra a hacer algo muy concreto, algo que sólo tú puedes hacer, nadie más. Y este es el periodo para descubrir qué es eso y hacerlo. Lo bueno es que esto se te va a revelar en los próximos años. Tal vez no en su totalidad, pues la misión espiritual es en realidad un «despliegue continuo», sino sólo lo que necesitas para dar los próximos pasos. (Esto se te revelará en tus meditaciones o a través de videntes, gurús, canalizadores espirituales o pastores religiosos, o en sueños).

Una buena meditación-oración este año sería: «La Idea Divina de mi Profesión se manifiesta ahora y yo cumplo mi Destino por la gracia».

Previsiones mes a mes

Enero

Mejores días en general: 5, 6, 7, 14, 15, 23, 24
Días menos favorables en general: 3, 4, 10, 11, 17, 18, 30, 31
Mejores días para el amor: 3, 4, 6, 7, 10, 11, 12, 13, 18, 19, 23, 24, 27, 28
Mejores días para el dinero: 3, 4, 7, 12, 15, 21, 24, 25, 26, 30
Mejores días para la profesión: 3, 12, 17, 18, 21, 30

Comienzas el año con una excepcional gama de oportunidades. El sector oriental de tu carta está dominante; tu primera casa está muy poderosa. Estás en un periodo de máximo poder e independencia personal. Las energías planetarias fluyen hacia ti, no se alejan. Tu felicidad, la manera como quieres las cosas, está respaldada por el Cosmos. Tienes el poder para crearte condiciones o circunstancias felices y para hacerlo solo. Hay muy poca necesidad de «llegar a acuerdos» o «transigir»; puedes y debes tener las cosas a tu manera. Además, hasta el 24 los planetas están en su punto máximo de movimiento directo; el ciento por ciento están avanzando. Esto no volverá a ocurrir este año. Por lo tanto, es probable que tus creaciones y tu progreso personal sean rápidos.

A esto sumamos que la salud es buena. La energía y la vitalidad están elevadas, en su punto óptimo, en especial después del 20. Tienes la energía para conseguir cualquier objetivo que te propongas.

Con el poder viene la responsabilidad. El Cosmos pasa factura por el uso del poder; si creas mal o haces mal uso de tus fuerzas tendrás que hacer frente a esto más adelante. Pero no importa, aprendemos a crear creando y cometiendo errores.

Este mes el poder planetario se traslada desde la mitad superior de tu carta a la inferior. Disminuyen las exigencias de la profesión. La atención debe estar en el hogar, la familia y los asuntos emocionales, en tu felicidad personal y tu zona de agrado emocional. Ahora no hay disculpas para la falta de armonía emocional; si las cosas no son de la manera que las deseas, cámbialas.

Es bueno que comiences el año con tu casa doce, la de la espiritualidad, poderosa. Necesitas una preparación adecuada para crear; necesitas verificar que tus creaciones están en línea, en armonía, con el Poder Superior que hay en ti. Esto requiere más oración, meditación y comunión.

El amor es muy feliz este mes. Si estás soltero o soltera, hasta el 20 encuentras el amor en ambientes de tipo espiritual, en la sala de yoga, en las reuniones de oración, en eventos benéficos, en el seminario de meditación o charla espiritual. El amor es muy idealista también (tal vez en exceso; tus valores son tan elevados que ningún mortal podría estar a su altura). Después del 20 el amor es más físico y terrenal; no necesitas hacer nada para atraerlo; él te encuentra a ti. Sólo tienes que ocuparte de tu rutina diaria y el amor te encontrará estés donde estés.

Las finanzas también son buenas este mes. El 14 Venus entra en tu casa del dinero. La familia en su conjunto prospera, y hay mucho apoyo familiar. Hay felices oportunidades financieras procedentes del hogar, con familiares y a través de conexiones familiares.

Febrero

Mejores días en general: 2, 3, 11, 12, 19, 20, 29
Días menos favorables en general: 1, 7, 8, 13, 14, 27, 28
Mejores días para el amor: 2, 3, 5, 6, 7, 8, 11, 12, 15, 21, 22, 24, 25
Mejores días para el dinero: 1, 4, 9, 13, 17, 21, 22, 23, 27, 28
Mejores días para la profesión: 9, 13, 14, 17, 18, 27

El 20 del mes pasado entraste en una cima de placer personal del año. Los dos últimos meses has gozado de «placeres espirituales», del tipo placeres abstractos, deleites como de otro mundo. Ahora gozas de los placeres de la carne, buena comida, buen vino, buenos restaurantes y otras formas de «mimos» físicos; esto continúa hasta el 19.

No es casualidad que la primera casa se haga poderosa sólo después del poder de la casa doce. Así ocurren las cosas cada año. Esto indica que la felicidad personal física no es una causa sino simplemente la consecuencia de causas espirituales. La armonía espiritual tiene por consecuencia la armonía física.

El 19 entras en una cima financiera anual (y tal vez esto lo sientas antes). El 50 por ciento de los planetas o están en tu casa del dinero o transitan por ella este mes; elevado porcentaje. Los ingresos se disparan; los objetivos financieros se consiguen con facilidad (con mucho menos jaleo y molestias por las que pasan muchas personas). La intuición financiera está súper en todo momento, y sólo tienes que fiarte de ella. Cuentas con el apoyo de la familia, amistades, hijos y figuras filiales y del cónyuge, pareja o ser amado actual. Las especulaciones son favorables después del 14. También hay oportunidades para formar una sociedad de negocios o empresa conjunta. Pero simplemente «hacerte rico» no te basta en este periodo; es fuerte el idealismo en la vida financiera. Sientes una necesidad irresistible de ganar tu dinero de maneras «responsables social y espiritualmente». Hacer dinero no es un reto, simplemente ocurre; el desafío es hacerlo de la manera correcta, espiritualmente correcta.

Marte es tu planeta de la comunicación. El 24 del mes pasado inició movimiento retrógrado. En tu horóscopo se comportará de modo muy similar a como se comporta Mercurio cuando está retrógrado; puede haber todo tipo de fallos en la comunicación, así que pon más cuidado en tu forma de comunicarte. Calcula más tiempo para hacer las cosas y para llegar a los diversos destinos; no te tomes al pie de la letra la información que recibes (en especial lo que lees en los diarios). Las compras y contratos importantes necesitan más estudio y reflexión.

Sigues imponiéndote en el amor, sobre todo hasta el 19; no necesitas hacer nada especial para encontrar ni para atraerte amor; este te encuentra. Si estás casado o casada gozas de la amorosa atención de tu cónyuge. Si estás soltero o soltera, después del 19 encuentras oportunidades amorosas cuando estás dedicado a tus objetivos financieros y con personas relacionadas con tus finanzas. El amor sigue siendo idealista, pero la riqueza no hace ningún daño.

Marzo

Mejores días en general: 1, 9, 10, 18, 19, 27, 28, 29
Días menos favorables en general: 5, 6, 11, 12, 25, 26
Mejores días para el amor: 3, 4, 5, 6, 7, 11, 12, 15, 16, 22, 23, 25, 26
Mejores días para el dinero: 2, 7, 11, 15, 16, 20, 21, 25, 26, 30
Mejores días para la profesión: 7, 11, 12, 15, 25

Hasta el 20 continúas en una cima financiera anual; repasa lo que dijimos de esto el mes pasado. La salud y la vitalidad siguen excelentes y el poder personal bueno (aunque no tan fuerte como los dos meses pasados). El principal reto ahora es el movimiento retrógrado de Mercurio, que se inicia el 12. Esto va a ser mucho más fuerte que un típico retrógrado de Mercurio, porque ahora los dos planetas que rigen la comunicación en tu carta (Mercurio y Marte) están retrógrados al mismo tiempo. El mes pasado hablamos de los problemas de Marte retrógrado, pero ahora esto es más fuerte.

Estos movimientos retrógrados no detendrán ni impedirán los ingresos ni el amor, sólo enlentecen un poco las cosas. Hay que contender con más fallos técnicos; los errores mentales tienden a aumentar; las cartas o bien no llegan a destino o se retrasan; se pierden llamadas telefónicas; los *e-mails* llegan devueltos; las entregas no se hacen a tiempo; lleva más tiempo ir de un lugar a otro. La mayoría de los problemas a los que te enfrentes este mes estarán causados por mala comunicación y malos entendidos.

Generalmente las cosas que ocurren son simplemente «molestas», inconvenientes. Pero en ciertas circunstancias pueden poner en peligro la vida. El médico se equivoca al escribir una receta, o la enfermera lee mal la receta y el paciente recibe un medicamento que no le corresponde; el piloto pierde el contacto con la torre de control y por lo tanto hace un mal aterrizaje; el conductor no ve una señal y hay un choque, o las señales no funcionan bien.

Por lo tanto, en este periodo conviene evitar las intervenciones quirúrgicas y los viajes opcionales. Si hay defectos en tu coche o en tu equipo de comunicación, sin duda te enterarás.

Lo principal es que te comuniques mejor desde el comienzo; más cuidado al comienzo puede ahorrarte mucho tiempo y fastidios después. Di lo que quieres decir, no des por descontadas las cosas; comprueba que la otra persona ha recibido tu verdadero mensaje; y comprueba también que entiendes lo que dice ella. No temas hacer preguntas; esto es particularmente importante en la comunicación con niños, con los hijos o figuras filiales.

Lo interesante es que estos movimientos retrógrados ocurren cuando tu tercera casa se hace muy poderosa (después del 20). Normalmente este sería un periodo fabuloso para el correo comercial, las campañas de publicidad y las actividades con los medios de comunicación. Pero ahora es mejor planificar estas cosas en lugar de ponerlas por obra.

El amor es esencialmente feliz, pero hay baches en el camino. Del 1 al 5 tu planeta del amor está en oposición con Marte; esto podría ser causa de discusiones y conflictos con el ser amado; evita las luchas de poder porque es probable que se intensifiquen tanto que se descontrolen. Del 28 al 31 tu planeta del amor está en cuadratura con Plutón, y vale el mismo consejo para estos días. El ser amado ha de tener más cuidado en el plano físico, al conducir o manejar objetos peligrosos.

Del 23 al 26 tu planeta del amor está en conjunción con Urano; esto trae amor repentino y encuentros románticos, invitaciones sociales inesperadas; pero dudo de la estabilidad de estas cosas.

Abril

Mejores días en general: 6, 14, 15, 24, 25
Días menos favorables en general: 1, 2, 8, 21, 22, 29, 30
Mejores días para el amor: 1, 2, 5, 10, 11, 14, 15, 20, 21, 24, 25, 29, 20
Mejores días para el dinero: 4, 7, 12, 13, 16, 17, 21, 22, 26
Mejores días para la profesión: 4, 8, 12, 21

Se aligeran las molestias en la comunicación del mes pasado. Mercurio retoma el movimiento directo el 4 y Marte el 14. A veces estamos arreglando los problemas causados por estas molestias hasta bastante después de que ocurrieron. Sin embargo, tu tercera casa, la de la comunicación, continúa muy poderosa hasta el 20, así que después del 14 son aconsejables el correo comercial, las campañas de publicidad y las actividades de los medios. Es de esperar que tengas buenos y sólidos planes de forma que su ejecución vaya mejor ahora.

La salud es buena pero necesita más atención después del 20. No habrá ningún problema importante a no ser que te permitas cansarte en exceso o pasarte la noche en vela. Este no es uno de tus mejores periodos para la salud, pero no es la tendencia para el año ni para tu vida. Sólo es una situación temporal causada por los tránsitos de los planetas rápidos. Descansa y relájate más y fortalece la salud de las maneras explicadas en las previsiones para el año.

En general, la salud y la energía están más fuertes cuando la Luna está en fase creciente, del 1 al 6 y a partir del 21.

Estás en la medianoche de tu año; el poder planetario está en su posición «inconsciente» máxima. Es decir, los planetas actúan en el plano inconsciente, en el plano interior, no en el plano externo. Normalmente por la noche el cuerpo duerme, aún así, pero ocurren poderosas actividades interiores, ocultas a la vista y a la conciencia. Podría parecer que la profesión está adormecida, haciendo una pausa, pero entre bastidores ocurren importantes novedades. Se está preparando el escenario para el futuro crecimiento profesional, para el día de mañana. En nuestra cultura la gente tiende a aterrarse cuando hay una pausa en la profesión; pero eso es infundado. En estas cosas hay un maravilloso ritmo natural, un orden que es necesario comprender. Sentirte bien es más importante que hacerlo bien. Si te sientes bien tus actos serán naturalmente buenos.

Este mes el poder planetario se traslada de tu sector oriental al occidental. Así pues, disminuyen el poder y la independencia personales. El Cosmos te impulsa a estar más «orientado a los demás» y a anteponer sus necesidades a las tuyas. Ahora es más difícil crear las condiciones que deseas, y tienes que vivir con las condiciones que has creado desde el comienzo del año; es mejor que te adaptes a las situaciones lo mejor que puedas. «Mi fuerza se perfecciona en tu debilidad». El Poder Superior es fuerte cuando el ego personal está débil.

Mayo

Mejores días en general: 3, 4, 11, 12, 23, 24, 25, 30, 31
Días menos favorables en general: 5, 6, 18, 19, 20, 26, 27

Mejores días para el amor: 1, 2, 3, 4, 9, 10, 11, 12, 20, 21, 22, 26, 27, 30, 31

Mejores días para el dinero: 2, 5, 10, 13, 14, 15, 19, 20, 23, 29

Mejores días para la profesión: 1, 2, 5, 6, 9, 10, 19, 20, 28, 29

Este mes aumenta la actividad retrógrada. Plutón, tu planeta de la profesión, inició movimiento retrógrado el 10 del mes pasado y estará retrógrado muchos meses. La profesión está en revisión; muchos asuntos no se resolverán con trabajo personal; sólo el tiempo lo hará. Mientras tanto, tienes todavía muy poderosa a tu cuarta casa, la del hogar y la familia, y hacia allí debes dirigir la energía y la atención. Repasa lo que hablamos aceca de esto el mes pasado.

Venus, tu planeta de la familia, inicia movimiento retrógrado el 15, uno de sus espaciados movimientos retrógrados. Presta atención al hogar y la familia, pero evita tomar decisiones importantes en este frente; todo necesita más estudio y reflexión. La situación doméstica, como la profesión, está en revisión. La vida emocional podría ser algo desconcertante con este aspecto: sientes, pero no sabes por qué te sientes como te sientes. Solemos perder mucho tiempo tratando de averiguar esto; está bien no saberlo, el conocimiento llegará con el tiempo.

A las dos figuras parentales de tu vida les falta dirección en este periodo; parece que tienes un conflicto con uno de ellos.

El 20 hay un eclipse solar que aunque es benigno contigo afecta a las finanzas; ocurren grandes cambios financieros (y esto continuará muchos meses). Tal vez estos cambios son causados por problemas amorosos o por actos del cónyuge o pareja. Hay armonía entre tú y tu cónyuge, pareja o ser amado actual, pero no en los asuntos financieros; esto parece ser la causa del conflicto. Este eclipse pone a prueba la vida amorosa, como todos los eclipses solares. Has pasado muchas veces por esto y no es algo que hayas de temer. La buena relación lo soporta e incluso mejora, porque ahora se revelan los problemas y puedes corregirlos. Pero si la relación es defectuosa podría disolverse. Ten más paciencia con el ser amado en este periodo porque va a estar temperamental (sabrás cuándo está en vigor el periodo del eclipse por la conducta del cónyuge o ser amado actual). Dado que este eclipse ocurre en tu quinta casa, evita la especulación en ese periodo (será difícil evitarlo ya que estás con la fiebre de la especulación). Los hijos y figuras filiales de tu vida deben evitar los comportamientos arriesgados; necesitan reducir sus actividades. Hay dramas en su vida y pasan por cambios de imagen y personalidad; se redefinen de otra manera. Esto también continuará los próximos seis meses más o menos.

La salud mejora espectacularmente después del 20. A pesar del eclipse entras en otra de tus cimas de placer personal anuales. Los problemas en la relación se pueden solucionar con actividades de ocio y diversión juntos. Ríe más, ve al teatro o a un concierto; suéltate un poco; deja de tomarte las cosas tan en serio.

En general la salud y la vitalidad estarán más fuertes cuando la Luna esté en fase creciente, a partir del 20; también está en creciente del 1 al 6, pero entonces los otros aspectos son difíciles.

Del 15 en adelante evita los viajes al extranjero opcionales; si debes viajar programa más tiempo para llegar a tu destino y asegura los billetes.

Junio

Mejores días en general: 8, 9, 17, 18, 27, 28
Días menos favorables en general: 1, 2, 15, 16, 22, 23, 29, 30
Mejores días para el amor: 8, 9, 17, 18, 19, 22, 23, 27, 28, 29, 30
Mejores días para el dinero: 1, 5, 6, 10, 11, 17, 19, 26, 27, 29
Mejores días para la profesión: 1, 2, 5, 15, 24, 29, 30

El 4 hay un eclipse lunar que también es fundamentalmente benigno contigo; ocurre en tu casa once y por lo tanto pone a prueba las amistades. A veces no hay nada mal en la relación en sí, pero sí dramas en la vida de los amigos; ¿estás por ellos? Se pone a prueba el equipo de alta tecnología, programas informáticos y disco duro; es posible que sea necesario reemplazarlos. Este eclipse trae cambios laborales. Podrías cambiar de trabajo, o dentro de la misma empresa o cambiar a otra. A veces nos incorporamos a un trabajo con actitud de poco entusiasmo: «Bueno, esto no me entusiasma, pero lo aceptaré por ahora, necesito un empleo». Este tipo de trabajo está en peligro, y podría ser el momento para hacer cambios. Pero muchas personas aceptan un trabajo por compromiso; probablemente estos trabajos van a durar, aunque habrá cambios en las condiciones laborales. Los eclipses lunares tienden a producir sustos en la salud también; pero tu salud se ve bien este mes y el resto del año, así que sólo serán sustos, nada más. Es posible que acabes haciendo cambios en tu dieta y programa de salud.

Vemos problemas con las amistades de otras maneras también: del 7 al 17 Júpiter, tu planeta de las amistades, reactiva el eclipse solar del mes pasado; el equipo de alta tecnología se vuelve temperamental también.

El 11 Júpiter hace un importante traslado, sale de tu cuarta casa y entra en la quinta, donde estará el resto del año. Fundamentalmente este es un tránsito feliz. Este mes (en que todavía estás en una cima de placer personal) y el resto del año son más placenteros; hay fiestas, entretenimiento y todo tipo de actividades de diversión en espera. Un periodo de vacaciones cósmicas. Si estás en edad de concebir eres más fértil este año (y especialmente este mes). Los hijos y figuras filiales de tu vida entran en un periodo feliz, un periodo de prosperidad y buena suerte. Las especulaciones son favorables el resto del año (aunque lo favorable aumentará o disminuirá con los tránsitos y aspectos).

Si estás soltero o soltera y sin compromiso tienes oportunidades amorosas en los lugares habituales hasta el 21: locales nocturnos, lugares de diversión, balnearios, fiestas, etcétera. Después del 21 las oportunidades se presentan en el trabajo, con compañeros de trabajo o cuando estás trabajando en tus objetivos de salud. Los terapeutas y profesionales de la salud son particularmente atractivos después del 21.

El amor va de diversión hasta el 21. Tú (o tu pareja) eres bueno para los aspectos tipo luna de miel, pero no tanto cuando las cosas se ponen difíciles. Pero después del 21 cambia esto; el amor va de servicio al ser amado; servicio es amor en acción. Cuando el ser amado te hace esto te sientes amado; y así es como demuestras el amor.

Este mes aumenta la actividad retrógrada y llega al punto máximo del año (este punto máximo volverá a ocurrir unas cuantas veces más en los próximos meses). Se enlentece el ritmo de la vida; es un periodo para aprender a tener paciencia. Evita los atajos; el camino largo, el camino completo, es en realidad el atajo. La claridad mental es lo más importante en este periodo; puede que no la tengas aún, pero vale la pena esforzarse en conseguirla.

Julio

Mejores días en general: 5, 6, 15, 16, 24, 25
Días menos favorables en general: 12, 13, 19, 20, 21, 26, 27
Mejores días para el amor: 5, 6, 7, 8, 15, 18, 19, 20, 21, 24, 25, 28
Mejores días para el dinero: 5, 6, 7, 8, 15, 16, 17, 24, 25, 26
Mejores días para la profesión: 3, 12, 22, 26, 27

Este mes aumenta la actividad retrógrada. Después del 15 llegamos al máximo del año otra vez: 40 por ciento. Paciencia, paciencia, paciencia. Sonríe ante los retrasos; no hay nada mal en ti, sólo es el tiempo astrológico. Aprovecha los retrasos para mejorar tu producto o servicio.

Aunque tu energía general podría estar mucho mejor, ocurren muchas cosas buenas este mes. El 22 entras en una cima amorosa y social del año. Tu quinta casa está fuerte, llena con planetas benéficos; te diviertes mucho, vas a fiestas y disfrutas de tu vida.

Una riña con el ser amado entre el 12 y el 15 podría no ser lo que crees; es probable que esta persona no se sienta bien. Esto acaba.

Tu sexta casa está poderosa hasta el 22; buena cosa. Tu atención a la salud te servirá para superar el ciclo de energía baja que comienza ese día; las medidas preventivas que tomes ahora tendrán un efecto de larga duración.

El poder de la sexta casa es una buena nueva si buscas trabajo; los contactos sociales son muy útiles, tal vez más que los anuncios de ofertas de empleo o las actuaciones normales. Si buscas empleados también hay buena suerte.

Cuando está poderosa la sexta casa, el periodo es bueno para conseguir objetivos laborales; es especialmente bueno para conseguir esos objetivos «tediosos, orientados a los detalles», como llevar los libros de cuentas; la mente maneja con más facilidad los detalles (este es un mes en que ves que los detalles pequeños también son importantes).

Las finanzas fueron buenas el mes pasado, sobre todo hacia el final, y este mes también lo son. Solamente ten presente que tu planeta del dinero está retrógrado (desde el 4 del mes pasado) y por lo tanto tu vida financiera está en revisión. Tienes una excelente intuición financiera, pero ahora necesita más verificación. Después del 22 tienes una mentalidad especuladora, pero modérate; estando retrógrado Mercurio es mejor evitar las especulaciones; si debes darte el gusto, hazlo con sumas inocuas.

Del 15 al 21 Marte forma aspectos desfavorables con Urano y Plutón; ten más prudencia al conducir; ten más en cuenta el plano físico; refrena la lengua todo lo que puedas para evitar las discusiones, ya que con este tránsito las personas reaccionan exageradamente. Los hermanos y figuras fraternas deben evitar las actividades arriesgadas.

Agosto

Mejores días en general: 1, 2, 11, 12, 20, 21, 29, 30

Días menos favorables en general: 8, 9, 10, 16, 17, 22, 23

Mejores días para el amor: 2, 3, 6, 7, 13, 14, 16, 17, 18, 22, 23, 27, 31

Mejores días para el dinero: 1, 2, 3, 4, 5, 11, 12, 13, 20, 21, 22, 29, 30, 31

Mejores días para la profesión: 8, 18, 22, 23, 27

Urano, el señor de tu horóscopo, inició movimiento retrógrado el 13 del mes pasado y continuará retrógrado muchos meses más. Está en revisión tu vida personal (además de tus finanzas). Los asuntos relativos al cuerpo y la imagen necesitan más estudio y reflexión. Este no es buen periodo para comprar ropa ni complementos nuevos (en especial si son caros) ni para hacerte cirugía estética, reducción de michelines o de arrugas en el cuello ni cosas de esa naturaleza; analiza más las cosas. En cierto modo esto es bueno; la seguridad y la voluntad se debilitan con este movimiento retrógrado, pero estando los planetas en su posición occidental máxima conviene que tu voluntad esté débil. Tu vulnerabilidad (que es sólo temporal) sólo aumenta tu atractivo social. Además, necesitas tomarte unas vacaciones de tu yo; los demás están primero; mientras no sea destructivo, deja que impongan su voluntad.

Continúas en una cima amorosa y social del año. Estás de ánimo para el romance y por tanto hay más probabilidades de que ocurra. Si estás soltero o soltera no es probable que te cases todavía, pero conoces a personas con las que considerarías la posibilidad de casarte. El amor no comprometido se ve más interesante en este periodo.

Cuando está fuerte la séptima casa aprendemos acerca de nosotros mismos a través de nuestras relaciones; aunque parezca que estamos liados en un romance, en realidad estamos en una clase de relaciones, en la escuela. Sea cual sea el resultado externo de la relación, el verdadero premio es el conocimiento y percepciones acerca de nosotros mismos que adquirimos.

Una riña con el ser amado entre el 22 y el 25 parece tener que ver con las finanzas. Transige, busca el acuerdo.

Del 7 al 11 hay buen apoyo económico de la familia: un progenitor o figura parental parece deseoso de ayudarte. Pero esta misma persona tiene un conflicto contigo del 14 al 17; te ayuda financieramente pero personalmente te desaprueba.

Del 11 al 17 están más temperamentales los coches y el equipo de comunicación. Si vas a conducir un trayecto largo, haz revisar el coche antes de partir; tal vez haya más retrasos en el tráfico también. Programa más tiempo para llegar a tu destino.

Del 24 al 27 te llega muy buena información financiera; y tienes buenas ideas también. Las personas adineradas de tu vida están receptivas a tus ideas. Solamente ten presente que tu planeta del dinero continúa retrógrado; estudia y rumia más las cosas.

Septiembre

Mejores días en general: 7, 8, 16, 17, 25, 26
Días menos favorables en general: 5, 6, 12, 13, 19
Mejores días para el amor: 1, 5, 6, 12, 13, 14, 15, 21, 22, 25, 29, 30
Mejores días para el dinero: 1, 7, 8, 9, 16, 17, 18, 25, 26, 27, 28
Mejores días para la profesión: 5, 14, 18, 19, 23

La actividad retrógrada disminuye este mes. Hasta el 8 del mes pasado estábamos en el punto máximo de planetas retrógrados del año, el 40 por ciento; este mes es el 30 por ciento y después del 18 sólo el 20 por ciento. El ritmo de la vida se acelera espectacularmente.

El 24 del mes pasado Marte cruzó tu Medio cielo. Además, el poder planetario se trasladó de la mitad inferior de tu carta a la superior. Este mes se intensifica el cambio pues Venus pasa del hemisferio inferior al superior. Así pues, estás en el periodo diurno de tu año, al comenzar la mañana. Las actividades de la noche han hecho su magia y ha llegado el periodo para dedicarte a las actividades del día, tu vida externa, tu profesión, tus objetivos externos. Y los trabajas con los métodos del día, no soñando ni visualizando, sino con actos concretos. Es de esperar que estés en tu punto de armonía emocional. Sentirte bien no es tan importante ahora; hacerlo bien es lo importante.

Marte en tu décima casa indica que estás muy activo en tu profesión; tal vez demasiado activo. La profesión se ve frenética. Hay competidores por tu puesto y debes defenderte de una u otra manera. Los competidores de tu empresa son fuertes también, por lo tanto tu empresa (y tú como parte de ella) debe trabajar más arduo.

Te comunicas bien con tus superiores; estos parecen estar receptivos a tu forma de pensar, tus ideas y proceso de pensamiento y esto es útil a tu profesión.

Plutón, tu planeta de la profesión, ha estado retrógrado muchos meses, y el 18 de este mes retoma el movimiento directo. Después de todos estos meses has conseguido claridad en los asuntos profesionales y por lo tanto ahora estás fuerte. Sabes adónde quieres ir, tienes un buen mapa de carreteras, y hacia allí te diriges.

Este mes está poderosa tu octava casa; también lo estuvo el mes pasado. Este es un periodo sexualmente más activo, sea cual sea tu edad o fase en la vida (cada uno experimenta una libido más fuerte de acuerdo con su edad).

Del 28 al 30 ten más paciencia con el ser amado, es posible que esté más temperamental y reaccione exageradamente. Esta persona debe evitar las actividades arriesgadas estos días; de ninguna manera ha de intentar hazañas temerarias.

Tu novena casa se hace poderosa después del 23; es periodo para viajes, formación superior y la satisfacción de los intereses religiosos, filosóficos y teológicos.

Octubre

Mejores días en general: 4, 5, 6, 14, 15, 22, 23
Días menos favorables en general: 2, 3, 9, 10, 11, 16, 17, 29, 30, 31
Mejores días para el amor: 1, 4, 5, 9, 10, 11, 12, 14, 15, 21, 24
Mejores días para el dinero: 4, 5, 6, 7, 14, 15, 16, 22, 23, 24, 25, 26
Mejores días para la profesión: 2, 12, 16, 17, 20, 29

El 5 Saturno cruza tu Medio cielo (esto lo sentirás antes) y entra en tu décima casa, la de la profesión. Tu décima casa se hace aún más poderosa después del 23, y tú entras en una cima profesional del año. Este es el principal titular de este mes.

Saturno en tu Medio cielo indica que trabajas mucho; te estás ganando tu éxito. Sí, cuentas con la ayuda de amistades y contactos sociales (sobre todo después del 23), pero tú te lo ganas, a la manera dura; por puro mérito.

A veces este tránsito se experimenta como la entrada de un jefe duro y exigente en el cuadro. Este jefe es difícil de complacer, pero debes complacerlo. En esto hay un programa oculto: tienes la capacidad para hacer más y ser más, y esta es la manera que tiene el Cosmos de «exigirte el máximo esfuerzo». No, no es agradable; tal vez esta persona es como un sargento de instrucción del ejército; te sientes estirado hasta el límite. No importa; estírate más aún; haz la milla extra; haz más de lo que exige esta persona. Esto hará auténtica magia en tu profesión.

Saturno es tu planeta de la espiritualidad. Su posición en tu Medio cielo indica que mientras ejerces tu profesión mundana, te importan los valores espirituales; indica que tras las dificultades y trabajo extra que tienes hay un programa espiritual. En último término es por tu bien.

Aparte de hacer la milla extra en la profesión, te conviene favorecerla participando en actividades benéficas y altruistas. Es posible que se te presenten oportunidades profesionales en organizaciones no lucrativas; esto podría ocurrir de modo directo (p. ej., trabajando en una de ellas) o indirectamente: una organización no lucrativa es un cliente importante.

El amor es más feliz y más romántico este mes; tu planeta del amor está en el romántico signo Libra hasta el 23. Si estás soltero o soltera y sin compromiso encuentras oportunidades amorosas en otro país, con extranjeros o en ambientes educativos y religiosos. El mes pasado las necesidades en el amor eran sexuales; este mes entra otra necesidad en el cuadro. Deseas refinamiento y formación; te gusta una persona de la que puedas aprender, tipo mentor o profesor; una persona a la que puedas admirar y respetar. Esto es así incluso cuando el Sol entra en Escorpio el 23. La posición, el poder y el prestigio son excitantes (en realidad el actual interés amoroso tiene más éxito en este periodo y parece de posición elevada). Después del 23 encuentras oportunidades amorosas cuando estás dedicado a tus objetivos profesionales normales y con personas relacionadas con tu profesión (estás muy ocupado en este periodo así que intentas combinar profesión y amor). Haces más vida social con personas con las que trabajas o tienen que ver con tu profesión.

La salud necesita más atención después del 23. Fortalécela de las maneras explicadas en las previsiones para el año. Ahora Saturno forma aspectos difíciles contigo (en especial si naciste en la primera parte del signo, del 19 al 23 de enero), así que es necesario estar más atento a la energía a partir de esa fecha.

Cuando Saturno está en aspecto difícil aprendemos que somos responsables del uso de nuestra energía. Sí, tenemos libre albedrío y podemos usar nuestras energías de la manera que consideremos conveniente, pero esto tiene un precio.

Noviembre

Mejores días en general: 1, 2, 10, 11, 18, 19, 23, 24
Días menos favorables en general: 6, 7, 12, 13, 26, 27
Mejores días para el amor: 1, 3, 4, 6, 7, 11, 13, 20, 23
Mejores días para el dinero: 1, 2, 3, 11, 12, 19, 21, 22, 28, 29
Mejores días para la profesión: 8, 12, 13, 16, 26

La salud sigue necesitando más atención hasta el 22. Haz todo lo posible por mantener elevada la energía; centra la atención en las cosas realmente importantes de tu vida y deja estar las menos importantes. Tienes que adoptar un método más parecido a los negocios con tu energía; sólo inviértela en lo que te va a dar beneficios elevados.

Hasta el 22 continúas en una cima profesional del año, así que ten presente lo que dijimos el mes pasado. La profesión se complica con el eclipse solar del 13 en tu décima casa. De todos modos debes hacerte un programa de actividades más relajado del 1 al 22, pero en especial en el periodo del eclipse. Este eclipse anuncia cambios en la profesión; a veces la persona cambia de rumbo profesional o hace importantes modificaciones en la que tiene. Habrá trastornos y reorganización en la jerarquía de tu empresa y en tu industria en general. Hay dramas en la vida de jefes y figuras parentales; podría haber reestructuración en el gobierno de tu localidad o región. Todos los eclipses solares ponen a prueba la vida amorosa y la relación actual, así que esto también ocurre. El cónyuge, pareja o ser amado actual podría pasar por una crisis profesional. Ten más paciencia con el ser amado en este periodo porque va a estar más temperamental (por cierto, cuando comience a ocurrir esto sabrás que estás en el periodo del eclipse, así que empieza a reducir tus actividades). Este eclipse es fuerte en ti, así que evita correr riesgos y las actividades difíciles o estresantes. Si hay programada una intervención quirúrgica optativa, será mejor reprogramarla.

El eclipse lunar del 28 es más benigno contigo. Ocurre en tu quinta casa y podría poner a prueba una aventura amorosa. Los hijos y figuras filiales están más temperamentales en este periodo, así que ten más paciencia con ellos. Ocurren dramas personales en sus vidas; van a redefinir su imagen, personalidad y concepto de sí mismos (un progenitor o figura parental también lo hará). A veces, este tipo de eclipse produce una desintoxicación del cuerpo, no enfermedad sino limpieza y purificación (los síntomas suelen ser iguales a los de una enfermedad, pero no son lo mismo). Podrías tener sustos por la salud o hacer cambios en tu programa de salud y dieta. Podría haber cambios laborales también (esto refuerza el cambio en la profesión que vemos con el eclipse solar).

Cuando se asiente el polvo del eclipse solar entrarás en los Campos Elíseos de Acuario. Tu casa once, la de las amistades, se hace poderosa el 22, por lo tanto las fuerzas cósmicas te impulsan a hacer las cosas que más te gusta hacer: relacionarte con amistades, participar en grupos, organizaciones, dedicarte a tus intereses en la red de contactos, ciencias, tecnología y astrología.

Siempre eres el tipo de persona innovadora, ingeniosa; este mes lo eres más aún. Te vuelves un súper Acuario.

El amor es más feliz y armonioso después del 22 también; tu actual relación o bien mejora o entras en una mejor.

Diciembre

Mejores días en general: 8, 9, 16, 17, 25, 26
Días menos favorables en general: 3, 4, 10, 11, 23, 24, 30, 31
Mejores días para el amor: 1, 3, 4, 10, 11, 13, 20, 22, 30, 31
Mejores días para el dinero: 1, 8, 10, 16, 18, 19, 25, 28
Mejores días para la profesión: 6, 10, 11, 14, 23

En octubre el poder planetario se trasladó de tu sector occidental o social al sector oriental o independiente. Comenzaron a aumentar el poder y la iniciativa personales y la seguridad en ti mismo; este mes vemos más aumento, pues Urano, el señor de tu horóscopo, retoma el movimiento directo después de muchos meses retrógrado. El momento es perfecto; ya has conseguido la claridad mental en cuanto a las condiciones en que deseas estar, y también tienes el poder para hacerlo ocurrir. Hasta octubre el poder planetario estaba lejos de ti, ahora avanza hacia ti. Tienes el respaldo cósmico; confía en ti y crea tu vida como la deseas; asume la responsabilidad de tu felicidad. Marte entra en tu signo el 26, aumentando aún más tu poder e independencia. Además, el movimiento planetario es directo (después del 13 el 90 por ciento de los planetas están en movimiento directo), así que progresarás rápidamente hacia tus objetivos. Tus deseos se manifestarán con más rapidez.

La salud está mucho mejor que el mes pasado; tienes toda la energía que necesitas para conseguir tus objetivos (pero no la malgastes).

El amor está en tu casa once hasta el 21. Si estás soltero o soltera encuentras oportunidades amorosas en grupos, actividades de grupo u organizaciones; las amistades tienden a hacer de cupido. La amistad en general es importante en el amor; deseas amistad con el ser amado, que sea un igual además de amante. Siempre eres experimentador en el amor (como en todo), pero este mes lo eres más. El amor se favorece haciendo cosas no convencionales con el ser amado; haz cosas excéntricas y a tu ser amado le encantará.

El 21 el amor pasa a la casa doce; se vuelve más idealista y espiritual. Necesitas sentir que tienes el «sello de aprobación divino» en tu relación; que hay un programa superior en tu relación. Si estás soltero o soltera encuentras oportunidades amorosas en ambientes espirituales: reuniones de oración, sala de yoga, seminarios de meditación, charlas espirituales, funciones benéficas.

Desde el 25 hasta fin de año ten más paciencia con el ser amado, parece que está más temperamental; esta persona debe evitar las actividades arriesgadas esos días. Beber cuando se va a conducir nunca es bueno, pero es especialmente inconveniente en este periodo pues el Sol forma aspectos difíciles con Urano y Plutón. El cónyuge, pareja o ser amado actual tiene una maravillosa oportunidad profesional esos días, tal vez un aumento de sueldo o ascenso.

El 1 debes ser más prudente al conducir; los coches y equipo de comunicación están más temperamentales también este día.

Las finanzas van bien la primera parte del mes, no hay nada especial en un sentido ni otro, pero verás mejoría a partir del 20.

Piscis

Los Peces
Nacidos entre el 19 de febrero y el 20 de marzo

Rasgos generales

PISCIS DE UN VISTAZO
Elemento: Agua

Planeta regente: Neptuno
   Planeta de la profesión: Júpiter
   Planeta del amor: Mercurio
   Planeta del dinero: Marte
   Planeta del hogar y la vida familiar: Mercurio

Colores: Verde mar, azul verdoso
   Colores que favorecen el amor, el romance y la armonía social: Tonos ocres, amarillo, amarillo anaranjado
   Colores que favorecen la capacidad de ganar dinero: Rojo, escarlata

Piedra: Diamante blanco

Metal: Estaño

Aroma: Loto

Modo: Mutable (= flexibilidad)

Cualidad más necesaria para el equilibrio: Estructura y capacidad para manejar la forma

Virtudes más fuertes: Poder psíquico, sensibilidad, abnegación, altruismo

Necesidades más profundas: Iluminación espiritual, liberación

Lo que hay que evitar: Escapismo, permanecer con malas compañías, estados de ánimo negativos

Signos globalmente más compatibles: Cáncer, Escorpio

Signos globalmente más incompatibles: Géminis, Virgo, Sagitario

Signo que ofrece más apoyo laboral: Sagitario

Signo que ofrece más apoyo emocional: Géminis

Signo que ofrece más apoyo económico: Aries

Mejor signo para el matrimonio y/o las asociaciones: Virgo

Signo que más apoya en proyectos creativos: Cáncer

Mejor signo para pasárselo bien: Cáncer

Signos que más apoyan espiritualmente: Escorpio, Acuario

Mejor día de la semana: Jueves

La personalidad Piscis

Si los nativos de Piscis tienen una cualidad sobresaliente, esta es su creencia en el lado invisible, espiritual y psíquico de las cosas. Este aspecto de las cosas es tan real para ellos como la dura tierra que pisan, tan real, en efecto, que muchas veces van a pasar por alto los aspectos visibles y tangibles de la realidad para centrarse en los invisibles y supuestamente intangibles.

De todos los signos del zodiaco, Piscis es el que tiene más desarrolladas las cualidades intuitivas y emocionales. Están entregados a vivir mediante su intuición, y a veces eso puede enfurecer a otras personas, sobre todo a las que tienen una orientación material, científica o técnica. Si piensas que el dinero, la posición social o el éxito mundano son los únicos objetivos en la vida, jamás comprenderás a los Piscis.

Los nativos de Piscis son como los peces en un océano infinito de pensamiento y sentimiento. Este océano tiene muchas profundidades, corrientes y subcorrientes. Piscis anhela las aguas más puras, donde sus habitantes son buenos, leales y hermosos, pero a veces se ve empujado hacia profundidades más turbias y malas. Los Piscis saben que ellos no generan pensamientos sino que sólo sintonizan con pensamientos ya existentes; por eso buscan las aguas más puras. Esta capacidad para sintonizar con pensamientos más elevados los inspira artística y musicalmente.

Dado que están tan orientados hacia el espíritu, aunque es posible que muchos de los que forman parte del mundo empresarial lo oculten, vamos a tratar este aspecto con más detalle, porque de otra manera va a ser difícil entender la verdadera personalidad Piscis.

Hay cuatro actitudes básicas del espíritu. Una es el franco escepticismo, que es la actitud de los humanistas seculares. La segunda es una creencia intelectual o emocional por la cual se venera a una figura de Dios muy lejana; esta es la actitud de la mayoría de las personas que van a la iglesia actualmente. La tercera no solamente es una creencia, sino una experiencia espiritual personal; esta es la actitud de algunas personas religiosas que han «vuelto a nacer». La cuarta es una unión real con la divinidad, una participación en el mundo espiritual; esta es la actitud del yoga. Esta cuarta actitud es el deseo más profundo de Piscis, y justamente este signo está especialmente cualificado para hacerlo.

Consciente o inconscientemente, los Piscis buscan esta unión con el mundo espiritual. Su creencia en una realidad superior los hace muy tolerantes y comprensivos con los demás, tal vez demasiado. Hay circunstancias en su vida en que deberían decir «basta, hasta aquí hemos llegado», y estar dispuestos a defender su posición y presentar batalla. Sin embargo, debido a su carácter, cuesta muchísimo que tomen esa actitud.

Básicamente los Piscis desean y aspiran a ser «santos». Lo hacen a su manera y según sus propias reglas. Nadie habrá de tratar de imponer a una persona Piscis su concepto de santidad, porque esta siempre intentará descubrirlo por sí misma.

Situación económica

El dinero generalmente no es muy importante para los Piscis. Desde luego lo necesitan tanto como cualquiera, y muchos consiguen amasar una gran fortuna. Pero el dinero no suele ser su objetivo principal. Hacer las cosas bien, sentirse bien consigo mismos, tener paz mental, aliviar el dolor y el sufrimiento, todo eso es lo que más les importa.

Ganan dinero intuitiva e instintivamente. Siguen sus corazonadas más que su lógica. Tienden a ser generosos y tal vez excesivamente caritativos. Cualquier tipo de desgracia va a mover a un Piscis a dar. Aunque esa es una de sus mayores virtudes, deberían prestar más atención a sus asuntos económicos, y tratar de ser más selectivos con las personas a las que prestan dinero, para que no se aprovechen de ellos. Si dan dinero a instituciones de beneficencia, deberían preocuparse de comprobar que se haga un buen uso de su contribución. Incluso cuando no son ricos gastan dinero en ayudar a los demás. En ese caso habrán de tener cuidado: deben aprender a decir que no a veces y ayudarse a sí mismos primero.

Tal vez el mayor obstáculo para los Piscis en materia económica es su actitud pasiva, de dejar hacer. En general les gusta seguir la corriente de los acontecimientos. En relación a los asuntos económicos, sobre todo, necesitan más agresividad. Es necesario que hagan que las cosas sucedan, que creen su propia riqueza. Una actitud pasiva sólo causa pérdidas de dinero y de oportunidades. Preocuparse por la seguridad económica no genera esa seguridad. Es necesario que los Piscis vayan con tenacidad tras lo que desean.

Profesión e imagen pública

A los nativos de Piscis les gusta que se los considere personas de riqueza espiritual o material, generosas y filántropas, porque ellos admiran lo mismo en los demás. También admiran a las personas dedicadas a empresas a gran escala y les gustaría llegar a dirigir ellos mismos esas grandes empresas. En resumen, les gusta estar conectados con potentes organizaciones que hacen las cosas a lo grande.

Si desean convertir en realidad todo su potencial profesional, tendrán que viajar más, formarse más y aprender más sobre el mundo real. En otras palabras, para llegar a la cima necesitan algo del incansable optimismo de Sagitario.

Debido a su generosidad y su dedicación a los demás, suelen elegir profesiones que les permitan ayudar e influir en la vida de otras personas. Por eso muchos Piscis se hacen médicos, enfermeros, asistentes sociales o educadores. A veces tardan un tiempo en saber lo que realmente desean hacer en su vida profesional, pero una vez que encuentran una profesión que les permite manifestar sus intereses y cualidades, sobresalen en ella.

Amor y relaciones

No es de extrañar que una persona tan espiritual como Piscis desee tener una pareja práctica y terrenal. Los nativos de Piscis prefieren una pareja que sea excelente para los detalles de la vida, porque a ellos esos detalles les disgustan. Buscan esta cualidad tanto en su pareja como en sus colaboradores. Más que nada esto les da la sensación de tener los pies en la tierra.

Como es de suponer, este tipo de relaciones, si bien necesarias, ciertamente van a tener muchos altibajos. Va a haber malentendidos, ya que las dos actitudes son como polos opuestos. Si estás enamorado o enamorada de una persona Piscis, vas a experimentar esas oscilaciones y necesitarás mucha paciencia para ver las cosas estabilizadas. Los Piscis son de humor variable y difíciles de entender. Sólo con el tiempo y la actitud apropiada se podrán conocer sus más íntimos secretos. Sin embargo, descubrirás que vale la pena cabalgar sobre esas olas, porque los Piscis son personas buenas y sensibles que necesitan y les gusta dar afecto y amor.

Cuando están enamorados, les encanta fantasear. Para ellos, la fantasía es el 90 por ciento de la diversión en la relación. Tienden a idealizar a su pareja, lo cual puede ser bueno y malo al mismo tiempo. Es malo en el sentido de que para cualquiera que esté enamorado de una persona Piscis será difícil estar a la altura de sus elevados ideales.

Hogar y vida familiar

En su familia y su vida doméstica, los nativos de Piscis han de resistir la tendencia a relacionarse únicamente movidos por sus sentimientos o estados de ánimo. No es realista esperar que la pareja o los demás familiares sean igualmente intuitivos. Es necesario que haya más comunicación verbal entre Piscis y su familia. Un intercambio de ideas y opiniones tranquilo y sin dejarse llevar por las emociones va a beneficiar a todos.

A algunos Piscis suele gustarles la movilidad y el cambio. Un exceso de estabilidad les parece una limitación de su libertad. Detestan estar encerrados en un mismo lugar para siempre.

El signo de Géminis está en la cuarta casa solar de Piscis, la del hogar y la familia. Esto indica que los Piscis desean y necesitan un ambiente hogareño que favorezca sus intereses intelectuales y mentales. Tienden a tratar a sus vecinos como a su propia familia, o como a parientes. Es posible que algunos tengan una actitud doble hacia el hogar y la familia; por una parte desean contar con el apoyo emocional de su familia, pero por otra, no les gustan las obligaciones, restricciones y deberes que esto supone. Para los Piscis, encontrar el equilibrio es la clave de una vida familiar feliz.

Horóscopo para el año 2012*

Principales tendencias

Para ti siempre es importante la vida espiritual, Piscis, pero ahora que Neptuno entra en tu signo el 3 de febrero (y se queda muchos años) lo es más aún. El peligro es que te vuelvas demasiado «cadete espacial», que te desconectes de la Tierra. Tus pies casi no tocan el suelo. Volveremos sobre esto.

El año pasado Urano entró en tu casa del dinero (donde continuará varios años) y esto genera muchas oportunidades y cambios fascinantes en las finanzas. Las finanzas serán inestables, alternarán entre ultra elevadas y ultra bajas, pero fundamentalmente felices. Hablaremos más sobre esto.

Saturno está en tu octava casa desde hace unos años y continuará ahí la mayor parte de este año, hasta el 5 de octubre. Las amistades fueron puestas a prueba severamente el año pasado, y este año el proceso continúa (aunque menos riguroso); algunas amistades han muerto. También has tenido que fijar ciertos límites a la expresión sexual, y la tendencia continúa este año. La calidad es preferible a la cantidad.

Júpiter entró en tu tercera casa el año pasado y continuará ahí hasta el 11 de junio de este. Se expande muchísimo tu capacidad para comunicarte. Esto podría deberse al equipo de comunicación de alta tecnología, pero también a tu mayor conocimiento. Con más conocimiento tienes más que decir y los demás te escuchan.

El amor es tormentoso hasta el 3 de julio. Se ponen a prueba matrimonios y sociedades de negocios. Evita las luchas de poder en el amor. Volveremos sobre este punto.

Este año Venus pasa más de cuatro meses en tu cuarta casa (su tránsito normal es de un mes), y el 11 de junio entra Júpiter en esta casa. Así pues, hay mudanzas y bodas en la familia. Hablaremos más sobre esto.

Las facetas de mayor interés para ti este año (y hay muchas) son:

---

* Las previsiones de este libro se basan en el Horóscopo Solar y todos los signos que derivan de él; tu Signo Solar se convierte en el Ascendente, y las casas se numeran a partir de él. Tu horóscopo personal, el trazado concretamente para ti (según la fecha, hora y lugar exactos de tu nacimiento) podrían modificar lo que decimos aquí. Joseph Polansky

el cuerpo y la imagen (a partir del 3 de febrero); las finanzas (durante muchos años); la comunicación y las actividades intelectuales (hasta el 11 de junio); el hogar y la familia (a partir del 3 de abril); el amor, el romance y las actividades sociales (hasta el 3 de julio); la sexualidad, la transformación y la reinvención personales, los estudios ocultos (hasta el 5 de octubre); la religión, la filosofía, la teología, los viajes al extranjero y la formación superior (a partir del 5 de octubre); las amistades, los grupos y las actividades en grupo.

Los caminos hacia tu mayor satisfacción este año son: la comunicación y los intereses intelectuales (hasta el 11 de junio); el hogar y la familia (a partir del 11 de junio); la profesión (hasta el 31 de agosto); la religión, la filosofía, la teología, los viajes al extranjero y la formación superior (a partir del 31 de agosto).

Salud

(Ten en cuenta que esta es una perspectiva astrológica de la salud, no una médica. Antaño no había ninguna diferencia, ambas eran idénticas, pero en esta época podrían diferir muchísimo. Para una perspectiva médica, por favor, consulta a tu médico o a otro profesional de la salud.)

La salud se ve esencialmente buena este año, Piscis. Hasta el 11 de junio todos los planetas lentos o están en aspecto armonioso o te dejan en paz. El 11 de junio Júpiter comienza a formarte un aspecto difícil, pero eso solo no es un problema grave. Más grave es el tránsito de Marte por Virgo (aspecto difícil) desde el comienzo del año hasta el 3 de julio. Debes tener más cuidado en el plano físico; sé más prudente, más consciente, más vigilante, sobre todo cuando conduzcas o hagas cosas que entrañen riesgo. El mayor peligro es de accidentes, no de falta de salud.

Tu sexta casa vacía refuerza la tranquilidad que vemos en la salud. Das por descontada la salud y no tienes que esforzarte mucho en mantenerla bien.

Por buena que sea tu salud, siempre se puede mejorar. Presta más atención a los siguientes órganos: los pies (el masaje científico de los pies, reflexología, es potente para ti; debes mantener los pies abrigados en invierno; los zapatos deben ser cómodos, que no te hagan perder el equilibrio; la comodidad es más importante que la moda para ti; si puedes tener las dos cosas, tanto mejor. También son potentes los baños de pies, el hidromasaje. Hay muchos aparatos de estos en el mercado; sería una buena inversión); el corazón (evita la preocupación y la ansiedad, las causas principales de problemas cardiacos. Aunque por lo general la preocupación se considera algo «normal y natural», pues todo el mundo la padece, desde el punto de vista espiritual es una patología. Si puedes hacer algo constructivo en una situación, hazlo, faltaría más, pero elimina la preocupación; no es útil ni para solucionar la situación ni para tu salud).

Tu planeta de la salud, el Sol, es uno de los planetas de movimiento rápido. A lo largo de un año transita por todos los signos y casas del horóscopo; por lo tanto, hay muchas tendencias a corto plazo en la salud, y estas es mejor tratarlas en las previsiones mes a mes.

El Sol es eclipsado dos veces al año. Esto podría causarte perturbaciones en la salud, o sustos. Pero estando la vitalidad fundamentalmente buena, es probable que sólo se trate de un susto, nada más. De todos modos, estos eclipses (20 de mayo y 13 de noviembre) son periodos para hacer cambios en el programa o régimen de salud, para mejorarlo y perfeccionarlo.

En general tiendes a tener el cuerpo sensible y puesto a punto. Esto se hará más pronunciado ahora que Neptuno entra en tu primera casa. El cuerpo se purifica y espiritualiza más aún. Descubrirás que cambian tus necesidades alimentarias; me parece que se hará necesaria una dieta más de tipo vegetariana. Esto no significa que tengas que volverte totalmente vegetariano, pero poco a poco irás comprobando que se debilitan tus ansias de comer carne roja y otro tipo de alimentos fuertes. Comenzará a apetecerte comida más ligera. Debes evitar el alcohol y las drogas, todo cuanto te sea posible. Estas cosas afectan a un organismo refinado más que a uno no refinado. Otras personas podrían salir impunes, pero tú no. Volveremos sobre este tema.

Aunque la salud está bien, en el año habrá periodos en que la energía no estará a su altura habitual. Esto se debe a tránsitos difíciles de planetas rápidos; no son la tendencia para el año. Estos periodos son: del 20 de mayo al 21 de junio; del 23 de agosto al 22 de septiembre, y del 22 de noviembre al 21 de diciembre.

Hogar y vida familiar

Como hemos dicho, tu cuarta casa se hace poderosa el 3 de abril, día en que Venus entra en ella para quedarse cuatro meses (tránsito excepcionalmente largo), y luego, el 11 de junio, entra en ella Júpiter. Así pues, esta es una faceta de la vida activa y esencialmente feliz. Aunque hay unos cuantos retos, dos eclipses en esta casa, tu interés y atención te da la energía y el ímpetu para superarlos. Esta es una faceta de la vida exitosa este año.

En primer lugar, se redecora la casa, se acicala, se hace más hermosa. Hay más vida social en la casa, reuniones, fiestas, y más relación con los familiares en general. Si ha habido problemas con familiares estos últimos años, ahora tienes buenas oportunidades para restablecer la armonía; es más que probable que esto ocurra. Te veo capaz de elevar la relación familiar a un plano nuevo y mejor, más feliz. Es posible que haya bodas en la familia también, y esto calza con el simbolismo de Venus y Júpiter.

Este año hay posibilidades de mudanza y de renovación y ampliación de la casa. A veces la persona no se muda, aunque le llegan oportunidades. A veces compra una segunda o tercera casa, o renueva la casa de tal forma que es «como si» se hubiera mudado a otra. Vas a adquirir objetos caros para la casa también. La casa es un lugar más feliz en muchos sentidos.

Si deseas vender una casa, tendrás suerte este año. Hay mucho apoyo familiar y esto funciona en los dos sentidos. Tú apoyas a tus familiares y ellos te apoyan a ti.

La familia en su conjunto se eleva en posición e importancia este año. Los familiares están más ambiciosos que de costumbre y parece que tienen éxito.

Júpiter es tu planeta de la profesión. Por lo tanto, o bien instalas la oficina en la casa o amplías la que tienes. Vas a avanzar en la profesión desde casa. (Además, las oportunidades profesionales te llegan a través de familiares o de conexiones familiares).

Se ensancha el círculo familiar este año. Esto ocurre de diversas maneras. Con frecuencia la familia aumenta por nacimientos o bodas. A veces ocurre porque conoces a personas que son como familiares para ti. (Y en muchos casos estas personas te apoyan más que los familiares biológicos).

Si no te mudas este año, podrías mudarte el próximo. Júpiter estará en tu cuarta casa en 2013 también.

Hay algunos baches en el camino este año. Dos eclipses (uno el 20 de mayo y el otro el 28 de noviembre) van a hacer salir a la luz problemas ocultos, enconados de mucho tiempo, o bien en la casa física o con familiares. Cuando se asiente el polvo del eclipse estarás en mejor situación para resolver el problema; al menos sabrás de que va y lo podrás tratar racionalmente.

Profesión y situación económica

Este es un año financiero muy fascinante, pero también inestable. Ocurren cambios en las finanzas, muchos cambios, drásticos. Además, no es sólo un cambio de una vez y luego continúas; lo que ocurre son cambios constantes, una mejora continuada de la vida financiera. Cada vez que piensas que tienes las cosas resueltas, tal como las quieres, aparece una nueva idea, una nueva inversión, un nuevo método, y vuelves a hacer cambios.

Desde el punto de vista cósmico, se te libera en el plano financiero; el Cosmos te conduce a la libertad económica, pero en el proceso deben reorganizarse, reestructurarse y romperse muchas viejas adhesiones, formas de pensar y hacer las cosas; hay que reformar las viejas costumbres en las finanzas, y de esto viene el drama. Cuando Urano haya acabado contigo (es un proceso de siete años y sólo estás en el segundo), tendrás una nueva percepción de libertad financiera e independencia económica.

Urano en tu casa del dinero indica una predilección por iniciar nuevas empresas, independientes. Es posible que comiences tu propia empresa; otra posibilidad es que trabajes para una empresa nueva, recién puesta en marcha, en un campo de tipo experimental. Es posible que estas empresas no estén todavía en la corriente principal de las industrias más conocidas, pero lo estarán en el futuro. Pareces estar en la planta baja. Urano rige la ciencia, la alta tecnología, Internet, los medios de comunicación electrónicos, los nuevos sistemas de comunicación de alta tecnología que van apareciendo año tras año. Así pues, este tipo de empresas e inversiones te atraen y tienes el don para ellas. También me gusta el lado de alta tecnología en el campo de la salud; están apareciendo aparatos y artilugios de salud y nuevas terapias de vanguardia.

Lo interesante es que te embarcas en una aventura financiera, una aventura de la vida. No son para ti los viejos libros de reglas financieras, aun cuando tienen cierta validez. Vas a comprobar lo que te va bien a ti probando, experimentando y aprendiendo de los errores. Tus experimentos te llevarán a las alturas, pero a través de muchos valles.

Los ingresos pueden dispararse por las nubes pero también ser muy bajos. Sería fabuloso si los tiempos altos duraran eternamente, pero no es así como funciona Urano. Procura reservar fondos de los tiempos altos para cubrir las necesidades de los tiempos bajos.

Las oportunidades monetarias y financieras se te presentan de repente, inesperadamente, como salidas de la nada. La riqueza puede llegarte en cualquier momento, y esto es emocionante.

Tu planeta del dinero pasa muchos meses en Virgo, tu séptima casa. Esto sugiere que podría formarse una sociedad de negocios. Esta será todo un reto ya que a Urano y a Aries les gusta ser independientes. Pero una sociedad que diera espacio a la autonomía personal podría funcionar bien.

En general, el cónyuge o pareja, las amistades y el círculo social tienen un papel importantísimo (más de lo normal) en los ingresos. Me parece que gastas más en asuntos sociales también. El cónyuge o pareja se ve más generoso en su apoyo económico que de costumbre.

Este no es un año fuerte en lo profesional. Te da satisfacción, pero pareces más atento al hogar, la familia y a tu vida emocional. Tu misión este año entraña a la familia, estar por ellos, y mantener tu armonía emocional.

Amor y vida social

Marte pasa una cantidad insólita de tiempo en tu séptima casa, la del amor y el matrimonio. En general, este no es un tránsito fabuloso para el amor. Las relaciones existentes tienden a pasar por pruebas. Habrá tendencia a luchas de poder en la relación, y esto debes evitarlo cuanto sea posible. El tránsito de Marte por la séptima casa no significa divorcio ni ruptura; cada año transita por esta casa, y muchos matrimonios y relaciones han capeado bien su tránsito; simplemente tiende a crear conflictos. Pero este año, en que Marte va a pasar tanto tiempo en esta casa (más de seis meses) hay más probabilidades de ruptura. De todos modos, ten presente que este tránsito no será eterno; una buena relación sobrevivirá a él.

Si estás soltero o soltera, este tránsito indica que serás más osado en el amor, aplicarás un método más resuelto y activo. Si te gusta una persona, ella lo sabrá, y le irás detrás (aunque de la manera suave y relajada típica de Piscis). Durante este tránsito tenderás al amor «a primera vista» y tal vez te precipites a una relación seria con demasiada rapidez. Vas a desarrollar valor en el amor, audacia. (Esto ocurre en las finanzas también). Sí, la precipitación suele llevar a errores, pero no importa, te recuperas y vuelves de un salto a la refriega. Marte no le tiene miedo al fracaso; no le gusta, no es partidario de fracasar, pero si le ocurre, esto no lo perturba excesivamente.

Marte en la séptima casa no es particularmente conducente al matrimonio. Así que es probable que no haya matrimonio este año (en

India, si una persona tiene a Marte en su séptima casa al nacer, el astrólogo le desaconseja el matrimonio). Pero hay amor, y también sociedades de negocios.

Si estás soltero o soltera, este año te atraerán personas ricas; la riqueza es un afrodisíaco. Y me parece que alternas más con personas ricas hasta el 3 de julio. Los regalos materiales, cosas tangibles, son excitantes.

Encuentras oportunidades amorosas cuando estás dedicado a tus objetivos financieros normales y con personas relacionadas con tus finanzas.

Dado que tu planeta del amor, Mercurio, es un planeta de movimiento muy rápido, hay muchas tendencias de corto plazo en el amor, y estas es mejor tratarlas en las previsiones mes a mes.

Mercurio hace movimiento retrógrado tres veces al año. Esto lo has experimentado muchas, muchas veces. No es algo a lo que haya que temer, sólo hay que comprenderlo. Estos periodos no son buenos para tomar decisiones románticas en relaciones duraderas, ni para matrimonio ni divorcio. Son periodos para hacer revisión de la relación (y de la vida social en general) y ver en qué se puede mejorar. El periodo para actuar viene después, cuando se ha conseguido claridad mental. Además, durante esos periodos el amor parece retroceder y es necesario tener más paciencia. Este año Mercurio estará retrógrado del 12 de marzo al 4 de abril; del 15 de julio al 8 de agosto, y del 6 al 26 de noviembre.

Progreso personal

Como hemos dicho, Neptuno, tu planeta regente, entra en tu primera casa el 3 de febrero. Ya hemos hablado un poco del efecto en el plano prosaico, mundano. Pero hay mucho más. En general, este es un tránsito positivo para ti, Piscis. Tu apariencia personal resplandecerá. Tendrás un tipo de belleza sobrenatural, no terrena; una belleza y un atractivo que «no son de este mundo». Esto va bien para la autoestima y la seguridad en ti mismo. Pero en este tránsito hay dimensiones espirituales también. El cuerpo, como hemos dicho, se sensibiliza enormemente y se purifica. Este proceso lleva algunos años, pero ahora será más fuerte. Tus capacidades psíquicas, intuitivas (que ya son las mejores del zodiaco) serán más fuertes aún. Sentirás las vibraciones psíquicas (supuestamente energías no físicas) de una manera muy física. La intención de esto es dar una fabulosa bendición, pero es necesario comprenderlo y usarlo bien; si no se entiende, puede ser muy doloroso y llevar a muchas aventuras innecesarias. Con un poco de entrenamiento y práctica, podrás tener un objeto en la mano y saber todo tipo de cosas acerca de su dueño; sentirás las impresiones psíquicas en el objeto. Podrás estar cerca de una persona y discernir al instante su estado de salud (y también su estado psíquico). Tu cuerpo te lo dirá. Por otro lado, podrías estar cerca de una persona con un problema cardíaco y sentirlo como si fuera tuyo; se siente «muy real». Se han practicado muchas intervenciones quirúrgicas innecesarias debido a este fenómeno. Por lo tanto, ahora (y durante los próximos catorce años) es necesario que seas más «impersonal» con tu cuerpo. Considéralo un instrumento que «registra» fenómenos, como los indicadores de gasolina, aceite, etcétera, de tu coche. Pero no te identifiques con lo que registra. Descubrirás que el cuerpo es capaz de manifestar síntomas aunque no haya ninguna enfermedad. Es más o menos lo mismo que un televisor que muestra horribles imágenes de violencia, muerte y destrucción, sin que al aparato le pase nada malo; simplemente muestra imágenes de las noticias en la pantalla. Además, te será necesario ser más selectivo o quisquilloso en cuanto a las personas con las que te relacionas. Necesitas estar con personas positivas, optimistas, estimulantes; estar en compañía de personas que no te convienen podría ser muy doloroso, de modo físico. He visto a personas afectadas por haber elegido mal la mesa en un restaurante; no hay nada malo en la comida ni en el servicio, pero las personas sentadas en una mesa cercana tienen problemas, y la persona sensible los capta, más o menos como cuando te contagias de un virus, y luego tiene dolor de cabeza y dificultades para dormir. También es necesario aprender a proteger el aura de las vibraciones destructivas. Este es un tema extenso, no tenemos espacio aquí para tratarlo. Si deseas estudiarlo más a fondo, puedes leer *A Technique for Meditation*, los capítulos 12 y 13, que es donde lo trato.

Urano es tu planeta de la espiritualidad; rige tu casa doce. Su entrada en tu casa del dinero abre nuevos panoramas en tu vida espiritual. Hasta ahora has creído que la espiritualidad es algo no terreno, que no está conectada con asuntos de la Tierra. Ahora (desde el año pasado) ves lo práctica que es y cómo puede influir en tus ingresos y en tu economía. Lo Divino desea que seas rico, pero a su manera, no a la tuya. Responderá a tus necesidades y problemas financieros si recurres a él y le das permiso para actuar. Así pues, este es un periodo para que tu espiritualidad en el mundo cotidiano sea práctica.

Previsiones mes a mes

Enero

Mejores días en general: 8, 9, 17, 18, 25, 26
Días menos favorables en general: 5, 6, 7, 12, 13, 19, 20
Mejores días para el amor: 1, 2, 6, 7, 12, 13, 18, 19, 22, 27, 28
Mejores días para el dinero: 1, 2, 3, 4, 12, 13, 21, 22, 28, 29, 30, 31
Mejores días para la profesión: 3, 12, 19, 20, 21, 30

El año comienza con la mayoría de los planetas en tu sector oriental, de poder e independencia personales. Hasta el 24 el ciento por ciento de los planetas están en movimiento directo (el máximo del año). El mensaje es claro: este es un periodo para tomar la iniciativa y «hacer ocurrir las cosas». Tienes el poder para diseñar tu vida de acuerdo a tus especificaciones, con poca necesidad de adaptarte o transigir. Mientras no le hagas daño a los demás, ¿por qué no tener las cosas a tu manera? Este es un periodo en que importa quién eres y lo que puedes hacer. Las personas que conoces son menos importantes. Cuando tomes la iniciativa harás un rápido progreso hacia tus objetivos; las mejoras ocurrirán rápido.

Y el año comienza con la mayoría de los planetas sobre el horizonte de tu carta; estás en el día de tu año, por la tarde. Por lo tanto, sigue siendo un buen periodo para centrar la atención en la vida externa, la profesión, tus objetivos mundanos. El mes pasado saliste de una cima profesional anual, y Mercurio está en tu décima casa hasta el 8. La profesión sigue siendo un centro de atención, aunque menos que en los meses pasados.

El amor es delicado este mes; Marte en tu séptima casa indica una tendencia a luchas de poder en el matrimonio o relación amorosa actual; tienes que evitar eso cuanto te sea posible. A veces este tránsito induce a la persona o a su pareja a ser demasiado competitiva en el amor. La finalidad cósmica de este tránsito es aprender audacia en el amor. En realidad, cuando hay verdero amor nunca hay miedo; si surge miedo quiere decir que algo va mal en el amor; podría ser que la lujuria, codicia o posesividad se disfrazase de amor. Tu planeta del amor forma cuadratura con Urano los días 8, 9 y 10; ten más paciencia con el ser amado, que va a estar más temperamental. Los cambios de humor en el amor son rápidos y extremos. El ser amado, y los familiares también, han de tener más prudencia al conducir y evitar las actividades arriesgadas esos días. Toma precauciones extra de seguridad en la casa.

Venus entra en tu signo el 14; generalmente esto es bueno para el amor. Te ves bien, atractivo, más hermoso que de costumbre; te vistes bien y con elegancia; atraes al sexo opuesto. Tu porte en general es elegante y encantador. Las dificultades en el amor no están relacionadas con estas cosas sino con la relación.

Marte es tu planeta del dinero; su posición en tu séptima casa (donde estará varios meses más) indica que se forma una sociedad de negocios o empresa conjunta; tu círculo social es importante en las finanzas; combinas la vida social con la vida financiera y, en general, esto significa que prefieres hacer negocios con amistades y tiendes a relacionarte con las personas con que los haces. El 24 Marte inicia movimiento retrógrado, así que procura hacer antes las compras o inversiones importantes y los compromisos a largo plazo.

La salud es buena y puedes fortalecerla más dando más atención a la columna, las rodillas, la dentadura, los huesos, la piel y la alineación esquelética general, hasta el 20, y después a los tobillos y las pantorrillas.

Febrero

Mejores días en general: 4, 5, 13, 14, 22, 23
Días menos favorables en general: 2, 3, 9, 10, 15, 16, 29
Mejores días para el amor: 2, 3, 5, 6, 9, 10, 11, 12, 15, 21, 22, 24, 25
Mejores días para el dinero: 1, 9, 10, 17, 18, 24, 25, 27, 28
Mejores días para la profesión: 1, 9, 15, 16, 17, 27, 28

Eres una persona espiritual; tu vida espiritual es importante siempre. Pero el mes pasado y este lo eres más aún. Está muy poderosa tu casa doce, la de la espiritualidad. Además, Neptuno, el señor de tu horóscopo y el más espiritual de todos los planetas, entra en tu signo el 3. Y tu signo, Piscis, es el signo más fuerte este mes. Tu reto este mes es tener los pies en el suelo; te sientes más cómodo en el mundo espiritual que en el mundo cotidiano material. La vida onírica es tan activa, tan interesante, que encuentras monótona, sosa, la vida cotidiana. No necesitas drogas ni alcohol este mes (ni nunca), porque estás naturalmente «colocado».

La intuición y la capacidad de percepción extrasensorial, siempre buenas, son súper este mes. Si te fías de ellas evitarás muchas de las discordias del mundo externo.

Este mes estás en el punto máximo de poder e independencia personales; puedes y debes tener las cosas a tu manera. Tu manera es la mejor (al menos para ti). Los demás son importantes y los respetas, pero tu manera es la mejor para ti; ponla por obra sin temor.

Este mes los planetas se trasladan desde la mitad superior de tu carta a la inferior; estás en el crepúsculo de tu año. Las actividades del día han llegado a su fin y te preparas para las actividades de la noche. El día y la noche no son iguales, pero son igualmente importantes. Son dos formas de funcionar distintas. Durante el día estamos orientados «hacia fuera»; logramos nuestros objetivos mediante movimientos físicos, externos. Durante la noche estamos orientados hacia dentro y logramos nuestros objetivos por medios interiores: soñando, visualizando y consiguiendo la «sensación-percepción» de lo que deseamos; y por lo tanto sentirse bien es más importante que «hacerlo bien». En realidad sentir es hacer, porque lleva a hacerlo bien. Así pues, durante los seis próximos meses más o menos es importante que encuentres tu punto de armonía emocional y funciones a partir de él. Pon en orden la vida doméstica y familiar. La profesión es importante y harás todo lo que sea necesario por ella, pero pon más atención en la casa, la familia y en tu vida emocional.

Tu vida financiera continúa en revisión; las sociedades de negocios o empresas conjuntas necesitan más estudio. El movimiento retrógrado de tu planeta del dinero no impide ni detiene los ingresos, pero sí enlentece un poco las cosas. Bien aprovechada, es la pausa que renueva. Se pueden hacer muchas mejoras en tu estado financiero, y este es el periodo para examinar las cosas y hacer planes. Después actuarás según ellos. Lo más importante ahora es la consecución de claridad mental acerca de tus finanzas. Cuando la tengas, todo lo demás se ordenará.

La salud es buena este mes; tienes muchísima energía. Tu apariencia resplandece; tienes toda la energía que necesitas para conseguir cualquier objetivo que te propongas.

Marzo

Mejores días en general: 3, 4, 11, 12, 20, 21, 30, 31
Días menos favorables en general: 1, 7, 8, 13, 14, 27, 28, 29
Mejores días para el amor: 2, 5, 7, 8, 13, 15, 16, 25, 26, 31

Mejores días para el dinero: 7, 8, 15, 16, 22, 23, 24, 25, 26
Mejores días para la profesión: 7, 13, 14, 15, 16, 25, 26

Estando la mayoría de los planetas todavía en tu sector oriental, consigues mucho con tu trabajo e iniciativa, pero no ocurre así tratándose del amor y la familia. Necesitas más paciencia en estas facetas, en especial después del 12, en que Mercurio inicia movimiento retrógrado. El tiempo resolverá los asuntos familiares y amorosos, no el trabajo personal. Ahora conviene centrarse en la familia y prestarle más atención, pero después del 12 evita tomar decisiones familiares a largo plazo; los proyectos planeados para la casa será mejor hacerlos antes del 12.

Este mes están en revisión el amor y el dinero. Marte, tu planeta del dinero, continúa retrógrado (lo está desde el 24 de enero) y este mes tu planeta del amor inicia movimiento retrógrado el 12. Teniendo a Neptuno en tu signo tienes un atractivo y una belleza sobrenaturales; una belleza que no es de este mundo. Sea cual sea tu edad o etapa en tu vida, esta belleza irradia de tu cuerpo, y las personas se sienten atraídas por ella (aunque no saben por qué). Sin embargo, esto también puede complicar la vida amorosa. Eres un misterio para los demás; por mucho que lo intenten, no logran entenderte (y a mí me parece que a ti te gusta eso).

Hay buenos motivos para el aura de misterio que te rodea; una parte de ti sabe que es «infinita» y se niega a que la encasillen o la pongan en una categoría: «Digas lo que digas de mí, soy más que eso». Esto desconcierta a quienes viven en el mundo tridimensional; para ellos todo se define y se clasifica en categorías, y a ti no te pueden definir ni clasificar.

El 19 del mes pasado entraste en una cima de placer personal anual, y sigues en ella hasta el 20. La salud es un centro de atención este mes, más desde el punto de vista estético que de salud propiamente dicho. Cuando estás sano te ves bien; la buena salud es mejor que cualquier cosmético o complemento.

El 20 entras en una cima financiera del año. Eres activo en el campo de las finanzas, pero ten presente que Marte continúa retrógrado. El movimiento retrógrado del planeta del dinero no significa que paremos toda la actividad financiera, eso sería imposible, sobre todo después del 20. Pero es necesario que evites los atajos en finanzas (que sean atajos sólo es una ilusión) y seas todo lo perfecto que puedas en tus tratos y transacciones financieros. Es mejor retrasarse un poco y ser perfecto que darse prisa y ser mediocre. También indica que, aunque ocurre, el bien financiero llega con «reacción retardada».

Del 1 al 15 el Sol está en oposición con Marte y esto podría producir ciertos conflictos en el trabajo. Del 23 al 26 está en conjunción con Urano; esto puede traer cambios laborales, y trastornos en el lugar de trabajo también. Si eres empleador verás inestabilidad entre los empleados y dramas en sus vidas.

Abril

Mejores días en general: 8, 16, 17, 26, 27
Días menos favorables en general: 4, 10, 24, 25
Mejores días para el amor: 3, 4, 5, 8, 9, 14, 15, 17, 18, 24, 25, 29, 30
Mejores días para el dinero: 3, 4, 12, 13, 19, 20, 21, 22
Mejores días para la profesión: 4, 10, 12, 13, 21, 22

Mercurio, tu planeta del amor y de la familia, retoma el movimiento directo el 4, con lo que hay más claridad mental en estos asuntos y ya no hay riesgo en tomar decisiones importantes.

Hasta el 20 continúas en una cima financiera del año. El 14 Marte también retoma el movimiento directo. El cuadro y la estrategia financieros están mucho más claros y por lo tanto hay más probabilidades de éxito. Muchas veces cuando la persona está en una cima financiera y su planeta del dinero está retrógrado el aumento de ingresos ocurre con «reacción retardada». Llega, pero después de lo esperado.

El mes pasado hubo turbulencia en el trabajo, y tal vez cambios laborales, pero no temas, el 20 tu planeta del trabajo comienza a viajar con Júpiter, y esto trae muy felices oportunidades de trabajo, oportunidades del trabajo de tus sueños, de trabajo prestigioso. Esto puede ocurrir dentro de la empresa en la que estás o en otra. Este mes sientes el comienzo de este aspecto; el próximo mes será más exacto. Si ha habido algún problema de salud, tendrás buenas noticias al respecto (el próximo mes también).

La salud es buena este mes. Al parecer, hasta el 20 gastas más en salud y en artilugios para mejorarla. La salud financiera te importa tanto como la salud física. En realidad, las preocupaciones financieras podrían crearte problemas de salud si lo permites. El ejercicio físico, el buen tono muscular, favorece la salud. El masaje en la cabeza y cuero cabelludo también. Después del 20 fortalece la salud con masajes en el cuello; la terapia sacro-craneal es potente también (y antes del 20 también).

El amor es más feliz este mes. Todavía tienes que guardarte de los conflictos y luchas de poder, pero me parece que tienes las cosas a tu manera. Tu planeta del amor, Mercurio, está en tu signo hasta el 17. Si estás soltero o soltera no es mucho lo que tienes que hacer para atraerte amor: sólo estar presente. Dedícate a tu rutina diaria y el amor te encontrará. Después del 17 Mercurio entra en tu casa del dinero y entonces está en «recepción mutua» con Marte, tu planeta del dinero; cada uno es huésped en la casa del otro. Esto se considera muy positivo: indica colaboración entre los dos planetas, «hospedaje mutuo», y por lo tanto entre estas dos facetas de la vida. Esto refuerza lo que hemos dicho antes: haces negocios con las personas con las que te relacionas socialmente (tus amistades) y haces amistad con las personas con las que haces negocios. Hay más probabilidades de formar una sociedad de negocios o empresa conjunta que en los meses pasados. Si eres propietario de una empresa, esto podría significar una fusión o absorción amistosa.

Hasta el 17 el amor es idealista y espiritual; sólo importa el sentimiento de amor; podrías ser feliz en una choza con el techo lleno de goteras mientras sientas que está presente el sentimiento de amor. Pero después del 17 eres más práctico; la riqueza es un excitante en el amor, los regalos materiales son excitantes; te atrae la persona que pueda darte comodidades físicas y materiales. Del 22 al 24 ten más paciencia con el ser amado, pues es posible que esté más temperamental; los familiares también.

Mayo

Mejores días en general: 5, 6, 13, 14, 15, 23, 24, 25
Días menos favorables en general: 1, 2, 7, 8, 21, 22, 28, 29
Mejores días para el amor: 1, 2, 3, 4, 8, 11, 12, 18, 19, 20, 21, 22, 28, 29, 30, 31
Mejores días para el dinero: 1, 2, 9, 10, 16, 17, 19, 20, 28, 29
Mejores días para la profesión: 2, 7, 8, 10, 19, 20, 29

La salud necesita atención a partir del 20, e ir con más cuidado antes no te hará ningún daño. El 20 hay un eclipse solar que es muy fuerte en ti, sobre todo si naciste en la primera parte del signo (19-22 de febrero). Este eclipse ocurre justo en la cúspide de tu cuarta casa y hace fuerte impacto en Neptuno, tu planeta regente. Tómate las cosas con calma y evita correr riesgos unos días antes y otros después. Este eclipse trae crisis familiar, cambios importantes en la situación familiar y en los familiares; tal vez dramas en sus vidas. Encárgate de comprobar que no haya riesgos o peligros en la casa. Si hay problemas ocultos en ella, este es el momento en que los descubrirás para poder corregirlos. Los familiares estarán más temperamentales también en este periodo, así que ten más paciencia con ellos. Lo bueno es que en este periodo tienes la atención centrada en la familia y por lo tanto estás alerta, a la altura. Este eclipse (como todos los solares) afecta al trabajo y a tus subalternos. Hay cambios laborales y cambios en las condiciones de trabajo. Pero no temas, tienes aspectos fabulosos en este periodo (este eclipse también podría indicar un cambio que ya ocurrió). Con este tipo de eclipse suelen producirse sustos en la salud, pero no es necesario aterrarse: infórmate más. También hay cambios en tu programa de salud y dieta. Una desintoxicación física no sería de extrañar (a veces se diagnostica como una enfermedad, pero no lo es, simplemente se trata de una limpieza de materia de desecho que hace el cuerpo).

Este eclipse lo vas a sentir durante muchos meses. En los seis próximos meses vas a redefinir tu imagen, personalidad y concepto de ti mismo, vas a cambiar tu apariencia y forma de presentarte en general, vas a cambiar la manera como deseas que te vean los demás. Normalmente, esto significa cambios importantes en la vestimenta.

Hasta el 20 tienes fuerte a tu tercera casa, la de la comunicación; pero tu planeta de la comunicación, Venus, inicia movimiento retrógrado el 15. Si tienes pensado enviar correspondencia comercial, lanzar una campaña de publicidad u otro proyecto importante de comunicación, será mejor que lo hagas antes del 15; después de esta fecha es buen periodo para planificar estas cosas, no para hacerlas.

Hasta el 20 fortalece la salud dando más atención al cuello y la garganta, y después a los pulmones, brazos y hombros. Después del 20 es muy importante también la buena salud emocional. Si surgiera algún problema de salud (no lo permita Dios) revisa la situación familiar y pon armonía en ella lo más pronto que puedas. La dieta es más importante después del 20 también.

Este mes el amor está cerca de casa, en el barrio. No hay necesidad de viajar a lo ancho y largo de este mundo para encontrarlo.

Junio

Mejores días en general: 1, 2, 10, 11, 20, 21, 29, 30
Días menos favorables en general: 3, 4, 17, 18, 24, 25
Mejores días para el amor: 1, 8, 9, 10, 17, 18, 20, 21, 24, 25, 27, 28
Mejores días para el dinero: 5, 6, 7, 12, 13, 15, 16, 17, 25, 26, 27
Mejores días para la profesión: 3, 4, 5, 6, 17, 26, 27

La salud sigue necesitando atención, en especial hasta el 21. Del 8 al 17 vas a sentir las secuelas del eclipse del mes pasado, ya que Júpiter comienza a transitar por ese punto, activándolo (es como si volvieras a experimentar el eclipse). Esto trae cambios en la profesión y trastornos y reestructuración en la jerarquía de tu empresa o industria. También produce dramas en la vida de los padres, figuras parentales y jefes. La situación familiar continúa inestable y tal vez podría haber una mudanza (esto también encajaría en el simbolismo).

Además, el 4 hay un eclipse lunar que también afecta a la profesión; ocurre en tu décima casa, y refuerza lo que hemos dicho antes. Tú, tus familiares y figuras parentales deberán tomarse las cosas con calma, relajados, y reducir las actividades en el periodo del eclipse; es mejor reprogramar las actividades difíciles o estresantes. Si estás en edad de concebir eres súper fértil en este periodo (esto encajaría en el otro simbolismo de cambio de imagen también).

Júpiter, tu planeta de la profesión, entra el 11 en tu cuarta casa, la del hogar y la familia, y estará en ella el resto del año. La familia y la situación familiar es tu verdadera misión en este periodo. Sin duda tendrás tu profesión externa, pero esta es sólo para el mundo, tu misión espiritual es tu familia. Muchas veces esto señala una atención especial a la «paternidad/maternidad», a ser padre o madre.

Evita las especulaciones en torno al periodo del eclipse lunar.

El 21 las cosas se calman un poco. Mejoran la salud y la energía. La vida vuelve a ser alegre y placentera. Las tormentas amainan temporalmente. Entras en una cima de placer personal del año, en un periodo para soltarte, relajarte y disfrutar de la vida. Es un periodo feliz y despreocupado.

Tu cuarta casa está ultra poderosa este mes, sobre todo hasta el 21. La cuarta casa no va sólo del hogar y la familia; rige la vida emocional, los estados de ánimo y los sentimientos. Va de tu historia, de las fuerzas que configuraron a la persona que eres hoy (y esta historia se remonta hasta mucho más allá de tu infancia; abarca muchas, muchas vidas). La décima casa representa el futuro, las aspiraciones y fines, y la cuarta casa es el pasado. Estas dos casas están íntimamente relacionadas; en un año las dos se energizan en diferentes periodos. A veces, para avanzar necesitamos retroceder, es decir, necesitamos revisar el pasado y eliminar bloqueos, resolver viejos asuntos. Cuando esto ocurre podemos reanudar la marcha hacia delante. La película *Back to the future* (*Regreso al futuro*) capta más o menos de qué va la cuarta casa. Retrocedemos y así podemos avanzar.

Cuando está fuerte la cuarta casa la persona se vuelve nostálgica; recuerda los «viejos tiempos», muchas veces con el deseo de volver a ellos. Esta nostalgia es un «orden natural»; inconscientemente la persona resuelve viejos asuntos.

Si te sometes a psicoterapia harás muchos descubrimientos psíquicos este mes (y habrá muchos más adelante en el año también).

Julio

Mejores días en general: 7, 8, 17, 18, 26, 27
Días menos favorables en general: 1 ,2, 15, 16, 22, 23, 28, 29
Mejores días para el amor: 1, 2, 5, 6, 9, 10, 11, 15, 19, 20, 21, 22, 23, 24, 25, 28, 29
Mejores días para el dinero: 4, 5, 6, 9, 10, 11, 15, 16, 24, 25
Mejores días para la profesión: 1, 2, 5, 6, 15, 16, 24, 25, 28, 29

El mes pasado, hasta el 25, la actividad retrógrada llegó a su punto máximo del año; el 40 por ciento de los planetas estaban retrógrados. Este mes hay una pausa hasta el 15 y entonces nuevamente la actividad retrógrada llega al 40 por ciento. Se enlentece el ritmo de la vida, tanto en el plano personal como en el colectivo. Es bueno que esté fuerte tu quinta casa; bien puedes disfrutar de tu vida ya que no es mucho lo que ocurre en el mundo.

Neptuno, el señor de tu horóscopo, inició movimiento retrógrado el 4 del mes pasado, y Urano, tu planeta de la espiritualidad, lo inicia el 13 de este mes; estarán retrógrados muchos meses. Esto afecta a la vida espiritual. Los dos planetas espirituales de tu carta, Neptuno, el regente genérico, y Urano, el regente de tu casa doce, están retrógrados al mismo tiempo. Los sueños, las intuiciones, los mensajes y la instrucción espirituales necesitan mucha más verificación en este periodo. Probablemente son ciertos en su nivel, pero podrían no significar lo que tú crees que significan. Espera a tener claridad interior para actuar.

El movimiento retrógrado de Mercurio a partir del 15 afecta a la vida amorosa y emocional; también a la vida familiar. Todo esto ha de pasar revisión. Evita tomar decisiones importantes en uno u otro sentido; es el periodo para reunir información, estudiar, reflexionar, el periodo para resolver dudas. Observa tus estados de ánimo y tus sentimientos, sin juzgarlos, y finalmente llegará la claridad.

El movimiento retrógrado de Mercurio no obstaculiza las cosas en el amor, sólo las enlentece. Pon más cuidado al comunicarte con el ser amado; muchos de los problemas entre vosotros nacen de la mala comunicación y los malos entendidos (lo mismo vale con los familiares). Estos problemas se cobran un precio elevado en tu energía; van y vienen sentimientos heridos, recriminaciones y cambios emocionales. Un poco más de cuidado al principio puede ahorrarte mucha pena (por no decir tiempo) después. Ni siquiera intentes comunicar ideas importantes si el ser amado o los familiares no están en la «actitud apropiada», no están bien para recibir el mensaje. Tienes que estar alerta a las «oportunidades de comunicación», cuando las cosas estén calmadas y ellos estén dispuestos y preparados para escuchar.

La salud está mucho mejor que el mes pasado. Si ha habido algún problema de salud ahora tendrás buenas noticias. Y después del 22 estás más atento a tu salud. Fortalécela de las maneras explicadas en las previsiones para el año. Este mes también puedes dar más atención a los pulmones, sistema respiratorio, brazos y hombros. El masaje a los brazos y hombros es bueno. También es importante mantener la armonía en la familia y con el ser amado; las discordias pueden generar patologías físicas.

Tu planeta del dinero ha estado en tu séptima casa desde el comienzo del año. El 4 de este mes hace un importante traslado, pasa a tu octava casa. Este es un buen periodo para reducir el derroche y lo que te sobra en la vida financiera, para expandir «recortando», reducir los gastos y librarte de posesiones que ya no necesitas. Los asuntos de impuestos influyen en tus decisiones financieras en este periodo.

Agosto

Mejores días en general: 4, 5, 13, 14, 15, 22, 23, 31
Días menos favorables en general: 11, 12, 18, 19, 24, 25
Mejores días para el amor: 2, 3, 6, 7, 13, 14, 16, 17, 18, 19, 22, 23, 24, 25, 31

Mejores días para el dinero: 1, 2, 6, 7, 11, 12, 20, 21, 29, 30, 31
Mejores días para la profesión: 1, 2, 11, 12, 20, 21, 24, 25, 29, 30

Marte sigue en tu octava casa hasta el 24; repasa lo que dijimos sobre esto el mes pasado. Esta posición también indica que es buen periodo para pagar deudas y también para endeudarte si lo necesitas. Tienes más acceso a dinero ajeno; a veces con este tránsito aumenta el crédito. Hay oportunidades mediante el tipo de financiación creativa; si tienes buenas ideas no hay problemas de dinero, hay mucho dinero ajeno disponible. Podría llegarte dinero por devolución de un seguro o asuntos de patrimonio. Tal vez lo más importante es que ahora ves valor donde los demás sólo ven muerte y ruina, por lo tanto puedes hacer beneficios de empresas o propiedades con problemas y hacer que se recuperen. Con este tránsito a veces la persona entra en una tienda de trastos y ve una pieza de antigüedad valiosa; o está en el campo de golf y ve una pelota de golf que es de coleccionista. Los demás ven «basura» en una cosa y tu ves valor en ella. Del 11 al 17 hay un breve reto en las finanzas, tal vez un gasto repentino o un retraso inesperado. Ten paciencia, este es un problema de corta duración.

La salida de Marte de tu séptima casa señala una mejoría en la vida amorosa. Hay menos conflicto y competitividad en la relación, más armonía. Tu planeta del amor continúa retrógrado hasta el 8, así que ten presente lo que hablamos el mes pasado. El 23 entras en una cima amorosa y social del año, y estando ya Mercurio en movimiento directo y Marte fuera de tu séptima casa, este tendría que ser un periodo social feliz. Este mes tu planeta del amor está en tu sexta casa y el señor de tu sexta casa está en tu séptima casa (después del 23), por lo tanto estos dos planetas (y las facetas de la vida que rigen) están en «recepción mutua», cada uno es huésped en la casa del otro. Hay una enorme colaboración entre estos dos planetas y las facetas de la vida que rigen. Así pues, hay oportunidades amorosas en el trabajo o con personas involucradas en tu salud. En este periodo tienes los aspectos para un romance de oficina. El amor puede encontrarte cuando estás en la consulta del médico, o en el gimnasio o en la sala de yoga, cuando estás dedicado a tus objetivos de salud. La buena salud favorece tu vida amorosa y la vida amorosa feliz favorece tu salud. Una cita romántica en este periodo no es necesariamente una salida nocturna, sino más bien una caminata o trote juntos o asistir juntos a una clase de aeróbic o yoga.

El amor se demuestra con servicio en este periodo; cuando amas haces cosas por la otra persona y así es como tú también te sientes amado.

La salud necesita más atención después del 23. Fortalécela de las maneras explicadas el mes pasado.

Del 14 al 17 Venus está en cuadratura con Urano; ten más prudencia al conducir; evita las actividades arriesgadas; ten más conciencia del plano físico. Es posible que los coches y el equipo de comunicación estén más temperamentales.

Septiembre

Mejores días en general: 1, 10, 11, 19, 27, 28
Días menos favorables en general: 7, 8, 14, 15, 21, 22
Mejores días para el amor: 1, 4, 5, 12, 14, 15, 16, 17, 21, 22, 25, 26, 29, 30
Mejores días para el dinero: 1, 2, 3, 7, 8, 10, 11, 16, 17, 18, 19, 25, 26, 27, 28, 29, 30
Mejores días para la profesión: 7, 8, 16, 17, 21, 22, 25, 26

Cuando Mercurio entra en Virgo el 1, el poder planetario hace un importante traslado desde la mitad inferior de tu carta a la superior. Entras en el periodo día de tu año. Ya has encontrado tu punto de armonía emocional; es de esperar que hayas hecho la preparación interior para la profesión, visualizando tus objetivos, soñando despierto (de modo consciente) con ellos, entrando en el sentimiento de su consecución. Ahora llega el periodo en que hay que hacer los movimientos físicos, externos. Estos sueños se convierten ahora en «realidad tangible». Si has trabajado bien, tus actos, las medidas que tomes, serán muy naturales, no forzados, armoniosos y espontáneos, simples efectos secundarios de tu trabajo interior. Pero ahora procede actuar; el día es para acción externa.

La profesión ha pasado por muchos cambios desde los eclipses solar y lunar de mayo y junio. El mes pasado Júpiter (tu planeta de la profesión) estuvo activando el punto del eclipse lunar del 4 de junio. Esto vuelve a ocurrir este mes. A veces esto produce un verdadero cambio de profesión, cambio de trabajo o de dirección profesional. Otras veces produce cambio dentro de la situación profesional actual: reestructuraciones en la jerarquía de la empresa te crean oportunidades. Ahora es el momento de comenzar a aprovechar estas cosas.

Las figuras de autoridad de tu vida no están tan seguras como podrías creer. En sus vidas ocurren dramas importantes. Trabajar desde la casa parece una propuesta interesante. Aún cuando trabajes en una oficina fuera de casa, tal vez te llevas más trabajo a casa.

Tu planeta del dinero pasa el mes en tu novena casa, señal muy optimista, un mes próspero. Sigue siendo válido mucho de lo que hemos dicho en los dos meses pasados. Marte está en el signo Escorpio, la octava casa «natural». Pero hay algunos cambios. El planeta del dinero en la novena casa indica oportunidades financieras en otros países, en inversiones en el extranjero, en empresas extranjeras y con extranjeros en general. Es probable que gastes más en viajes también. Me parece que las personas religiosas de tu vida (sacerdotes, guías religiosos, personas de tu lugar de culto) te apoyan más económicamente y tal vez tienen buenas ideas o conexiones para ti. Hay oportunidades financieras a través de ellos.

La salud necesita atención hasta el 23. Este mes fortalécela dando más atención a los riñones y caderas; el masaje en las caderas será potente en el plano energético (a partir del 7). La desintoxicación también se ve buena.

Hasta el 23 continúas en una cima amorosa y social anual. Todavía tienes los aspectos para un romance de oficina. Hay más relación social con la familia este mes. Los familiares disfrutan haciendo de cupido; parecen muy interesados en tu vida amorosa. Evita ser excesivamente perfeccionista en el amor. Tu tarea este mes es seguir los dictados del corazón, que no de la cabeza.

Octubre

Mejores días en general: 7, 8, 16, 17, 24, 25, 26
Días menos favorables en general: 4, 5, 6, 12, 13, 18, 19
Mejores días para el amor: 1, 6, 7, 12, 13, 16, 17, 21, 25, 26
Mejores días para el dinero: 1, 4, 5, 6, 14, 15, 22, 23, 27, 28
Mejores días para la profesión: 4, 5, 6, 14, 15, 18, 19, 22, 23

La mitad superior de tu carta se hace más poderosa aún este mes, ya que el 3 Venus pasa a esta mitad. Estás, pues, en un periodo profesional, aunque hay complicaciones: tu planeta de la profesión inicia movimiento retrógrado el 4 y estará retrógrado el resto del año. Sí, tienes que centrar la atención en la profesión, pero con más cautela. Avanza paso a paso, de forma metódica. Evita los atajos; el camino largo, el camino perfecto, es realmente el atajo en este periodo. La tortuga parece quedarse rezagada detrás de la liebre, pero al final gana la carrera. Lo importante ahora es conseguir claridad mental; esto llevará tiempo.

Aunque técnicamente terminó tu cima amorosa anual el mes pasado, el amor continúa muy activo y prominente este mes. Hasta el 5 tu planeta del amor está en el signo Libra, tu octava casa, por lo que es un periodo sexualmente activo. Y entonces entra en tu novena casa; esto trae un aumento en la actividad social y entran nuevas amistades en el cuadro. Las oportunidades amorosas se presentan en otros países, con personas extranjeras o en ambientes religiosos o educativos. El 29 Mercurio cruza tu Medio cielo, excelente aspecto para el amor. El Medio cielo es en realidad el punto abstracto más poderoso del horóscopo (algunos astrólogos podrían discutirme esto, pero así es como yo lo veo). Así pues, tu planeta del amor está en su máximo poder ahí. Tu magnetismo social es muy fuerte y esto tiende a significar triunfo en el amor. Te relacionas con los encumbrados y poderosos en este periodo; hay oportunidades amorosas en la profesión o cuando estás dedicado a tus objetivos profesionales normales, o con personas relacionadas con tu profesión. El círculo social y el ser amado actual apoyan tu profesión también.

Marte, tu planeta del dinero, también cruza tu Medio cielo el 7 y entra en tu décima casa. Esto es un indicador de prosperidad. El poder financiero, el poder adquisitivo, está en una posición poderosa en lo alto de la carta. Cuentas con el favor financiero de los que mandan, los superiores: jefes, figuras de autoridad, padres, figuras parentales y mayores. Con este tránsito suele haber aumento de sueldo. Tu buena fama profesional aumenta tus ingresos, las buenas recomendaciones te atren clientes u oportunidades. Las personas adineradas de tu vida apoyan tus objetivos profesionales. Del 6 al 9 Marte está en cuadratura con Neptuno. Analiza más las gestiones financieras esos días. Las transacciones y proyectos no son lo que parecen; no te tomes las cosas al pie de la letra. Del 13 al 17 Marte forma aspectos maravillosos a Urano; la intuición financiera es muy buena. Hay orientación espiritual acerca de asuntos monetarios.

Del 15 al 18 pon más cuidado al comunicarte con las personas mayores, los padres, las figuras parentales y los jefes. Si hay problemas con ellos (y con organismos gubernamentales) probablemente se deben a la mala comunicación y los malos entendidos. Una mejor comunicación prevendrá esto.

Del 3 al 5 ten más prudencia al conducir, y de ninguna manera bebas antes de subirte al coche.

La salud es buena este mes.

Noviembre

Mejores días en general: 3, 4, 5, 12, 13, 21, 22
Días menos favorables en general: 1, 2, 8, 9, 14, 15, 28, 29
Mejores días para el amor: 1, 6, 7, 8, 9, 11, 14, 15, 20, 23, 24
Mejores días para el dinero: 1, 2, 6, 7, 11, 15, 19, 23, 24, 26, 28, 29
Mejores días para la profesión: 1, 2, 11, 14, 15, 19, 28, 29

Del 6 al 11 la actividad retrógrada aumenta hasta el máximo de este año: al 40 por ciento. Pero esta es su «última boqueada» del año. A fin de mes sólo estarán retrógrados el 20 por ciento de los planetas, y el mes que viene el 90 por ciento del poder planetario estará en movimiento directo. Los retrasos y fallos técnicos sólo son temporales.

Los dos planetas genéricos de los viajes, Mercurio (viajes locales cortos) y Júpiter (viajes al extranjero) están retrógrados al mismo tiempo casi todo el mes, del 6 al 26. Estás muy inclinado a viajar este mes, pero tal vez sería mejor planificar viajes al extranjero en lugar de hacerlos. Tu planeta personal de los viajes está en movimiento directo, pero de todos modos este no es el mejor periodo para viajar. Si debes viajar, sigue nuestro consejo habitual: tómate más tiempo para llegar a tu destino, asegura los billetes y protégete lo mejor que puedas.

Este mes tenemos dos eclipses. El primero es un eclipse solar el 13, que ocurre en tu novena casa (de ninguna manera viajes durante el periodo del eclipse). Si eres estudiante esto indica cambios importantes en los planes y estrategia educativas. Podrías cambiar de colegio y de asignatura principal; hay reestructuración en el colegio, en la jerarquía; cambian las reglas. Seas estudiante o no (esto vale para todos los nativos de Piscis) experimentarás una «crisis de fe»; ocurre algo que contradice tu filosofía o credo, tu religión. El cuerpo mental superior (el cuerpo donde formulamos estas cosas) recibe una conmoción o sacudida; así se limpia el organismo de las falsas creencias o de las creencias que sólo son parcialmente correctas. Los hechos de la vida tienen su manera de hacer estas cosas. Cuando ocurren estas cosas conviene rezar pidiendo «luz», que es el mejor limpiador del cuerpo mental. Hay trastorno y reorganización en tu lugar de culto y dramas en la vida de las personas de ese lugar de culto. Tu salud es esencialmente buena este mes, pero podría haber algún susto, o cambio en tu programa de salud y dieta. También hay cambios laborales, cambios en las condiciones de trabajo.

El eclipse lunar del 28 parece más fuerte en ti. Debes descansar y relajarte más a partir del 22, pero en especial durante el periodo del eclipse. Como siempre, evita las actividades arriesgadas. Haz lo que sea necesario hacer (nadie debe ser despedido del trabajo o pasar por un divorcio por esto), pero es mejor reprogramar las cosas optativas (intervenciones quirúrgicas, paracaidismo acrobático, puenting, reuniones estresantes). Este eclipse ocurre en tu cuarta casa y produce una crisis familiar, o cierta crisis en la casa. Ten más paciencia con los familiares en este periodo; todos están más temperamentales. La vida onírica es súper activa esos días, pero no le des mucho crédito a los sueños. Muchas personas han dicho que tienen «pesadillas» cuando hay un eclipse lunar en la cuarta casa. Pero estas cosas sólo son las turbulencias causadas por el eclipse en los planos interiores; no son necesariamente proféticas.

Diciembre

Mejores días en general: 1, 2, 10, 11, 18, 19, 30, 31
Días menos favorables en general: 5, 6, 7, 12, 13, 25, 26, 27
Mejores días para el amor: 1, 2, 5, 6, 7, 10, 11, 20, 21, 31
Mejores días para el dinero: 6, 8, 15, 16, 20, 21, 22, 24, 25
Mejores días para la profesión: 8, 12, 13, 16, 25

El 22 del mes pasado entraste en una cima profesional anual, que continúa este mes hasta el 21. Tu atención a la profesión es buena, está en el orden correcto, pero tu planeta de la profesión continúa retrógrado, por lo tanto debes ser más cauteloso. Avanza, faltaría más, pero lentamente, metódica y perfectamente. Ten más paciencia con los diversos retrasos que ocurren (a mí me parece que estos se deben a indecisión de los superiores: no logran decidirse o lanzar o enviar lo que prometen). El movimiento retrógrado de Júpiter no impedirá tu éxito, pero podrías tener «reacciones retardadas»: el éxito llega algo después de lo que esperabas.

Aunque el eclipse lunar ocurrió el mes pasado, este mes sigues sintiendo sus efectos; Venus y Mercurio (los dos planetas del amor de tu carta), reestimulan el punto de este eclipse. Mercurio lo reestimula del 15 al 17, y Venus del 20 al 23. Esto puede volver más temperamental al ser amado, producir dramas en su vida. Esta persona debe reducir sus actividades esos días, evitar los riesgos o el estrés excesivo. Estos dos planetas están también muy involucrados en la comunicación, así que pon más cuidado al comunicarte. El equipo de comunicación y los coches podrían estar más temperamentales que de costumbre esos días. Si hay problemas en la vida amorosa, es probable que se deban a la mala comunicación en estos periodos.

Hasta el 21 continúa descansando y relajándote más. Fortalece la salud de las maneras explicadas en las previsiones para el año y, además, hasta el 21 da más atención al hígado y los muslos, y después a la columna, las rodillas, la dentadura, los huesos, la piel y la alineación esquelética general. El masaje a los muslos es potente hasta el 21 (y fortalece toda la parte inferior de la espalda también); después es potente el masaje en la espalda.

A partir del 16 los dos planetas del amor de tu carta están en tu décima casa, la de la profesión. Esto nos da muchos mensajes: tu círculo social te ayuda en la profesión; avanzas en la profesión por medios sociales, asistiendo y ofreciendo las fiestas convenientes; tienes un don para conocer (socialmente) exactamente a las personas que pueden ayudarte; tus capacidades personales son importantes, pero tu «don de gentes» es más importante en la profesión en este periodo.

Aunque hay retos en el amor (cuando Mercurio y Venus reactivan el punto del eclipse), el amor se ve esencialmente feliz y exitoso este mes. El cónyuge, pareja o ser amado actual es «elevado»; valoras y aprecias más a esta persona. El amor es importante para ti, está arriba en tus prioridades, y por lo tanto eres capaz de afrontar y superar las diversas dificultades que surjan.

Si estás soltero o soltera, al tener a tus dos planetas del amor en la décima casa te atraen el poder y la posición. Más o menos piensas: «Ah puedo aprender a amar a cualquier persona, así que bien podría elegir a la persona de elevada posición que sea buena proveedora». Hay oportunidades de un romance de oficina en este periodo, con jefes o superiores.

Del 25 al 31 hay cambios laborales, inestabilidad en la fuerza laboral (si eres empleador) y cambios en las condiciones del lugar de trabajo. Ten más paciencia con los compañeros de trabajo esos días.